"十三五"国家重点图书出版规划项目
高海拔高寒地区高速公路建设关键技术

高海拔高寒地区
高速公路建设技术

汪双杰 陈建兵 王 佐
编著

上海科学技术出版社

图书在版编目(CIP)数据

高海拔高寒地区高速公路建设技术/汪双杰,陈建兵,王佐编著.—上海:上海科学技术出版社,2019.7
(高海拔高寒地区高速公路建设关键技术)
ISBN 978-7-5478-4357-4

Ⅰ.①高… Ⅱ.①汪… ②陈… ③王… Ⅲ.①寒冷地区—高速公路—道路建设②高原—高速公路—道路建设 Ⅳ.①U412.36

中国版本图书馆 CIP 数据核字(2019)第 042091 号

高海拔高寒地区高速公路建设技术
汪双杰 陈建兵 王 佐 编著

上海世纪出版(集团)有限公司
上海科学技术出版社   出版、发行
(上海钦州南路71号 邮政编码200235 www.sstp.cn)
浙江新华印刷技术有限公司印刷
开本787×1092 1/16 印张25.5 插页4
字数 530 千字
2019年7月第1版 2019年7月第1次印刷
ISBN 978-7-5478-4357-4/U·84
定价:248.00元

本书如有缺页、错装或坏损等严重质量问题,请向工厂联系调换

内容提要

本书以国内外冻土工程研究现状为基础,针对青藏高原多年冻土区高速公路"宽、厚、黑"的显著特点,依托国家科技支撑计划、交通运输部重大科技专项等项目,通过现场勘察测试、数值仿真、暴露试验、工程试验和工程示范等手段,系统研究并提出了高海拔高寒地区高速公路建设关键技术。全书分为 11 章,内容包括绪论,公路冻土工程尺度效应理论,公路冻土工程设计方法,公路路线、路基、路面、桥梁桩基、隧道、环境保护工程设计与施工技术,工程构筑物状态监测与预警预报技术,以及试验示范工程。

本书可供从事多年冻土区公路工程的科研、设计、施工与建设管理技术人员参考,亦适合高等院校、科研机构相关专业技术人员、教师、研究生学习参考。

高海拔高寒地区高速公路建设关键技术
学术顾问

程国栋　中国科学院院士

郑健龙　中国工程院院士

赖远明　中国科学院院士

郑皆连　中国工程院院士

杜彦良　中国工程院院士

王复明　中国工程院院士

王秉纲　浙江大学教授

王　玉　中国公路学会专家委员会委员

陈国靖　原交通部公路科学研究所所长

张鲁新　原青藏铁路专家组组长

高海拔高寒地区高速公路建设关键技术
编委会

编委会主任

汪双杰

编 委

（以姓氏笔画为序）

王 佐　刘 戈　刘建蓓　吴明先　陈建兵

纳启财　单永体　胡 林　夏才初　韩常领

总　序

多年冻土是高海拔高寒地区道路工程建设的"拦路虎"。自1954年青藏公路建成通车至今的60余年间，伴随着不同形式冻土工程病害的发生、发展，我国科技工作者对多年冻土物理、力学性质的认识逐渐深入，也对冻土工程的复杂性有了更系统的认知。2006年青藏铁路建成通车以来，全球气候变暖、冻土退化，也带来铁路路基沉陷、开裂等工程病害。几十年来国家重大冻土工程建设经验充分证明，冻土工程领域科学与技术进步将是一个螺旋式发展的长期过程。

我国科技工作者在多年冻土区道路工程建设技术探索的道路上一直没有停歇。20世纪70—90年代末，围绕着青藏公路的历次整治改建，摸索形成的冻土工程研究方法与测试技术，逐步奠定了我国冻土工程研究的基础，并创建了我国公路冻土工程病害机理分析、病害整治技术与理论体系。21世纪初，通过青藏铁路的工程实践和系统集成，冻土工程研究中进一步融入了"冷却路基"的理论探索与技术设计，取得了一大批具有国际先进水平的研究成果。2011年，国家为尽快启动玉树地震后的交通重建工作，决定建设青海省共和至玉树高速公路，再次掀起冻土工程研究的高潮。

相对青藏铁路、二级青藏公路而言，在多年冻土地基上建设大尺度、高标准、重荷载的高速公路面临着工程尺度效应、大断面厚重路面结构的封闭储热效应及黑色路面强吸热效应等问题，可能导致更大的工程风险。冻土区高速公路建设必须进行理论创新与技术突破。

令人欣喜的是，"高海拔高寒地区高速公路建设关键技术"丛书让我们看到我国冻土工程科研工作者挑战高海拔高寒地区高速公路建设关键技术的系列重要成果，其内容包含路基、路面、桥梁、隧道、环境保护、监测预警等专业方向，创立了公路冻土工程尺度效应理论及能量平衡设计方法，代表了我国乃至世界道路冻土工程研究最新成果。丛书的主编单位具有40余年多年冻土区公路工程科研与设计经验，拥有"高寒高海拔地区道路工程安全与健康国家重点实验室"这一高端研发平台。编者队伍中既有我国公路冻土工程领域的设计大师、知名专家，又有长期持续开展专项研究的青年才俊。他们深厚的技术积淀、理论功底和丰富的实践经验对保障丛书的学术和技术水平起到了重要的作用。

2013年9月，习近平总书记首次提出共同建设"丝绸之路经济带"的倡议以来，"一带一路"倡议已成为我国深化改革开放、践行中国梦、实现世界共同发展、共建人类命运共同体的国家战略，实现这些伟大战略构想的基础在交通运输。"陆上丝绸之路经济带"是实现亚欧非大陆互联互通的核心通道，由东向西跨越青藏高原、喀喇昆仑山脉、帕米尔高原、西伯利亚等高海拔高寒地区及北半球高纬度寒冷地区，涉及主要干线公路里程将达1.2万km。我相信丛书的出版将对保障穿越高海拔高寒地区的大规模道路工程建设，支撑交通行业抢抓"一带一路"发展机遇，助推我国"标准、技术走出去"发挥重要作用。

中国工程院院士
2019年2月10日

自 序

《国家高速公路网规划》的"71118"高速公路网总规模达11.8万km,特别是由首都北京发出的7条射线高速公路中6条已经建成通车,只有京藏高速公路(G6)止步于青海省格尔木市,使得西藏自治区成为高速公路孤岛。

2006年青藏铁路通车后,随着进出藏人员、物资输运量的增加,1954年建成的青藏公路交通量已趋于饱和,老标准7 m宽路面的二级公路2017年断面绝对交通量达8 000辆/日,已不堪重负。青藏公路建成初期,在工程界不知冻土危害的情况下,未经工程处治勉强维持通车13年,路基下伏冻土已经造成工程不可逆转的伤害。1973年后虽历经数次整治改建,但由于国家投资能力有限,工程对策也只能适应当时的交通要求。60多年来作为连接青藏唯一全天候通车的生命干线,青藏公路早已超越历史使命,亟待新建青藏高速公路为西藏社会、经济发展提供交通保障。

面对全球升温、冻土退化及重载厚层沥青路面吸热造成的多年冻土区高速公路建设世界难题,2002年以来,交通运输部依托交通行业重点实验室启动、开展了多项应用基础研究。2012年交通运输部西部建设科技项目管理中心在西安召开四省区科研座谈会,中交第一公路勘察设计研究院有限公司(简称"中交一公院")与青海、西藏、新疆和四川四省区交通厅联合提出高海拔高寒多年冻土区修建高速公路的关键技术问题,交通运输部随即于2013年先期启动重大专项开展科技攻关,为高速公路早日开工建设提供技术基础。在此基础上,交通运输部科技司积极与科学技术部对接,并由中交一公院完成高海拔高寒地区高速公路建设关键技术科研立项报告,于2014年启动"十二五"国家科技支撑计划。

2010年4月14日青海玉树发生7.1级大地震,造成人民生命财产的严重损失,党中央、国务院决定建设生命通道青海省共和至玉树公路(简称"共玉公路")。共玉公路由北向南穿越巴颜喀拉山,其中250 km退化性高温多年冻土地区大尺度公路建设技术亟待突破,共玉公路工程为多年冻土区高速公路研究提供坚实的工程试验条件。

中交一公院40年来坚守高原持续开展多年冻土公路修筑技术研究,两获国家科技进步一等奖,两获国家科技进步二等奖。40多年来积累了丰富的技术、人才条件。为瞄准冻土国际前沿和技术制高点,科技部2015年设立国家重点实验室,以公路冻土工程首席专家、国家勘察设计大师汪双杰为首,国家万人计划获得者、国家百千万人才陈建兵为中坚的中交一公院科研团队,在科学技术部、交通运输部、中国交通建设股份有限公司等一大批科技项目支持下,克服难以想象的困难,围绕多年冻土区高速公路"聚热""吸热""储热"特有的"宽、厚、黑"热学特征,从科学与技术两方面入手,开展理论、方法、技术系统研究,取得了一系列原创性的理论与技术成果,代表了当前国际冻土工程领域的最新成就。

本书为我国冻土工程领域的最新力作,相关研究成果应用于共玉公路,支撑全球第一条多年冻土区高速公路建成通车,并为青藏高速公路早日开工建设提供了坚实的技术储备。本书的完成得益于几代科研工作者的辛勤劳动,在此向长期坚守在青藏高原寒冷、缺氧环境下辛勤付出的科研人员致以崇高的敬意,向英年早逝的冻土工程领域杰出的科研工作者章金钊先生致以深切的怀念。

汪双杰
2019年1月20日

前 言

全球冻土分布面积约占陆地面积的50%,其中多年冻土约占陆地面积的25%,约为3.5×10^7 km²。我国多年冻土分布面积约2.15×10^6 km²,青藏高原多年冻土占我国多年冻土区面积的70%,约1.5×10^6 km²。

目前,国内外在冻土力学、铁路工程以及低等级公路工程等方面开展了广泛的研究工作,但对多年冻土区修建高速公路的技术鲜有研究。我国多年冻土主要分布在青藏高原,进入21世纪,新形势下西藏、青海两省区迫切需要高速公路带动地区的经济发展,实现共同奔小康的最终目标。因此,科学技术部和交通运输部分别设置重大科研项目研究高海拔高寒地区高速公路建设技术。

本书以"十二五"国家科技支撑计划"高海拔高寒地区高速公路建设技术"及交通运输部重大专项"青藏高原高等级公路冻土环境效应及建设关键技术研究"的相关研究成果为基础编著完成。内容阐释了分布五大线形工程的复杂青藏工程走廊内工程活动与冻土环境的耦合作用机理,构建多层次多重约束条件的多年冻土区公路选线"分层目标法",确立基于行车安全要求的青藏地区高速公路路线设计关键技术指标与标准;创立了公路冻土工程尺度效应理论;提出以维持多年冻土地基能量收支相对平衡为目标的冻土路基能量平衡设计方法;提出解决高速公路大尺度路基工程热效应问题的强制通风、阻热导冷、强化对流的稳定技术和结构系统;提出高海拔高寒地区特殊环境下路面材料与结构设计及质量控制方法;建立多年冻土区大断面公路隧道防冻融结构设计方法和支护体系,发展了冻土桩基稳定性灾变防控技术;明确了青藏工程走廊植被可恢复性区划与水土保持区划,提出植被恢复、水土保持、生态防护等综合环境保护方案;自主研发高性能分布式布里渊光纤传感仪,发展了高海拔高寒地区公路工程构筑物病害、灾害预警技术；最终形成了高海拔高寒多年冻土地区高速公路建设成套技术体系。

全书共分11章。第1章由汪双杰、陈建兵完成，第2章、第3章由汪双杰、陈建兵、金龙完成，第4章由周荣贵、刘建蓓完成，第5章由陈建兵、朱东鹏完成，第6章由台电仓、李志栋完成，第7章由韩常领、牛富俊完成，第8章由陈济丁、单永体完成，第9章由张娟、李金平完成，第10章由王佐、邵广军完成，第11章由刘戈、樊凯完成。同时还要感谢董元宏、袁堃、陈冬根、符进、张会建、彭惠、熊治华等为本书所做的贡献。

在本书编写过程中，得到了诸多研究人员和交通运输部公路科学研究院、长安大学、中国科学院寒区旱区环境与工程研究所、交通运输部科学研究院等单位的帮助，在此一并感谢。

作　者

目 录

第1章 绪论 / 1

1.1 高速公路冻土工程面临的问题 / 2

1.2 冻土工程国内外研究现状 / 4
1.2.1 冻土工程理论研究 / 4
1.2.2 公路、铁路冻土工程技术研究 / 6
1.2.3 其他冻土工程技术进展 / 8

第2章 公路冻土工程尺度效应理论 / 9

2.1 地气耦合边界条件模型 / 10
2.1.1 宽幅厚层黑色沥青路面温度场 / 10
2.1.2 地气耦合边界条件模型概述 / 13

2.2 冻土路基水热变形效应模型 / 19
2.2.1 理论模型 / 19
2.2.2 模型验证 / 21

2.3 冻土路基时空维度下的尺度效应 / 24
2.3.1 空间效应 / 24

2.3.2 时间效应 / 47
2.3.3 结构效应 / 54

第3章　公路冻土工程设计方法 / 57

3.1 冻土地基冻融灾变风险评估方法 / 58
3.1.1 多年冻土区公路风险评估方法 / 58
3.1.2 外界热扰动作用下多年冻土热融蚀响应的敏感性 / 60
3.1.3 青藏高原工程走廊带冻土公路工程风险分析 / 65

3.2 公路冻土区线位选择分层目标方法 / 70
3.2.1 路线选择分层目标法基本理论 / 70
3.2.2 走廊带选择层模型 / 73
3.2.3 基本线位层选线困难度模型 / 74
3.2.4 最终线位层可靠度模型 / 76

3.3 公路冻土路基基于能量的平衡设计理念与方法 / 80
3.3.1 大尺度冻土路基的聚热效应和聚冷效应 / 80
3.3.2 冻土路基能量平衡设计方法 / 82
3.3.3 冻土路基热收支数据库的构建 / 88
3.3.4 多年冻土区高速公路能量平衡设计流程 / 93

第4章　低压缺氧环境下高速公路关键指标与标准 / 97

4.1 路线几何指标与标准 / 98
4.1.1 圆曲线最小半径 / 98
4.1.2 公路纵坡设计指标 / 101
4.1.3 横断面组成与尺寸 / 106
4.1.4 冰雪条件下超高及停车视距分析 / 109

4.2 **服务设施合理间距与配置标准** / 113
4.2.1 服务设施设置影响因素分析 / 114
4.2.2 服务设施类型及配置标准 / 116
4.2.3 服务设施合理间距分析 / 117

4.3 **基于运行安全的速度控制标准** / 118
4.3.1 设计速度动态分段标准 / 119
4.3.2 动态速度控制（限速）标准 / 124

第5章 大尺度冻土路基稳定技术 / 131

5.1 **基于时空尺度效应的路基建设模式** / 132
5.1.1 路堤合理结构与旱桥选择原则 / 132
5.1.2 二次工程理念及模式 / 133
5.1.3 高速公路冻土路基合理断面结构 / 134

5.2 **基于能量平衡的大尺度冻土路基稳定技术** / 139
5.2.1 结构尺度参数研究 / 139
5.2.2 新型大尺度冻土路基稳定技术研发 / 146

5.3 **运营期冻土路基表面变形评价方法与标准** / 152
5.3.1 大尺度冻土路基表面变形分离计算模型 / 152
5.3.2 大尺度冻土路基表面变形表征指标体系 / 157
5.3.3 大尺度冻土路基表面变形评价标准 / 163

第6章 高海拔高寒地区沥青路面结构设计 / 165

6.1 **沥青路面典型结构设计** / 166
6.1.1 沥青路面设计方法的演变与发展 / 166
6.1.2 沥青路面典型结构选择与计算分析 / 167

6.1.3　道路设计参数确定 / 169

6.1.4　试验路路面结构拟定 / 172

6.1.5　推荐沥青路面典型结构组合 / 184

6.2　**混凝土桥沥青铺装系设计及施工控制** / 185

6.2.1　混凝土桥沥青铺装系结构设计 / 185

6.2.2　基于 CCRDT – McLeod 法设计防水黏结层 / 193

第7章　高速公路桥梁与隧道冻融灾变防控技术 / 199

7.1　**高海拔高寒地区混凝土材料强度形成过程和耐久性** / 200

7.1.1　高原高寒区桥梁桩基混凝土低温下强度形成技术 / 200

7.1.2　高原高寒区冻融循环作用下混凝土抗冻融耐久性 / 201

7.2　**多年冻土地区桥梁桩基灾变控制技术** / 209

7.2.1　地下水热源对冻土桩基承载力的影响 / 209

7.2.2　太阳辐射对冻土桩基承载力的影响 / 214

7.2.3　多年冻土区桩基灾变风险评价指标 / 215

7.2.4　短期极端异常气候变暖引起的桩基灾变机理及其风险评价 / 217

7.2.5　地下水引起的冻土区单桩基灾变机理及其风险评价 / 217

7.3　**多年冻土区大断面公路隧道冻融灾变控制技术** / 219

7.3.1　多年冻土隧道冻胀机理及防冻融结构体系 / 219

7.3.2　多年冻土隧道防排水与防冻保温系统 / 223

7.3.3　多年冻土隧道洞口段热融滑塌控制技术 / 227

7.3.4　多年冻土隧道施工期融化圈控制技术 / 228

7.3.5　多年冻土隧道融沉及结构稳定控制技术 / 230

第8章 高速公路建设环境保护技术 / 235

8.1 高海拔高寒地区线形工程叠加对生态环境的影响规律 / 236
8.1.1 线形工程叠加对野生动物的影响 / 236
8.1.2 青藏工程走廊交通基础设施建设对植被的影响 / 237
8.1.3 青藏工程走廊土壤侵蚀强度及公路边坡产流产沙规律 / 238

8.2 野生动物保护技术 / 240
8.2.1 主要保护目标 / 240
8.2.2 野生动物保护关键路段 / 241
8.2.3 迁徙物种藏羚保护技术 / 241
8.2.4 其他典型野生动物的通道设置技术 / 245
8.2.5 公路大中型哺乳动物通道监测与评价 / 246

8.3 水土保持与生态恢复技术 / 247
8.3.1 青藏工程走廊水土保持区划 / 247
8.3.2 青藏工程走廊植被可恢复性区划 / 247
8.3.3 植被保护与水土保持技术 / 249
8.3.4 水环境保护 / 263

第9章 工程构筑物状态监测与病害预警技术 / 267

9.1 低温环境下公路构筑物状态监测先进传感技术 / 268
9.1.1 低温环境下的布里渊传感技术 / 268
9.1.2 适用于低温环境的新型布里渊传感仪系统 / 271
9.1.3 分布式布里渊光纤应用于冻土公路路基的关键问题 / 275
9.1.4 高海拔多年冻土区公路路基沉降分布式光纤监测 / 278

9.2 基于监测数据的公路工程构筑物状态评价与预警技术 / 280
9.2.1 冻土路基状态评价与预警技术 / 280

9.2.2 桥梁状态评价与病害预警技术 / 287

9.2.3 隧道状态评价与病害预警技术 / 290

9.3 **多年冻土区公路工程构筑物运行状态监测及病害预警系统** / 294

9.3.1 基于压缩感知的快速移动无线传感检测技术 / 294

9.3.2 监测系统与平台构建 / 297

第10章 青藏高速公路建设 / 303

10.1 **技术标准** / 304

10.1.1 公路的功能与等级 / 304

10.1.2 设计速度的确定 / 304

10.1.3 横断面形式与宽度 / 306

10.1.4 互通式立交间距及沿线设施配置 / 307

10.1.5 青藏高速技术标准 / 308

10.2 **建设条件** / 309

10.2.1 区域自然环境 / 309

10.2.2 地质条件 / 311

10.2.3 水文地质 / 311

10.2.4 多年冻土工程地质评价 / 312

10.2.5 多年冻土区青藏工程走廊工程容量评价 / 318

10.2.6 不良地质与其他特殊性岩土 / 319

10.2.7 筑路材料及运输条件 / 319

10.3 **建设方案与投资规模** / 321

10.3.1 青藏高速公路建设方案分析比选 / 321

10.3.2 青藏高速公路新建方案线位布局 / 324

10.3.3 多年冻土区典型路段线位布局 / 326

10.3.4 多年冻土路段处理方案 / 335

10.3.5 工程规模及造价 / 337

10.4 **健康保障与环境保护** / 338
10.4.1 健康保障 / 338
10.4.2 环境保护 / 339

第11章 共玉、花大公路示范工程建设 / 343

11.1 **示范工程概况** / 344
11.1.1 示范工程选择原则 / 344
11.1.2 依托工程简介 / 344
11.1.3 主要示范内容 / 345

11.2 **示范工程组织与实施** / 347
11.2.1 线性指标示范 / 347
11.2.2 路基处治技术示范 / 348
11.2.3 路面结构选型示范 / 359
11.2.4 以桥代路示范 / 361
11.2.5 隧道防冻抗冻结构示范——新型防冻融结构体系 / 363
11.2.6 环境保护示范——水土保持边坡防护技术 / 366
11.2.7 交通安全工程示范 / 370
11.2.8 监测技术示范 / 372

结　　语 / 378

参考文献 / 380

第1章

绪 论

我国多年冻土分布面积为 215 万 km^2，是世界第三大冻土大国。中国多年冻土以青藏高原高海拔冻土为典型代表，在全球冻土界具有无可替代的地位，约占全国多年冻土面积的70%，分布区域海拔一般均超过 4 000 m。我国自 1953 年在青藏高原高海拔多年冻土地区修筑青藏公路开始，半个多世纪以来，冻土区筑路技术取得了长足的进步。20 世纪 70 年代以来，伴随着青藏公路 550 km 多年冻土区段的历次整治改建，我国几代冻土工程与科研人员从未间断高原缺氧、生态脆弱环境下多年冻土区筑路技术的研究探索，取得了一系列重大科学与技术成就，分别于 1987 年和 2008 年获得国家科技进步一等奖，同时也受到了国际同行的高度关注，由此确立了我国在高原多年冻土研究方面的国际领先水平和地位。

进入 21 世纪，我国高海拔高寒地区落后的交通基础设施已严重影响当地的经济社会发展，尤其是西藏地区已成为国家高速公路网唯一尚未连接的"孤岛"。2004 年 1 月国务院通过的《国家高速公路网规划》（简称"7918"高速公路网），将青藏高速公路纳入其中，也充分反映了交通行业和青藏两省区对高海拔高寒地区建设高速公路的迫切需求。

特别是 2010 年 4 月 14 日青海玉树发生了 7.1 级地震，震后救援及恢复重建工作全部依赖二级标准的 214 国道，其通行能力不堪重负。因此，2011 年国家批准建设共玉公路（共和至玉树公路），按照高速公路标准建设玉树震后"生命线"，跨越青藏高原近 250 km 不稳定高温多年冻土的公路率先上马，成为全球首条多年冻土区域建设的高速公路。

相对二级公路与铁路 7.0~10.0 m 路基宽度及薄层沥青路面、有轨道砟结构而言，高海拔高寒地区高速公路"宽、厚、黑"的显著热学特征导致黑色路面吸热、厚层路面结构储热，大尺度冻土路基聚热显现出显著的倍增效应，其路基下伏多年冻土的水热平衡将会受到严重干扰，工程与多年冻土的相互作用机制将会更加复杂。因此，在正式工程上马之前，公路冻土工程科研界和工程界必须认识到高海拔高寒地区高速公路建设面临的这些独特的科学与技术难题，也是人们逐步认识冻土区铁路、二级公路及高速公路科研工作螺旋式上升且愈发艰巨的必然过程。

自 2008 年开始，中交第一公路勘察设计研究院有限公司在交通运输部、中交集团的大力支持下开始针对冻土高速公路的应用基础理论与相关技术原理及适应性开展了一些前期储备研究，也取得了"公路冻土路基尺度效应""多年冻土地区高速公路建设新技术"等探索性成果。为攻克多年冻土区高速公路关键技术问题，科学技术部和交通运输部按照《国家中长期科学与技术发展规划纲要（2006—2020）年》重点领域及其优先主题任务的部署要求，两部会商决定从国家层面，以国家科技支撑计划适时启动"高海拔高寒地区高速公路建设技术"系统研究攻关。

1.1 高速公路冻土工程面临的问题

青藏公路 1954 年建成通车，是我国在青藏高原建设的第一项重大工程，在区域社会经济发展中发挥了重大作用。但因其建设时我国对冻土理论知识的缺乏和实践经验的不足，基本没有采取任何保护多年冻土的措施，路基下融化盘形成，冻土路基融化下沉持续发展。2006 年通车的青藏铁路格尔木至拉萨段是实施西部大开发战略的四大重点工程之一，针对冻土及环境问题，在路基设计中采用了"主动冷却"的设计理念，并显示了良好的保护冻土的工程效果。然而高速公路"宽、厚、黑"的聚热、储热以及强吸热的特点使其能量交换过程与青藏公路、青藏铁路均存在较大差异，加上安全高速的行车要求，无论青藏公路整治还是青藏铁路建设的经验，都不能完全满足工程建设的需要，其核心问题可归结为以下两个方面：

1) 问题 1："宽、厚、黑"特征下的能量交换过程尺度效应

相对二级公路路基，《公路工程技术标准》(JTG B01—2014)中对公路路基横断面设计有着明确要求：整体式双向四车道高速公路路基横断面，路基双幅总宽度在 24.5~26.0 m。过去 40 多年来，冻土路基研究取得的设计与施工技术，均是针对解决公路路基宽度 8.5 m 条件下维护路基热稳定性问题。与二级公路相比，高速公路等高路基总吸热面积将增加 3 倍以上，路堤填筑材料总体积热容将增加 3~4 倍。计算结果表明：高速公路冻土路基下的融化盘会加宽、加深，对多年冻土的水热平衡将产生严重影响。

相对铁路路基，首先是铁路路基宽度仅为 7.0 m，不到整体式高速公路路基宽度的 1/3；其次是铁路路基上采用碎石道砟，系一种团粒结构，空隙大、空气流通性强、散热快。公路路基上铺筑的沥青面层是一种密实的板状结构，结构密实，封闭性强，吸热、储热强烈。尤其是在沥青路面强吸热作用下，高速公路表层中心处的最高温度可达 55℃ 以上。铁路与公路在水热转换能量方面存在显著差异，公路经由路面的吸热量远远大于铁路。在高速公路条件下，铁路采用的主动冷却措施将因吸热面增加、路基内部换热强度降低而受到极大的限制。

青藏公路整治工程的冻土研究，针对自身工程特点提出了通风管路基、热棒路基、片块石路基等特殊路基结构形式，但是这些特殊路基结构形式均是针对二级公路提出来的。高速公路显著增加的路基宽度、更加严格的技术标准以及急剧增加的沥青路面吸热效应，导致高速公路路基总吸热面积将增加 3 倍以上。应对高速公路尺度效应，采取新的稳定技术措施及过去高速公路大断面特殊路基参数体系，寻求工程与地基下附存冻土间新的能量平衡，是需要研究解决的重大理论和技术问题。

2) 问题 2：多构筑物走廊带冻土与工程相互作用机制

我国分布面积约 150 万 km^2 的高海拔高寒地区多年冻土，是世界高海拔多年冻土的典型代表。与低海拔、高纬度冻土相比，青藏高原多年冻土具有高温、高含冰量的特点，作为工程承载基础，其热稳定性差，对外界扰动极为敏感，较小的工程热扰动即可能引发冻土性质的变化，直接导致工程失稳，甚至演化为工程灾害。

世界气象组织(WMO)近期发布的全球气候状况指出，2016 年为全球有气象记录以来气温最高的年份。我国 2016 年气温为历史年最高，其中 12 月为历史最高。在气候变暖的背

景下,冬季温度升高大于夏季。青藏高原作为全球变化的"先兆区"和"放大器",21世纪以来,其多年冻土始终处于退化状态。局部地区长期监测数据表明,1996—2015年天然状态下多年冻土年平均地温最大升温速率为0.06℃/年,最小为0.02℃/年;多年冻土上限下降最大为6.6 cm/年,最小为2.0 cm/年。由于早期工程设计与建设中未考虑冻土本身的能量损失,导致工程与气候变暖叠加后工程下伏多年冻土升温与退化趋势更为明显。青藏公路沿线冻土地温长期监测结果表明,20世纪70—90年代青藏公路沿线的季节冻土、融区及岛状多年冻土区的地温升高了0.3~0.5℃,连续多年冻土区年平均地温升高了0.1~0.3℃,天然状态下北界向南退化0.5~1 km,南界下界升高了50~80 m。

狭长的青藏工程走廊宽处不过数千米,窄处仅数百米,其内交错分布青藏公路、青藏铁路、格拉成品油管道、兰西拉光缆通信工程、500 kV输变电工程五项重大工程。对承载工程的冻土环境而言,如此密集的冻土工程对其干扰强度十分显著,如果继续按以往工程设计与建设理念,青藏高速公路建设后,这种干扰将进一步加剧,最终可能导致走廊内不可预见的工程病害及次生灾害频发且相互交织、关联发育。

因此在已有工程走廊内新建高速公路之前,从理论上探索工程建设及其高效安全运行与生态、冻土环境保护和发展间的最佳平衡点是研究中面临的极具挑战的又一重要问题。事实上,在已有高速公路标准尺度的试验工程中发现,只要工程措施得当、施工工序合理,大尺度冻土路基会变"聚热"为"聚冷",多年冻土出现回冻趋势。因此,将高速公路这一超大型冻土工程置于当前走廊复杂冻土环境系统中,准确探明并评估走廊内多年冻土的发育现状、分布规律及发展趋势,合理界定高速公路热影响范围并评价其与其他重点工程的叠加效应,考虑最大限度保护和修复冻土和生态环境,提出其建设原则和工程灾变风险防控理论和对策,也是科学回答高海拔高寒地区高速公路如何建设的重大理论和技术问题。

1.2　冻土工程国内外研究现状

1.2.1　冻土工程理论研究

俄罗斯、加拿大等国早在20世纪40年代中期就已开始冻土研究,主要着眼于冻土区域的自然和工程研究,编写了一系列多年冻土区建筑和工程实践的国家规范、法规、手册和指导性文件,基本形成了一套针对高纬度多年冻土区工程建筑物的设计和施工研究体系。加拿大地质调查局在80年代中期就从马更些三角洲、Tuktoyaktuk半岛一直到阿尔伯塔北部设置了多年冻土热状态的监测网络,了解Norman输油管线工程对多年冻土的影响评估。1991年,加拿大与俄罗斯在西西伯利亚的Nadym地区及加拿大Mackenzie河谷沿多年冻土区输油管线进行工程地质过程的合作研究,分别开展了活动层过程、多年冻土地温、季节融化深度和融化下沉变形的监测,在西西伯利亚监测时间长达 18 年,Nadym 地区监测时间达 8 年之久。

我国青藏公路自 1984 年完成沥青路面铺筑后,路基下部多年冻土发生了较大的变化。为了解沥青路面下部多年冻土温度状态以及多年冻土上限变化特征等及其与路基稳定性的关系,从 1995 年开始在青藏公路沿线唐古拉山以北和以南地区布设温度和变形监测断面,一直监测至今。2001—2006 年开展了青藏铁路工程与多年冻土相互作用及环境效应的研究工作,较好地解决了青藏铁路高温高含冰量路基稳定性问题,检验了我国多年积累的冻土工程研究成果。这些工程活动为推进冻土工程理论研究提供了较好的基础。

国外学者 Morgenstern 等基于太沙基一维固结理论,结合纽曼热传导方程得到了一维情况的变边界融化固结理论。Gibson 等的理论基于对流坐标系,以孔隙比为场变量突破了小变形假设的局限,同时使用压缩系数和渗透系数与孔隙比间的非线性关系反映大变形对材料性质的影响,能够合理地描述一维情况高含水量土体的固结问题。Fish 早在 1983 年就比较、分析了苏联与美国在寒区冻土基础工程设计规范和方法方面的异同及原因,指出了影响因子和参数的重要性。Harris 等对寒区边坡工程稳定性进行了离心模型试验。Jaroslav(1997)系统总结了当时有限元、边界元数值方法对基础工程稳定性问题的研究。Selvadurai 等(1999)构建了 3D 计算模型,分析了冻胀诱导的土与浅埋管线之间的相互作用问题。Anisimova 等(2002)观察到季节性融化层(活动层)对大气和表层间能量和质量交换起着重要的调节作用,建立了概率模型来计算活跃层厚度的概率密度函数,通过研究 1995—1999 年阿拉斯加中北部库帕鲁克河地区的数据,建立了库帕鲁克河地区活跃层的概率图。Wotherspoon(2010)则采用数值方法分析了季节冻土区桥梁基础在循环荷载作用下的稳定性。

我国许多学者展开了有关多年冻土区道路工程修筑原则的研究,最早始于 20 世纪 50 年代,并于 60 年代的全国道路病害防治会议上交流了经验。对大兴安岭及青藏高原道路工程的实践证明,线路穿越多年冻土,特别是多冰地段时,必须坚持"多填少挖"的原则,尽量保持地基土于冻结状态。1979 年,交通部科研组在设计中开始注重地下冰对路基稳定性的影响,提出了加强保温与重视选择路基填料的两大措施。原思成等(2006)根据冻土区工程环境与冻土环境间相互作用的特点,认为应尽量减少人类活动对冻土环境的热扰动,并采取适当的施工方法和措施来保证冻土施工和冻土构筑物的安全性和可靠性。徐江等(2007)利用蒙特卡罗法的理论,编制了计算冻土边坡在冻结和融化过程的失效概率和可靠度程序,对冻融边坡的可靠度评价进行了初步研究。马立峰等(2009)考虑了冻土类型、温度、厚度、地质地貌和工程条件五个方面,应用模糊统计评价方法对路基的稳定性进行了较全面的分析。朱斌等(2007)综述了边坡稳定性的分析方法,指出随机有限元方法的适用性。

近几十年来,随着全球气候升温模式不断被证实和广泛接受,气候增温条件下的冻土工程稳定性越来越受到人们的重视。程国栋等提出,为了应对高温冻土和全球变暖的严峻挑战,必须改变以往一直沿用的消极被动保护冻土的措施,采用积极主动的保护冻土措施,研究思路应由"被动保温"转变为"主动降温",积极探索"冷却路基"的方法。马巍、吴青柏等研究开发了新的地温调控原理和技术,提出能冷却地基的新的路基结构形式和设计参数,以确保工程的稳定。汪双杰(2008)在国际上率先提出冻土工程尺度效应理论研究方向,指出在全球气候升温背景下,多年冻土地区公路修筑还必须解决超强太阳辐射环境中沥青路面的吸热效应、大尺度公路路基吸热效应,以及高速公路 100 km/h 行车速度下冻土路基差异变形、不对称变形控制等独特的科学难题。基于此,汪双杰提出了能量平衡设计方法,主动将路基内热能带出路基或将路基外冷源不断输入路基,使路基温度降低,向有利于路基稳定的趋势发展。

1.2.2 公路、铁路冻土工程技术研究

1) 公路冻土工程技术研究

1961 年至今,我国先后开展了多年冻土区青藏公路、青康公路、黑北公路等工程研究,而青藏公路的研究代表了我国多年冻土区公路研究的发展。青藏公路是我国乃至世界多年冻土地区公路的代表,其建设突破了国际上多年冻土地区不能修筑沥青路面公路的禁区,使得青藏公路成为世界上第一条大规模铺筑沥青路面的多年冻土地区全天候通车公路。青藏公路 1954 年通车,由于当时历史条件与技术原因的限制,对多年冻土缺少基本认识,采用的是顺地爬的修筑方式,从而导致青藏公路修筑完成后,冻融病害大量发生,严重影响了青藏公路的通车能力。为解决青藏公路行路难的问题,以中交第一公路勘察设计研究院有限公司(原交通部第一公路勘察研究院)为代表的冻土科研工作者,围绕青藏公路冻土工程技术问题开展了四期联合攻关。

1973—1978 年:第一期青藏公路科研主要针对路面黑色化需求开展了大面积铺筑前的路基路面试验研究,在楚玛尔河、五道梁、可可西里铺设的三段沥青路面表处和浅灌试验工程约 8 km,推进了公路冻土工程研究。

1979—1984 年:第二期青藏公路科研主要针对全线大规模铺筑沥青表面处治或沥青贯入路面开展研究,建立了桩基试验场,开展了地下冰的分布、冻土上限的判定方法、路基高度及桥梁桩基研究,解决了黑色路面的修筑难题,并于 1985 年全线完成铺筑黑色化路面。

1985—1999 年:第三期青藏公路科研主要是为适应改革开放后西藏交通发展需求,依托青藏公路升级改造(路基加宽、沥青混凝土路面铺装)开展攻关,掌握了全线多年冻土的分布及变化规律,实现公路路面高级化,在公路冻土工程理论研究方面进一步取得突破。

2000—2007 年:第四期青藏公路科研主要是为适应西藏交通运输量的迅速增长和青藏铁路建设期重载运输的需求、应对全球气候升温对多年冻土的影响及为国家规划的青藏高速公路建设提供前瞻性技术储备,开展了多年冻土地区公路修筑成套技术研究。

依托青藏公路开展的科研工作,中交第一公路勘察设计研究院有限公司形成了多年冻土地区青藏公路建设和养护的技术体系,包括三大核心支撑技术——沥青路面及路基稳定关键技术、公路设计与施工关键技术以及公路建设养护技术。青藏公路科研技术体系的建

立,牢固确立了我国冻土工程研究水平的国际领先地位,截至目前青藏公路仍然是国际冻土工程理论与实践的典型示范。但是,依托青藏公路开展的系列路基变形控制及稳定技术研发与应用,基本上都是服务于原路基规模条件下路基病害的整治,尽管其对新建同类型公路路基工程具有很好的指导意义,但在大尺度、宽幅路面的高速公路建设中,显然这些以对流传导换热为主的工程措施,会因路基尺度过大、路面吸热剧烈而降低功效,甚至失效,存在不能有效地保护下伏多年冻土的重大潜在风险。

2011年开工建设的共玉公路是世界上首条在多年冻土地区修建的高等级公路,穿越青藏高原南缘高温不稳定多年冻土区域超过250 km。共玉公路在设计中充分借鉴和采用公路建设已有研究成果,有针对性地采用热棒路基、通风管路基、片块石路基等多种特殊结构路基形式,同时创新了多年冻土区路域边坡与弃土场生态恢复技术、路域生物资源循环利用技术、公路沿线湿地保护技术等技术,实现了"无痕迹"施工的环保目标。共玉公路是工程界在高海拔低纬度多年冻土地区修建高速公路的首次重大实践。

2) 铁路冻土工程技术研究

俄罗斯西伯利亚铁路修建于1891—1916年,全长9 288 km,穿越了西伯利亚冻土带,是低海拔高纬度多年冻土工程的典型代表。限于当时对多年冻土认识的局限性,西伯利亚铁路修筑过程中忽视了对多年冻土的保护,导致后期运营过程灾病害不断,严重制约了铁路的运输能力,与此同时,西伯利亚铁路修建过程反映出的问题也引起冻土专家的关注,推动了冻土工程技术的发展。

我国在铁路冻土工程技术研究方面的代表是青藏铁路工程。青藏铁路格尔木至拉萨段是实施西部大开发战略的四大重点工程之一。该线全长1 141 km,穿越大片连续多年冻土区长度约550 km,翻越唐古拉山的铁路最高点海拔5 072 m,面临多年冻土、高寒缺氧、生态脆弱等世界性工程技术难题。青藏铁路2001年开工建设,2006年通车运营,该工程是在极为艰苦的条件下边设计、边科研究完成的。青藏铁路建设过程中,吸取了青藏公路建设、养护经验,确立了"主动降温、冷却地基、保护冻土"的设计思想,实现了对冻土环境分析由静态转变为动态,对冻土保护由被动保温转变为主动降温,对冻土工程措施由单一措施转变为多管齐下、综合施治的"三大转变",形成了成套的青藏铁路冻土路基工程技术(片石气冷技术、碎石护坡技术、热棒措施、通风管措施、隔热保温措施)、桥梁工程技术、隧道衬砌结构防冻胀技术(一次衬砌+防水层+隔热保温层+防水层+二次衬砌)、工程施工技术和工程长期监测与稳定性分析技术。

另外,青藏铁路还针对不同情况应用了基底换填、路桥过渡段工程措施,在多年冻土路基边坡的防护与支挡、冻土路段过渡段、湿地地基处理、冻土斜坡路基稳定等方面开展了系统研究。青藏铁路建设期间,在施工全过程中以减少冻土扰动为原则,积极采用先进技术解决多年冻土区铺架、隧道开挖、桩基成孔、耐久混凝土施工等一系列技术难题,为青藏高原多年冻土地区其他冻土工程的建设提供了很好的经验和借鉴。

1.2.3　其他冻土工程技术进展

2010年开工建设的青藏交直流联网工程是迄今高海拔高寒地区建设的规模最大的输变电工程,由西宁—柴达木750 kV输变电工程、柴达木—拉萨±400 kV直流输电工程和西藏中部220 kV电网工程组成。青藏交直流联网工程建设过程中,围绕工程中的系统稳定性、多年冻土区基础设计与施工等难题开展科技攻关,取得了青藏直流工程系统运行关键技术、高海拔直流换流站关键技术、高海拔直流输电线路关键技术以及高海拔多年冻土地区基础设计等先进技术,使我国完全掌握了高海拔直流输电关键技术。

原油管道建设一直是多年冻土地区重要的冻土工程。美国的阿拉斯加油管(Trans-Alaska Pipeline System)是世界上第一条深入北极圈的输油管道,大部分线路经过永冻土地带。为保护多年冻土,防止原油热力融化多年冻土层,油管采用两边带有冷冻液体伴冷管的敷设方式。同时该管道采用了两项重大技术:① 在一些架空路段,为防止原油的热力经垂直支架传到土地会把永冻层融化,导致管道出现沉降以及损坏管道,在支架上安装了热交换器,以对流散热;② 管道在地面呈"之"字形敷设,为管道横向和纵向移动保留了空间。

我国在多年冻土地区铺设的原油管道也有两条:一条是格尔木—拉萨输油管道;另一条是中俄原油管道。格尔木—拉萨输油管道是世界上海拔最高的输送成品油固定管线,于1972年组织修建,1977年基本建成,全线约560 km线路铺设在多年冻土地区。2002—2004年管道进行了重大的技术改造,其内容主要有:部分地段更换主干管线,改用高效设备;改进泵站工艺流程,采用减阻技术;提高自动化水平,加强安全防护;减轻操作人员劳动强度,实行现代化管理等。中俄原油管道一线工程(漠大线)于2011年1月1日正式投入运行,二线工程(漠大二线)于2016年在黑龙江省加格达奇地区开工建设,目前已经建设过半。中俄原油管道建设过程中采用了大量的先进技术与冻土科研成果,如利用保温板房、电器系统增加预加热设备等手段,确保了中俄原油管道二线盾构项目在极寒天气下顺利施工,填补了盾构施工法在极寒地区施工的国内空白。中俄原油管道二线工程首次全面推行全自动超声波检测工艺,同时应用了我国自主研发的机械化补口设备,"大型施工设备远程监控管理系统"等一系列科技创新成果,大幅提升我国智能化管道建设的水平。

第2章

公路冻土工程尺度效应理论

冻土路基与外界环境和下伏冻土层的换热过程是一个复杂的非稳态换热过程,且受到外部气候环境条件、自身物理参数及工程施工方案等多个因素影响,是一个典型的多换热方式耦合、多因素影响、非线性的物理问题。目前的"附面层"理论采用与土壤接触的下附面层温度作为上边界条件,该方法将太阳辐射、风的强制对流、地表长波辐射、水分蒸发等复杂外部环境条件统一归结为温度边界,虽然具有应用上的便利,但无法真实反映冻土路基复杂耦合换热特征及外部环境参数对换热过程的影响规律,且此方法必须以大量的附面层地温监测值作为依据。同时,相较于二级公路和铁路的窄幅路基,高速公路的宽幅路基在尺度与结构上差异明显,现有附面层理论的相关结论和计算公式对宽幅冻土路基的适用性和准确性问题已客观存在。因此,新的冻土路基边界条件模型构建成为一个迫切需求。

高海拔高寒地区高速公路路基宽度一般达 25.0 m 左右,远大于普通二级公路路基。其结构特征表现为"宽、厚、黑",即宽幅路基、厚层路面结构和黑色吸热路面。这种新的吸热特征将引发尺度效应。在空间维度上,路基尺度的变化将引起其下冻土物理场状态的变化及路基稳定性的变化,这就是冻土路基的空间效应。在时间维度上,路基不同时期吸热特征和吸热强度的差异也将引起其稳定性随时间的变化,这就是冻土路基的时间效应。目前关于冻土路基尺度效应的研究仅停留在病害调查和总结等现象层次,尚未开展深入的理论研究。

为解决上述问题,针对高海拔高寒地区高速公路路基特点,首先在分析宽幅厚层黑色沥青路面温度场特征的基础上,建立综合考虑太阳辐射、气温、风速和风向等影响条件的地气耦合边界条件模型,进一步提升冻土路基边界条件模型的精度和适用范围。然后采用热物理学基本原理,以饱和冻土为研究对象,推导冻土水、热、变形三场耦合的理论架构。以多工况数值计算结果为基础,深入阐述冻土路基空间效应对其水热状态和变形状态的影响。基于青藏公路 13 年历史病害调查数据,分别分析普通路基和特殊结构路基的时间效应。通过对比特殊结构对原始冻土地温特征的改变情况,阐述不同特殊结构路基的结构效应。冻土路基尺度效应的研究对大尺度冻土路基合理断面研究、冻土路基能量平衡设计方法研究和修建模式研究等具有重要的理论指导意义。

2.1 地气耦合边界条件模型

2.1.1 宽幅厚层黑色沥青路面温度场

1) 沥青路面温度场

根据花大高速公路路面观测场数据,宽幅路基路面体系与窄幅路基路面体系中基层范围内(36~55 cm)温度变化曲线如图 2-1 所示,年度统计指标见表 2-1。可见,两者温度变化特征具有显著差异,窄幅路基路面体系中基层平均温度在冷季(1—4月)高于宽幅路基路面体系中基层平均温度,最大差别约为 10℃;窄幅路基路面体系中基层平均温度在热季(4月—次年 1 月)低于宽幅路基路面体系中基层平均温度,最大差别约为 8℃。

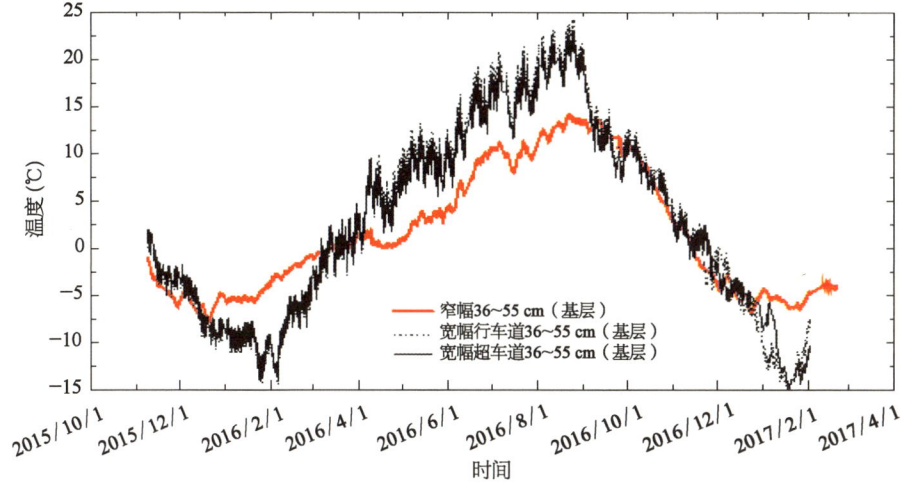

图 2-1 宽幅、窄幅沥青路基路面体系中基层范围内温度年度变化特征

表 2-1 窄幅、宽幅路基路面体系基层温度年度统计指标 （℃）

位　置	最高温度	最低温度	平均温度
窄幅路面基层	20.7	-13.9	0.9
宽幅路面行车道基层	25.5	-16.4	5.4
宽幅路面超车道基层	24.7	-15.7	5.0

宽幅路基路面体系与窄幅路基路面体系中路床范围内(55～265 cm)温度曲线如图 2-2 和图 2-3 所示,年度统计指标见表 2-2。可见,窄幅路基路面体系中上路床平均温度在冷季(1—4 月)高于宽幅路基路面体系中上路床平均温度,最大差别约为 10℃;窄幅路基路面体系中上路床平均温度在热季(4 月—次年 1 月)低于宽幅路基路面体系中上路床平均温度,最大差别约为 5℃。窄幅路基路面体系中下路床平均温度在冷季(1—4 月)高于宽幅路基路面体系中下路床平均温度,最大差别约为 2℃;窄幅路基路面体系中下路床平均温度在热季(4 月—次年 1 月)低于宽幅路基路面体系中下路床平均温度,最大差别约为 6℃。

表 2-2 窄幅、宽幅路基路面体系路床温度年度统计指标 （℃）

位　置	最高温度	最低温度	平均温度
窄幅路面上路床	13.6	-7.3	0.8
窄幅路面下路床	7.6	-3.6	0.3
宽幅路面行车道上路床	23.1	-12.7	5.3
宽幅路面行车道下路床	18.4	-7.4	4.1
宽幅路面超车道上路床	21.6	-12.6	4.6
宽幅路面超车道下路床	17.1	-8.0	3.5

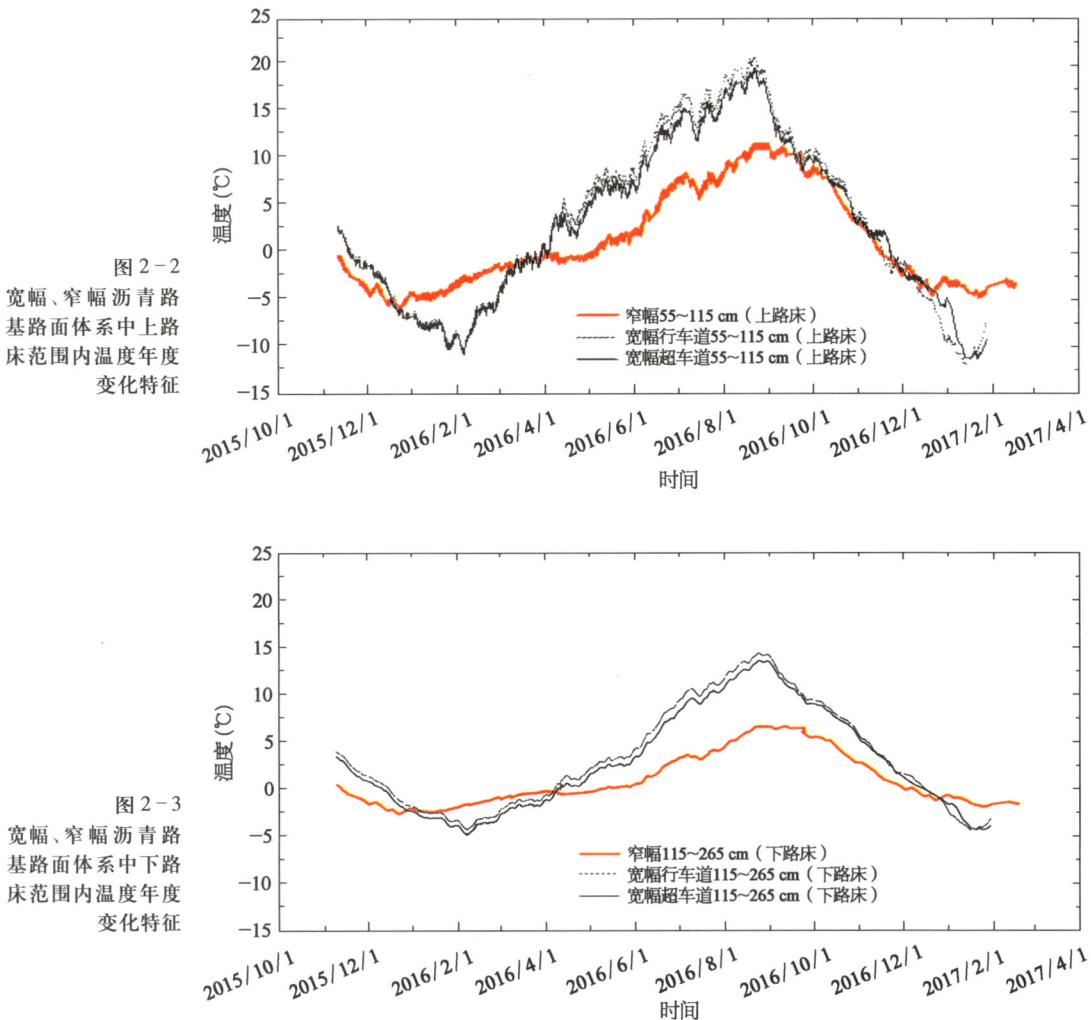

图 2-2 宽幅、窄幅沥青路基路面体系中上路床范围内温度年度变化特征

图 2-3 宽幅、窄幅沥青路基路面体系中下路床范围内温度年度变化特征

2) 路面体系的热收支状况

以 2015—2016 年度为例,超车道和行车道路面结构与路基内的热收支状况如图 2-4 和图 2-5 所示。可见,超车道以下基层、上路床、下路床热量支出量均低于外侧行车道,而累积热量收入均高于同期外侧行车道。路基路面体系内热量收支均随季节发生波动,在寒冷期表现为热量支出,3 月达到支出极限,而在热季表现为热量流入,9 月达到收入极限。超车道和行车道下路基均表现为净热量收入,超车道 2015—2016 年度 55~115 cm 和 115~265 cm 处年累计热量收入分别达到 23 MJ/m^2 和 34 MJ/m^2;行车道 2015—2016 年度 55~115 cm 和 115~265 cm 处年累计热量收入分别达到 11 MJ/m^2 和 43 MJ/m^2。超车道路面结构内表现为净热量收入,36~55 cm 范围内达到 116 MJ/m^2,行车道路面结构内表现为净热量支出,36~55 cm 范围内达到 -22 MJ/m^2。

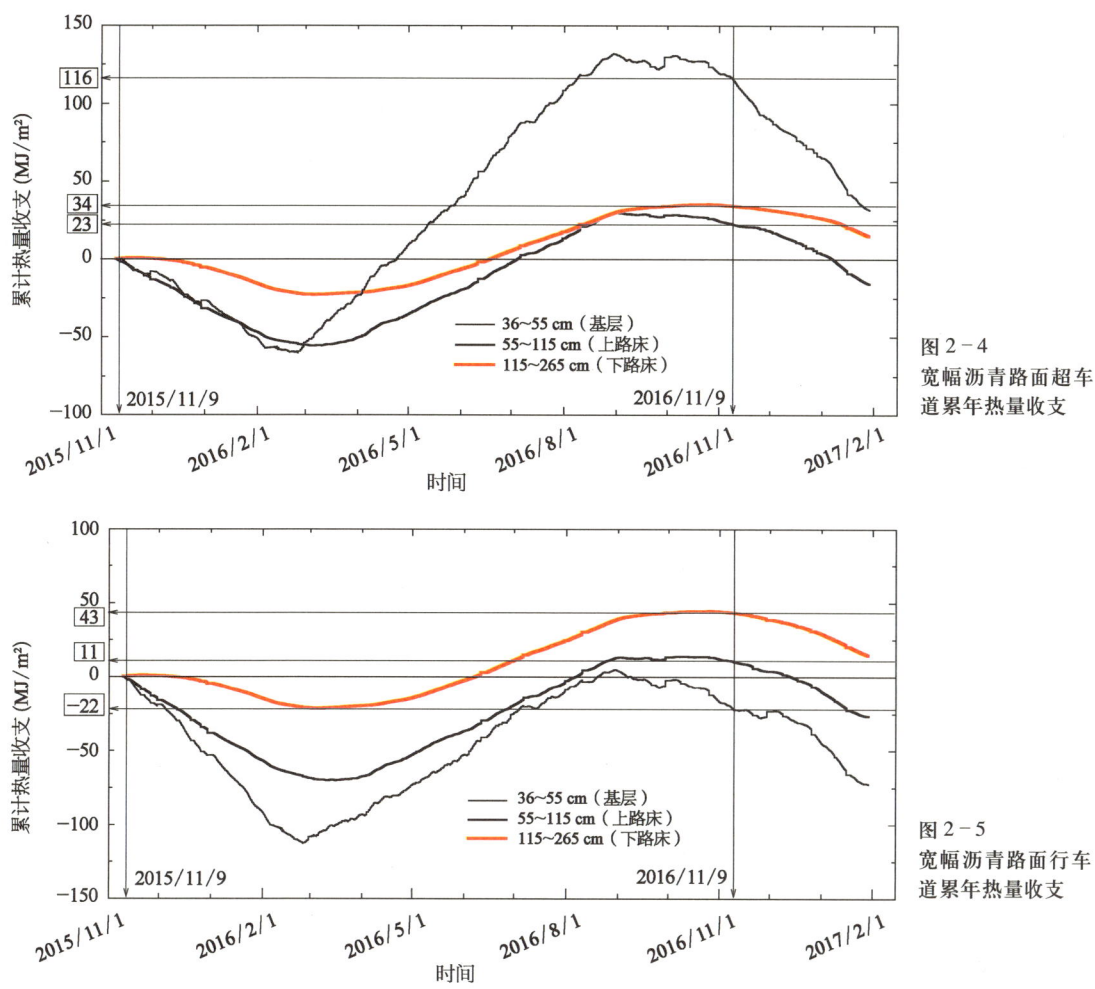

图 2-4 宽幅沥青路面超车道累年热量收支

图 2-5 宽幅沥青路面行车道累年热量收支

2.1.2 地气耦合边界条件模型概述

上节基于现场观测数据的分析表明,窄幅路基和宽幅路基沥青路面的温度场和热量状态存在显著差异,这表明对于宽幅路基,其上边界条件不能简单挪用基于二级公路的附面层原理成果。因此,统一的冻土路基边界条件模型成为一个迫切需求。地气耦合边界条件模型针对高海拔低纬度青藏高原公路路基温度场研究的特殊性,将冻土路基上层的太阳辐射、气温、风速和风向等影响条件纳入研究模型,建立统一的地气耦合系统二维非稳态计算模型,对多因素影响下冻土路基内耦合换热过程开展了研究,同时考察了路面宽度、风速、路基高度和坡度及路线走向等参数条件对多年冻土路基表层温度分布情况的影响程度。

2.1.2.1 理论模型

地气耦合边界条件理论模型将冻土路基上层的太阳辐射、气温、风速和风向等影响条件纳入模型内,由于计算模型将基于"附面层理论"的封闭系统改进为有速度入口和出口的开口系统,需要考虑更多的影响因素且各影响因素之间互相耦合,因此边界条件的设置比封闭系统的边界条件设置复杂得多。下面首先介绍计算模型中各个边界条件的设置方法。

空气由边界处垂直进入,根据计算时刻的不同,左右侧入口空气流速依次取为正值和负值;风速的取值按照其距地面高度的不同,设为与地面高度呈指数变化的函数形式,即

$$V = f(h, t) \tag{2-1}$$

式中:h 为距地面高度;t 为旬序。

入口初始湍流强度和湍流长度尺度计算式分别为

$$\begin{cases} I = 0.16(Re_{D_H})^{1/8} \\ l = 0.07 D_H \end{cases} \tag{2-2}$$

式中:D_H 为特征长度,取为地表的横向长度;Re_{D_H} 为以 D_H 为特征长度的雷诺数。

空气上边界采用第一类边界条件,壁面温度随时间周期性变化。天然地表、路面、路肩和坡面表面设为厚度为 0.1 m 且带源项的耦合壁面;冻土左右两侧设为绝热边界条件;为模拟地热对冻土层的热效应,底面设为 0.06 W/m² 的热流边界条件。下面将详细对边界条件的设置方法及具体数值的设置依据加以介绍。

1) 风速与风向

根据研究,环境风速随距地高度呈指数变化,将风速设为距地高度的函数,即

$$v = v_{ref}(h/h_{ref})^{0.14} \tag{2-3}$$

式中:v_{ref} 为速度参考点的风速;h_{ref} 为速度参考点距地面的高度,取为 3 m。

同时考虑到风速和风向的季节性变化,将 v_{ref} 和风向设为时间年度性周期变化函数形式,左右两侧速度入口风向按照下式计算

$$\begin{cases} \text{SIGN} = 1, & t \leq 5 \\ \text{SIGN} = -1, & 5 < t \leq 23 \\ \text{SIGN} = 1, & t > 23 \end{cases} \tag{2-4}$$

式中:t 为旬序,取值为 0~36 的整数,规定公路建成之日为 $t=0$ 时刻;SIGN 为速度入口边界处速度正负值的指标。

2) 环境气温

环境温度设定为随时间年度性周期变化的正弦曲线,具体的计算公式为

$$T_{air}(t) = T_0 + g(t) + A_0 \sin\left(\frac{2\pi t}{3600 \times 24 \times 30 \times 12} + \frac{2\pi}{3}\right) \tag{2-5}$$

式中：t 为时间(s)，并规定公路建成之日为 $t=0$ 时刻；T_0 为年平均温度；$g(t)$ 为年平均气温逐年上升的速率；A_0 为气温振幅。

3) 耦合壁面源项

地表被设置为厚度为 0.1 m 的带源项的耦合换热壁面，其计算式为

$$Q_{源项} = \alpha Q_{太阳辐射} - Q_{辐射} - Q_{蒸发} \tag{2-6}$$

式中：α 为吸收系数；$Q_{太阳辐射}$ 为投射到地表的总太阳辐射；$Q_{辐射}$ 为地表对环境的长波辐射热损失；$Q_{蒸发}$ 为地表通过水分蒸发带走的热量。$Q_{太阳辐射}$ 作为地表的热量来源，其数值随时间做年度性周期变化。$Q_{辐射}$ 为地表局部区域对于环境的长波辐射换热量，由于地表各个区域的温度差异，导致其数值随时间和地表温度变化，即

$$Q_{辐射} = \varepsilon\sigma(T_{local}^4 - T_{sky}) \tag{2-7}$$

式中：ε 为发射率；T_{local} 为地表局部区域的温度值，由数值计算过程随时迭代求解；T_{sky} 为天空背景辐射温度，其计算公式为

$$T_{sky} = 0.055\,2\,T_{air}^{1.5} \tag{2-8}$$

$Q_{蒸发}$ 可通过查询冻土地区的地表蒸发量计算得到，有

$$Q_{蒸发} = UG \tag{2-9}$$

式中：G 为汽化潜热，取为 0℃时水的蒸发潜热 2 500 kJ/kg；U 为地表蒸发量，采用如下经验公式计算得到地表蒸发量

$$U = 0.302\,8\,u_w - 0.849 \tag{2-10}$$

式中：u_w 为水面蒸发量(mm)。

地表蒸发热仅在 5 月初至 10 月上旬时间段地面裸露在空气中时有值，而从 10 月中旬到次年 4 月底时间段内由于地表被冰雪覆盖，地表蒸发热取为 0。此外，由于结构原因，沥青路面在换热计算中不考虑蒸发带走的热量。

4) 坡面耦合壁面源项

在计算位于坡面的耦合换热面的源项时，由于公路路线走向不同，公路坡面与路肩、路面等其他地表吸收太阳辐射的数值有所差别。此外，由于坡面具有一定的倾斜角度，其与环境辐射换热时的角系数不再像路面、路肩及天然地表一样保持为 1。在数值计算中，坡面的源项计算公式为

$$Q_{sou} = \alpha k Q_{sol} - X Q_{rad} - Q_{eva} \tag{2-11}$$

式中：k、X 分别为坡面系数及角系数。

X 可根据角系数的辐射换热相关公式得到,计算中角系数取为 0.852;坡面系数求解公式为

$$k_{综合} = 0.6 k_{直射} + 0.4 k_{散射} \qquad (2-12)$$

式中:$k_{散射}$ 为散射辐射所对应的坡面系数。

由于散射辐射无方向性特征,$k_{辐射}$ 的值在计算中取为 1;$k_{直射}$ 的求解又分为阳坡面和阴坡面两种情况,具体的求解公式为

$$\begin{cases} k_{直射-阴坡面} = (\cot\alpha - \cot\beta \mid \cos(\delta-\theta) \mid)\sin\alpha \\ k_{直射-阳坡面} = (\cot\alpha + \cot\beta \mid \cos(\delta-\theta) \mid)\sin\alpha \end{cases} \qquad (2-13)$$

式中:α 为路基坡角;β 为太阳高度角;θ 为太阳方位角;δ 为路基走向东偏北的角度。

2.1.2.2 模型验证

采用青藏公路五道梁地区所埋设的唐北 7 号冻土路基监测数据与数值计算结果进行对比验证。计算区域由空气环境、天然冻土层及修建在天然冻土层之上的公路工程构成(图 2-6)。天然冻土层的土质从上到下依次为粉质黏土、含砾黏土和全风化泥岩,各个土层的厚度分别为 2 m、5 m 及 23 m。为减少模型上部壁面边界条件对计算的影响,空气层的高度取为 20 m。

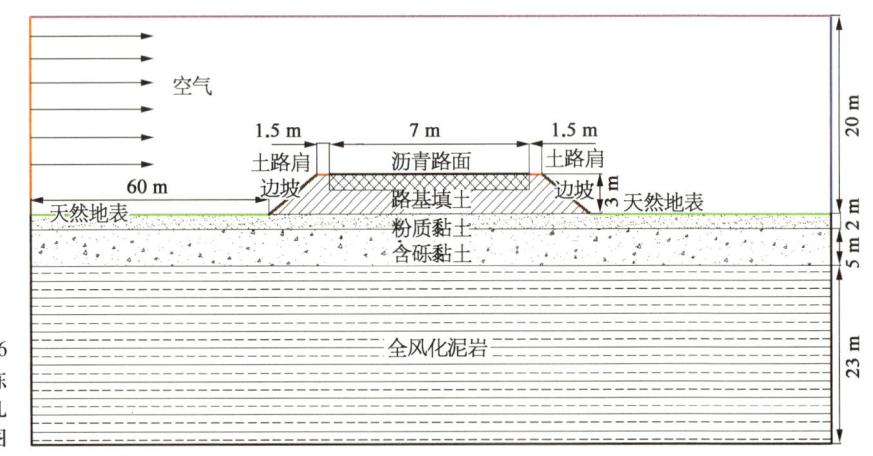

图 2-6 五道梁地区唐北 7 号冻土路基断面数值计算几何模型示意图

冻土路基位于平均海拔 4 000 m 的青藏高原,故在数值计算中将参考压力设为 60 kPa。考虑到环境温度变化的范围只有几十摄氏度,对空气物性的影响较小,因而在数值计算中将空气的物性设为定值。此外,在数值计算中空气的导热系数被人为放大以反映地表粗糙度对强制对流换热的影响。所取空气物性数据为:$\rho = 0.744\ 1\ kg/m^3$、$C_p = 1\ 005\ J/(kg \cdot ℃)$、$\lambda = 0.058\ 6\ W/(m \cdot ℃)$、$\mu = 1.751 \times 10^{-5}\ kg/(m \cdot s)$。计算模型中各层固体介质的物性参数见表 2-3。

表 2-3 土体材料物性参数

物性	温度节点(℃)	沥青路面	路基填土	粉质黏土	含砾黏土	全风化泥岩
ρ(kg/m³)		2 177.78	2 183.6	2 080	2 340	2 310
C_p[J/(kg·℃)]	−40		838	1 050	878	1 142.857
	−20		843	1 060	897	1 168.831
	−10		852	1 200	983	1 212.121
	−5		870	1 440	1 070	1 298.701
	−2		1 140	2 880	1 920	1 731.602
	−1	815.78	2 060	6 010	3 850	3 463.203
	−0.5		4 120	12 000	7 690	7 359.307
	−0.2		8 240	24 000	15 000	14 285.710
	−0.1		16 500	49 400	29 500	28 398.270
	0		1 020	1 170	1 220	1 285.714
	40		1 020	1 170	1 220	1 285.714
λ[W/(m·℃)]	−40		1.5	1.8	2.2	2.501
	−0.4		1.5	1.8	2.2	2.501
	−0.2	1.547	1.494	1.782	2.129	2.472
	−0.05		1.478	1.734	1.936	2.391
	0		1.4	1.5	1	2
	40		1.4	1.5	1	2

在速度入口及空气上边界等温壁面的边界条件设置中,均需对空气环境温度加以设定。环境温度设定为随时间年度性周期变化的单正弦曲线,具体的计算公式为

$$T_{环境}(t) = T_0 + g(t) + 11.3\sin\left(\frac{2\pi t}{31\ 104\ 000} + \frac{2\pi}{3}\right) \quad (2-14)$$

式中:t 为时间(s),并规定路基建成之日为 $t=0$ 时刻;T_0 为年平均温度,取值为 −5.5℃;$g(t)$ 为年平均气温逐年上升的速率,取值为 0.022℃/年。

图 2-7 是路基建成第 21~23 年时冻土路基在不同位置处温度场数值计算结果与钻孔实测结果对比。由图可以看出,无论是在天然情况下还是沥青路面情况下,数值计算结果与实测值均具有很高的一致性,从而验证了计算模型与方法的合理性与正确性。

2.1.2.3 适用性分析

(1) 传统的附面层原理严重依赖于观测数据,仅适合于二级公路,推广难度大;而本模型提出的基于地气耦合的热学边界条件摆脱了观测数据的限制,实现由散点边界向局地面域边界的拓展。

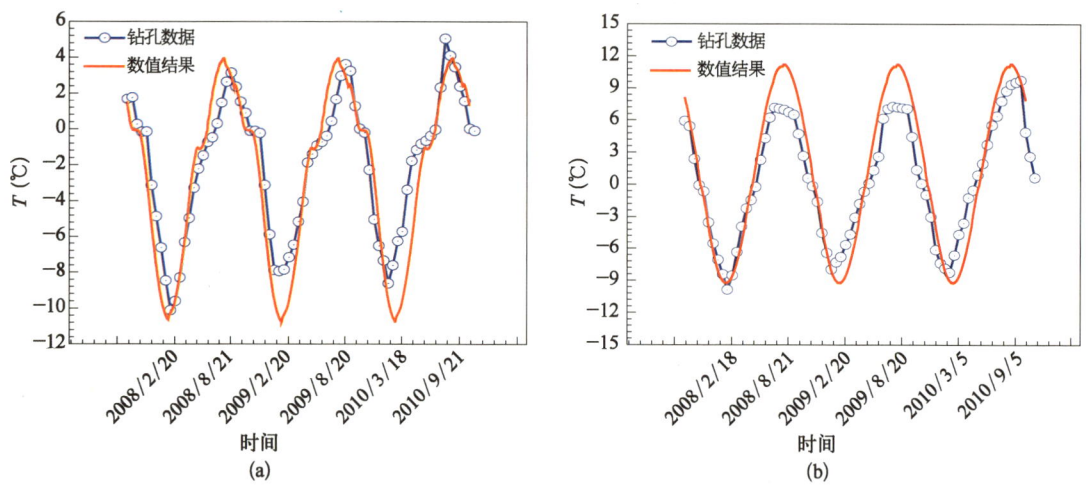

图 2-7 路基建成第 21~23 年不同位置的钻孔 0.5 m 处地温随时间变化趋势图
(a) 天然地表；(b) 路面中心

(2) 以图 2-7 所示数据为例,比较附面层计算结果和本模型计算结果,见表 2-4。根据气象数据,该段年平均气温为 -4.10℃。表 2-4 中的计算结果表明,提出的地气耦合模型的精度在天然条件下比附面层方法提升了 7%,在路基中心比附面层方法提升了 168%。可见,地气耦合模型进一步提升了传统附面层原理的精度,更接近客观实际。

表 2-4 青藏公路五道梁段地表边界条件计算结果对比

项 目	实测值(℃)	附面层方法		地气耦合模型		精度提升(%)
		计算值(℃)	误差(%)	计算值(℃)	误差(%)	
天然地表温度	-2.35	-2.07	12	-2.46	5	7
路面中心温度	0.37	1.93	422	1.31	254	168

2.1.2.4 地气耦合边界条件

基于上述计算模型,收集模型计算参数,即可通过计算得到所需的上边界条件。根据计算,不同走向 26 m 宽幅路基各表面的年均温度见表 2-5,表中 E-W 指东西走向,N-S 指南北走向,45°指东偏北 45°走向。

表 2-5 不同走向 26 m 宽幅路基各表面的年均温度 (℃)

运营时间(年)	左侧坡面			左侧路肩			沥青路面迎风边坡			右侧路肩			右侧边坡		
	E-W	45°	N-S	E-W	45°	N-S	E-W	45°	N-S	E-W	45°	N-S	E-W	45°	N-S
1	-3.139	-2.476	-0.860	-1.581	-1.521	-1.365	1.623	1.621	1.612	-0.846	-0.899	-1.064	0.622	0.275	-0.698
5	-3.136	-2.470	-0.839	-1.536	-1.475	-1.314	1.682	1.680	1.672	-0.769	-0.823	-0.992	0.689	0.338	-0.646

(续表)

运营时间(年)	左侧坡面			左侧路肩			沥青路面迎风边坡			右侧路肩			右侧边坡		
	E-W	45°	N-S	E-W	45°	N-S	E-W	45°	N-S	E-W	45°	N-S	E-W	45°	N-S
10	-3.025	-2.359	-0.728	-1.425	-1.364	-1.202	1.791	1.789	1.781	-0.661	-0.715	-0.884	0.795	0.445	-0.537
15	-2.916	-2.250	-0.619	-1.316	-1.255	-1.093	1.899	1.897	1.889	-0.552	-0.606	-0.775	0.903	0.553	-0.429
20	-2.807	-2.141	-0.512	-1.208	-1.147	-0.985	2.008	2.005	1.997	-0.444	-0.498	-0.667	1.011	0.663	-0.322

2.2 冻土路基水热变形效应模型

2.2.1 理论模型

1) 基本假定

在工程上从事冻土三场耦合理论研究均是为结构物变形和强度稳定性的微观机理服务。研究的三场耦合架构也是在参考国内外众多学者研究的基础上,运用热物理学基本原理重新推导冻土体内水、热、形变的作用过程,为工程中研究冻土路基的变形机理提供理论依据。为使问题更加简化并不失一般性,特对冻土中三场耦合理论研究的前提条件做如下假设:

（1）冻土体中水分运动均是以液相水的形式出现,气体和水蒸气的运动与相变效应均忽略不计。
（2）忽略土体中盐分迁移、化学排析作用及对水分迁移的影响。
（3）土体为饱和土或近似饱和土,水的渗流服从达西定律。
（4）土体的变形是土体结构变化和孔隙体积压缩或扩张的结果,土颗粒骨架、水及冰等各相介质本身不可压缩。
（5）土体为各向同性体。
（6）忽略冻土内各相物质本身的热胀冷缩,即热膨胀系数 $\alpha_p \equiv 0$。
（7）相变和水分迁移均为等温过程,即迁移进入微元系统的水分温度与系统相同,并在同一温度下发生相变。
（8）微元体系统内各相物质间温度均匀,始终处于热平衡状态。
（9）忽略微元体系统本身及系统内各相的势能及动能变化。
（10）公路路基变形问题为平面应变问题,即沿路基纵断面方向的应变为0。

2) 土体冻融过程中的连续性条件

饱和冻土可看作一个液体-固体的多相体系,土粒结构空隙充满不同形态的水,在应力梯度作用下,土骨架变形而发生体积变化。土骨架的体积变化代表了土体的总体积变化,它必须等于固相(即土颗粒)、冰、水体积变化之和,这个相等的概念称为"连续条件"。这个连续条件实际上是一个体积的限制,以避免多相系统变形时在相与相之间出现"空隙",从而保证质量守恒。饱和冻土的体积变化是由于土中水的流入或流出,冰水相变而造成的,因为土颗粒基本不可压缩。从质量守恒、达西定律和冻土冰、水两相体积变化的角度推导得到的连续性条件如下

$$\frac{\partial e}{\partial t} = \frac{\rho_s}{\rho_w} \frac{\partial w_u}{\partial T} \frac{\partial T}{\partial t} + (1 + e) \frac{\partial \theta_i}{\partial t} \quad (2-15)$$

式中:e 为孔隙比;t 为时间;ρ_s 为土颗粒密度;ρ_w 为水的粒密度;w_u 为未冻水质量含量;T 为温度;θ_i 为冰的体积含量。

式(2-15)表达了饱和冻土在冻融循环过程中的孔隙变化与温度(T)、未冻水(w_u)及体积含冰量(θ_i)间的非线性耦合关系,表达简洁明了,数值运算也容易实现。

3）土体冻融过程中的能量关系

冻土微元体在冻融循环过程中为一开放的、非稳态的热力学系统。设冻土微元体冻融、水分迁移、相变及变形过程为准静态平衡过程,微元体系统吸收热量,系统对外做功,对外输出能量,残余的能量则使土水体系中各相温度发生变化。根据能量守恒推导出的能量关系式为

$$\lambda_x \frac{\partial^2 T}{\partial x^2} + \lambda_y \frac{\partial^2 T}{\partial y^2} = \rho C_p \frac{\partial T}{\partial t} - \rho_i L \frac{\partial \theta_i}{\partial t} + \rho_w C_{pw} T \left[\frac{\partial}{\partial x} \left(k_x \frac{\partial p_{wi}}{\partial x} \right) + \frac{\partial}{\partial y} \left(k_y \frac{\partial p_{wi}}{\partial y} \right) \right]$$
$$(2-16)$$

式中:λ_x 和 λ_y 分别为 x 方向和 y 方向的导热系数;L 为单位体积水转化为冰的相变潜热;ρ_i 为冰的密度;C_{pw} 为水的热容;k_x 和 k_y 分别为 x 方向和 y 方向的渗透系数;p_{wi} 为孔隙水压力。

式(2-16)是冻土水热耦合研究中能量方程的一般形式,如不考虑迁移水分本身携带的能量,则上式中右侧第三项可忽略,则成为当前水热耦合研究中较通用的能量方程。

4）土体冻融过程中应力-应变关系

饱和冻土土体单元体积应变是由于冰-水相变以及水分流入或流出引起的,而引起这些变化的本质是温度与荷载的双重作用,其作用机理可分为三部分:① 温度变化引发冰-水相变,由于冰、水密度差异导致体积变化;② 由于土体单元周围受荷载作用,在温度变化后,土体内水分自由能发生变化,导致水分迁移,引起土体固结;③ 由于荷载长时间作用,导致应力集中点处冰的融化形成土体蠕变。

因此饱和冻土微元体体积应变应由三部分构成,即

$$\varepsilon_v = \varepsilon_v^T + \varepsilon_v^p + \varepsilon_v^c \qquad (2-17)$$

式中：ε_v^T 为由于温度变化引起冰-水相变而发生的体积应变量；ε_v^p 为由于荷载作用引起的土体压密而发生的体积应变量；ε_v^c 为由于荷载长时间作用引起的冻土蠕变而发生的体积应变量。

考虑有效应力原理,推导得到的土体冻融过程中应力-应变关系为

$$|\sigma_{\max}| \frac{\partial \varepsilon_{\max}}{\partial t} + |\sigma_{\min}| \frac{\partial \varepsilon_{\min}}{\partial t} = p_{wi} \left(\frac{\partial \theta_i}{\partial t} - \frac{\partial \theta_u}{\partial t} \right) \qquad (2-18)$$

式中：σ_x、σ_y 分别代表 x、y 方向的应力分量,用土体内静力平衡方程求取,可用主应力 $\sigma_{\max}$ 和 $\sigma_{\min}$ 代替；因为土是一种非连续介质,一般不能承受拉应力,按土力学的规定取压应力为正、拉应力为负,为防止数值计算中出现负号,因此应力均取绝对值；ε_x、ε_y 分别代表 x、y 方向的应变分量,可由主应变 $\varepsilon_{\max}$、$\varepsilon_{\min}$ 代替；

$$E_s(T, \sigma') \frac{\partial \theta_u}{\partial t} + \frac{\partial p_{wi}}{\partial t} = 0 \qquad (2-19)$$

上述各式之间的联系方程为

$$\varepsilon_{\max} + \varepsilon_{\min} = \frac{e - e_0}{1 + e_0} \qquad e = \frac{\theta_i + \theta_u}{1 - \theta_i - \theta_u} \qquad (2-20)$$

上述微分方程组对应的求解变量分别为：θ_i、θ_u、p_{wi}、T、$\varepsilon_{\max}$、$\varepsilon_{\min}$；式中 ρ_s、ρ_w、ρ_i、L 均为常数；ρ、C_p、λ_x、λ_y、k_x、k_y、w_u 均是温度(T)的函数,可根据不同土质由实验确定,前人已有大量相关试验成果；$\sigma_{\max}$、$\sigma_{\min}$ 分别为土体内最大、最小主应力,可由考虑重力荷载的静力平衡方程求取。6个独立方程求解 6 个变量,在一定的初始条件和边界条件下,运用有限元差分算法则完全能求得其数值解。根据计算的最大、最小主应变及其方向(和主应力方向相同)可反算相应坐标系下的应变分量,据此依据几何方程可求解路基土体任意点位的位移量。

2.2.2 模型验证

以青藏公路典型公路路基断面为研究对象验证提出的理论模型,其几何模型及网格划分如图 2-8 所示。计算区域中地层依次为路基填土、粉质黏土、含砾黏土、全风化泥岩,热学参数见表 2-6。路面宽 10 m,高 2 m,边坡坡度为 1∶1.5,粉质黏土层厚 2 m,含砾黏土层厚 5 m,水平方向宽度为 10 m。

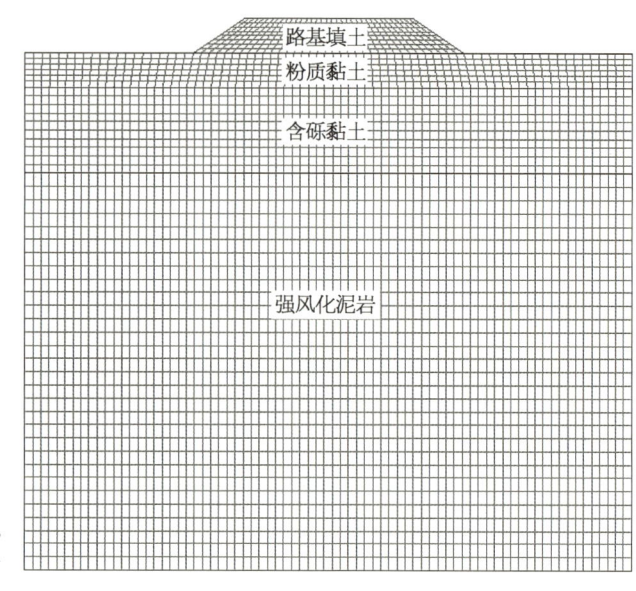

图 2-8
数值计算模型及网格划分

表 2-6　路基各层土热学参数

物理量	$\lambda_f[\mathrm{W}/(\mathrm{m}\cdot℃)]$	$C_f[\mathrm{J}/(\mathrm{m}^3\cdot℃)]$	$\lambda_u[\mathrm{W}/(\mathrm{m}\cdot℃)]$	$C_u[\mathrm{J}/(\mathrm{m}^3\cdot℃)]$
路基填土	1.980	1.913×10⁶	1.919	2.227×10⁶
粉质黏土	1.351	1.879×10⁶	1.125	2.357×10⁶
含砾黏土	1.916	2.865×10⁶	1.220	2.055×10⁶
强风化泥岩	1.824	1.846×10⁶	1.474	2.099×10⁶

计算区域的上边界温度条件可以表示为如下的三角函数形式：

$$T = T_a + \Delta T + \alpha t + A\sin\left(\frac{2\pi t}{365 \times 24} + \frac{\pi}{2}\right) \quad (2-21)$$

式中：T_a 为年平均气温，取 $T_a = -3.0℃$；α 为年增温率，取 $\alpha = 0.052℃/a$；A 为振幅，沥青路面、天然边坡、天然地表分别取为 15.15℃、14.5℃、11.5℃。

根据地气耦合边界条件模型计算结果，沥青路面、天然边坡、天然地表处的 ΔT 分别取为 6.5℃、4.0℃、2.5℃。

根据钻孔测温资料，青藏高原天然地面以下一定深度内地温梯度的平均值为 0.024℃/m，故以此作为计算区域下边界的边界条件。

渗流边界条件：天然地表和边坡为透水边界，即 $p=0$，沥青路面为不透水边界。

变形边界条件：计算区域地基左右边界 x 方向的位移为 0，即 $u=0$，下边界为固定边界条件。

图 2-9 反映了不同时刻路面沉降变化规律。沉降曲线呈 U 形，路中心变形最大，两侧

逐渐减小，由于在计算中选取了对称模型及对称的边界条件，所以沉降曲线也表现为对称曲线。从图中可以看出，从路面修筑开始，随着时间增加，路面沉降一直在发展，第1年变形量最大，之后变形速率逐渐减小。一方面是由于路基填土在初始阶段自身的压密变形所致；另一方面，路基的修筑造成沥青路面吸热加剧，引起路面下多年冻土的融化，而冻土的融化排水固结在初始阶段发展较快，之后逐渐趋于稳定，这在室内试验及一维数值计算中已得到证实，因此，路面沉降量也逐年减小，如图2-10所示。

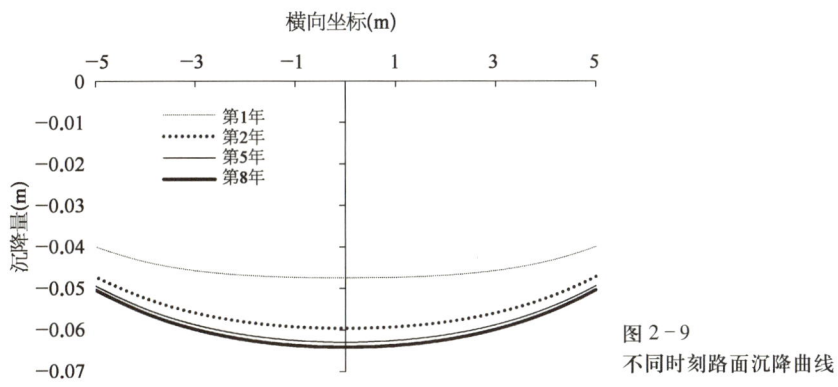

图2-9 不同时刻路面沉降曲线

图2-11反映了温度场对水分场的影响规律，图中箭头表示孔隙水渗流方向。从每年的5月开始，边坡、地表逐渐融化解冻，开放了孔隙水的排水界面，但是由于路基和地基大部分区域还处于冻结状态，所以孔隙水的渗流只发生在边坡表面附近。7月，外界气温达到最高，地基活动层与路基大部分融化，孔隙水的渗流较为活跃，天然地表

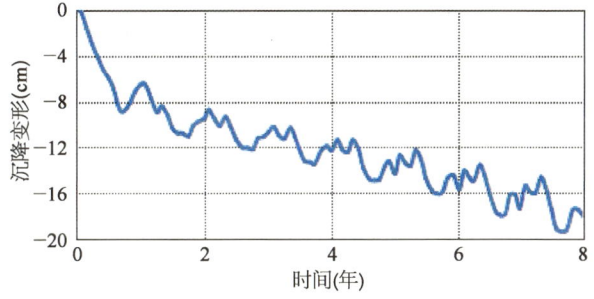

图2-10 路面中心点沉降曲线

成为主要排水边界。10月，地基中多年冻土达到最大融深，孔隙水的渗流区域也进一步扩大。而在11月，由于外界气温已经降到0℃以下，地表及边坡表面已经冻结，封闭了排水边界，虽然路基及地基内部还有未冻结区域，但是孔隙水的渗流也主要在内部发生，无法排出，并不能有效地排水固结。以上分析说明，周期性的温度边界条件造成了孔隙水的排出及多年冻土的融化固结也表现为周期性的规律。从5月上旬暖季开始一直到11月上旬冷季到来，天然地表及边坡表面的排水通道开放，这段时间是有效的融化排水固结时间，而在冷季，虽然地基和路基的冻结滞后，但是由于排水通道封闭，孔隙水无法排出，所以并不能有效固结，这也就解释了多年冻土地区公路路基变形主要发生在暖季，且在一年中呈现出周期性变化的原因。

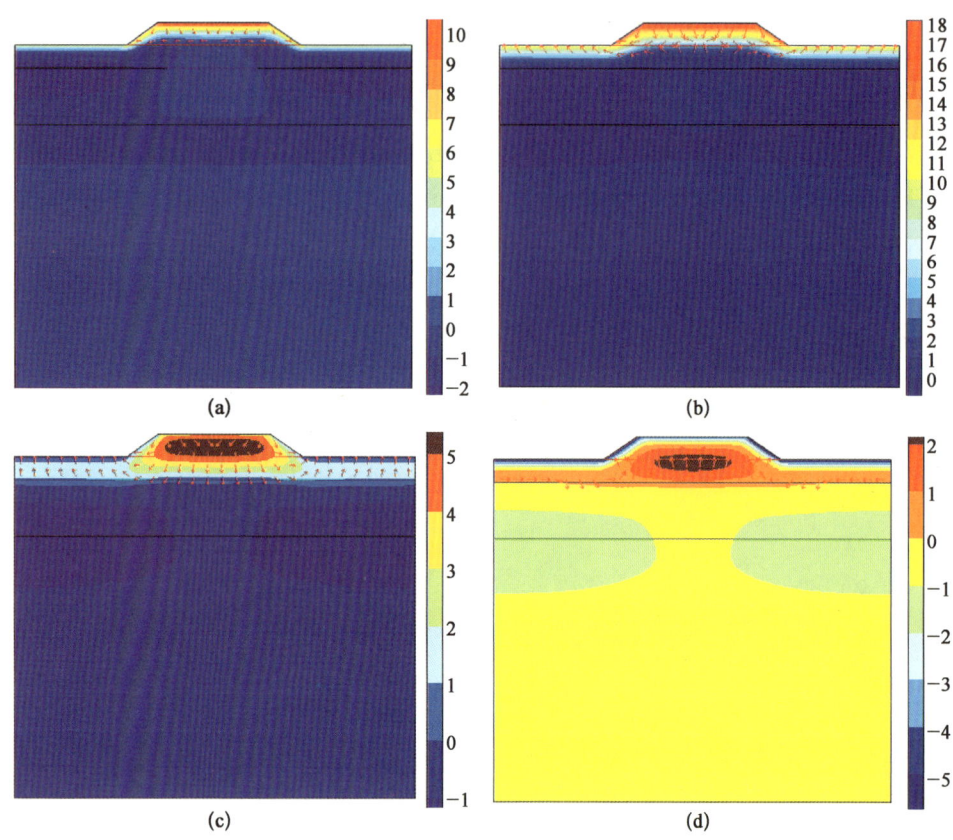

图2-11 不同时刻路基温度场及渗流规律
(a) 5月;(b) 7月;(c) 10月;(d) 11月

2.3 冻土路基时空维度下的尺度效应

2.3.1 空间效应

2.3.1.1 冻土路基空间效应的表现

以青藏公路楚玛尔河路基拓宽试验段实测数据为基础,以分析路基拓宽对地温状况的影响来说明宽度效应的具体表现。

1) 试验路概况

路基拓宽试验段位于青藏公路 K2981+290~K2981+490,该路段地处楚玛尔河高平原区,多年冻土类型为含土冰层,多年冻土年平均地温为-0.5~-1.2℃,冻土天然上限为2.0~3.5 m。青藏公路拓宽路基试验断面于2009年建设竣工,路基高度约2.0 m,在原旧路阴坡侧进行拓宽,拓宽段路基宽度13.5 m,对比断面路基宽度10.0 m。

2) 路基拓宽对多年冻土地温的影响

图2-12所示为路基拓宽后冻土上限变化情况,由图可见,拓宽路基下部冻土上限出现明显下移过程,从2009年约-3.8 m处下移至2013年的-4.5 m处,3年时间内冻土上限下降约0.7 m,冻土上限年平均下移速率为0.13 m/年,下移速率小于青藏公路沿线冻土上限下降速率(0.17~0.26 m/年),尽管低于0.23 cm/年的平均水平,但这一结果表明,拓宽路基下部多年冻土层出现融化下沉,对新建拓宽路基稳定性十分不利。

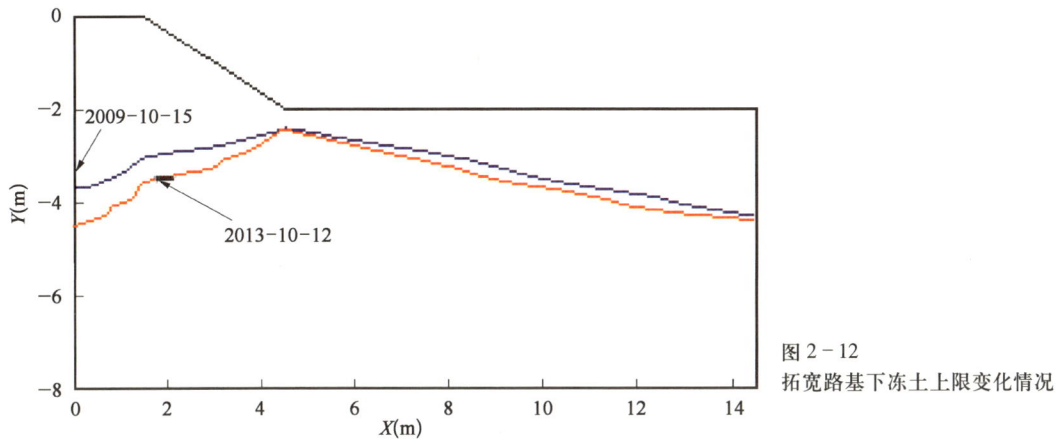

图2-12 拓宽路基下冻土上限变化情况

3) 基底吸热量对比

图2-13所示为主断面与对比断面路中孔在路基基底处的热流密度对比,对应深度为2.0 m,时间段范围为2011年6月7日—2011年11月1日(暖季)。

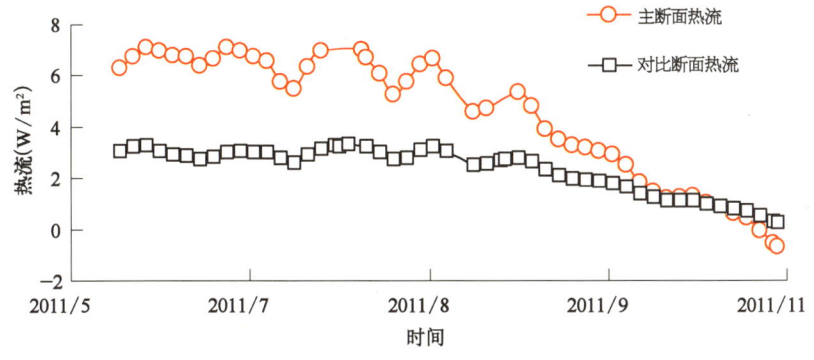

图2-13 路中孔路基基底处热流密度对比

图 2-13 表明,6—11 月,主断面与对比断面均处于吸热状态,但两者的热流密度有明显差异,6—10 月初最暖的四个月中,主断面热流密度显著高于对比断面,热流密度增大 40%~130%;10—11 月,试验路所在地区气候转冷,主断面与对比断面间的热流密度差异逐渐缩小,上述过程表明,路基宽度增大导致路基基底处吸热量显著升高。对基底处的热收支计算结果表明,主断面基底单位面积吸热量为 57.23 MJ/m²,对比断面基底单位面积吸热量为 29.38 MJ/m²。

2.3.1.2 冻土路基空间效应理论的定义、研究范畴及理论意义

1) 定义

上述观测数据说明,路基宽度的变化引起了冻土地基温度状态和能量状态的变化。路基宽度代表了路基几何尺度,冻土地基温度状态和能量状态代表了冻土状态,两者之间存在一定的因果关联,即尺度效应。基于对客观现象的总结和抽象,冻土路基空间效应定义为路基宽度、路基高度、边坡坡度、附属设施和修筑模式等路基空间尺度的变化引起的冻土温度场、水分场和变形场等物理场对外界条件的响应过程、响应机制和分布规律等的变化。由其定义可见,冻土路基空间效应实质上描述的是空间尺度变化与路基稳定性变化之间的因果关联,其系统输入为外界条件,系统输出为路基稳定性,视角为空间维度,而系统过程则包含了冻土对外界条件的响应以及其自身变化对路基的反馈。

2) 研究范畴

根据定义,冻土路基空间效应的研究范畴如图 2-14 所示。

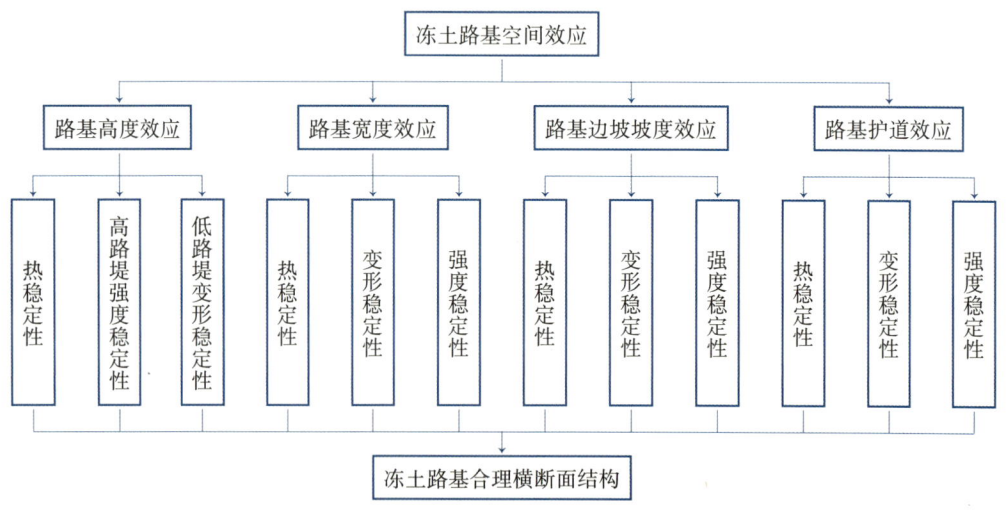

图 2-14 冻土路基空间效应研究范畴

3) 理论意义

冻土路基空间效应理论的特定背景是高速公路条件下有别于普通二级公路小尺度路基

的大尺度路基。因此需要指出,冻土路基尺度效应研究所指的"小尺度"指二级公路以下公路路基所具有的空间尺度,"大尺度"指一级公路和高速公路路基所具有的空间尺度。空间效应理论的研究旨在揭示路基横断面尺寸和结构的变化引起的路基热稳定性和变形稳定性等的变化规律,其重要意义表现为:① 量化描述大尺度冻土路基的吸热、储热和聚热特征;② 为提出大尺度冻土路基合理横断面结构提供科学依据;③ 为冻土路基能量平衡设计提供数据支撑。

2.3.1.3 冻土路基热收支状态的指标及其验证

基于6个热收支指标研究冻土路基热收支状态的尺度效应,各指标均取沥青路面设计使用年限并考虑一个养护周期(20年)的时间,名称及意义简述如下:

(1) 最大融化深度。路基基底下冻土融化深度在横向上呈不均匀分布,取其最大处,即特指路基20年内中心线下冻土融化深度。需要说明的是,为衡量冻土融化程度,扣除路基高度的影响,不采用从路基顶面算起的人为冻土上限的概念,所指冻土融化深度以原天然地表为原点,向上为正、向下为负。

(2) 冻土年平均地温。地表以下温度随季节变化,在某一深度以下,地温在一年内相对不变,这一深度被称为地温年变化深度,该深度处的地温即为冻土年平均地温,特指路基建成20年后中心线下的冻土年平均地温。

(3) 基底总吸热量。20年内每延米基底面上的总吸热量,即运营期内通过路基基底面的热量总和,用于表征路基工程引发的整体热量传输水平。

(4) 年均基底总吸热量。基底总吸热量的年平均值,用以平行比较不同条件下的路基吸热量。

(5) 冻土融化潜热量。20年内原天然上限下降形成融化盘时,由于冻土相变所产生的融化潜热,用于表征路基工程引发的冻土融化时所吸收的热量,反映了冻土路基融沉危害程度。

(6) 热融蚀敏感系数。20年内路基下冻土融化潜热量与路基基底总吸热量的比值。该指标用于表征多年冻土地基对工程活动的相对敏感性和相应快慢程度,反映冻土路基发生融沉的风险大小。该比值越大,则冻土地基对工程活动的响应越快,路基工程所引发的冻土融沉风险越大。

提出的6个热收支指标用以反映冻土路基的热状态,而冻土路基的传热过程和热收支状态决定了路基的稳定性。青藏公路病害调查结果显示,热融沉陷约占青藏公路病害的80%,热融病害依然是影响冻土区工程稳定性的主要问题。从病害的表现形式及原因分析,工程活动破坏原有能量平衡是引发病害的主要原因。因此,探明冻土路基运营过程的热状态,对了解冻土路基病害发生和发展有重要意义。

为了验证计算模型的合理性,选取青藏公路头二九地区(高温冻土区)K3375观测断面监测数据,与计算结果进行对比。该观测断面路基高度为 1.5 m,年平均地温为

−0.8℃，观测断面测孔布置如图 2-15 所示，冻土类型属富冰-含土冰层。该观测断面目前拥有 2002—2014 年共 12 年的观测数据，以该断面 2002 年 10 月 15 日的地温作为上述数值模型的初始值，计算了其后 12 年的地温场，下面将实测数据与数值仿真计算结果进行验证。

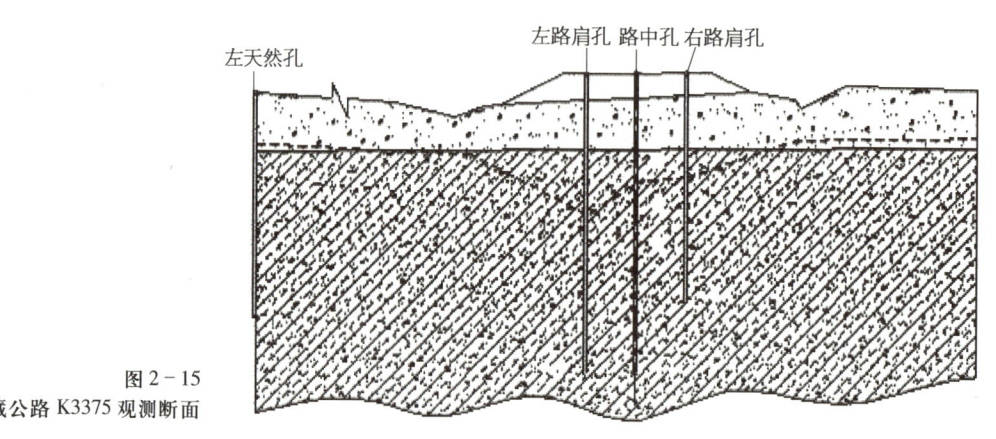

图 2-15 青藏公路 K3375 观测断面

1) 最大融化深度和年平均地温

图 2-16 所示是路基修筑完成第 12 年 10 月 15 日 K3375 观测断面天然孔和路基中心孔处地温的实测值和计算值对比。从图中可以看出，天然孔的实测和计算的最大融化深度分别为 −3.03 m 和 −2.18 m，相差仅 0.85 m。路中孔的实测和计算的最大融化深度分别为 −5.19 m 和 −3.54 m，两者相差 1.65 m。这主要是因为在计算中采用的是新建路基理想条件，而实测断面为已有工程改建，因而两者有一定偏差。年平均地温方面，计算值和实测值吻合较好，天然孔与路中孔仅相差 0.05℃ 和 0.04℃。可见，计算值和实测值具有很好的一致性，表明研究所建立的计算模型是合理的，能够较好地模拟地温场的分布。

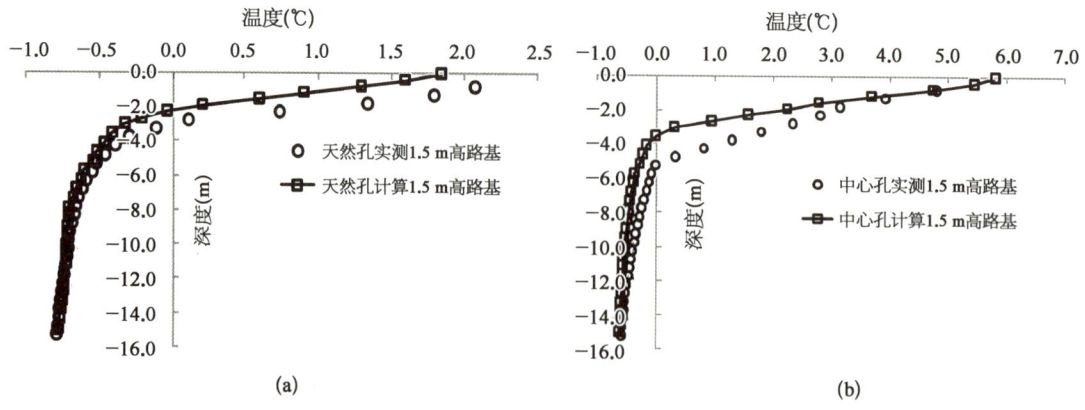

图 2-16 地温的实测值和计算值对比
(a) 天然孔；(b) 中心孔

2) 基底吸热量

基底总吸热量的计算需要从路基建成起的完整数据,因此为便于比较,这里选取基底年平均吸热量指标来进行验证。

对于观测数据,先分别计算每个时间点基底处各观测孔的温度梯度,乘以导热系数得到热流密度,得到每个观测孔的热流密度-时间曲线,将该曲线对时间积分再对基底宽度积分,即可得到基底总吸热量。图 2-17 所示为中心孔和路肩孔基底热流密度随时间的变化曲线。计算结果表明,暖季基底的吸热量明显大于冷季,大致从每年的 4 月中旬开始,到 11 月中旬,热流密度为正值,表明路基处于吸热状态,吸热时间约持续 7 个月。计算得到该观测断面 12 年的基底总吸热量约为 1 910 MJ,基底年平均吸热量约为 159 MJ。

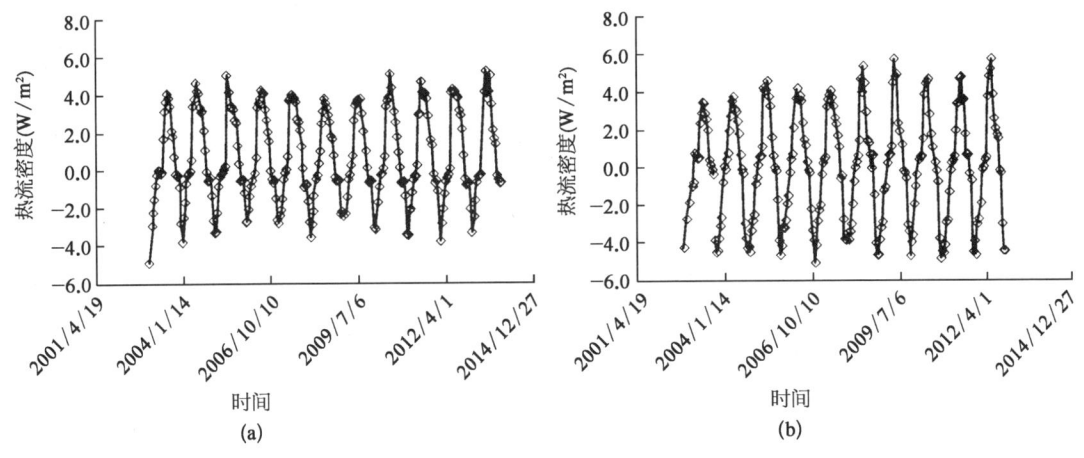

图 2-17 观测断面基底热流密度随时间的变化曲线
(a) 中心孔;(b) 路肩孔

对于计算数据,提取基底处热流密度随时间的变化曲线(图 2-18),其先后对时间和基底宽度积分,即可得到其总吸热量,再除以年限(12 年),即得到计算的基底年平均吸热量。计算得到基底总吸热量为 2 982 MJ (20 年),基底年平均吸热量为 149 MJ。

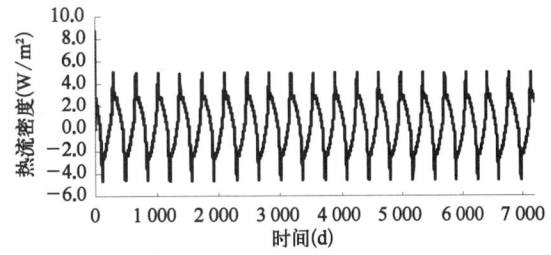

图 2-18 计算得到的基底热流密度随时间的变化曲线

3) 融化潜热量

根据融化潜热量的定义,首先计算观测和计算得到的第 12 年融化盘面积。由于实测断面在施工完成后地温场在横向上分布不均匀,因此其融化盘面积应取初始融化盘与第 12 年融化盘之间的部分,各自融化盘如图 2-19 所示。融化盘面积乘以冻土潜热值即得到融化潜热量,最终计算得到实测断面建成后第 12 年的融化潜热量为 1 065 MJ。用同样的方法可以得到融化潜热量的计算值为 1 240 MJ。

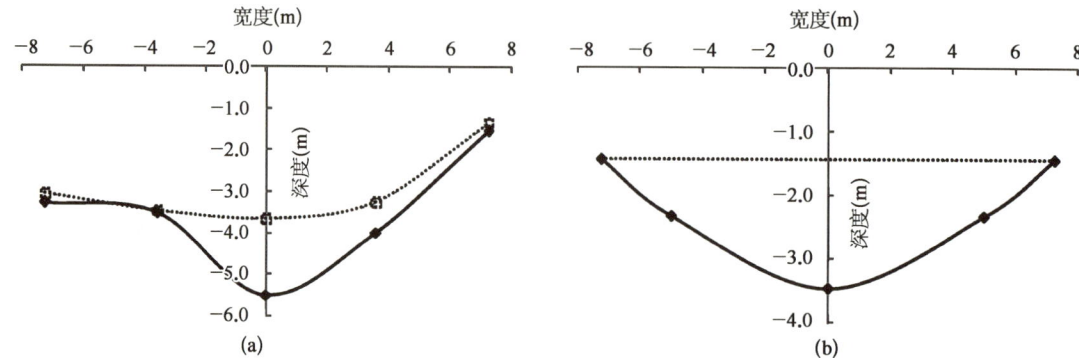

图 2-19 计算和实测路基下融化盘(虚线表示初始时的最大融化深度)
(a) 实测断面;(b) 数值计算结果

上述基底年平均吸热量和融化潜热量的实测和计算值对比可以发现,实测值与计算值吻合较好,较为准确地反映了冻土路基的热收支状态。

4) 热融蚀敏感系数

根据热融蚀敏感系数的定义,可以冻土路基热融蚀敏感系数的计算值和实测值分别为 0.416 和 0.558,两者也较为接近。这个指标在一定程度上反映了冻土路基面临的融沉灾害风险大小。

2.3.1.4 数值计算参数及工况设计

冻土路基尺度效应数值计算几何模型和热物理参数根据青藏公路多年冻土试验场钻孔资料进行设定。路基计算示意图如图 2-20 所示,路基高度 H、路基宽度 W 和路基边坡坡度视具体工况而定,计算区域按地层岩性分为两层,自上而下分别为粉质黏土(3 m 厚)和强风化泥岩(27 m 厚)。公路工程作为长大线形工程,计算中可以作为平面问题处理,为充分减小左右边界对计算结果的影响,宽度上取坡脚外 30 m 内的土体作为计算对象。

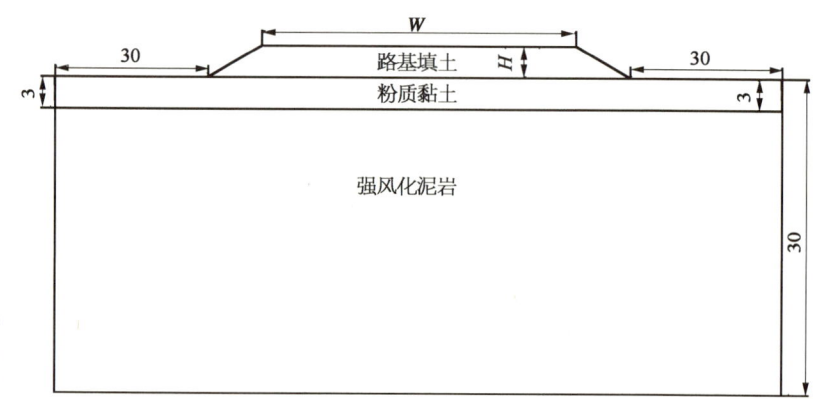

图 2-20 公路路基尺度效应数值计算几何模型示意图(单位:m)

计算中各土层介质的热参数见表 2-6。

基于地气耦合的热学边界条件研究成果,根据野外观测资料及未来全球气候变化背景,得到路基顶面、路基边坡(路肩边界条件同于路基边坡)和天然地表等的上边界条件,可写成如下的统一格式

$$T = A + M\sin\left(\frac{2\pi t_h}{8760} + \frac{\pi}{2} + \alpha_0\right) + \frac{\Delta T t_h}{50 \times 365 \times 24} \quad (2-22)$$

式中:T 为特定边界的温度;A 为年平均温度;M 为温度年变化的振幅;ΔT 为未来 50 年气温上升值,根据相关研究成果,取为 2.6℃;t_h 为以小时为单位的时间;α_0 为初始相位,表示路基修筑完成时间。

根据地气耦合的热学边界条件研究成果,10 m 宽和 26 m 宽路基各上边界的 A 值相对于气温的温增值列于表 2-7 和表 2-8(忽略阴阳坡效应)。由于路基高度对 M 值影响较小,因此只考虑 M 值随路基宽度的变化,见表 2-9。

表 2-7　10 m 宽冻土路基数值模型上边界条件参数 A 相对于气温的温增

	路基高度(m)	1	2	3	4
温增(℃)	路基顶面	7.12	6.67	6.21	5.80
	路基边坡	4.45	4.34	4.22	4.11
	天然地表	2.61	2.59	2.52	2.49

表 2-8　26 m 宽冻土路基数值模型上边界条件参数 A 相对于气温的温增

	路基高度(m)	1	2	3	4
温增(℃)	路基顶面	8.29	7.61	7.09	6.66
	路基边坡	4.93	4.70	4.57	4.40
	天然地表	2.61	2.59	2.52	2.49

表 2-9　冻土路基数值模型上边界条件参数 M 取值

	路基宽度(m)	10	25
M(℃)	路基顶面	15.00	15.64
	路基边坡	13.73	13.99
	天然地表	11.55	11.55

计算模型底部热流密度 $q = 0.06 \text{ W/m}^2$,其余边界均为绝热。

为分析不同冻土地质条件下路基尺度引发的热收支状况差异,开展了大量的数值仿真试验。计算工况设计分别以路基宽度、路基高度、路基边坡坡度和冻土年平均地温为自变量。工况设计见表 2-10。

表2-10　冻土路基尺度效应数值计算工况设计表

研究目的	工况自变量及参数			
	路基高度(m)	路基宽度(m)	冻土年平均地温(℃)	边坡坡度
高度效应	1.0,2.0,3.0,4.0	10.0,26.0	-0.5,-1.0,-1.5,-2.0,-3.0	1:1.5
宽度效应	1.0,2.0,3.0,4.0	10.0,12.0,24.5,26.0	-0.5,-1.0,-1.5,-2.0,-3.0	1:1.5
坡度效应	10,26	10.0,26.0	-1.5	1:1.5,1:1.75,1:2
分幅效应	2.0	整幅:26,分幅:13	-1.5	1:1.5

2.3.1.5　高度效应

1) 最大融化深度

窄幅(10 m)和宽幅(26 m)路基不同地温条件下最大融化深度随路基高度的变化曲线如图2-21所示。由图可见,无论是宽幅还是窄幅,在所计算的地温条件下,路基下冻土最大融化深度均随路基高度的增加而抬升,基本呈线性变化,路基越高,初始冻土地温越低,则最大融化深度越浅。宽幅条件下,路基高度为1 m,年平均地温为-0.5℃时,最大融化深度最深,为-5.94 m;路基高度为4 m,年平均地温为-3.0℃时,最大融化深度最浅,为-1.08 m。由此可见,路基高度对最大融化深度的尺度效应有显著影响。

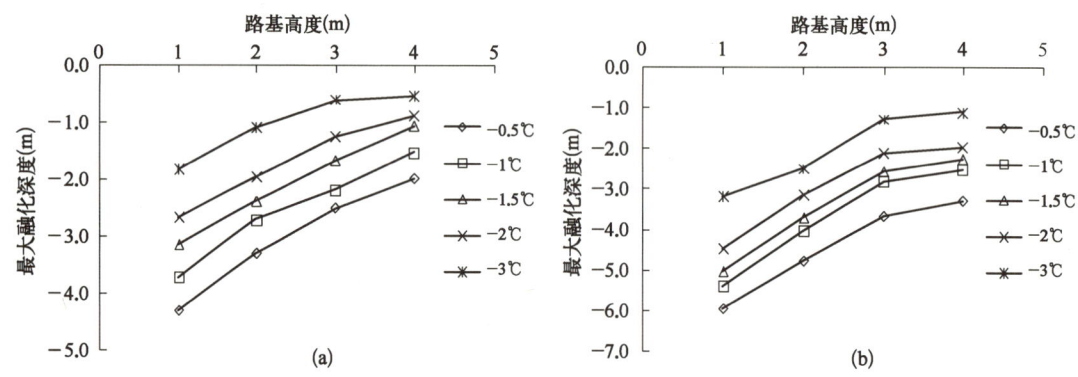

图2-21　不同地温条件下最大融化深度随路基高度的变化曲线
(a) 窄幅路基;(b) 宽幅路基

2) 冻土年平均地温

窄幅和宽幅路基不同地温条件下年平均地温随路基高度的变化曲线如图2-22所示。图2-22表明无论幅宽大小,还是地温高低,年平均地温受路基高度的影响较弱,窄幅条件下,初始年平均地温为-3.0℃时,1 m高和4 m高路基第20年的年平均地温分别为-1.82℃和-1.57℃。这是因为平均地温所在的深度往往在原天然地表以下10 m深处左右,距离上边界和下边界较远,该处地温变化滞后于边界处的温度变化,在20年的时间尺度内,其对上边界条件和路基高度变化的响应远不及融化深度敏感。另外,图 2-22 中的曲线也说明了初始年平均地温对高度效应的影响,在初始年平均地温由 -3.0℃ 增加到 -0.5℃ 的过程中,第 20 年的年平均地温随初始年平均地温的升高而升高,但升高速率越来越小。这是因为,初始年平均地温越高,初始冻土上限越深,冻融锋面位置距离上边界就越远,由于冻融锋面位置处剧烈相变作用产生强烈的放(吸)热,其下地温随边界温度的变化就越小。

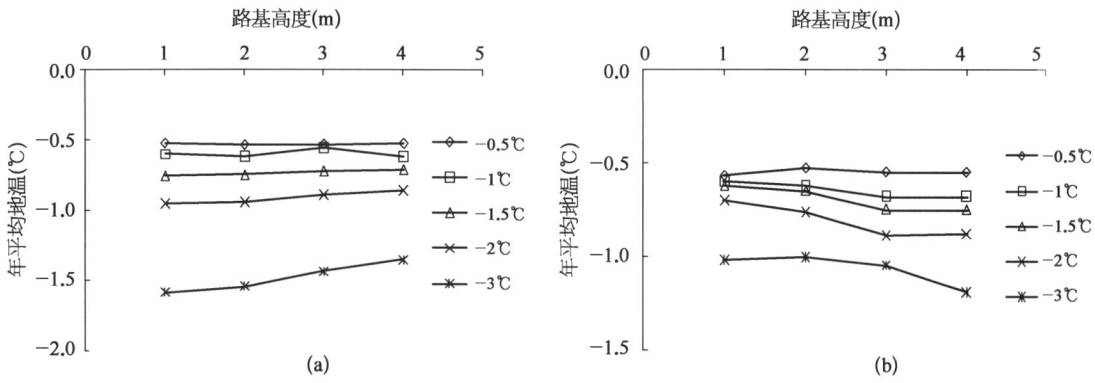

图 2-22 不同地温条件下年平均地温随路基高度的变化曲线
(a) 窄幅路基;(b) 宽幅路基

3) 基底总吸热量

窄幅和宽幅路基不同地温条件下基底总吸热量随路基高度的变化曲线如图 2-23 所示。

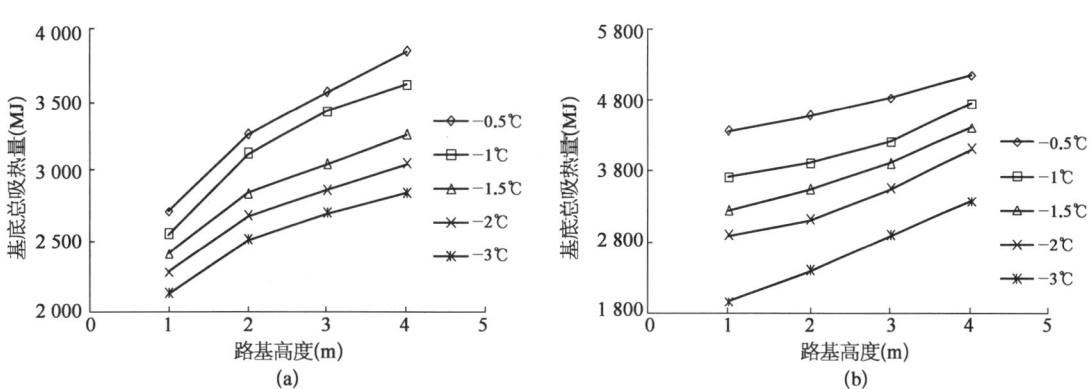

图 2-23 不同地温条件下基底总吸热量随路基高度的变化曲线
(a) 窄幅路基;(b) 宽幅路基

由图 2-23 可以发现,无论是窄幅还是宽幅路基,其基底吸热量总是随路基高度的增大而增大。由前述最大融化深度的尺度效应分析可知,当路基高度增加时,路基体的热阻效应增强,其下最大融化深度变浅,而图2-23表明,路基增高后,其基底吸热量增大,窄幅条件下,年平均地温为-1.5℃时,1 m高和4 m高路基的基底总吸热量分别为2 411 MJ和3 255 MJ。这是因为,路基高度增加后,其基底面积也增大,对于宽度为10 m的窄幅路基来说,路基高度为1 m和4 m时,其基底宽度分别为13 m和16 m。比较1 m高和4 m高路基的基底总吸热量可以发现,路基高度增加了3 m,基底宽度增加了23%,而基底总吸热量却增加了35%。由此可见,高度效应对基底总吸热量有明显的影响,其主要影响机制为路基高度变化引起的基底吸热面的变化。

4) 冻土融化潜热量

窄幅和宽幅路基不同地温条件下冻土融化潜热量随路基高度的变化曲线如图2-24所示。窄幅条件下,4 m高路基的所有工况和3 m高路基地温为-3.0℃时,人为上限有不同程度的抬升,不存在融化盘,因此图2-24中未列入。图2-24表明,路基下冻土融化潜热量随路基高度的增大而显著下降,窄幅条件下,年平均地温为-1.5℃时,1 m高路基和3 m高路基的冻土融化潜热量分别为1 073 MJ和312 MJ。结合前述高度效应对最大融化深度的影响分析可知,路基高度增加时,路基体的热阻效应增加,其下最大融化深度变浅,冻土融化潜热量也变小,冻土融化程度显著减小。

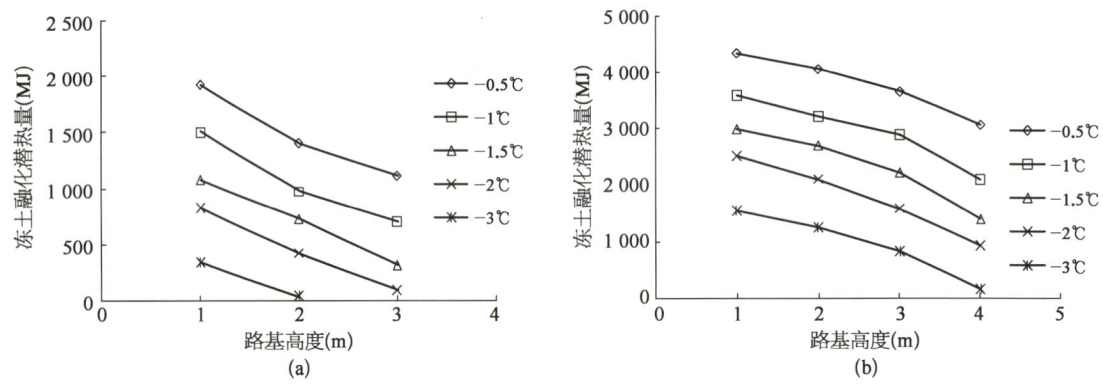

图2-24 不同地温条件下冻土融化潜热量随路基高度的变化曲线
(a) 窄幅路基;(b) 宽幅路基

5) 热融蚀敏感系数

窄幅和宽幅路基不同地温条件下热融蚀敏感系数随路基高度的变化曲线如图2-25所示。窄幅条件下,4 m高路基的所有工况和3 m高路基地温为-3.0℃时,人为上限均有不同程度的抬升,因此图2-25中未列入。图2-25表明,冻土路基热融蚀敏感系数随路基高度的增加而减小,路基高度对系数的影响较为明显,窄幅条件下,年平均地温为-0.5℃时,1 m高和3 m高路基的热融蚀敏感系数分别为0.73和0.32。在年平均地温低于-1.0℃时,2.0 m以上的路基,其热融蚀敏感系数均小于0.3。路基所吸收热量一部分用于冻土由冻结状态到融化状态的融化潜热,另一部分用于地温升高的显热,就路基工程稳定性而言,显然前一部分造成的工程危害更大。表明所吸收热量用于冻土融化的比例也越小,这就从热收支的角度进一步证实了通过抬升路基高度可以有效降低其融沉风险。

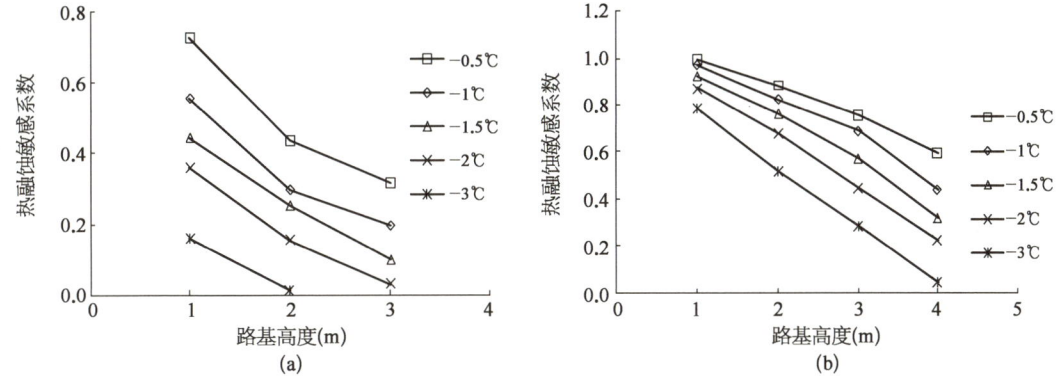

图 2-25 不同地温条件下热融蚀敏感系数随路基高度的变化曲线
(a) 窄幅路基;(b) 宽幅路基

综上所述,冻土路基的高度效应可以概括为:路基高度增大后,路基填土的热阻效应致使下部冻土最大融化深度减小,融化盘面积增大,地温滞后效应则导致冻土年平均地温基本不变,因路基高度增大而增大的基底面积导致基底总吸热量增大,较浅的人为上限引起冻土融化潜热量减小,最终反应为热融蚀敏感系数的减小。例如,在窄幅条件下,年平均地温为 $-1.5℃$ 时,路基高度由 1 m 增加到 3 m 后,最大融化深度抬升了 1.67 m,年平均地温降低了 0.09℃,基底总吸热量增加了 26.3%,冻土融化潜热量减少了 71%,热融蚀敏感系数减小了 77.1%。路基宽度增大后,地温的滞后效应导致年平均地温基本不变,聚热效应引起最大融化深度加深,再加上路基基底吸热面积的增大,共同引起吸热量和冻土融化潜热量的增加,最终同样反应为热融蚀敏感系数的增大。例如,当路基高度为 2 m,年平均地温为 $-1.5℃$ 时,路基宽度由 10 m 增加到 26 m 后,最大融化深度下降了 1.33 m,年平均地温升高了 0.09℃,基底总吸热量增加了 25.2%,冻土融化潜热量增加 275.8%,热融蚀敏感系数增加了 204%。

2.3.1.6 宽度效应

由于宽度效应必然受到路基高度、路基坡度和年平均地温的影响,因此分析宽度效应时,路基高度取 1 m、2 m、3 m 和 4 m,路基坡度均取 1∶1.5,年平均地温取 $-0.5℃$、$-1.0℃$、$-1.5℃$、$-2.0℃$ 和 $-3.0℃$。

1) 最大融化深度

不同路基高度条件下最大融化深度随路基宽度的变化曲线如图 2-26 所示。图 2-26

表明,在所有地温条件下,最大融化深度均与路基宽度正相关,呈线性关系,即路基宽度越大,最大融化深度越大。年平均地温为-0.5℃时,路基高度为1 m,路基宽度为26 m时,最大融化深度最大,为6.15 m;年平均地温为-3.0℃,路基高度为4 m,路基宽度为10 m时,最大融化深度最小,为0.53 m。这就从融化深度的角度揭示了宽幅路基显著的聚热作用——其吸热量更大,造成下部冻土融化更为严重。另外,宽度的增加也引起了融化盘面积的增大。例如,路基高度为2 m,年平均地温为-2℃时,10 m宽的窄幅路基和26 m宽的宽幅路基融化盘面积分别为6.92 m²和44.92 m²,在基底面积增大1倍的情况下,融化盘面积增大了5.5倍,表现出了非线性的增大。因此,宽度效应对最大融化深度的影响规律预示着宽幅路基势必出现比窄幅路基更为严重的融沉问题。

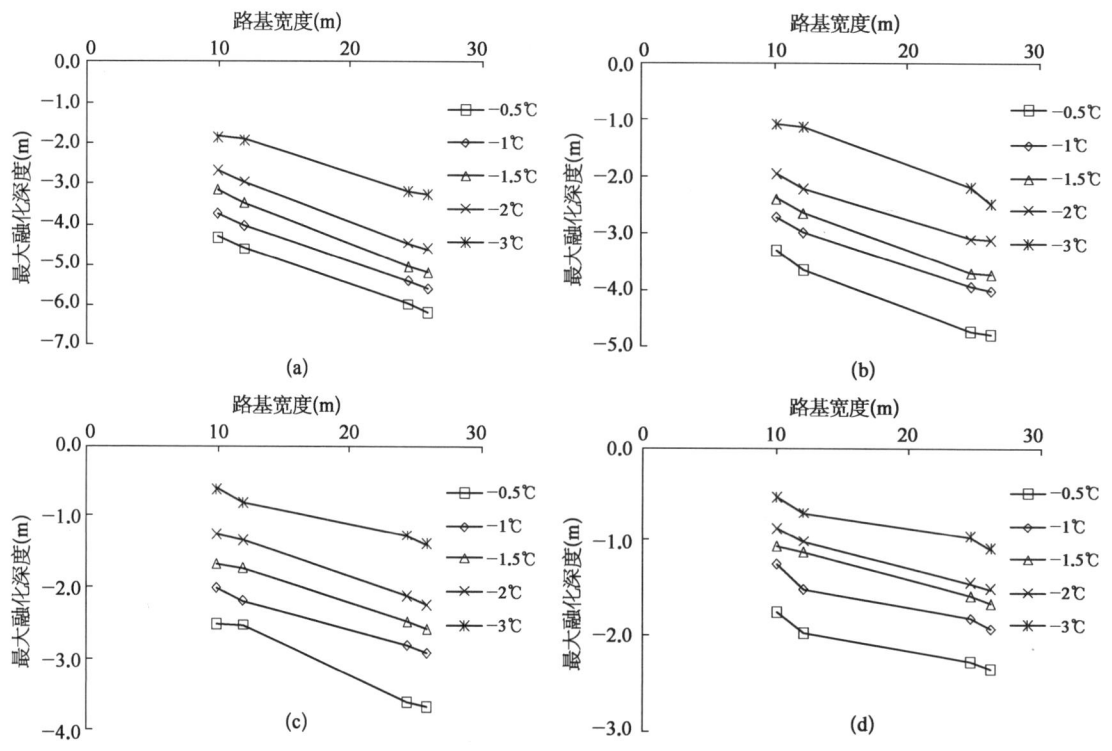

图2-26 不同路基高度条件下最大融化深度随路基宽度的变化曲线
(a) 路基高度为1 m;(b) 路基高度为2 m;(c) 路基高度为3 m;(d) 路基高度为4 m

2) 冻土年平均地温

不同路基高度条件下冻土年平均地温随路基宽度的变化曲线如图2-27所示。图2-27表明,冻土年平均地温随路基宽度变化较小,变化幅度明显受初始年平均地温的影响,初始年平均地温越低,冻土年平均地温随路基宽度的增大速率增大。路基高度为1 m,初始年平均地温为-0.5℃时,20年后10 m宽路基和26 m宽路基下的年平均地温分别为-0.52℃和-0.57℃;路基高度为4 m,初始年平均地温为-3.0℃时,20年后10 m宽路基和26 m宽路基下的年平均地温分别为-1.35℃和-1.00℃。上述分析说明宽度效应对冻土年平均地温没有明显的影响。原因是显而易见的,根据前述路基高度效应对年平均地温影响的分析,地温年变化深度处对上边界条件的响应较弱,而宽度效应则主要地表现为在浅地表附近的聚热效应,因此其影响范围也仅限于冻土上限附近的浅地表温度。

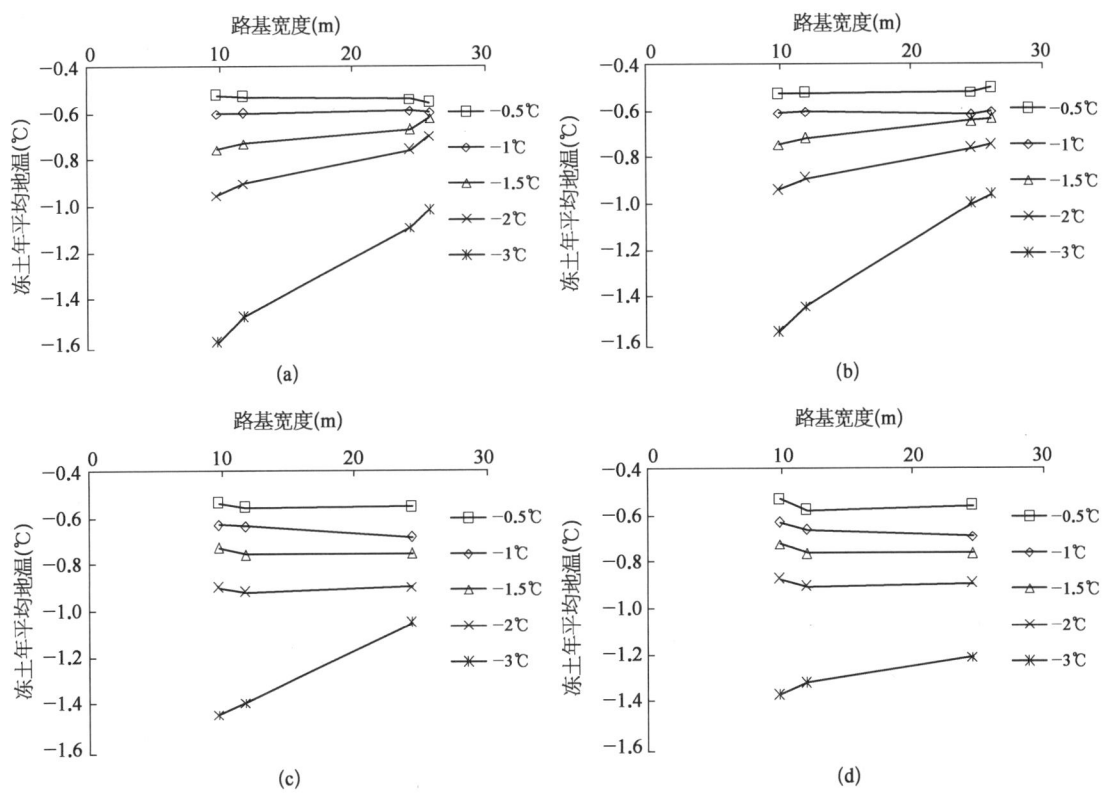

图 2-27 不同路基高度条件下冻土年平均地温随路基宽度的变化曲线
(a) 路基高度为 1 m;(b) 路基高度为 2 m;(c) 路基高度为 3 m;(d) 路基高度为 4 m

3) 基底总吸热量

不同路基高度条件下基底总吸热量随路基宽度的变化曲线如图 2-28 所示。图 2-28 表明,在所有路基高度条件下,基底吸热量随路基宽度线性增大,年平均地温为-0.5℃,路基高度为 2 m 时,26 m 宽路基和 10 m 宽路基的基底总吸热量分别为 4 586 MJ 和 3 212 MJ。由前面的融化盘形态和最大融化深度的分析结果可知,造成基底总吸热量随路基宽度增加的原因主要为以下两个方面:一是路基宽度增加后,基底吸热面增大,对于高度为 2 m 的路基来说,10 m 宽的窄幅路基基底宽度为 16 m,26 m 宽的宽幅路基基底宽度为 32 m,为窄幅路基的 2 倍;二是宽幅路基引发的中心聚热效应,路基高度为 2 m 时,宽幅路基基底面积为窄幅路基的 2 倍,而基底总吸热量是窄幅路基的 1.4 倍。由此可见,宽度效应对基底总吸热量有明显的影响,其主要影响机制为宽幅路基的中心聚热效应和路基宽度变化引起的基底面积的变化。

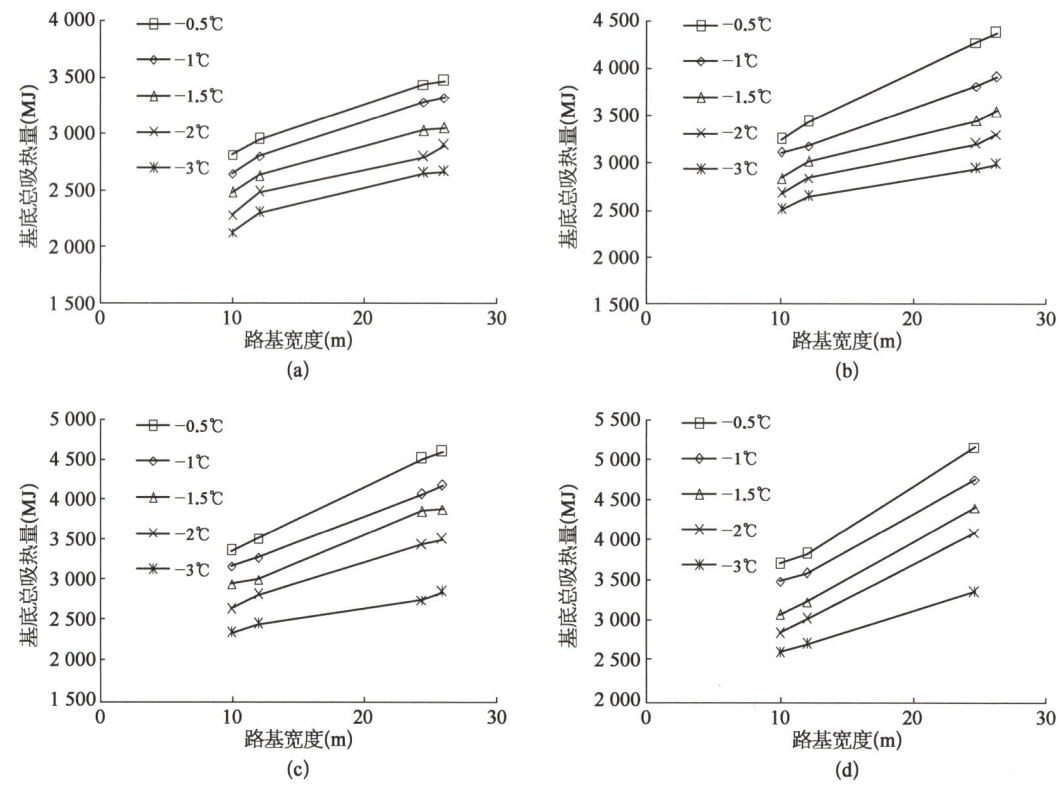

图 2-28 不同路基高度条件下基底总吸热量随路基宽度的变化曲线
(a) 路基高度为 1 m;(b) 路基高度为 2 m;(c) 路基高度为 3 m;(d) 路基高度为 4 m

4) 冻土融化潜热量

不同路基高度条件下冻土融化潜热量随路基高度的变化曲线如图 2-29 所示。图 2-29 表明,在所计算的地温条件下,路基下冻土融化潜热量随路基宽度的增大线性增大,年平均地温为 -1.5℃,路基高度为 2 m 时,26 m 宽路基和 10 m 宽路基的冻土融化潜热量分别为 2 358 MJ 和 722 MJ,前者是后者的 3.3 倍,而前者基底宽度是后者的 2 倍。根据计算,对应相同的地温和路基高度,宽幅路基冻土融化潜热量为窄幅路基的 2.2 倍以上。这说明冻土融化潜热量对路基宽度极为敏感,其原因可结合前述宽度效应对最大融化深度和融化盘影响的分析结果来说明,当路基宽度增加后,聚热效应增加,路基下最大融化深度增大,融化盘无论是在深度还是宽度上都有所增大,因此造成冻土融化潜热量显著增大。

5) 热融蚀敏感系数

不同路基高度条件下热融蚀敏感系数随路基宽度的变化曲线如图 2-30 所示。图 2-30 表明,随着路基宽度的增加,热融蚀敏感系数快速增大。总体上,窄幅路基的热融蚀敏感系数普遍较小,在 0.5 以下,而宽幅路基的热融蚀敏感系数普遍大于 0.5,在低路基条件下甚至接近

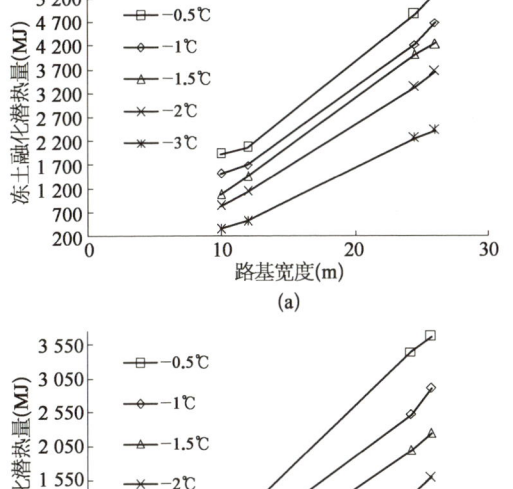

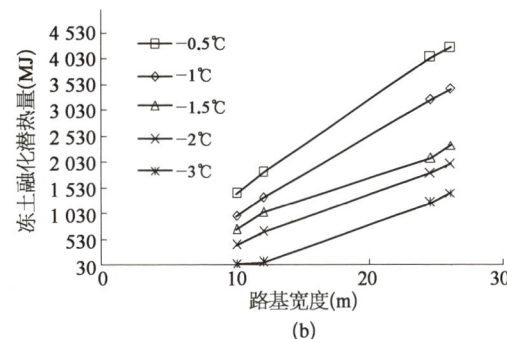

图 2-29
不同路基高度条件下冻土融化潜热量随路基宽度的变化曲线
(a) 路基高度为 1 m;(b) 路基高度为 2 m;
(c) 路基高度为 3 m

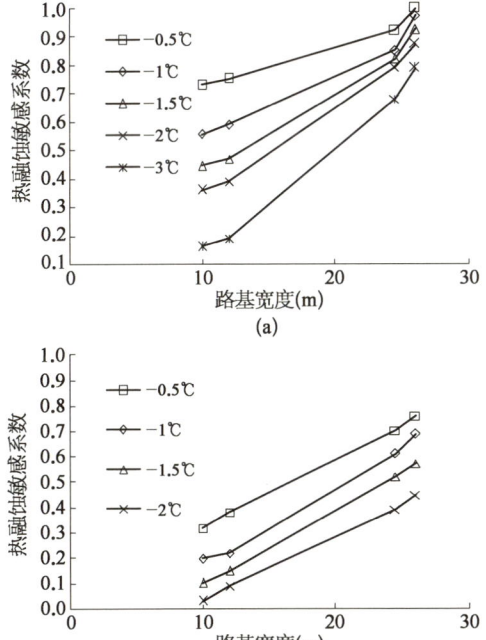

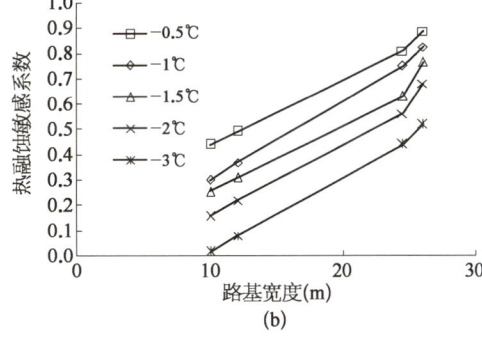

图 2-30
不同路基高度条件下热融蚀敏感系数随路基宽度的变化曲线
(a) 路基高度为 1 m;(b) 路基高度为 2 m;
(c) 路基高度为 3 m

1。例如,路基高度为 2 m,年平均地温为-1.5℃时,10 m 宽路基和 26 m 宽路基的热融蚀敏感系数分别为 0.25 和 0.76,后者较前者增大了 204%。这说明对于宽幅路基而言,聚热效应不仅引起了更大的吸热量,而且这些热量更多地用于冻土融化,势必引发更为严峻的融沉危害。

综上所述,冻土路基的宽度效应可以概括为:路基宽度增大后,地温的滞后效应导致年平均地温基本不变,聚热效应引起最大融化深度加深,再加上路基基底吸热面积的增大,共同引起吸热量和冻土融化潜热量的增加,最终同样反应为热融蚀敏感系数的增大。例如,当路基高度为 2 m,年平均地温为-1.5℃时,路基宽度由 10 m 增加到 26 m 后,最大融化深度下降了 1.33 m,年平均地温升高了 0.09℃,基底总吸热量增加了 25.2%,冻土融化潜热量增加 275.8%,热融蚀敏感系数增加了 204%。

2.3.1.7 坡度效应

由于坡度效应必然受到路基高度、路基宽度和年平均地温的影响,因此分析坡度效应时,路基高度取 2 m,路基宽度分别取 10 m 代表窄幅路基和 26 m 代表宽幅路基,年平均地温取-0.5℃、-1.0℃、-1.5℃、-2.0℃和-3.0℃。最大融化深度、冻土年平均地温、基底总吸热量、冻土融化潜热量和热融蚀敏感系数随坡度的变化关系如图 2-31 所示。图 2-31 表明,随着路基坡度的减小,最大融化深度增大,冻土年平均地温升高,基底总吸热量增大,冻土融化潜热量增大,热融蚀敏感系数增大,但是增大幅度均不显著。因此,坡度效应对冻土路基能量状态的影响不显著。

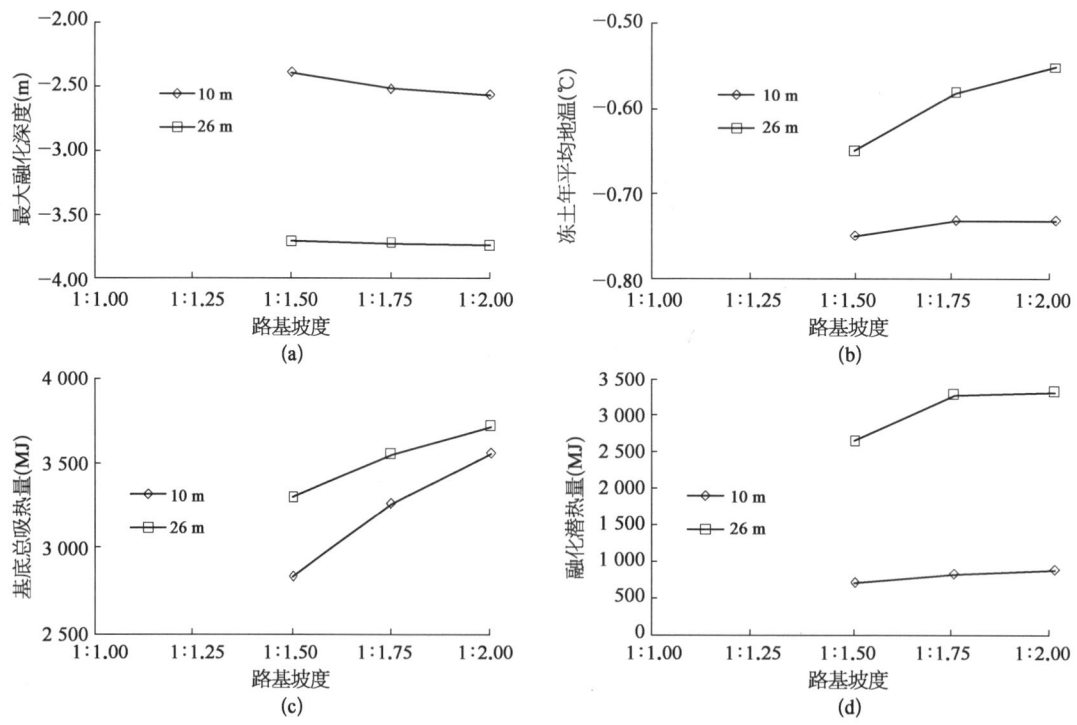

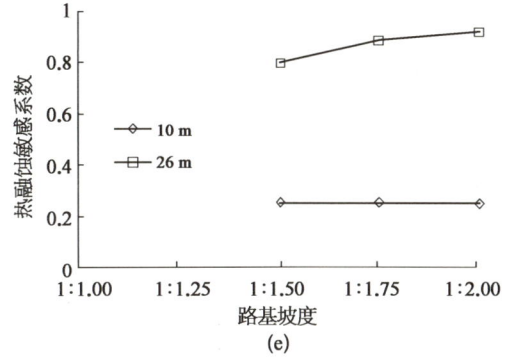

图 2-31 路基坡度的尺度效应
(a) 最大融化深度; (b) 冻土年平均地温; (c) 基底总吸热量; (d) 冻土融化潜热量; (e) 热融蚀敏感系数

2.3.1.8 分幅效应

在多年冻土区高速公路建设中,为减少公路工程对多年冻土的扰动和破坏,降低融沉风险,分离式路基形式是有效的建设形式。为对比整幅路基和分幅路基的尺度效应对路基热收支状态的影响,设计了一个典型地温和路基高度下的对比工况,分幅路基宽度为 13 m,根据以往计算得到的路基对坡脚外冻土地温的影响范围,为研究两幅之间的相互热影响,取两幅间距为 1 m,路基高度为 2 m,年平均地温为 -1.5 ℃。对于分幅路基,考虑到施工的影响,两幅路基之间的天然地表部分边界条件同于边坡。

1) 最大融化深度和年平均地温

计算得到的整幅和分幅路基修建完成 20 年后中心线下地温曲线如图 2-32 所示。从图 2-32 可见,路基建设形式由整幅变为分幅后,浅层地温略有降低,上限以下的深层地温几乎没有发生变化,最大融化深度由原来的 -3.71 m 抬升为 -3.61 m。由此可见,整幅和分幅的建设形式在最大融化深度和冻土年平均地温方面没有表现出明显的尺度效应。然而这种建设形势的变化却引起了融化盘面积的明显变化。根据计算,整幅路基和分幅路基融化盘面积分别为 58.2 m^2 和 92.9 m^2,整幅比单幅增加了 20%。

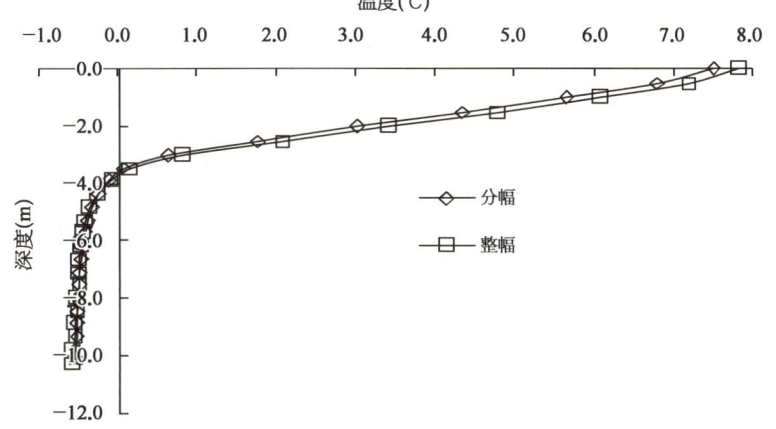

图 2-32 整幅和分幅路基修建完成 20 年后中心线下地温曲线

2) 基底总吸热量

整幅和分幅路基基底热流密度随时间的变化曲线如图 2-33 所示,对于分幅路基,基底热流密度和吸热量为两幅路基基底数值之和。将图 2-33 所示曲线对时间和基底宽度积分后得到整幅和分幅路基的基底吸热量分别为 3 551 MJ 和 3 592 MJ,单幅比整幅减小了 49%,而整幅路基和分幅路基的基底宽度分别为 32 m 和 38 m,后者比前者增大了 18.8%。由此可以看出,尽管整幅变为分幅后,基底吸热面积增大,但是同时整幅路基的聚热效应也得到了削弱,致使基底热流密度减小,因此总的结果是基底总吸热量的减小。

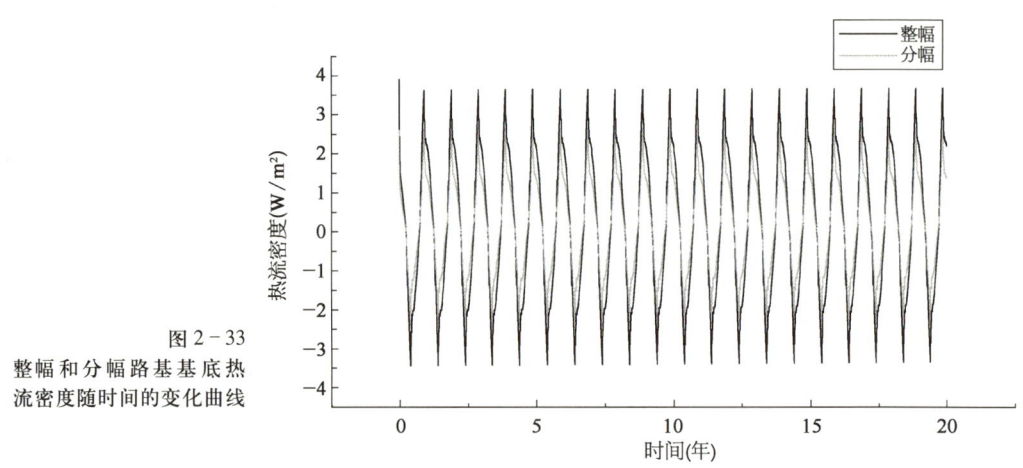

图 2-33 整幅和分幅路基基底热流密度随时间的变化曲线

3) 冻土融化潜热量

整幅和分幅路基修建完成 20 年后的融化盘形态如图 2-34 所示,图中纵坐标原点表示原天然地表处,亦即路基基底,纵坐标表示整幅路基中心线和分幅路基对称线。从图 2-34 可以看出,分幅路基融化盘较整幅路基浅,但是由于两幅直接形成了连贯的融化区域,其融化盘形态由原来的 V 形变为 W 形,因此融化范围增加。根据计算,整幅路基和分幅路基融化盘面积分别为 58.2 m^2 和 92.9 m^2,分幅比整幅增加了 59.6%。进一步计算得到相应的整

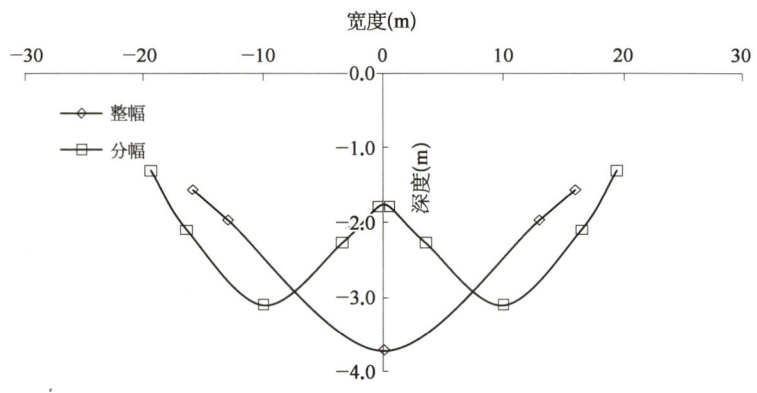

图 2-34 整幅和分幅路基修建完成 20 年后的融化盘形态

幅和分幅路基的冻土融化潜热量分别为 3 283 MJ 和 5 601 MJ，分幅比整幅增加了 70.6%。由此可见，尽管分幅建设形式削弱了整幅路基的聚热效应，路基下冻土融化深度有所抬升，但是由于基底面积的增加和幅间部分的连贯融化，融化盘面积和冻土融化潜热量都明显增大。

2.3.1.9 水分状况的尺度效应

图 2-35 所示为 10 m 及 26 m 路基建成第 21 年 7 月 1 日的水分场云图。图 2-36 所示为 10 m 及 26 m 路基建成第 21 年 7 月 1 日在不同方向上的水分分布。

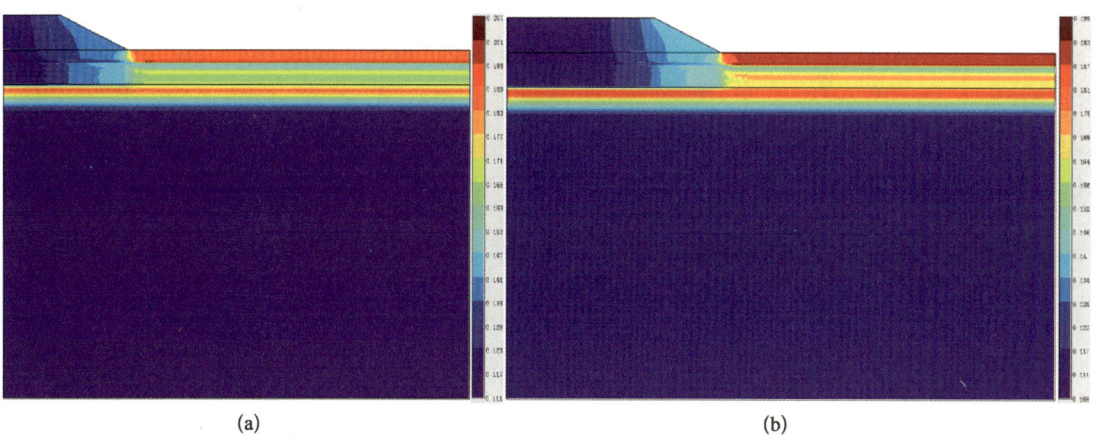

图 2-35　路基建成第 21 年 7 月 1 日的水分场云图
(a) 10 m；(b) 26 m

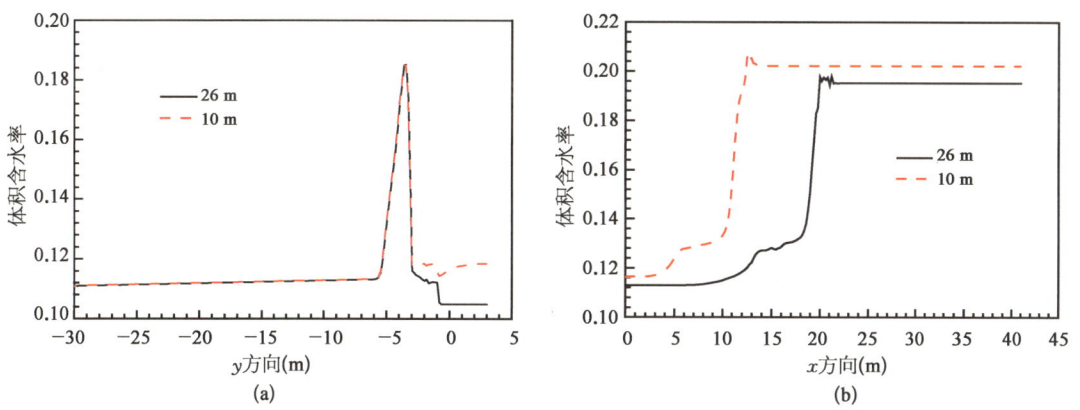

图 2-36　10 m/26 m 路基建成第 21 年 7 月 1 日在不同方向上的体积含水率分布
(a) 路中深度方向；(b) 沿 x 方向 ($y=-1$ m)

由图 2-35 可知，在两种路基尺度条件下，水分在冻土路基内部有明显向坡脚方向聚集的趋势，在坡脚附近明显形成了水分富集区域，这与 TDR 水分观测结果相吻合。此外，还可以看到路基内的体积含水率随着深度的增加呈现先增大后减小的单峰状分布，在 x 方向上由路中向天然地表方向逐渐增大，然后趋于平稳，并在坡脚附近含水率达到最大值。这是由于沥青路面为封闭边界,而边坡和天然地表为透水边界,同时天然地表含水率大于边坡含水率,在边界条件和重力的共同作用下,水分逐渐向坡脚迁移。在垂直方向上,由于水分逐渐向冻结缘迁移,在冻土上限附近形成了含水率峰值区域。

对比 10 m 和 26 m 路基内体积含水率分布规律可以看到,由于宽幅路基吸收热量更多,冻土下限位置更低,在路基及下伏 1~2 m 冻土区域内 26 m 路基的体积含水率小于 10 m 路基的体积含水率,且在-1 m 深度水平方向上 26 m 路基的体积含水率也明显小于 10 m 路基相同位置处的体积含水率。综合分析数值计算结果,冻土路基水分场的分布与路基结构、工程地质条件等有密切联系。冻土路基的热扰动是引起基底水分重分布的重要因素。总体上,在路基深度方向,含水率随深度逐渐增大,在冻土上限附近达到最大。在路基横断面方向,水分向冻土路基左、右两侧坡脚处迁移、汇集,形成一定的聚水区域。青藏公路水分观测断面监测数据也证实了这一现象。此外,不同尺度冻土路基水分场数值计算结果表明,路基尺度变化对水分传输过程影响不大,无论是宽幅路基还是窄幅路基,其聚水区域都集中在路基边坡坡脚处,这一区域将是冻土路基诱发病害的危险区域,需要重点关注。

2.3.1.10 冻土路基变形数值计算工况设计

路面宽度分别为 10 m 和 26 m,其中,宽幅路面层厚度为 65 cm,路面宽度为 23 m,路肩宽度 1.5 m;窄幅路面层厚度为 45 cm,路面宽度为 8.5 m,路肩宽度为 0.75 m。地质情况方面,其地质结构自上而下为 3 m 黏粉土,最下层为卵石土。荷载方面,考虑路基自重与行车荷载联合作用下路基变形特性,其中行车荷载按照《公路沥青路面设计规范》(JTG D50—2006)取单轴双轮组荷载 BZZ-100,作用位置为:一侧车轮荷载作用于路基正中心位置,与路基最大沉降处重合,便于研究荷载联合作用下最大沉降。路基纵向的水平方向位移进行约束,路基底面部分对所有位移进行约束。

各层材料的热学和物理力学参数见表 2-6 和表 2-11。

表 2-11 计算模型各层介质的物理力学参数

土 质	温度状态	密度(kg/m^3)	弹性模量(MPa)	泊松比
路 基	冻结 融化	1 750	30 15	0.2 0.25
黏粉土	冻结 融化	1 650	12 6	0.25 0.3
卵石土	冻结 融化	1 600	18 13	0.25 0.25
路 面	常态	2 350	1 200	0.2
基 层	常态	2 200	800	0.2

模型除施加路基、地基静力荷载外,还考虑行车荷载,荷载边界条件如下:

重力荷载:首先施加地基重力荷载,用于平衡地应力计算;其次添加路基自重荷载,用于变形计算。

行车荷载添加单轴双轮组荷载,轮组间距2.0 m,其中一侧轮载位于路基中心处,与路基最大沉降位置重合。

共考虑了40种计算工况,见表2-12。

表2-12 冻土路基变形计算工况

年平均地温(℃)	幅宽(m)	路基高度(m)
-0.5,-1,-1.5,-2,-3.0	10	1,2,3,4
	26	1,2,3,4

2.3.1.11 路基填筑高度与变形关系研究

提取第10年10月路基顶部沉降曲线,并以总沉降、差异沉降作为分析指标,对其进行分析,结果如图2-37和图2-38所示。多年冻土路基变形由路基体压密变形和地基融沉变形两部分组成。路基填筑高度增加,一方面使压密变形增大;另一方面高路基使冻土上限抬升,且融沉变形减小量大于压密变形增量,最终导致路基沉降随填筑高度增大而减小。如图2-37和图2-38所示,随着填土高度增加,10 m和26 m幅宽路基总沉降量均不断减小,其中10 m幅宽路基填筑高度从1 m增大到4 m,总沉降量分别降低1.8 cm、1.6 cm、1.4 cm,沉降量降幅不断衰减;26 m幅宽路基填筑高度从1 m增大到4 m,总沉降量分别降低2.7 cm、2.3 cm、2.1 cm,说明宽幅路基填筑高度增大对总沉降量减少更为显著;从差异沉降角度分析(路中与路肩沉降差值),填筑高度的增加虽然会增大路基总沉降,但随着填筑高度增加,但同一横断面内其差异沉降量不断减小。

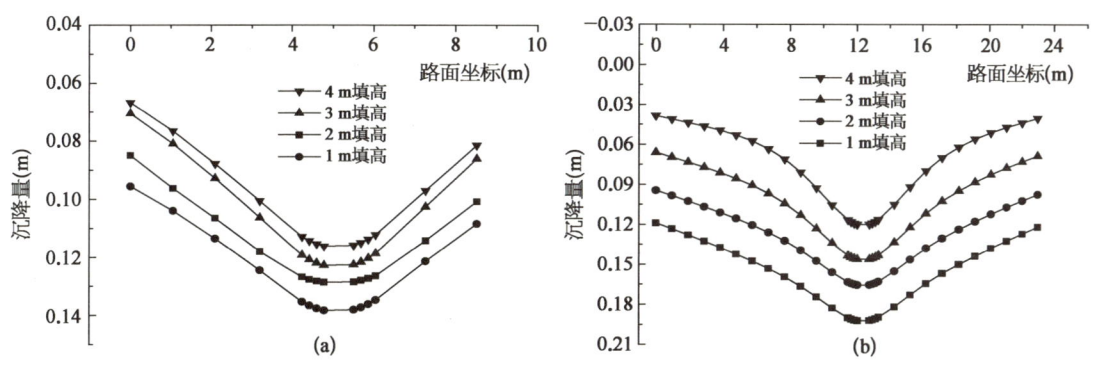

图2-37 不同幅宽路基第10年10月变形
(a) 10 m幅宽路基不同填筑高度路基变形;(b) 26 m幅宽路基不同填筑高度路基变形

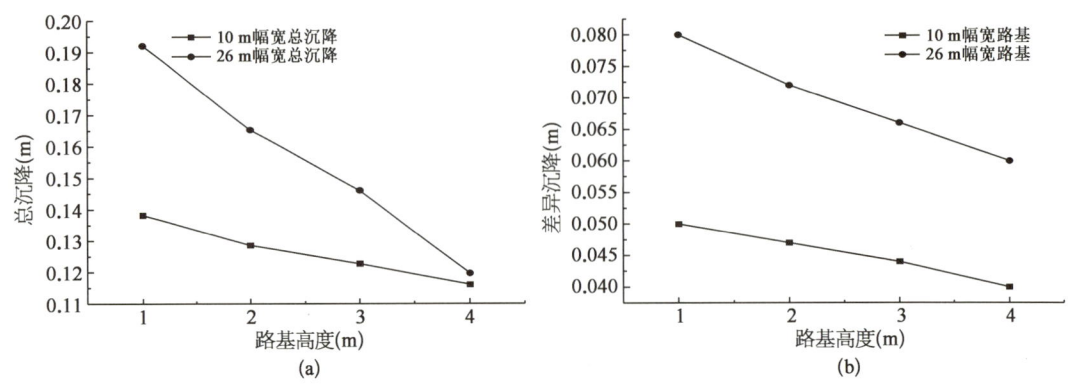

图 2-38　不同幅宽路基总沉降与差异沉降

(a) 不同幅宽路基总沉降；(b) 不同幅宽路基差异沉降

2.3.1.12　不同地温工况下冻土路基变形规律研究

提取第 10 年 10 月路基顶部沉降曲线,并以总沉降、差异沉降作为分析指标,对其进行分析,结果如图 2-39 和图 2-40 所示。由图可知,随着年平均地温不断降低,10 m、26 m 幅宽路基总沉降量均不断下降,10 m 幅宽路基温度下降 0.5℃,总沉降最大减小 3 cm,差异沉降量减小 0.2 cm;26 m 幅宽路基温度下降 0.5℃,总沉降最大减小 4 cm,差异沉降量减小 0.7 cm,相同降温条件下,宽幅路基总沉降降幅较窄幅路基大 25%,差异沉降降幅宽幅较窄幅路基大 71%;由此可得:地温越低,不同幅宽路基总沉降和差异沉降越小;从降低幅度上分析,宽幅路基变形对地温反应更为明显,分析其原因,地温降低导致路基体内融化上限抬升,融化夹层缩小,更有利于提高路基稳定性,尤其对宽幅路基,吸收热量较大,降温带来的路基冷却直接造成路基刚度增加,稳定性提高。

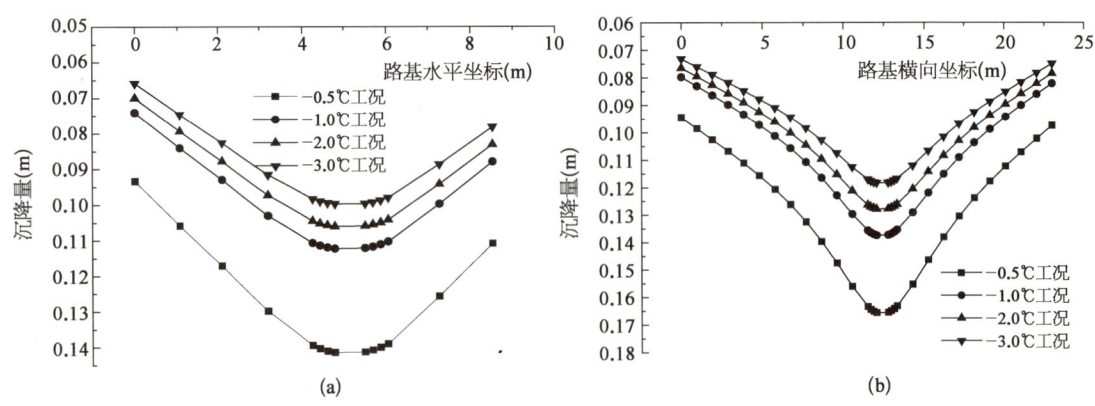

图 2-39　不同地温工况下路基第 10 年 10 月变形

(a) 不同温度工况下 10 m 路基总沉降；(b) 不同温度工况下 26 m 路基总沉降

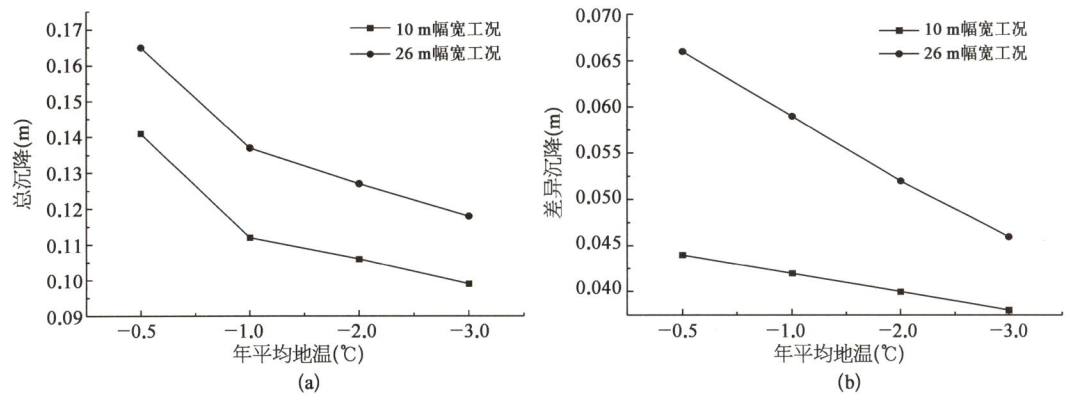

图 2-40 不同地温工况下路基总沉降与差异沉降
(a) 不同幅宽路基总沉降；(b) 不同幅宽路基差异沉降

2.3.2 时间效应

2.3.2.1 冻土路基时间效应的成因分析

由于高原冻土区气候条件恶劣，路基施工条件复杂。施工大多只能在条件相对较好的暖季展开，造成施工温度较高，施工过程对多年冻土扰动较大。施工周期短、路基预沉降不足、施工导入热量回冻及再平衡周期长等问题导致施工过程中大量热量被带入路基体内，这些热量在路面铺筑后更加难以扩散，将与黑色路面吸收的热量共同向下传导。造成的后果是，下伏多年冻土的吸热量在施工期和运营期存在较大差异，前者显著大于后者。这种吸热来源和吸热强度等外在条件随时间的变化将造成下伏冻土能量状态和稳定性也随时间发生变化，这就是冻土路基时间效应的一个重要表现。下面分别论述引起冻土路基时间效应的各主要成因。

1) 路基施工温度高

多年冻土区路基施工多在 5—9 月，时值青藏高原夏季，虽然清晨及夜间温度仍在 0℃ 以下，但施工工作主要在白天开展（图 2-41），尤其是正午时，气温高达 10℃，造成路基填料与下伏多年冻土间强烈的温差。

根据调查资料，青藏公路沿线典型地区冻土地温与施工温度的对比见表 2-13。由表可知，青藏公路沿线多年冻土地区年平均地温为 -0.5~3.0℃，但是对比其施工时温度 6~26℃，温差极大，因此可见，多年冻土区的暖季施工势必带入大量热量。

表 2-13 青藏公路沿线典型地区冻土地温与施工温度对比

位　置	桩　号	年平均地温(℃)	施工温度(℃)
西大滩	K2887+500	-0.5	10~25
昆仑山	K2896+500	-2.2	7~22

(续表)

位　　置	桩　号	年平均地温(℃)	施工温度(℃)
斜水河	K2933+700	-1.4	7~22
清水河洼地	K2947+300	-0.34	8~26
五道梁	K3006+500	-0.45	8~26
可可西里	K3017+300	-1.70	6~24
开心岭	K3187+000	-0.80	8~22
扎加藏布江	K3363+800	-1.04	9~25

(a) (b)

图 2-41　高原多年冻土区路基夏季施工
(a) 片块石路基施工；(b) 普通路基施工

2) 施工过程对多年冻土扰动大

多年冻土区路基施工过程中,受地形限制、构造物埋设需求、地表平整等客观需求影响,挖方施工不可避免,多年冻土区一旦开始地表开挖,大量外界热量即可进入地基。

图 2-42 所示为 2014 年 G214 公路 K2950 处进行开挖时扰动前后的冻土状况对比。开挖第一天时,坑内可见地下冰。开挖面在环境中暴露仅仅一天后,外界热量大量导入,冻土融化严重,大量地下冰融化成水,坑内出现大量积水。这种对比充分表明了挖方施工对多年冻土强烈的热扰动。

3) 路基预沉降不足

多年冻土区路基施工周期短,仅为每年的 5—9 月,施工期间大量热量被导入后造成下伏冻土融化,路基实际修筑于高含冰量软土之上,因而路基与地基本身需要较长时间进行预沉降。但是多年冻土地区施工周期短的特点留给路基沉降时间极短,施工期间路基未完成的沉降只能在运营期内继续进行,这就造成多年冻土区路基修筑后一段时间内,沉降仍继续

图 2-42 人为扰动对冻土状况的影响

(a) 开挖第一天,可见地下冰;(b) 开挖第二天,冻土融化,坑内积水

发展,导致各种道路早期病害。由图 2-43 数值计算结果可知,多年冻土区路基沉陷发展呈不断趋势,以 20 年周期为例,路基修筑完成后 3 年内,路基即已完成全部沉陷的 47%,之后沉降逐渐衰减最终稳定。而修筑完成后 3 年内为路基预沉降阶段,极易导致各类路基、路面病害。

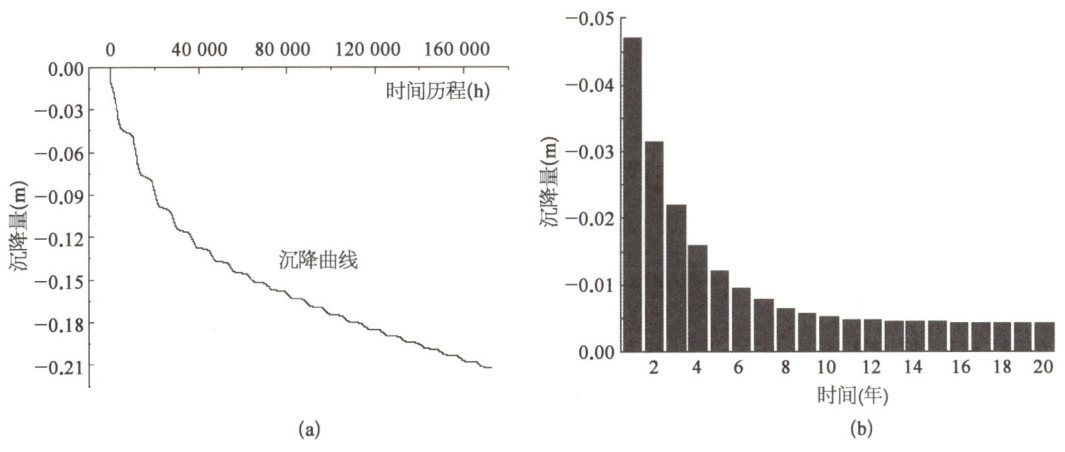

图 2-43 数值模拟的冻土路基沉降过程

(a) 冻土路基 20 年沉降计算;(b) 各年沉降量对比

4) 施工期导入热量回冻再平衡周期长

施工期间由于施工温度高、开挖导致冻土融化等原因热量导入路基后,在外界的环境作用下需要较长时间进行再平衡。在施工期热量导致冻土融化的工况下,水重新回冻为冰时需要释放大量热量,极大地阻碍路基回冻。此外,由于工期紧张,路基完成后短时间内即进行路面施工,黑色路面吸收热量与施工期导入的热量一起被封闭于路面之下,需要经过一段时间进行再平衡,如图 2-44 所示。

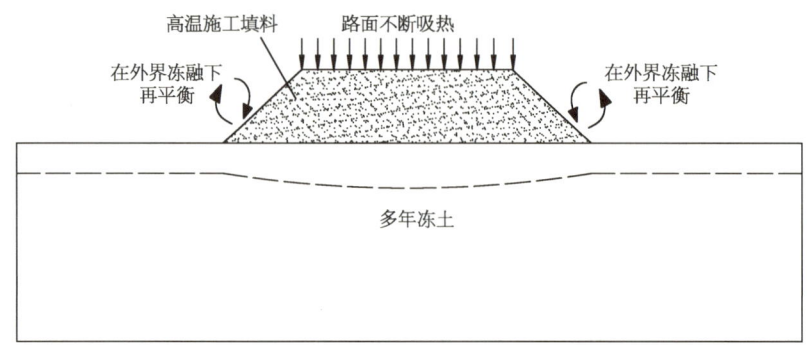

图 2-44 施工期导入与路面吸收热量再平衡

为了研究施工期带入热量再平衡问题,于 G214 公路 K418+450 断面布设观测断面,该段属于高温冻土区,特殊处治措施为片块石路基,提取片块石底部数据分析,如图 2-45 所示。由图可知,受施工期导入热量影响,块石层施工后第 1 个冻融周期内,最低温从 −3.1℃ 提升至 −1.8℃,升温幅度高达 42%。施工后的三个冻融周期内,在片块石降温作用下,最低温开始缓慢下降,第 2、3 年分别降至 −2.0℃、−2.6℃,由此可得,施工期导入热量需要施工后一定周期进行再平衡。

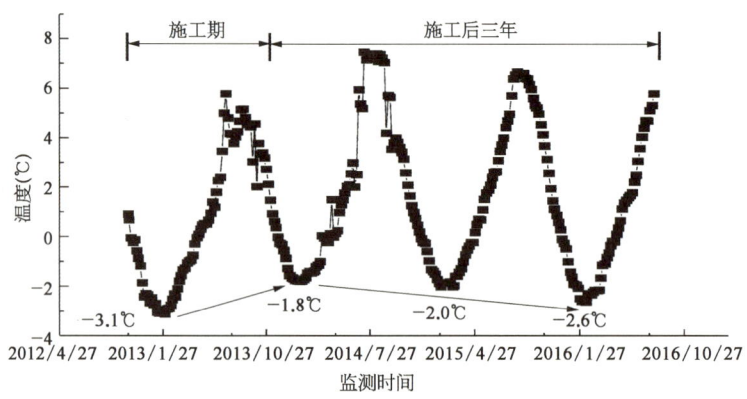

图 2-45 块石路基底部温度曲线

2.3.2.2 冻土路基时间效应的定义及其重要意义

综合上述对冻土路基时间效应的成因分析,可以给出冻土路基时间效应的定义。冻土路基时间效应是指因冻土路基不同时间阶段吸热来源、吸热强度和荷载等外在条件随时间变化造成的下伏冻土物理场状态以及最终导致的路基稳定性的变化。由其定义可见,冻土路基时间效应实质上描述的是时间变化与路基稳定性变化之间的因果关联,其系统输入为外界条件,系统输出为路基稳定性,视角为时间维度,而系统过程则包含了冻土对外界条件的响应以及其自身变化对路基的反馈。

多年冻土区路基病害时间效应的研究对指导该地区路基建设及施工具有重要指导意义。了解路基病害发展时间效果,有利于分期建设方案的制定,多年冻土地区路基建设可采用先修路基,待沉降发展结束后再进行路面施工,或者先进行路基和简易路面修筑,待施工期热量平衡后再重新进行路面修筑。

2.3.2.3 多年冻土区普通路基时间效应的表现

搜集青藏公路沿线普通路基病害观测数据,将病害类型主要分为沉陷、纵裂、横裂、波浪四大类,并根据病害对行车舒适性影响,将其分为"轻""中""重"三个等级(表2-14),其中"轻"度病害不影响行车舒适性及道路结构安全,可通过正常养护恢复使用性能,"中"度病害开始影响行车舒适性,继续发展将影响道路通行能力及行车安全,"重"度病害是指已经影响车辆通行,并对行车安全产生较大隐患。

表2-14 青藏公路多年冻土区病害分级

破损类型	分级	外 观 描 述	分级指标
沉陷	轻	深度浅,行车无明显不适感	深度≤10 cm
	中	深度较深,行车明显颠簸不适	10~25 cm
	重	深度深,严重影响行车通过	深度>25 cm
纵裂	轻	缝壁无散落或轻微散落,无或少支缝	缝宽≤2.5 cm
	中	裂块明显,缝较宽,无或轻散落或轻度变形	2.5~25 cm
	重	缝壁散落重,支缝多	缝宽>25 cm
横裂	轻	缝壁无散落或轻微散落,无或少支缝	缝宽≤2.5 cm
	中	裂块明显,缝较宽,无或轻散落或轻度变形	2.5~25 cm
	重	缝壁散落多,支缝多	缝宽>25 cm
波浪	轻	波峰波谷高差小	高差≤15 cm
	重	波峰波谷高差大	高差>15 cm

依据调查样本病害率,将样本区域冻土段分为稳定区、基本稳定区、不稳定区、极不稳定区四大类,其中,路基沉降稳定,低于10%段落路基进行整改的地区划分为稳定区;路基基本稳定,以路面病害率为主,且病害率低于20%路段为基本稳定区;路基沉陷段落20%~30%,且由路基引发的次生病害严重,为不稳定区;病害率超过30%,且病害仍持续发展,道路已不满足二级公路通行指标,行车安全受到严重威胁路段,为极不稳定区。

在考虑路基病害时间效应周期时,仅考虑大型整治工程影响,对于日常性路面养护、边坡维护等工作不进行统计,将道路从建设完成到下次维修之间的时间定义为病害时间效应周期,不同稳定性分区下多年冻土路基时间效应周期见表2-15。

表2-15 不同稳定性分区病害时间效应

分　区	年均地温(℃)	退化速率(cm/年)	病害时间效应周期(年)
稳定区	<-3.0	<10	>20
基本稳定区	-3.0~-1.5	10~15	10~20

(续表)

分　　区	年均地温(℃)	退化速率(cm/年)	病害时间效应周期(年)
不稳定区	-1.5~-0.5	15~20	5~10
极不稳定区	-0.5~0	>20	2~3

由表 2-15 可知,对于年平均地温低于-3℃,少冰低退化速率稳定区及基本稳定区,样本统计显示 80%路段一次修筑后仅靠养护及正常罩面即可达到 20 年以上使用寿命,二次工程问题不显著;对于年平均地温-3~-1.5℃,富冰饱冰,退化速率 10~15 cm/年的基本稳定区,使用 5~10 年则需要进行二次工程;对于年平均地温高于-1.5℃,含土冰层,高退化段落路基,如未采取特殊措施,2~3 年内即产生严重路基病害,其二次工程基本等同于二次建设。

图 2-46 所示为冻土含冰量和道路稳定性分级的关系曲线,图 2-47 所示为冻土退化速率与道路病害时间的关系曲线。由图可知,随着稳定性分区由稳定向极不稳定发展,少冰多冰冻土段落所占比例逐渐减小,含土冰层段落比率开始提升;对于稳定区,含土冰层路段比率仅占 9%,而在极不稳定区这一比例上升至 46%,而与之相对应,道路平均寿命从大于 35 年降低至不足 11 年,高含冰量路段比率越高,道路病害时间效应周期越短,尤其在高温、高退化速率冻土区,含土冰层路基大多在路面铺筑 2~3 年内病害显著,5~10 年内便因病害严重而急需整治或改建。

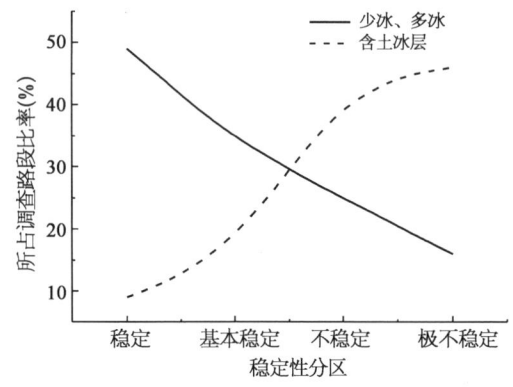

图 2-46　含冰量与道路稳定性分级的关系曲线

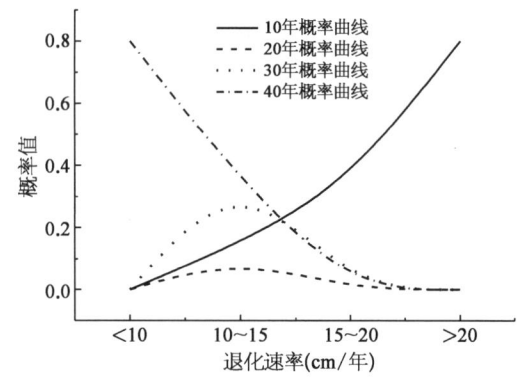

图 2-47　退化速率与病害时间的关系曲线

2.3.2.4　多年冻土区特殊路基时间效应的表现

为防治冻土路基病害,提高路基稳定性,2003 年青藏公路整治改建工程中在部分病害路段设置了特殊结构措施,主要包括热棒、XPS 板、片块石、通风管等方式,也有部分地质条件恶劣段落采用两种复合措施进行处治(图 2-48~图 2-51)。特殊结构大多于 2003 年建设完成,迄今已有 13 年地温、变形、病害监测数据,为分析特殊结构对冻土路基病害的影响过程,收集了这些路段的地温、变形监测数据 30 组。

图 2-48　热棒路基

图 2-49　XPS 板路基

图 2-50　片块石路基

图 2-51　通风管路基

图 2-52 所示为不同特殊措施的路基病害率与使用年限的关系曲线。表 2-16 所列为青藏公路 13 年监测年限内不同特殊措施的降温隔热有效率和预防病害有效率。

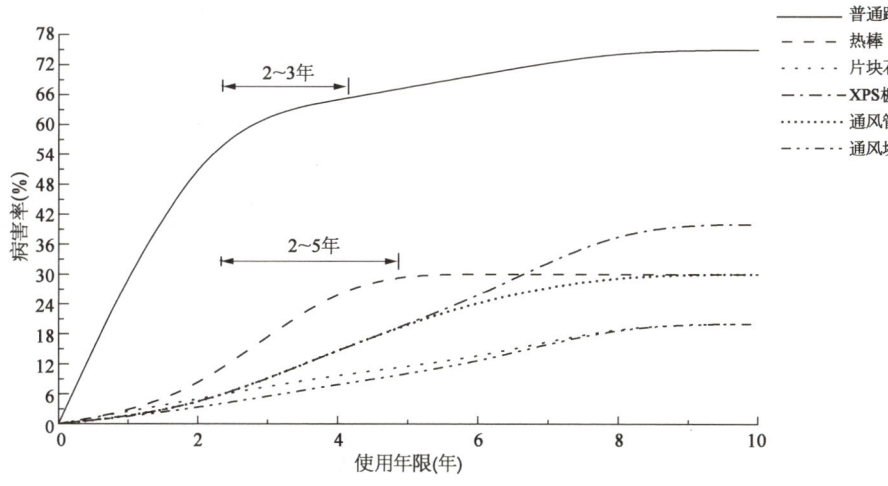

图 2-52　不同特殊措施路基使用年限分析

表 2-16　青藏公路沿线特殊措施路段病害时间效应研究

特殊措施	监测年限（年）	有效率(%)		病害率(%)			
		降温、隔热	预防病害	2 年	4 年	6 年	8 年
热棒	13	95	70	5	30		
片块石	13	55	80	5	10	13	20
XPS 板	13	90	60	3	15	25	40
通风管	13	90	70	3	16	25	30
通风管+块石	13	75	80	3	8	12	20

注：降温、隔热有效率指采用特殊处治措施后降温效果显著路段与样本总路段比值，预防病害有效率指采用特殊处治措施后未出现影响道路通行能力的路段与样本总路段比值，病害率是指发生严重路基或路面病害路段与样本总路段的比值。

由表 2-16 和图 2-52 可知，冻土地质条件恶劣路段，如未采取特殊措施，约 80% 路段 2~3 年内即产生严重路基病害，其二次工程基本等同于二次建设，且重建后路基仍不稳定；热棒、片块石、XPS 板、通风管路基等处治措施下，道路病害有效预防率为 60%~80%，且大部分病害将在路基建成后 2~5 年内集中出现，之后病害发生率逐步稳定，说明特殊处治措施路段需要进行二次整治，且整治后路基工作状态逐渐稳定。

2.3.3　结构效应

通过数值计算得到的几种典型特殊结构路基下冻土状态与天然冻土的对比来阐明冻土路基的结构效应。

1）片块石路基

通过对比典型片块石路基与天然条件下的冻土状况来阐述片块石路基的结构效应，其中年平均地温为 -1.5℃，路基高度为 2 m，片块石厚度为 1.2 m。路基修筑完成 20 年后路基中心线下和天然地表下的地温曲线如图 2-53 所示。由图可见，在没有路基干扰的天然条件下冻土为吸热状态，表现出"聚热"效应。修建片块石层路基后，由于片块石层的降温效能，实现了抬升冻土上限和降低冻土地温的同时，冻土地温曲线被调控为放热状态，表现出"聚冷"效应。可见，片块石路基的结构效应表现为冻土能量平衡状态性质的改变，冻土由吸热状态转变为了放热状态。

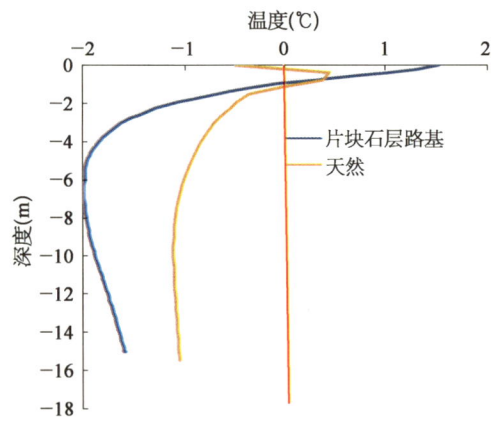

图 2-53　片块石层路基中心线下和天然地表下地温曲线

2）通风管路基

通过对比典型通风管路基与天然条件下的冻土状况来阐述通风管路基的结构效应，其中年平均地温为-1.5℃，路基高度为2 m，通风管管径为40 cm，净间距为80 cm。路基修筑完成20年后路基中心线下和天然地表下的地温曲线如图2-54所示。对比通风管路基下冻土地温曲线和天然冻土地温曲线可见，通风管路基的结构效应也同样表现为冻土上限抬升、冻土地温下降，以及能量状态由吸热转变为放热，但其放热强度小于片块石路基。

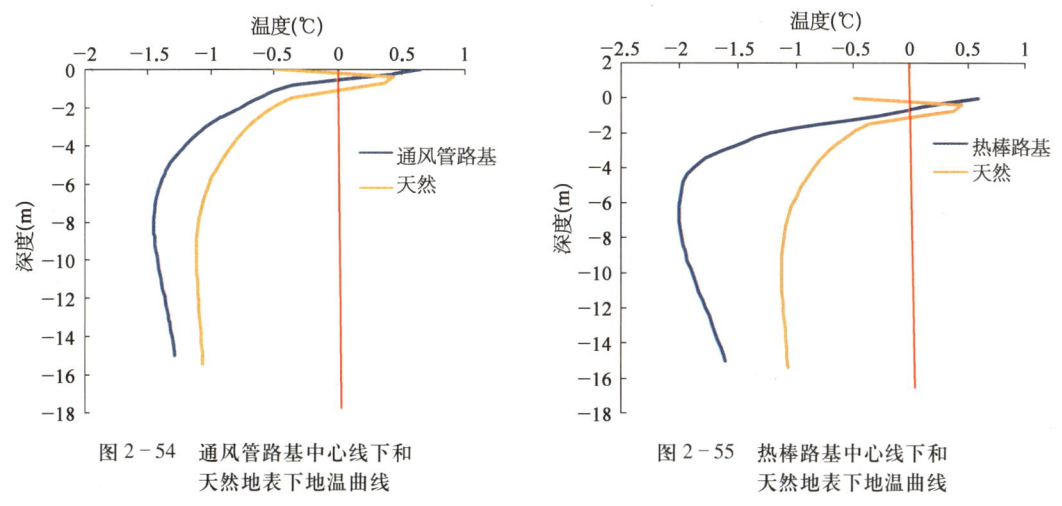

图2-54 通风管路基中心线下和天然地表下地温曲线

图2-55 热棒路基中心线下和天然地表下地温曲线

3）热棒路基

通过对比典型热棒路基与天然条件下的冻土状况来阐述热棒路基的结构效应，其中年平均地温为-1.5℃，路基高度为2 m，热棒为双侧直插，纵向间距为4 m。路基修筑完成20年后路基中心线下和天然地表下的地温曲线如图2-55所示。图2-55表明在热棒路基的高效降温效能作用下，其结构效应极为明显，地温显著下降，原来的吸热状态转变为强烈的放热状态。

上述分析表明特殊结构路基的结构效应表现在其对冻土地温状态和能量平衡状态的调控。不同特殊结构路基的基底吸热量汇总于表2-17。作为参照，填土路基基底吸热量远大于天然地表，体现为"聚热"效应，这是由路基体强烈的吸热效应造成的。通风管路基的结构效应表现为，它能够克服路基体的吸热，使得冻土能量平衡状态接近于天然状态，加装导冷风门可有效提升其"聚冷"效应。片块石路基和热棒路基基底吸热量最小，结构效应最为显著，这两种路基结构能够减小天然状态冻土的净吸热量，体现为"聚冷"效应。

表2-17 不同特殊结构路基的基底吸热量对比

项 目	天然地表	填土路基	通风管	片块石	热棒
基底净吸热(MJ)	-100~1 200	3 200~4 500	1 300~1 700	-300~100	-1 000~0

第3章

公路冻土工程设计方法

在全球气候升温与人类工程活动的双重影响下,青藏高原多年冻土处于持续退化过程中,给公路冻土工程的建设与运营带来极大的安全隐患。青藏工程走廊构筑物十分密集,相互热干扰情况较为严重,青藏高速公路的建设将加剧走廊构筑物工程灾变风险,威胁已有和新建工程安全。既有的公路冻土工程设计方法主要依据已有工程实例和经验确定,主要设计思路以经验为主,取保守值设计施工,缺乏科学、系统的设计方法。针对青藏高原多年地区公路冻土工程冻融灾害频发、工程措施多样、道路选择要求高等特点,结合已有研究资料和技术,从工程走廊热融风险评估、基本线位、工程应用及措施三个方面阐述了青藏高原地区公路冻土工程避灾与抗灾设计方法,提出了公路冻土地基冻融灾变风险评估方法、冻土区线位选择分层目标方法以及公路冻土路基能量平衡设计方法。

3.1　冻土地基冻融灾变风险评估方法

3.1.1　多年冻土区公路风险评估方法

3.1.1.1　多年冻土区公路工程风险

风险是指一个事件产生所不希望后果的可能性,某一特定危险情况发生的可能性和严重性的组合。

基于风险的定义,多年冻土区公路工程风险则可定义为:在修筑公路后,在工程热扰动导致冻土路基病害(融沉)这一所不希望后果的可能性,它是这种后果发生的可能性(热融蚀即多年冻土上限下降)和严重性(冻土融沉特性)的组合。

3.1.1.2　多年冻土区公路工程风险预控的理念与流程

随着风险管理的引入,公路工程也逐渐有意识地采用风险预控管理的理念和基本方法,特别是对于多年冻土区公路修筑而言,由于其风险显著,后期维护与保养工程量相对普通公路要大得多,则更应对其风险进行预先性预测与评估,从而为全寿命周期的设计理念提供有力支撑,冻土公路工程风险预控流程图如图3-1所示。其基本预控流程分为以下几个部分:

1) 风险水平划分

从标准规范的要求、社会对安全的需求、实地调查情况和过往实践的成功经验出发,确定现今和未来可期范围内社会所能接受的冻土公路工程风险水平,为后期风险评估和风险控制提供基准。

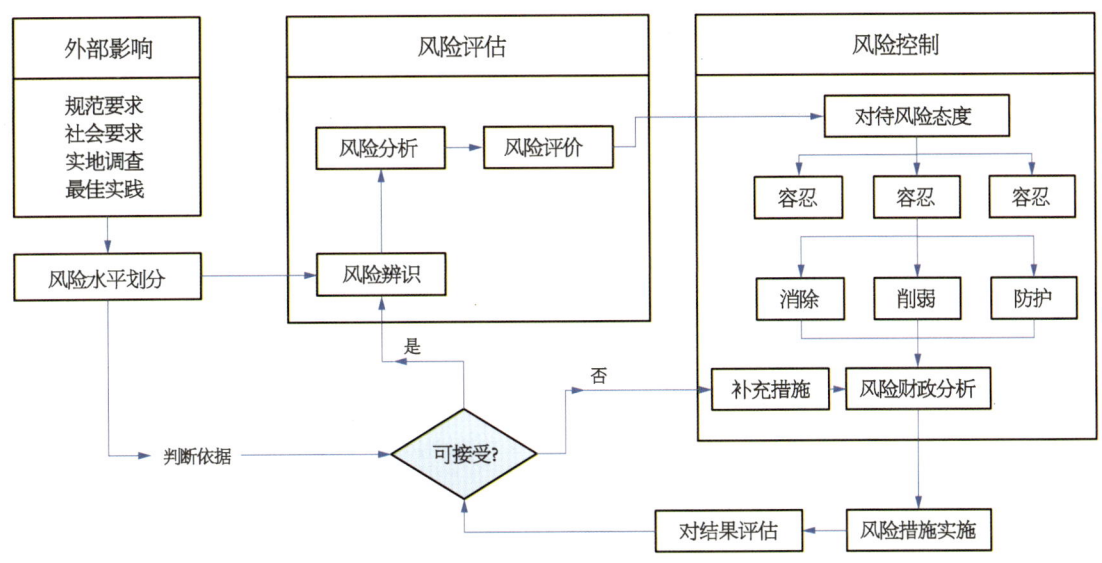

图 3-1 冻土公路工程风险预控流程

2) 风险评估

从风险控制的理论分析,在冻土公路工程这个系统中,多年冻土公路工程风险可以看作系统中在一定触发条件(工程活动、气候变化)作用下可能性事故的危险度。因此冻土工程灾害可从严重性和可能性两个方面进行分析,这两个特征是相互独立的,有时也相互联系。这一阶段主要包括风险的来源,即外界热扰动的强度分析;冻土自身响应外界热扰动的敏感程度,即外界热扰动作用下的冻土融化特性;冻土融化后其能形成的相应后果,即冻土的融沉特性分析,从而评价冻土的公路工程风险。

3) 风险控制

对于不同的冻土公路工程风险水平,应秉承不同的对待态度。其基本原则为:

(1) 对于评价结果低于可接受水平的区域,采取容忍的对待态度,即一般填土路基通过即可。

(2) 对于评价结果高于可接受水平的区域,在具有技术可行性和经济可行性的情况下,采取不同的风险处置方式对冻土公路工程进行风险控制,比如分离式路基、特殊结构路基等措施来降低公路工程风险以达到可接受的水平。

(3) 对于评价结果显著高于可接受水平的区域,在技术可行性或经济可行性难以满足要求的情况下,则采取放弃的对待态度,即通过改线或以桥代路的方式通过该区域。

3.1.1.3 多年冻土区公路工程风险评估的思路与方法

多年冻土区公路工程风险评估涉及的环境因素众多,其基本流程如图 3-2 所示。

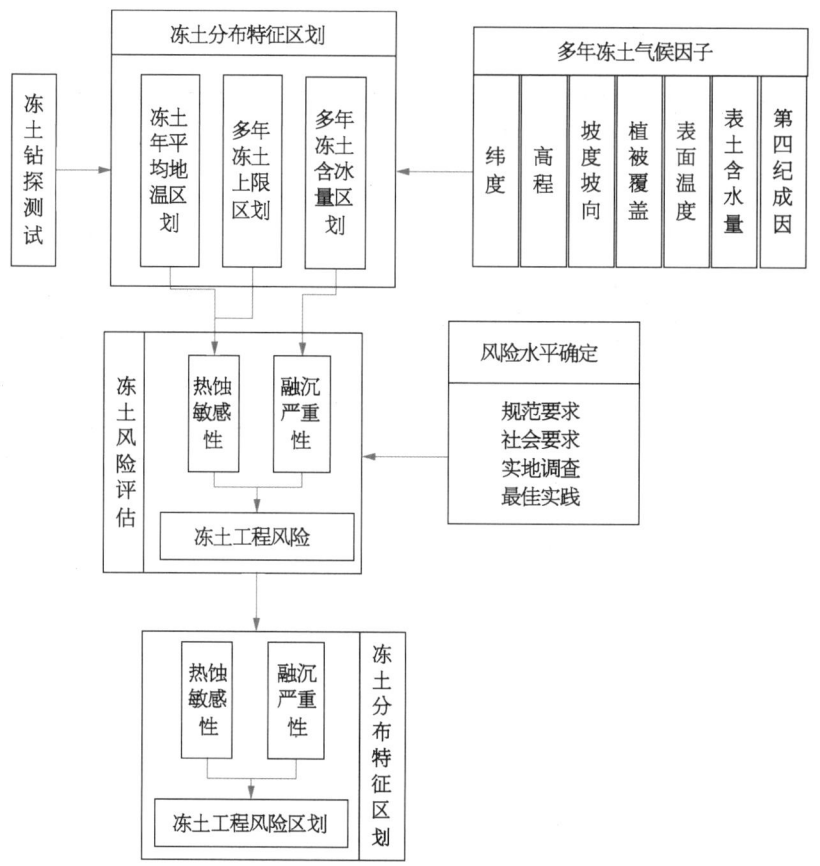

图 3-2 多年冻土区公路工程风险评估流程

3.1.2 外界热扰动作用下多年冻土热融蚀响应的敏感性

在人为工程活动影响下,地表状况发生改变,将导致多年冻土上限发生改变。但由于冻土年平均地温、下伏地层土性和含冰量的不同,会导致冻土对外界热扰动作用的响应程度产生较大差异,这种差异可以理解为多年冻土对外界热扰动的响应敏感程度,并按工程建设中的冻土分布基本特征的变化来进行评价。

3.1.2.1 多年冻土热融蚀敏感性的简单估算方法

1) 多年冻土热融蚀敏感性预估模型

多年冻土对外界热扰动作用的响应快慢程度可用季节融化深度与潜在季节融化深度的比值来表示,称为热融蚀敏感性,可理解为在工程活动作用下引发冻土地基进入危险状态,从而诱发灾害的相对敏感性。其定义式如下

$$S_{te} = \frac{X}{X_p} \tag{3-1}$$

式中：S_{te} 为热融蚀敏感性；X 为季节融化深度；X_p 为潜在季节融化深度。

季节融化深度即冻土活动层厚度，潜在季节融化深度则是指冻土在负温条件下，暖季的全部循环热量用于融化冻土层所需要的潜热量，而不考虑用以升高冻土地温所需的显热量，冻土所能融化的最大可能深度。式(3-1)中潜在季节融化深度可采用 Kudryavtsev 公式进行计算。

分析冻土热融蚀敏感性与冻土年平均地温和活动层厚度的相关性见表 3-1。

表 3-1 冻土年平均地温、活动层厚度与热融蚀敏感性参数相关性

项目		年平均地温	实测融化深度	冻土热融蚀敏感性
年平均地温	Pearson 相关性	1	0.733*	0.952*
	显著性		0.000	0.000
	N	26	26	26
活动层厚度	Pearson 相关性	0.733*	1	0.811*
	显著性	0.000		0.000
	N	26	26	26

注：* 在 0.01 水平(双侧)上显著相关。

由表 3-1 可知，冻土热融蚀敏感性与冻土年平均地温和活动层厚度为显著相关，对其进行线性回归，得到冻土热融蚀敏感性多元线性回归模型如下

$$S_{te} = 0.806 + 0.107 t_p + 0.036 X \quad (3-2)$$

式中：t_p 为冻土年平均地温(℃)。

应用多年冻土热融蚀敏感性预测模型的预测值与实测点采用 Kudryavtsev 公式的计算值(图 3-3)对比发现：两者结果极为吻合，预测模型的 $R^2 = 0.935$，说明该模型是较为合理可靠的。

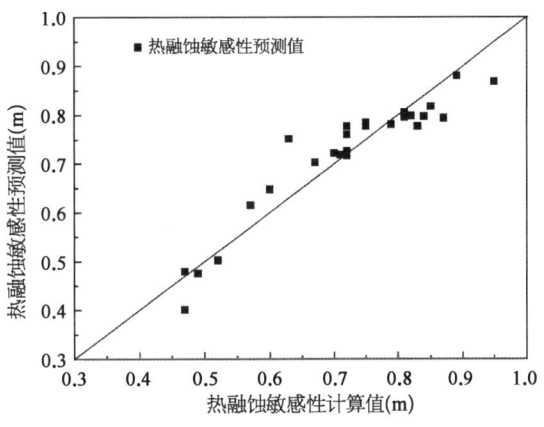

图 3-3 热融蚀敏感性预估模型预测值与 Kudryavtsev 公式计算值比较

2）青藏高原工程走廊带多年冻土热融蚀敏感性区划

应用该预估模型，利用前期得到的青藏高原工程走廊带多年冻土地温、活动层厚度现状区划图，对每个格栅进行计算，得到多年冻土热融蚀敏感性现状区划如图 3-4 所示，图中热融蚀敏感性划分标准见表 3-2。

表 3-2 热融蚀敏感性划分标准

标准	不敏感型	弱敏感型	敏感型	极敏感型
S_{te}	≤0.54	0.54~0.66	0.66~0.80	>0.80

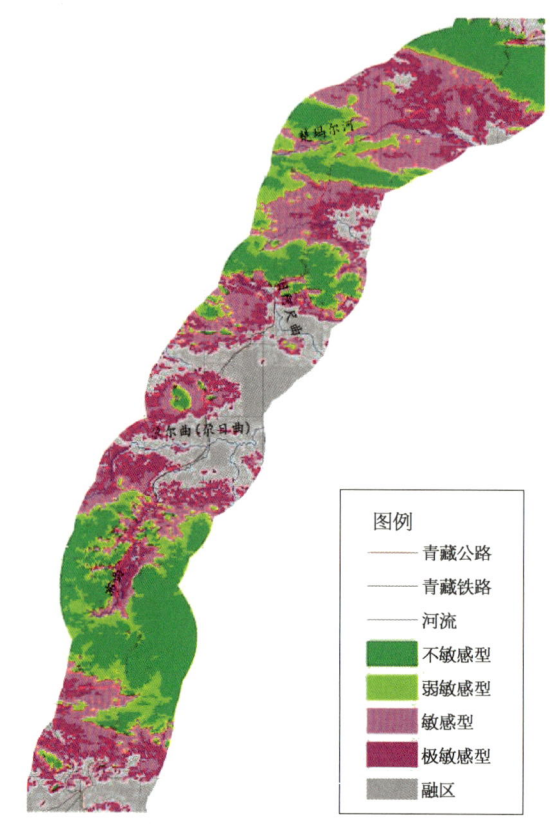

图 3-4 青藏高原工程走廊带多年冻土热融蚀敏感性现状区划图

由图 3-4 可知,不敏感型多年冻土主要分布于昆仑山、风火山、唐古拉山等大型山脉高海拔地区;除多年冻土区南北界以外,极敏感型冻土主要分布于楚玛尔河、沱沱河、通天河等常年性河流河床、漫滩及河流阶地区域。

3.1.2.2 多年冻土融化深度计算分析

1) 多年冻土融化深度数值计算

在进行冻土路基温度场计算时,一般采用封闭系统的附面层边界条件,但由于其边界为第一类边界条件,需要现场实测给出。对于尚未修建的高速公路,其路面、边坡边界相对于研究较为透彻的青藏公路而言尚不明确,采用附面层进行难以给出其第一类边界条件,提出采用考虑空气区在内的地气耦合开放系统模型来进行冻土路基温度场的模拟,该模型经验证具有很好的现场符合性,对于未知路基的模拟具有较为广泛的适宜性。

在对冻土路基边坡稳定性研究中发现,冻土路基在有一定行车荷载作用下,其路基高度应控制在 3 m 左右,所以在前述计算模型的基础上,铺设 3 m 高的普通填土路基作为外界人为热扰动。

对于包含路基、地基、路侧积水和大气在内的开放系统地气耦合模型中的传热过程,数值计算采用二维非稳态、湍流模型,地面与环境辐射的求解耦合在边界条件中进行设置,流体区域和固体区域的控制方程如下,流体和固体在界面处发生共轭传热。

(1) 空气区。冻土天然地表上部空气环境视为自由流体,并将空气考虑为密度不变的不可压缩气体,其控制方程如下:

连续性方程

$$\frac{\partial}{\partial x_i}(\rho u_i) = 0 \tag{3-3}$$

式中:ρ 为空气密度;u_i 为各个方向上的速度分量。

动量方程

$$\frac{\partial(\rho u_i)}{\partial t} + \frac{\partial}{\partial x_i}(\rho u_i u_j) = -\frac{\partial p}{\partial x_i} + \frac{\partial}{\partial x_i}\left(\eta \frac{\partial u_i}{\partial x_i}\right) \tag{3-4}$$

式中:p 为空气压力;η 为空气的动力黏度。

能量方程

$$\frac{\partial(\rho T)}{\partial t} + \frac{\partial}{\partial x_i}(\rho u_i T) = \frac{\partial}{\partial x_i}\left(\frac{\lambda}{c_p} \frac{\partial u_i}{\partial x_i}\right) + S_T \tag{3-5}$$

式中:T 为空气温度;λ 为空气的导热系数;c_p 为空气的定压比热容;S_T 为地层表面的耦合源项。

κ 方程

$$\frac{\partial(\rho \kappa)}{\partial t} + \frac{\partial}{\partial x_i}(\rho u_i \kappa) = \frac{\partial}{\partial x_i}\left[\left(\eta + \frac{\eta_t}{\sigma_\kappa}\right)\frac{\partial \kappa}{\partial x_i}\right] + G_\kappa - \rho \varepsilon \tag{3-6}$$

式中:κ 为湍流脉动动能;η_t 为湍流脉动所造成的动力黏度;σ_κ 为脉动动能的 Pr 数;G_κ 湍流脉动动能产生项;ε 为湍流耗散率。

ε 方程

$$\frac{\partial(\rho \varepsilon)}{\partial t} + \frac{\partial}{\partial x_i}(\rho u_i \varepsilon) = \frac{\partial}{\partial x_i}\left[\left(\eta + \frac{\eta_t}{\sigma_\varepsilon}\right)\frac{\partial \varepsilon}{\partial x_i}\right] + \frac{\varepsilon}{\lambda}(c_1 G_\kappa - c_2 \rho \varepsilon) \tag{3-7}$$

式中:σ_ε 为湍流耗散的 Pr 数;c_1、c_2 为经验常数。

(2) 冻土区。冻土区包括活动层及下伏多年冻土层,其主要传热方式为热传导,采用显热容法考虑相变热对路基传热的影响,控制方程为

$$c^* \frac{\partial T}{\partial t} = \frac{\partial}{\partial x}\left(\lambda^* \frac{\partial T}{\partial x}\right) + \frac{\partial}{\partial y}\left(\lambda^* \frac{\partial T}{\partial y}\right) \tag{3-8}$$

式中:c^*、λ^* 分别为各层固体材料的等效体积热容和等效导热系数。

对铺设宽幅路基后冻土路基温度场进行计算,得到不同工况条件下多年冻土 20 年内人为上限相对天然上限变化量(融化深度)的年际变化规律如图 3-5 所示。计算结果表明,多年冻土层融化深度与其热融蚀敏感性具有强烈相关性,随着热融蚀敏感性的增强,多年冻土对

外界热扰动影响更为敏感,在同样热扰动状况条件下,其多年冻土层融化深度随之增大;且随时间推移而增大,在其后期融化速率越来越慢,说明此时外界热扰动已逐渐深入其内部。

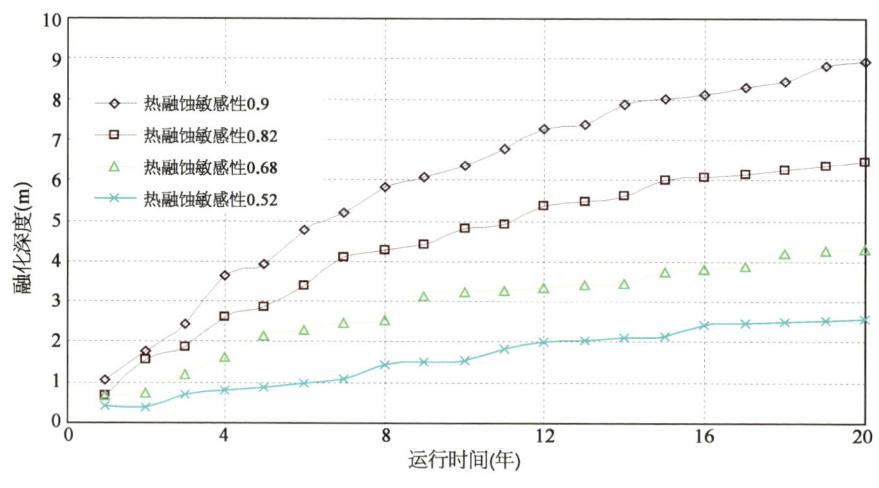

图 3-5 融化深度年际变化

计算 20 年后不同热融蚀敏感性条件下融化深度,得到其与热融蚀敏感性的相关关系如图 3-6 所示。

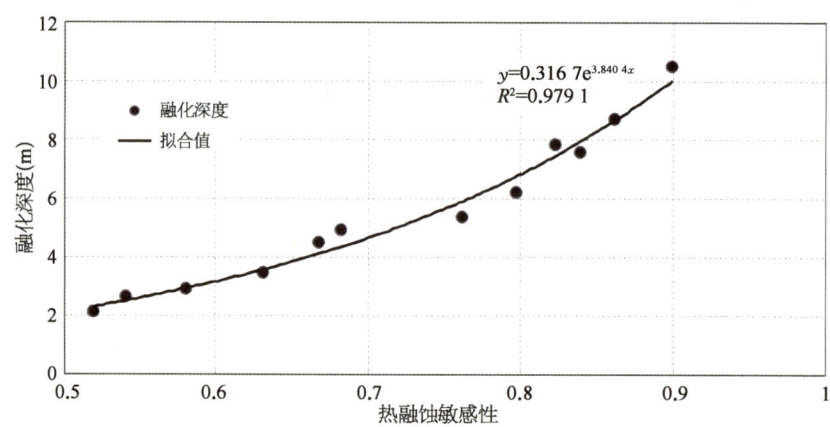

图 3-6 融化深度与热融蚀敏感性相关关系

由图 3-6 可知,随着热融蚀敏感性增大,其人为上限相对天然上限变化量基本呈现出指数增长规律,对其进行拟合得到变化量与热融蚀敏感性关系如下式所示,R^2 为 0.979 1,说明计算式拟合程度较高。

$$\Delta h = 0.316\,7 e^{3.84 S_{te}} \qquad (3-9)$$

2) 青藏高原工程走廊带多年冻土融化深度区划

应用该预估模型,利用青藏高原工程走廊带热融蚀敏感性区划图,对每个格栅进行计算,走廊带内修筑宽幅路基 20 年后的多年冻土融化深度区划如图 3-7 所示。

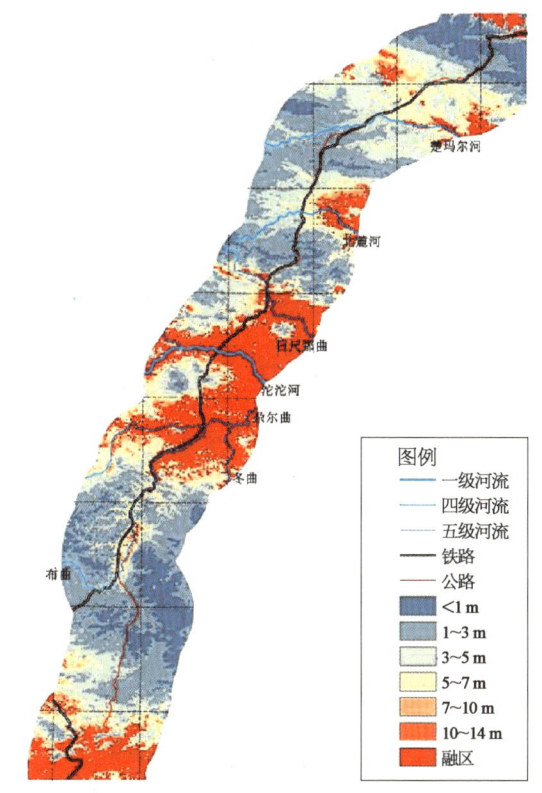

图3-7 宽幅路基热扰动作用下多年冻土融化深度区划分布

由图3-7可知,融化量较小的多年冻土区域主要分布于昆仑山、风火山、唐古拉山等大型山脉高海拔地区,其融化深度不足3 m,甚至在1 m以下;除多年冻土区南北界以外,融化深度较高的冻土区域主要分布于楚玛尔河、沱沱河、通天河等常年性河流河床、漫滩及河流阶地区域,其融化深度一般在5~10 m,宽幅路基的修筑对多年冻土具有强烈的扰动。

对其融化深度进行统计分类,得到各融化深度所占区域比重见表3-3,可以看出融化深度主要在1~5 m,占青藏高原工程走廊带多年冻土区的83.4%以上,小于1 m及大于6 m的占11.5%左右。

表3-3 青藏高原工程走廊带多年冻土融化深度分布比例

融化深度(m)	<1	1~3	3~5	5~6	>6
比例(%)	8.18	50.35	33.11	5.08	3.28

3.1.3 青藏高原工程走廊带冻土公路工程风险分析

3.1.3.1 青藏高原工程走廊带内多年冻土公路工程融沉量区划

1) 青藏高原工程走廊带内多年冻土含冰量类型区划

根据2014—2015年对青藏高原工程走廊带多年冻土区进行的大量野外钻孔数据,结合以往研究结果,给出了走廊带内多年冻土含冰量类型区划图,如图3-8所示。

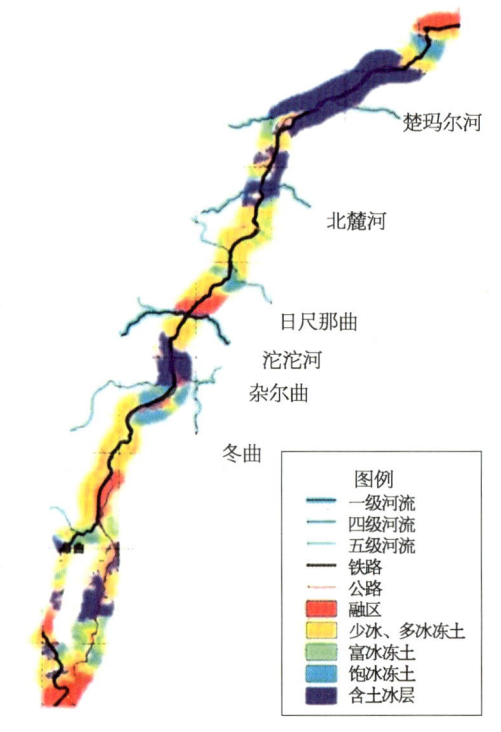

图3-8 青藏高原工程走廊带多年冻土含冰量类型区划

2) 青藏高原工程走廊带内多年冻土公路工程风险区划

对青藏高原工程走廊带内不同含冰量类型区域平均融沉系数进行分类取值,见表3-4。

表3-4 不同含冰量类型区域平均融沉系数

含冰量	少冰冻土	多冰冻土	富冰冻土	饱冰冻土	含土冰层
平均融沉系数	0.01	0.03	0.065	0.175	0.25

将图3-8所得各格栅融化深度与平均融沉系数相乘进行格栅运算,则可得到青藏高原工程走廊带内融沉量分布,如图3-9所示。对其不同融沉量区域进行统计,得到其风险类型统计结果见表3-5。

表3-5 不同融沉量区域统计

融沉量(m)	<0.1	0.1~0.2	0.2~0.3	0.3~0.5	>0.5
占冻土区域比例(%)	32.01	19.26	5.45	3.23	40.05

3.1.3.2 冻土公路工程风险分析

依据风险预控的基本原则,将走廊带内冻土公路工程风险划分为低风险、一般风险、中

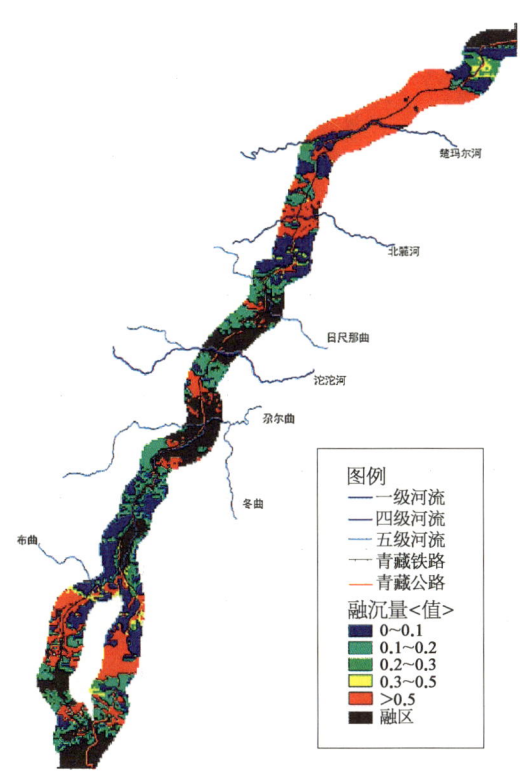

图 3-9 青藏高原工程走廊带内冻土公路工程融沉量区划

等风险、重大风险和特别重大风险五个等级,各风险等级所对应的冻土特征属性见表 3-6。其反映了多年冻土在触发因素(工程活动、气候变化)作用下诱发灾害的严重程度。

表 3-6 冻土公路工程风险划分标准表

项 目	风险矩阵	中等风险(Ⅲ级)	重大风险(Ⅳ级)		特别重大风险(Ⅴ级)	有效类别	赋值
一般风险(Ⅱ级)	4	8	12	16	20	含土冰层	4
	3	6	9	12	15	饱冰冻土	3
低风险(Ⅰ级)	2	4	6	8	10	富冰冻土	2
	1	2	3	4	5	少冰-多冰	1
有效类别	不融化	低融化	融化	较强融化	强融化		
赋值	1	2	3	4	5		
融化深度(m)	<1	1~3	3~5	5~6	>6		

由表可知,冻土公路工程风险由冻土响应外界热扰动而引起的融化量和冻土的融沉特

性决定。前者由冻土年平均地温和冻土天然上限决定,冻土年平均地温决定了多年冻土的蓄冷量,地温越低则蓄冷量越大,外界热扰动作用下冻土的融化量越少;而冻土天然上限则由冻土年平均地温和冻土的热扩散能力决定,热扩散能力越强,则抵御外界热扰动能力越差。通过多年冻土年平均地温和冻土天然上限由式(3-2)求得热融蚀敏感性,而后估算得到融化深度。

将融化等级划分为5级对应在高速公路热扰动作用下不同的融化深度,按照多年冻土的含冰量不同将多年冻土的融沉特性分为五个等级。根据病害调查资料及已有研究成果,融沉变形是冻土工程变形的主要组成部分,因此地基的融沉等级与其风险严重性直接相关,而冻土含冰量又直接与融沉等级相关。由此就可以得到冻土风险等级划分,从而得到青藏高原工程走廊带冻土公路工程风险矩阵,见表3-7。

表3-7 冻土公路工程风险划分等级表

风险值	风险等级划分 风险等级	备 注
15~20	特别重大风险	Ⅴ级
9~12	重大风险	Ⅳ级
5~8	中等风险	Ⅲ级
3~4	一般风险	Ⅱ级
1~2	低风险	Ⅰ级

利用已获得的青藏高原工程走廊带多年冻土融化深度区划和多年冻土含冰量区划图,采用表3-7所示冻土公路工程风险等级分类划分标准,对走廊带内多年冻土公路工程风险进行格栅判断,得到走廊带内风险等级区划如图3-10所示,走廊带内风险等级统计结果见表3-8。

由图可知:

(1)风险等级为Ⅰ级的低风险区域主要处于昆仑山、五道梁、风火山、唐古拉山等低温低含冰量区域,说明在融沉风险较低的区域主要取决于其热融蚀敏感性,即冻土对外界热扰动的敏感性。

(2)风险等级为Ⅴ级的高风险区主要分布于清水河、楚玛尔河高平原、北麓河盆地、沱沱河盆地等大型河流高温冻土区且含冰量较高区域和头二九、安多多年冻土南界区域。

(3)对比走廊带内公路工程风险和冻土含冰量区划图可知,工程走廊内含冰量分布是冻土公路工程风险的决定性因素,基本所有的饱冰冻土区域均为高风险区域,即认为该类区域普通填土路基方案将会带来较大的工程风险。

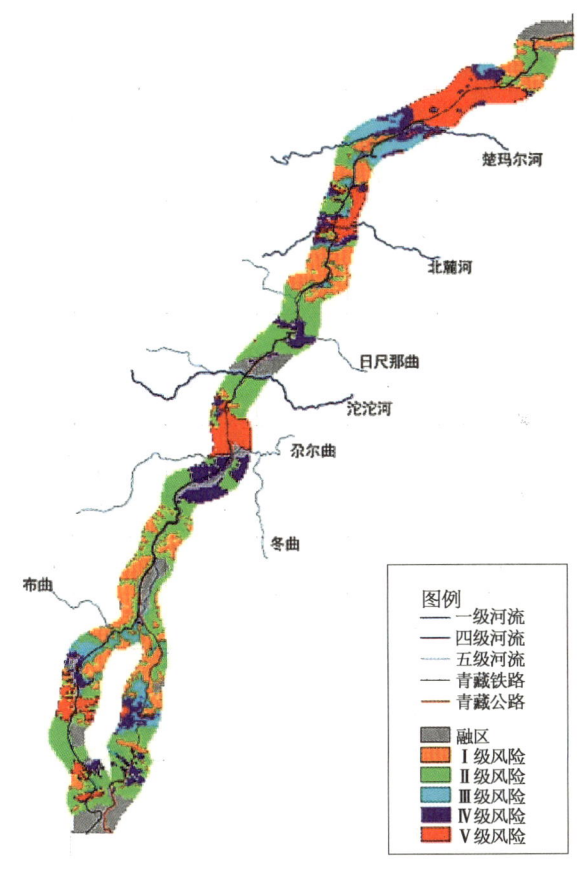

图3-10 青藏高原工程走廊带内冻土公路工程风险等级区划

表3-8 青藏高原工程走廊带冻土公路工程风险统计表

风险等级	Ⅰ级	Ⅱ级	Ⅲ级	Ⅳ级	Ⅴ级
比例(%)	13.05	17.38	27.32	11.18	31.07

3.1.3.3 对待青藏高原工程走廊带多年冻土区公路工程风险的基本原则

冻土公路工程风险显著程度的不同,决定了对待风险的态度和基本原则,对于Ⅰ级风险区域修筑高速公路的一般原则为普通填土路基即可通过;Ⅱ级区域一般原则为填土路基同时考虑特殊路基通过;Ⅲ级区域一般原则为特殊路基通过;Ⅳ级区域一般原则为特殊路基通过且同时考虑以旱桥通过;Ⅴ级区域一般原则为必须以旱桥通过。

以未来拟建青藏高速公路为例,在K2877+720~K3416+540的里程内,对通过青藏高原工程走廊带多年冻土区沿线风险特征进行统计,结果见表3-9,由表可知,走廊带内沿线冻土公路工程风险较为显著,能仅以普通填土路基通过路段仅占全段的不到3%,而重大风险和特别重大风险等级分别占比达23%和33.63%。

表 3-9　青藏高速公路线通过多年冻土区风险等级统计表

多年冻土区段	风　险　等　级				
	Ⅰ级	Ⅱ级	Ⅲ级	Ⅳ级	Ⅴ级
总计区段长度(km)	9.8	55.7	95.2	85.2	124.6
风险等级比例(%)	2.65	15.03	25.70	23.00	33.63

其中推荐以旱桥代路区段总计 124.6 km,主要连续分布区段见表 3-10,由表可知,主要分布区域为清水河、楚玛尔河高平原区、北麓河、秀水河盆地、沱沱河岛状冻土区、头二九和安多(多年冻土南界)等区域。对比已修建青藏铁路工程,多年冻土地区旱桥工程段约为 87.3 km,而青藏高速公路将带来比青藏铁路更高的热融风险,因此应用本评价方法得到的结果真实合理。

表 3-10　青藏高速公路线主要旱桥区段统计表

多 年 冻 土 区 段	路段长度(km)
清水河、楚玛尔河平原区	58.1
北麓河、秀水河盆地区域	16.3
乌丽盆地	4.3
沱沱河盆地	8
通天河盆地	2
布曲河谷	2.8
头二九、安多	16.1
总　计	107.6

3.2　公路冻土区线位选择分层目标方法

3.2.1　路线选择分层目标法基本理论

1) 理论模型

公路选线是从满足基本运输需求到最终方案确定的过程,要经过许多设计层次,层次从前到后抽象度不断降低,后续层次是前一层次的精化,并在不同层次下满足约束条件的限制,最终得到该层次下方案。上述过程可用模型表示为

$$M = \{I, P, Q, O, C, L, \varphi\} \tag{3-10}$$

式中:M 为公路线形选择模型;I 为输入集;Q 为状态集;O 为输出集;C 为约束集;L 为层次

集;φ 为映射集。

满足一定约束的状态 $Q|C$ 经过映射转换为新约束状态的过程即为 P,输入 I 经过设计过程 P 得到输出 O。每个层次下一般含有多个子过程,所有的子过程最终形成设计过程,即

$$P_i = \sum_{j=1}^{a} P_{i,j} \tag{3-11}$$

式中:P_i 为第 i 层次的总设计过程;$P_{i,j}$ 为第 i 层次中的第 j 个设计过程。

设计过程 P_i 完成后,便可确定第 i 层次下的路线方案,然后在第 i 层次的基础上进行第 $i+1$ 层次的路线选择,直至完成最后一层次的路线方案。流程如图 3-11 所示,图中:L_i 为第 i 层次;Q_i 为第 i 层次的总状态。

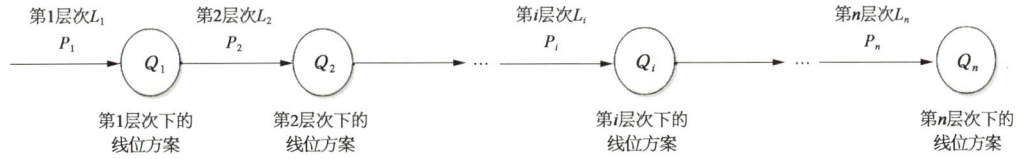

图 3-11　公路路线设计过程的层次顺序结构

由上述分析,将三个层次确定为走廊带初拟线位层、走廊带内部基本线位层和最终线位层,具体如图 3-12 所示。

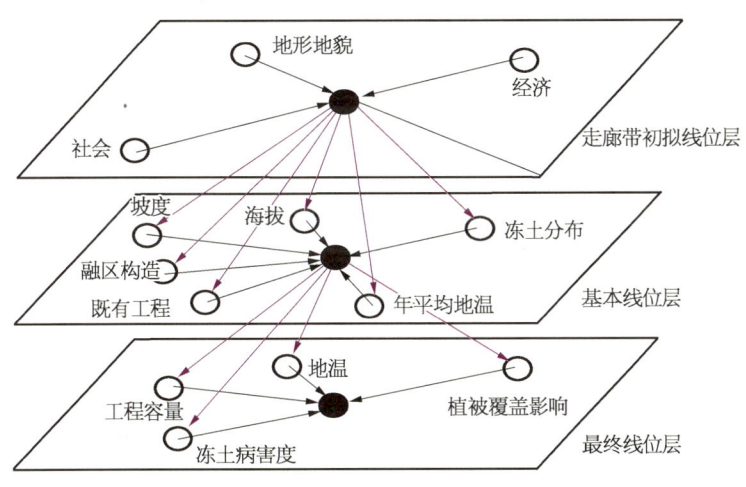

图 3-12　分层目标法选线流程

2) 划分依据

我国青藏高原多年冻土区基础地理数据库覆盖了从小比例尺(如 1∶1 000 000)到中比例尺(如 1∶50 000)再到大比例尺(如 1∶2 000)范围,从宏观、中观和微观不同层面表现了地理数据的结构、形态和细节,结合卫星云图对不同比例尺下的地形地物、道路干扰工程、构造物等要素细节进行分析,如图 3-13~图 3-15 所示。

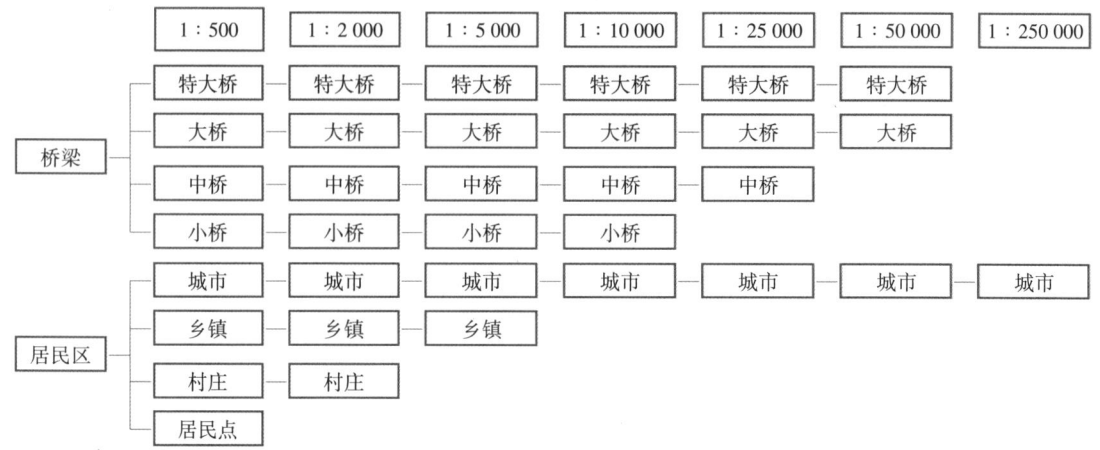

图 3-13 不同比例尺下构造物、建筑物层次划分

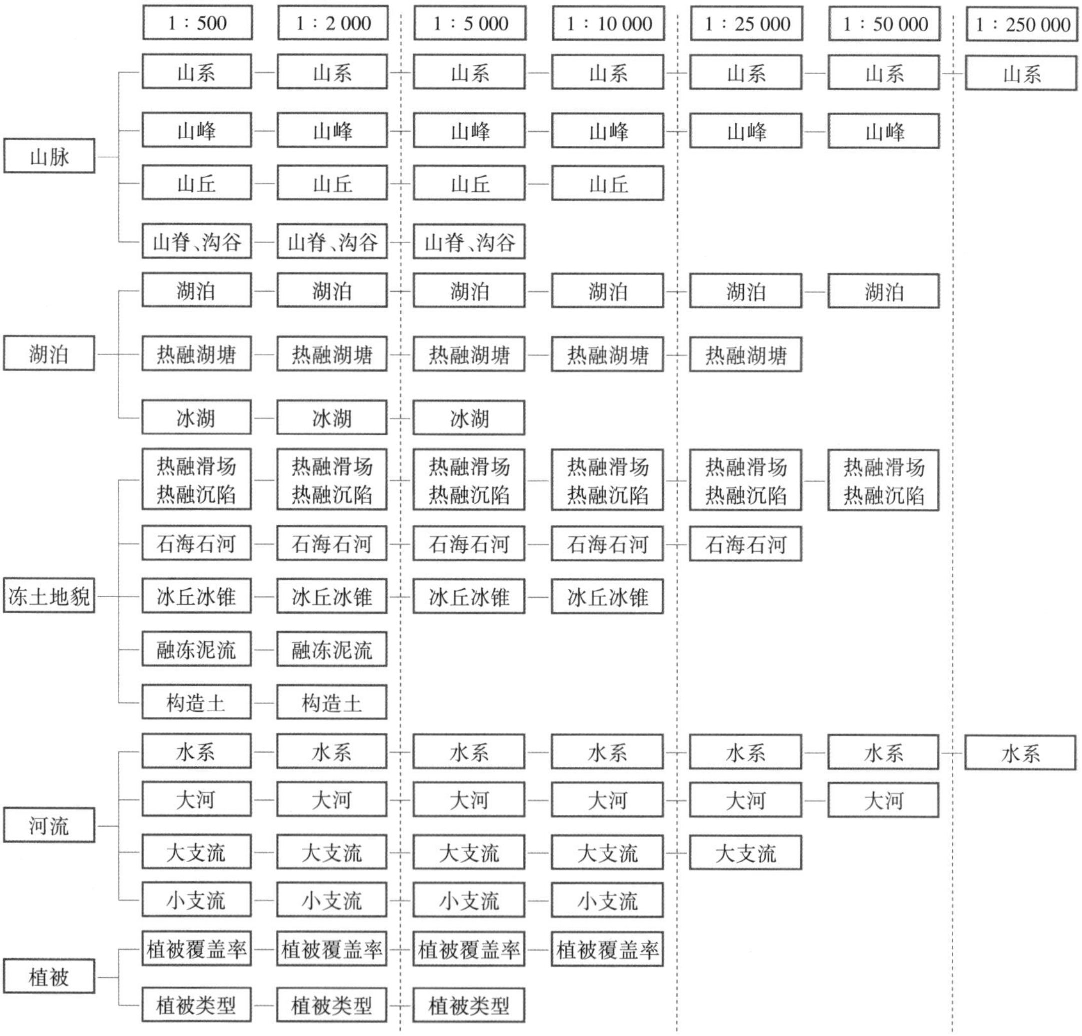

图 3-14 不同比例尺下地形、地貌层次划分

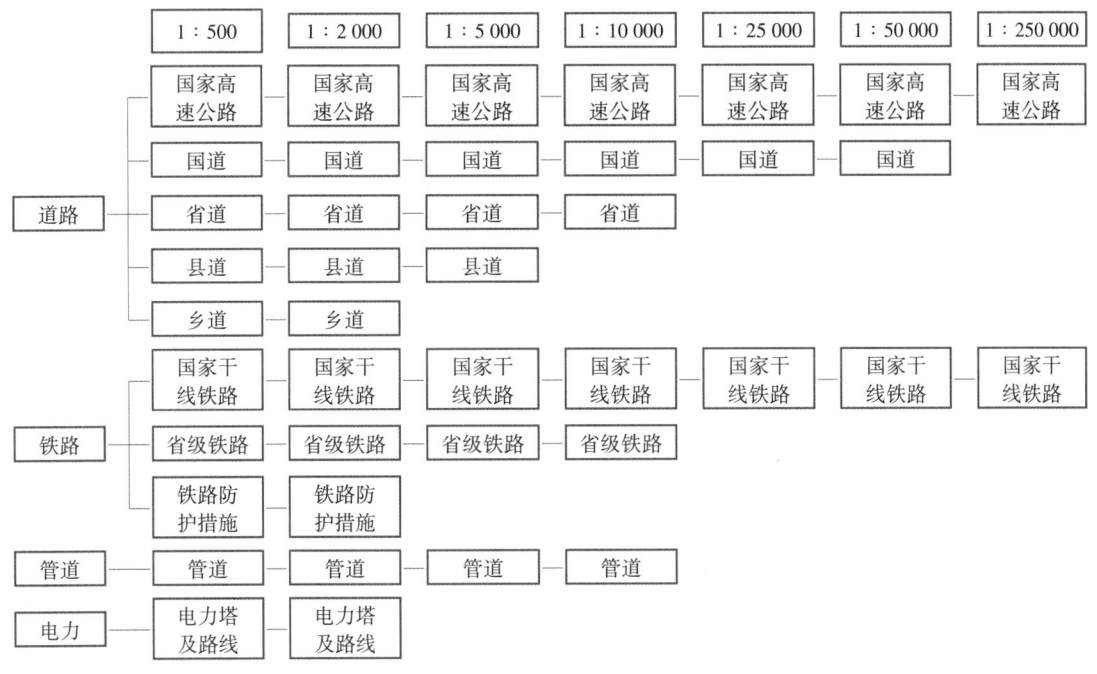

图 3-15 不同比例尺下干扰工程层次划分

从多年冻土区不同比例尺地形图要素类的表示可以发现,在道路线形设计影响因素的抽象表达方面,1∶250 000 地形图只能看到大型山脉和路网主骨架,影响因素单一,若在此地理空间确定初拟线位意义较小。1∶50 000 与 1∶25 000 地形图可看到大型地理要素(山脉、大河、湖泊等)以及路网简单要素(如高等级道路、大桥等),在该层次下可分析路线走廊带控制性条件,较适合作为第 1 层次;1∶10 000 与 1∶5 000 地形图可表现中型地理要素(沟谷地貌、湖塘、支流等)及路网细节要素(主干道路网、低等级道路、中桥以及铁路等),满足走廊带的细化以及初拟线位的设计需求;1∶2 000 与 1∶500 地形图可以表现地形地貌、线路工程以及结构物的细节,满足线位的细化以及局部线位优化比选的设计需求。因此将多年冻土区选线过程分为 1∶50 000、1∶10 000、1∶2 000 三个层次进行分析。

3.2.2 走廊带选择层模型

走廊带层次所能分辨的影响因素较为广泛,多年冻土区地处偏远,城镇化发展水平很低,路网主骨架稀疏,该区域不同社会组成要素的人口密度不同、资源状况不同,不同经济发展要素的地区经济发展状况不同,地形条件各异,不同区域地形地貌差别较大,公路走廊带的选择受到这些要素的制约。

1) 社会因素模型

从社会发展角度出发考虑路线节点的重要度,选取平均人口数量代表社会发展程度,以近 m 年该地区年平均人口数量为指标,路线应选取沿线居民较多的城镇,最大限度地发挥公

路带动社会发展的作用,社会因素模型表示为

$$C_{1,1} = \frac{1}{m}\sum_{l=1}^{m} H_l \tag{3-12}$$

式中:H_l 为第 l 年该地区的人口总数。

2) 经济因素模型

从经济增长的角度出发考虑路线节点的重要度,综合考虑该地区近 m 年的经济收入水平,选取对当地社会进步有巨大促进作用的城市或乡镇作为沿线控制点,经济因素模型表示为

$$C_{1,2} = \frac{1}{m}\sum_{l=1}^{m} G_l \tag{3-13}$$

式中:G_l 为第 l 年该地区的经济总量。

3) 地形地貌考虑

走廊带选择时还应考虑路线经过的地形地貌条件,尽可能避绕大型山川、河流,减小工程规模,兼顾工程经济与运营经济,在力求走廊带短捷、顺直的前提下,采用必须跨越的特大桥或穿越的特大隧道工程,完成走廊带选择层下初拟走廊带的选择。

3.2.3 基本线位层选线困难度模型

第 2 层次比例尺进一步扩大,能够分辨出冻土分布、地形地貌以及既有工程等。在该层次的路线选择中将走廊带划分为若干个分区并建立公路建设困难度模型,使得路线通过一定范围内困难度相对较小的分区。

1) 影响因素分析

地形地貌方面,青藏高原多年冻土区海拔最低 4 137 m,最高 5 231 m,海拔相差较大,不同的海拔高程对公路建设、车辆运营会产生不同程度的影响;青藏高原多年冻土区山高谷深、坡陡流急,地面坡度的分析对公路选线、养护以及构造物的建设均有重要的意义。

冻土病害方面,多年冻土的空间分布特征影响公路线位布局及工程的稳定性;融区构造的发育特征是分析公路线形选择的重要依据;多年冻土年平均地温是冻土稳定性的基本指标,对多年冻土区公路选线具有重要的指导作用。因此,冻土分布、融区构造和年平均地温是多年冻土公路工程设计和施工中必须考虑的三个因素。

干扰工程方面,青藏工程走廊带空间狭窄,在有限的范围内已经涵盖了五大线形工程,其产生的热干扰加剧了多年冻土的升温与退化,加剧了多年冻土选线的困难度,因此考虑既有工程间的相互影响十分必要。

2) 影响因素标度分级

上述六个自然环境要素由于性质不同,所表达的内容不同、量纲不同,不能直接建立函数计算公式进行计算,而需根据综合评价理论中不可公度原理将上述六个要素首先进行无量纲化标度,分析每个影响因素不同分值情况下对选线的影响程度,得到表 3-11 和表 3-12。

表 3-11 影响因素定量标度分级

影响因素指标	不同标度分值的分级				
	0	1	3	6	10
海拔(m)	(4 000, 4 600]	(4 600, 4 700]	(4 700, 4 800]	(4 800, 5 000]	(4 800, 5 000)
地面坡度(°)	(0, 3]	(3, 6]	(6, 10]	(10, 20]	(20, 90]
年平均地温(℃)	(-5.0, -2.0]	(-2, -1]	(-1, 0]	(0, 0.5]	(0.5, 1.5]
既有工程(m)	(300, 600)	(200, 300]	(150, 200]	(65, 150]	(0, 65]

表 3-12 影响因素定性标度分级

影响因素指标	不同标度分值的分级				
	0	1	3	6	10
冻土分布	非冻土	融区冻土	高原岛状冻土	高原连续冻土	高山冻土
融区构造	河流融区	湖泊融区	辐射融区	地热融区	人为融区

3) 确定权重

用权重系数来表示各评价指标的重要程度,采用层次分析法确定其权重系数,具体计算结果见表 3-13。

表 3-13 不同影响因素时选线困难度指数权重计算系数

影响因素	海拔	地面坡度	年平均地温	既有工程	冻土分布	融区构造
权重系数	0.09	0.16	0.19	0.23	0.15	0.18

4) 构建模型

基于上述分析,建立青藏高原多年冻土区公路建设困难度模型

$$Z_{2,k} = \sum_{j=1}^{6} \omega_{2,j} X_{2,kj} \tag{3-14}$$

式中:$Z_{2,k}$ 为基本线位层第 k 个分区的困难度;$X_{2,kj}$ 为基本线位层第 k 个分区第 j 个影响因素的标度分值;$\omega_{2,j}$ 为第 j 个影响因素的权重。

在进行基本线位层公路路线选择时,要依据走廊带各分区内 $Z_{2,k}$ 的大小,尽量通过困难度相对较小的区域。

3.2.4 最终线位层可靠度模型

第 3 层次是对区域地理及环境的进一步细化,在该层次下通过各种影响因素的细化以及约束条件的强化,并在第 2 层次确定方案的基础上,进一步分析冻土特性及走廊带工程容纳能力,确定工程修建的可靠程度,最终确定路线的线位。

3.2.4.1 可靠度模型

根据公路建设多年的实践经验,充分考虑由冻土地温、冻土病害、植被覆盖等因素带来的危害,同时兼顾多年冻土区既有工程间的相互热影响,建立的多年冻土区工程可靠性模型包含了多年冻土区平均地温模型 t、冻土公路病害模型 F、冻土区植被覆盖影响模型 Θ 与工程容量模型 V 四个子模型,表示为

$$D = \alpha_1 t + \alpha_2 F + \alpha_3 \Theta + \alpha_4 V \tag{3-15}$$

式中:α_1、α_2、α_3、α_4 分别为多年冻土区平均地温模型、冻土公路病害模型、冻土区植被覆盖影响模型与工程容量模型的权重,利用层次分析法得 $\alpha_1 = 0.12$,$\alpha_2 = 0.64$,$\alpha_3 = 0.08$,$\alpha_4 = 0.17$。

在进行最终线位层公路路线选择时,依据各模型的计算数值计算最后的路线可靠度,尽量通过可靠度相对较大的区域。

3.2.4.2 年平均地温模型

1) 影响因素分析及标度分级

多年冻土的年平均地温与海拔、纬度之间有着密切的关系,冻土年平均地温随海拔的升高、纬度的增加而降低;等效纬度可以反映太阳对地表的辐射情况,它受纬度、坡度、坡向的综合影响,可以在一定程度上反映坡向对年平均地温的影响;植被能遮挡和反射太阳光的直接辐射,加上其根系可以保持水分,对冻土的发育具有保护作用,因此在植被发育地段,冻土年平均地温较低,可见,海拔、纬度、等效纬度、植被覆盖对冻土年平均地温有较大影响。

根据上述影响因素分析,采用不可公度理论进行无量纲化标度,分析每个影响因素不同分值情况下对年平均地温的影响,具体见表 3-14 和表 3-15。

表 3-14 影响因素定量标度分级

影响因素指标	不同标度分值的分级				
	0	1	3	6	10
海拔(m)	(4 000, 5 300]	(3 000, 4 000]	(2 500, 3 000]	(2 000, 2 500]	(0, 2 000]
纬度(°)	(28, 30.5]	(30.5, 31.5]	(31.5, 33.5]	(33.5, 35]	(35, 36.5]
等效纬度(°)	(28, 30.5]	(30.5, 31.5]	(31.5, 33.5]	(33.5, 35]	(35, 36.5]

表 3-15　影响因素定性标度分级

影响因素指标	不同标度分值的分级				
	0	1	3	6	10
植被指数	无植被	耕	草	灌	林

2）影响因素权重分析

采用层次分析法确定上述影响因素的作用权重系数，具体计算结果见表 3-16。

表 3-16　不同影响因素时选线困难度指数权重计算系数

影响因素	海 拔	纬 度	等效纬度	植被覆盖
权重系数	0.49	0.18	0.27	0.06

3）模型构建

多年冻土区的年平均地温主要由上述四个环境要素组成。首先对四个自然环境要素进行标度分值，其次确定权重，建立年平均地温模型，则有

$$t = \sum_{i=1}^{4} \lambda_i C_{3,i} \tag{3-16}$$

式中：t 为分区年平均地温指数；$C_{3,i}$ 为分区计算单元内四个自然环境要素的标度分值；λ_i 为四个要素的权重系数。

3.2.4.3　冻土区公路病害模型

1）影响因素分析及标度分级

多年冻土地区地质条件复杂，发育了大片的不良地质现象，对多年冻土区选线具有巨大影响。厚层地下冰存在的地段修筑路堑、开挖边坡及地基后，会使多年冻土上限发生变化而引起路基变形，从而形成热融湖塘等公路病害，严重影响路线选择；含冰土层会引起路基沉陷、边坡失稳和不均匀冻胀等病害，严重影响多年冻土区公路线位布局的稳定性与经济性；热融滑塌会导致路基侧向积水，路基发生热融下沉、不均匀冻胀等病害，同时还会产生涵管壅塞，降低边坡稳定性，对路线选择具有极大的影响；冻胀丘形成时产生的巨大隆胀力会使路基严重变形，其融化后使路基及其附近土体含水率过高，又会产生路基融沉等病害，从而影响路线走向，对多年冻土区路线选择具有巨大影响。

根据不可公度原理对各计算因子进行无量纲化公度，具体见表 3-17。

2）影响因素权重分析

采用层次分析法确定上述影响因素的作用权重系数，具体计算结果见表 3-18。

表3-17 影响因素定量标度分级

影响因素	分级项目	不同标度分值的分级				
		0	1	3	6	10
厚层地下冰	厚度(m)	≤0.25	(0.25, 0.50]	(0.5, 1.5]	(1.5, 3.0]	>3.0
含冰土层	冻土含冰量(%)	≤0	(0, 12]	(12, 20]	(20, 50]	>50
热融滑塌	热融滑塌速率(m/s)	≤1.0	(1.0, 1.7]	(1.7, 2.5]	(2.5, 4.0]	>4.0
冻胀丘	冻胀系数(%)	≤1.0	(1.0, 3.5]	(3.5, 7.0]	(7.0, 12.0]	>12.0

表3-18 不同影响因素时选线困难度指数权重计算系数

影响因素	厚层地下冰	含冰土层	热融滑塌	冻胀丘
权重系数	0.25	0.37	0.19	0.05

3) 模型构建

针对多年冻土区内道路病害的影响因素,将研究区域划分为若干个分区,建立了考虑分区中影响因子连续度和发育度的多年冻土区公路病害模型,其中,冻土影响因子连续度是指冻土病害在路线穿越区域的分布连续程度;冻土影响因子发育度是指冻土病害在路线穿越区域的发育程度。具体计算表达式为

$$F_k = E_k \gamma_1 + W_k \gamma_2 \tag{3-17}$$

$$E_k = \frac{\sum_{j=5}^{10} S_{k,j}}{S_k} \tag{3-18}$$

$$W_k = \sum_{j=5}^{10} \beta_j U_{k,j} \tag{3-19}$$

式中:F_k 为第 k 个分区的冻土区公路病害指数;E_k 为第 k 个分区中影响因素的连续度;$S_{k,j}$ 为第 k 个分区中第 j 个影响因素的面积;S_k 为第 k 个分区的总面积;W_k 为第 k 个分区中影响因素的发育度;β_j 为第 j 种影响因素的权重;$U_{k,j}$ 为第 k 个分区中第 j 种影响因素的标度分值;γ_1、γ_2 为连续度与发育度的权重。

3.2.4.4 冻土区植被覆盖影响模型

1) 影响因素分析

植被覆盖度是衡量地表植被状况的一个重要指标,也是影响土壤侵蚀与水土流失的主要因子,对于区域环境变化和监测研究具有重要意义,由于青藏高原多年冻土区的高寒特性,使得其植被较为稀少,生态环境脆弱而敏感,生态区植被的破坏不仅影响冻土的稳定性,而且会对公路工程造成危险,因此公路路线的选择应充分考虑冻土区植被覆盖的

影响。

2) 模型构建

归一化植被覆盖指数（NDVI）是表征地表植物覆盖和生长状况的重要指标，通过监测 NDVI 的逐年变化来建立冻土区植被覆盖影响模型，基于 NDVI 的多年冻土区植被覆盖影响模型如下

$$\Theta = \frac{m\sum_{l=1}^{m} l \times N_l - \sum_{l=1}^{m} l \sum_{l=1}^{m} N_l}{m\sum_{l=1}^{m} l^2 - \left(\sum_{l=1}^{m} l\right)^2} \tag{3-20}$$

式中：N_l 为第 l 年的最大化 NDVI 值。

3.2.4.5 工程容量模型

1) 影响因素分析

青藏高原多年冻土区工程走廊带较为狭窄，布设有包括青藏公路、青藏铁路、格拉成品油管道等线形工程，它们会对新建道路形成一定程度的热影响，同时这些线形工程的修建也对现有的冻土条件产生了不利影响，加速了冻土的退化，可见现有的青藏铁路、青藏公路及输油管线对公路选线会产生巨大约束。

2) 影响因素权重分析

采用层次分析法确定上述影响因素的作用权重系数，具体计算结果见表 3-19。

表 3-19 选线困难度指数权重计算系数

项目	青藏铁路	输油管线	青藏公路
权重系数	0.16	0.59	0.25

3) 模型构建

为避免由于密集的工程构造物形成的热干扰，综合考虑青藏铁路、青藏公路及输油管线产生的热影响，构建了工程容量模型，有

$$V = \zeta_1 Y_{3,11} + \zeta_2 Y_{3,12} + \zeta_3 Y_{3,13} \tag{3-21}$$

式中：V 为工程容量指数；$Y_{3,11}$、$Y_{3,12}$、$Y_{3,13}$ 分别为区域内青藏铁路工程、输油管线、青藏公路的长度；ζ_1、ζ_2、ζ_3 为相应影响因素的权重。

3.3 公路冻土路基基于能量的平衡设计理念与方法

3.3.1 大尺度冻土路基的聚热效应和聚冷效应

1) 聚热效应

由于黑色沥青路面的强吸热作用和大尺度路基的聚热作用,多年冻土区宽幅公路路基的吸热量远大于窄幅公路路基与铁路路基,由此导致多年冻土地基退化进程加快,表现出明显的聚热效应。

图3-16所示为青藏公路头二九地区(高温冻土区)K3375观测断面监测数据。该观测断面路基高度为1.5 m,年平均地温为-0.8℃,路中及天然孔的地温如图3-16所示,冻土类型为富冰-含土冰层。监测数据表明,在工程活动的影响下,路基地温曲线表现为明显的吸热型,公路路基的聚热效应非常显著。

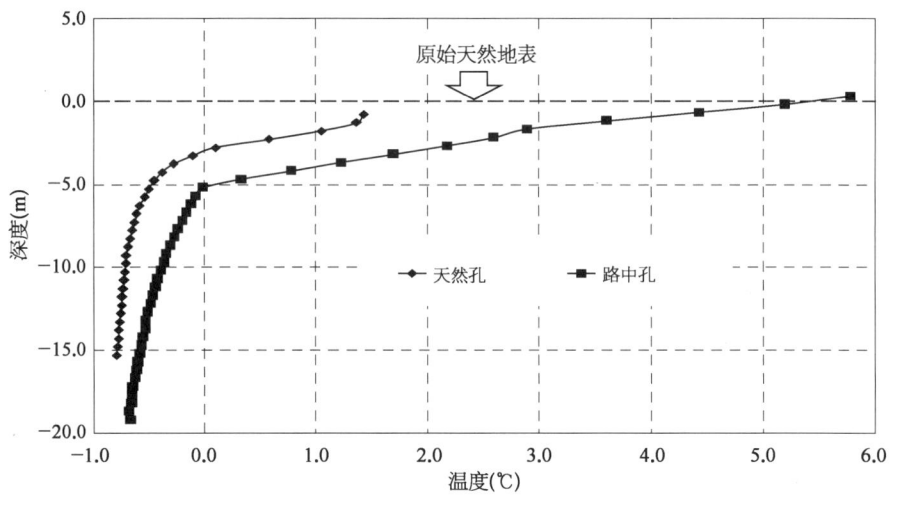

图3-16 2016年10月地温观测数据

与铁路路基相比,公路路基基底总吸热量为铁路路基的10倍以上,而冻土融化潜热量更是铁路的20倍以上,公路路基的吸热量更大,下伏冻土融化后病害严重性更大,融沉病害风险也更高。原因在于,公路路基顶面为高吸热性的黑色沥青路面,是对保护冻土地基不利的"吸热毯"结构,而铁路路基顶面为道砟,是有利于散热的边界,而且公路路基宽度大于铁路路基,造成吸热面的增大,因此尺度差异引发的聚热效应非常明显。

表 3-20　铁路路基和公路路基热收支尺度效应指标对比

指标	最大融化深度(m)	冻土年平均地温(℃)	基底总吸热量(MJ)	冻土融化潜热量(MJ)	热融蚀敏感指数
铁路	−1.72	−0.72	229.81	46.42	0.22
公路	−2.70	−0.68	3 212.34	972.04	0.30

与普通二级公路相比,高速公路宽幅路基引发的聚热效应将更加明显。在高温冻土区,路基宽度增加后,宽幅路基的基底吸热量将增大20%以上,路基下冻土融化潜热量增大2.2倍以上,路基地面的年平均热流量增加为原来的1.6倍以上,路基面临的热融病害严重性将增大3倍以上。

计算后得到的初始年平均地温为−1.5℃路基高度由1 m开始不断增加时基底吸热量的变化曲线如图3-17所示。由图可以看出,当路基高度由1 m开始增大时,尽管路基热阻增大,但是基底宽度也随之增大,因此基底总吸热量表现出缓慢线性增大;当路基高度增大到17 m左右时,路基厚度接近路面边界温度的影响深度,吸热量开始减小;路基高度为20 m时,基底总吸热量最小;其后随着路基高度的进一步增大,路基厚度大于路面边界温度的影响深度,基底总吸热量因边坡面的增大和基底宽度的增大而增大。由此可见,一般填土路基表现出明显聚热效应,原生冻土地基无扰动的极限填土高度超过20 m。

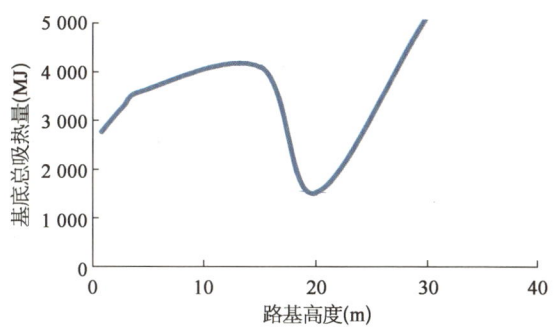

图3-17　普通填土路基基底吸热量随路基高度的变化曲线

2) 聚冷效应

在青藏高原自然环境下存在丰富的低温热能,简称冷能。实测资料表明,青藏工程走廊沿线年平均地温在−5~0℃,在寒季,最低温度可达−40℃以下,蕴含有丰富的冷能资源。针对冻土路基,若能将外界环境冷能高效地导入路基内部,则可有效提高路基工程的稳定性。

传统的冻土路基设计方法,只注重冻土地基人为上限的调控,以抬升路基下冻土上限为主要设计目标,控制冻土地基不融化或以一定速率融化为主要原则,外界冷能并未有效导入,往往是以抬升冻土地基温度为代价得到的。青藏公路实测资料表明,虽然在风火山等低温冻土地区公路路基下人为上限有所抬升,但是路基下冻土地温有不同程度上升,在青藏铁路中也有同样的现象出现。在路基下部形成的高温冻土区性质极不稳定,将是诱发工程病害的危险部位。

而在应用以主动冷却为目标的部分特殊调控路基之后,外界冷能高效导入地基,冻土路基下部地温曲线将向放热型曲线发展,在抬升冻土上限的基础上,冻土地温也不断下降,路基下部热量传递过程如图3-18所示。因此在工程条件(路基结构降温效能)不变的条件下,随路基宽度增加,路基中心部位的放热热流在保持最大量值的基础上,将得到进一步的扩展,使得路基整体的放热强度得到进一步的增强,路基内部聚集的冷能随之成倍增加,进而使宽幅路基下冻土地基降温范围及幅度相比窄幅路基更大,这种效应就称为聚冷效应。由于该种效应的出现,在整体路基和原有工程措施作用效能不变的条件下,路基整体的降温强度、作用深度和范围均得到有效加强。由于聚冷效应的出现和效能的发挥,都使得整体式路基下的地温场较分离式路基地温场的降温效果更为突出。

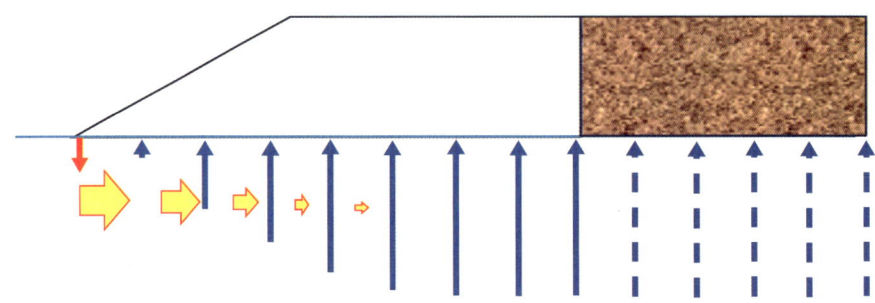

图 3-18　路基底部周围冻土热量传递过程示意图

聚热与聚冷效应是冻土路基在工程活动影响下表现出的两种不同的能量状态,反映了冻土地基在工程活动下的能量响应过程。当冻土地基能量状态处于吸热型时,路基尺度的增加将会加剧聚热效应;而当冻土地基能量状态处于放热型时,路基尺度的增加将会进一步加剧聚冷效应。为保证路基稳定性,采用降温效能突出的工程措施,可将路基的热收支状态由吸热型转变为放热型,那么冻土地基的能量状态也就可由聚热转变为聚冷,这对高速公路修筑原则的确定有重要意义。在工程措施可以有效发挥路基降温效能的前提下,高速公路宜首选整体式路基修筑方案,且只有通过该种修筑方式,才能最大限度地发挥工程措施的降温效能,由此达到事半功倍的结果。

3.3.2　冻土路基能量平衡设计方法

3.3.2.1　主要研究内容及理论框架

对于多年冻土天然地基,多年冻土与外界环境之间保持动态的能量平衡状态,冻土上限保持在相对稳定的水平。而开展工程活动之后,人为改变了原来天然地表的传热条件,破坏了原有地基的水、热能量平衡状态,引起多年冻土上限下降、地温升高等退化行为,造成一系列工程病害,影响冻土工程的稳定性(图 3-19)。目前在冻土工程中常用的保护冻土和控制融化速率的设计原则,其本质就是通过一定的工程措施修复或者弱化工程活动造成的冻土地基能量失衡状态,维持多年冻土的相对稳定状态,从而保证工程结构物的稳定性。

多年冻土地区公路能量平衡设计理念主要围绕多年冻土地基能量变化过程开展研究,以多年冻土地基-工程活动能量相互作用为纽带,以工程构筑物和冻土地基的稳定性与能量变化过程的相互关系为主线,重点研究多年冻土地基的能量导入、耗散收支过程及工程措施的能量调节程度,以解决保证工程构筑物稳定性所需的冻土地基能量平衡状态为设计目标。该设计理念主要包含三个方面的内容:

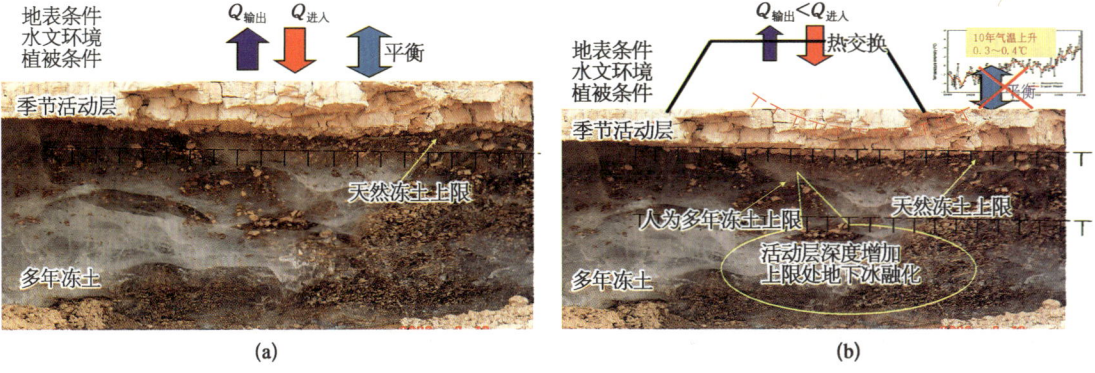

图 3-19 多年冻土地基能量变化过程
(a) 天然状态下冻土地基;(b) 公路工程影响下冻土地基退化

1) 公路工程的稳定性与能量变化过程的相互关系

多年冻土地区公路工程的稳定性与下卧冻土地基的状态息息相关,工程活动造成外界热量过多进入地基,造成冻土地基的退化,诱发一系列病害,继而严重影响公路工程的稳定性。为了更加科学地评估公路工程的稳定性,需要对工程活动的能量变化过程进行深入分析。

多年冻土地基对公路工程的空间效应反应敏感。青藏公路病害调查结果表明,路基尺度的变化与路基病害的关系密切,多年冻土区路基病害主要表现为低路基的热融沉陷和高路基的纵向裂缝。相关数值计算表明,黑色沥青路面的吸热、储热作用使得通过路基工程表面进入冻土地基的热量远大于天然地表,路基尺度变化引发的基底吸热和放热变化是诱发路基病害的主要原因。以目前青藏公路二级公路(路基宽度为 10 m)为研究对象进行数值模拟计算。计算结果(表 3-21)表明,路基基底吸热/放热为 3.71,当路面宽度增加 1 倍后,路基基底热流量将增加 60%,而这部分"有害"能量的过多导入,导致下卧多年冻土地基退化过程加快 0.6 倍,引起冻土地基承载力下降,变形过大,严重影响上部结构的稳定性。

表 3-21 不同宽度路基基底年平均热量收支状况

指标	路基宽度 6 m	路基宽度 10 m	路基宽度 12 m	路基每增宽 1 m 的指标变化量
基底吸热量(W)	78.04	87.94	96.47	2.99
基底放热量(W)	14.45	23.67	31.36	2.75
净吸热量(W)	63.58	64.27	65.10	0.24
吸热/放热	5.40	3.71	3.08	1.09

除此之外,公路工程的建设还会引发公路基底热流分布的不均匀,使得下卧多年冻土退化差异较大。如公路路基下形成的融化盘;由于路基阴阳坡效应引发的融化盘偏移;由于桥涵通风作用使小桥涵中部多年冻土上限上升,而涵端上限下移等。反映到公路工程的稳定性,都将诱发公路不均匀变形(图 3-20a)、差异沉降、路基边坡滑塌、桥涵两端和洞口产生开裂下沉(图 3-20b)等病害。

图 3-20 多年冻土地基退化差异引发公路病害

(a) 冻土地基纵向退化差异引发波浪；(b) 涵洞基地退化差异引发冻胀病害

因此，阐述公路工程引发的外界能量导入和分布，以及与工程稳定性的相互关系是该设计理念的首要问题。

2）工程措施对冻土地基能量状态的调节程度

主要从冻土地基能量收支角度，研究工程措施对打破平衡后的冻土地基能量状态的调节修复程度。为了保证公路工程的稳定性，必须改善工程活动影响下冻土地基的能量状态，使其维持相对稳定的状态，延缓或弱化多年冻土的退化过程。在工程中，常采用各种被动或主动冷却措施保障冻土地基的稳定性。

青藏公路整治改建工程中在纵向裂缝较为发育的楚玛尔河平原设计了热棒路基，用以确保路基工程的稳定性（图 3-21）。2004—2011 年的监测资料表明，热棒路基年度传输能量在 1 400~1 900 MJ，有效地导出冻土地基内的"有害"能量，路基下人为上限在运营期内保持在天然上限水平（图 3-22），保证了路基工程的稳定性。片块石路基、通风管路基等多年冻土区广泛应用的特殊结构措施的作用本质都是对冻土地基中"有害能量"的导出。

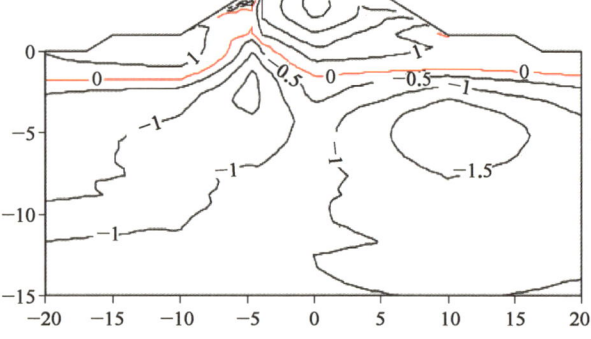

图 3-21 青藏公路热棒路基试验工程　　图 3-22 热棒路基运行第 8 年 10 月温度场

除此之外,工程措施对冻土地基能量的调节还包括对公路基底不均匀热流的调整。如针对阴阳坡效应路基设置的阳坡侧遮阳板、碎石护坡、单侧热棒路基等,在涵洞基础洞口设置的热棒(图3-23)等。此类调整可以有效改善基底多年冻土发育的不均匀性,改善公路工程的局部稳定性。

3) 多年冻土公路工程设计的目标和影响因素

多年冻土公路工程的设计目标是根据公路工程的稳定性与能量变化过程的相互关系,通过工程措施对冻土路基能量的调节作用,阻止"有害"能量的导入或者将其导出,维持冻土地基能量的相对稳定状态,从而确保公路工程的稳定性。

其设计目标主要通过时间和空间两个维度实现。在时间维度上,主要有短期、中期和长期目标,时间维度的不同,对稳定性的要求也有所差异。短

图 3-23 利用热棒技术处理涵基冻胀

期目标主要为确保施工期的稳定性,只要确保施工期内公路工程建设顺利完成即可,对冻土地基能量的平衡状态要求相对较低。中期目标为确保公路运营期内的稳定性,保证在公路运营期内,日常维护即可满足使用要求,对于冻土地基能量的平衡也以此确定。长期目标即保证在公路寿命周期内,通过有效整治改造,就可以满足新的运营要求。冻土地基的能量状态调整也以寿命周期远景年改造需求确定。

在空间维度上,则主要通过路基高度、宽度等路基尺度的变化,全幅和分幅等修建方式的异同,以及路基与桥涵、隧道等构造物建设形式的不同,调节冻土地基的能量状态,使其维持相对稳定。

需要指出的是,时间维度和空间维度的需求通常不是孤立的,两者互相联系,也经常受到其他因素的影响(工程的投资、等级、冻土地质条件等)。如对于埋藏较浅、厚度较薄的多年冻土,若在短期和中期对公路的通行要求不高,则可以主要在时间维度进行处理,如铺设简易路面通行,待三五年后多年冻土融化,再进行建设。若在时间维度上要求较高,则主要在空间维度上处理,如挖除换填等。因此,在具体设计中,需要综合考虑当地的实际情况,分析各种因素,在时间和空间两个维度中寻找一个平衡点,以最优的设计方案确保冻土-公路工程体系的能量平衡,满足设计要求。

3.3.2.2 空间维度的能量平衡过程

作为线形工程,构筑于冻土层之上的道路工程必然改变一定面积原天然地表的性状,有时甚至深入一定深度的地基。这些地表和地基在空间上的人为变化都会引起下部冻土吸热

特征的变化。因此,空间维度能量平衡的概念是指,通过路基高度、宽度等路基尺度的变化,全幅和分幅等修建方式的异同,以及路基与桥涵、隧道等构造物的变换来调节冻土地基的能量状态,使其维持相对稳定。

路基高度的变化直接影响路基顶面所吸收热量的传递过程。从传热学角度看,如果将路基视为按层均匀的传热介质,其热阻为

$$R = \sum_{i=1}^{n} \frac{1}{A_i k_i} \quad (3-22)$$

式中:n 为介质总层数;A_i 和 k_i 分别为第 i 层路基填料的横截面积(在宽度不变的条件下,仅与路基高度有关)和导热系数。

由式可见,路基高度对冻土能量平衡特征的影响体现在两个方面:高度和导热系数。冻土工程中常用的保温板路基就是以导热系数远小于路基填料的保温材料来等效一定厚度的填料。以 XPS 保温板为例,其导热系数为 $0.025\ 8\ W/m^2$,按照热阻等效原则,取路基填料导热系数为 $1.8\ W/m^2$,则 10 cm 厚的 XPS 保温板大约相当于 6.9 m 高的路基填料。XPS 保温板对下部地基平衡能量的调整能力与 6.9 m 厚的路基填土相当,其原理就是增加路基高度,阻止外界"有害"能量的进入。

以路基工程为例阐述路基尺度对冻土能量平衡特征的影响。影响冻土能量平衡特征的路基尺度因素包括路基高度、路基宽度、路基坡度以及保温护道等。选取路基高度和路基宽度为代表,采用数值分析的方法分析路基尺度对冻土能量平衡特征调节作用。根据数值计算结果,下部冻土吸热量随填土路基高度的变化如图 3-24 所示。由图可见,路基越高,热阻越大,通过其进入地基的"有害"能量就越少。可见,加高路基能够延缓地基冻土吸热,延缓和阻止地基冻土吸收的"有害"能量。

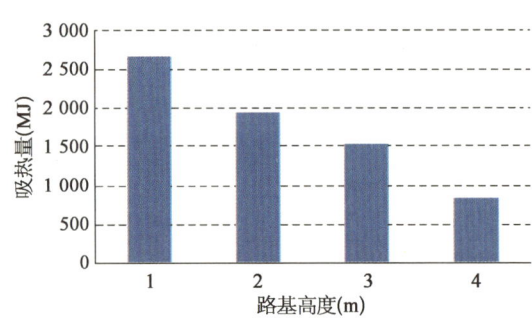

图 3-24 下部冻土吸热量随填土路基高度的变化关系(路基宽度为 10 m)

因此,加高路基和采用保温板都是在空间维度上有效减少"有害"能量吸入的方式。路基宽度对冻土能量平衡特征的影响主要体现在路基加宽后,沥青路面吸热面增大,通过路基基底进入地基的"有害"能量增大,路基中心区域的聚热效应加剧,基底能量分布不均匀,造成冻土地基形成融化盘等不均匀退化现象。图 3-25 所示下部冻土吸热量随填土路基宽度的变化关系说明,路基宽度对冻土吸热

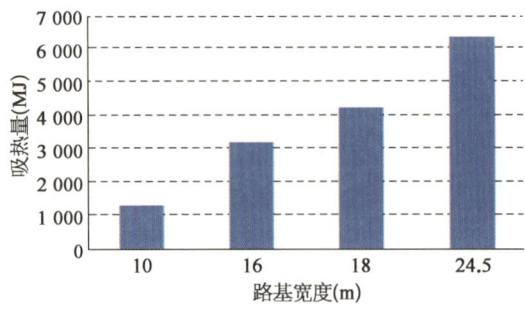

图 3-25 冻土吸热量随填土路基宽度变化关系(路基高度为 2 m)

量的影响小于路基高度的影响。基于这一规律,对于工程应用中的宽幅路基,可以将全幅修建转化为分幅修建。图 3-26 所示为新建共玉公路的分幅路基。相对于全幅修建形式,分幅修建形式的本质是减小了路基宽度,削弱了路基中心区域的聚热效应,不仅减少了"有害"能量总量,而且减小了融化盘的深度。数值模拟结果显示,将 23 m 宽的全幅路基改为间距为 2 m、幅宽均为 10 m 的分幅路基后,下部冻土吸热量减少了 15.8%。

图 3-26　共玉公路分幅建设形式　　　　　图 3-27　青藏铁路多年冻土区旱桥

在极不稳定的高温高含冰量冻土地区,冻土地基对吸热量极为敏感,工程活动极易破坏冻土地基的能量平衡状态,而增高路基、减小幅宽和特殊处置措施等难以维持冻土地基的稳定性。在这种情况下可以考虑"以桥代路"的旱桥方案,图 3-27 所示为青藏铁路多年冻土区修建的旱桥。以桥梁工程通过多年冻土区,桩基对冻土地基的扰动明显减小,且无黑色路面的吸热作用,冻土地基回冻过程明显缩短,这也是典型的在空间维度上实现冻土地基的能量平衡过程。

3.3.2.3　时间维度能量平衡要求

在时间维度上,依据工程建设的需求目标,主要有短期、中期和长期目标。时间维度的不同,对稳定性的要求也有所差异。短期内的外界热量来源主要是施工扰动,能量平衡目标主要为确保施工期的稳定性,只要确保施工期内公路工程建设顺利完成即可,对冻土地基能量的平衡状态要求相对较低。因此,对该阶段消除"有害"能量的特殊处置措施的要求是适应性强、降温迅速,能够在较短的冻融循环周期内有效地平衡"有害"能量。例如,在隧道施工中,洞口开挖后,冻土直接暴露于空气中,极易受热融化而造成热融滑塌,为了维持短期的施工安全、稳定性,就需要采用热棒的快速制冷作用短期内解决能量平衡问题。

中期的吸热来源为工程构筑物上边界的吸热以及气候变暖的影响,能量平衡目标为确保公路运营期内的稳定性,保证在公路运营期内,日常维护即可满足使用要求,对于冻土地基能量的平衡也以此确定。该阶段吸热过程一般较为缓慢和稳定,且对冻土环境、水文环境和地质环境等依赖性较强。因此,该阶段的能量平衡目标是尽量减少"有害"能量的进入。该阶段的特殊处置措施应该易于养护、具有较好的长效降温能力、适应性强、能够一定程度适应气候变暖和可靠性高等特点。工程中常用到的通风管、块石层等路基形式由于其结构简单、对气温条件的适应性强、长期降温效能良好等特点,适用于中期阶段的能量平衡。对于块碎石层路基,基于实测数据的推算表明,高度为3 m、宽度为10 m的路基在采用厚度为1.5 m的块碎石层后,考虑外界气温升高的影响,其结构损坏程度低,降温效能较为稳定,每年消除路基吸入的"有害"能量约为200 MJ,运营20年后的片块石路基下冻土上限基本维持在天然上限附近,中长期降温效果明显,块石层路基以其在气温升高的条件仍能有效消除"有害"能量而适用于中期阶段。

长期的吸热来源则主要考虑气候变暖的影响,能量平衡目标为保证在公路寿命周期,通过有效的整治改造,就可以满足新的运营要求。对该阶段平衡能量的特殊处置措施的要求是可靠性高、易于维修和改造、能够抵抗气候变暖。

3.3.3 冻土路基热收支数据库的构建

多年冻土路基能量平衡设计的基础是冻土路基的能量平衡状态,为此,建立了以最大融化深度、年平均地温、基底总吸热量、年平均吸热量、冻土融化潜热量和热融蚀系数六个指标为核心,不同路基尺度条件下,片块石路基、通风管路基、热棒路基和复合路基等特殊结构路基主要结构参数和冻土地温等为自变量的特殊结构路基"热收支"数据库,实现了在统一模型下不同尺度、不同地温、不同特殊结构的量化指标实时查询,也为能量平衡设计奠定了基础。所建立的不同特殊结构的热收支数据库如下。

3.3.3.1 通风管路基

对通风管路基而言,其主要结构参数包括路基高度、通风管管径(内径)及间距、地温等,工况总数为14个。

1) 最大融化深度

表3-22和表3-23分别给出了初始年平均地温为-1.5℃和-1.0℃工况下的通风管路基最大融化深度数据。

表3-22 通风管路基最大融化深度数据表(初始年平均地温为-1.5℃)

路基高度(m)	通风管管径(cm)	通风管净间距(cm)	最大融化深度(m)
2	40	80	-0.53
3	40	40	-0.42
		80	-0.36
		120	-0.35

（续表）

路基高度(m)	通风管管径(cm)	通风管净间距(cm)	最大融化深度(m)
3	60	60	-0.40
		120	-0.38
		180	-0.35
4	40	80	-0.24

表3-23　通风管路基最大融化深度数据表（初始年平均地温为-1.0℃）

路基高度(m)	通风管管径(cm)	通风管净间距(cm)	最大融化深度(m)
3	40	40	-0.47
		80	-0.45
		120	-0.42
	60	60	-0.46
		120	-0.44
		180	-0.42

2) 年平均地温

表3-24和表3-25分别给出了初始年平均地温为-1.5℃和-1.0℃工况下的通风管路基年平均地温数据。

表3-24　通风管路基年平均地温数据表（初始年平均地温为-1.5℃）

路基高度(m)	通风管管径(cm)	通风管净间距(cm)	年平均地温(℃)
2	40	80	-1.29
3	40	40	-1.67
		80	-1.53
		120	-1.40
	60	60	-1.77
		120	-1.59
		180	-1.42
4	40	80	-1.76

表3-25　通风管路基年平均地温数据表（初始年平均地温为-1.0℃）

路基高度(m)	通风管管径(cm)	通风管净间距(cm)	年平均地温(℃)
3	40	40	-1.16
		80	-1.02
		120	-0.91
	60	60	-1.26
		120	-1.07
		180	-0.93

3）基底总吸热量

表3-26和表3-27分别给出了初始年平均地温为-1.5℃和-1.0℃工况下的通风管路基基底总吸热量数据。

表3-26　通风管路基基底总吸热量数据表（初始年平均地温为-1.5℃）

路基高度(m)	通风管管径(cm)	通风管净间距(cm)	基底总吸热量(MJ)
2	40	80	1 302
3	40	40	1 525
		80	1 548
		120	1 637
	60	60	1 661
		120	1 538
		180	1 586
4	40	80	1 371

表3-27　通风管路基基底总吸热量数据表（初始年平均地温为-1.0℃）

路基高度(m)	通风管管径(cm)	通风管净间距(cm)	基底总吸热量(MJ)
3	40	40	1 584
		80	1 611
		120	1 708
	60	60	1 722
		120	1 598
		180	1 651

4）年平均吸热量

表3-28和表3-29分别给出了初始年平均地温为-1.5℃和-1.0℃工况下的通风管路基年平均吸热量数据。

表3-28　通风管路基年平均吸热量数据表（初始年平均地温为-1.5℃）

路基高度(m)	通风管管径(cm)	通风管净间距(cm)	年平均吸热量(MJ)
2	40	80	65.1
3	40	40	76.3
		80	77.4
		120	81.9
	60	60	83.1
		120	76.9
		180	79.3
4	40	80	68.6

表 3-29　通风管路基年平均吸热量数据表（初始年平均地温为-1.0℃）

路基高度(m)	通风管管径(cm)	通风管净间距(cm)	年平均吸热量(MJ)
3	40	40	79.2
		80	80.6
		120	85.4
	60	60	86.1
		120	79.9
		180	82.6

3.3.3.2　片块石路基

根据相关研究成果，片块石层最佳粒径为 20~30 cm，计算中取为 20 cm，此时其孔隙率为 0.2。片块石路基结构参数包括路基高度、片块石厚度和年平均地温等，工况共 9 个。

1) 最大融化深度

表 3-30 给出了片块石路基最大融化深度数据。

表 3-30　片块石路基最大融化深度数据表

工况序号	路基高度(m)	片块石厚度(m)	初始年平均地温(℃)	最大融化深度(m)
1	2	1.2	-0.5	-0.88
2	2	1.2	-1.0	0.01
3	2	1.2	-1.5	-0.04
4	2	0.9	-0.5	-0.6
5	2	0.9	-1.0	0.03
6	2	0.9	-1.5	0.04
7	2.5	1.5	-0.5	-0.49
8	2.5	1.5	-1.0	0.05
9	2.5	1.5	-1.5	1.51

2) 年平均地温

表 3-31 给出了片块石路基年平均地温数据。

表 3-31　片块石路基年平均地温数据表

工况序号	路基高度(m)	片块石厚度(m)	初始年平均地温(℃)	年平均地温(℃)
1	2	1.2	-0.5	-0.64
2	2	1.2	-1.0	-0.98

(续表)

工况序号	路基高度(m)	片块石厚度(m)	初始年平均地温(℃)	年平均地温(℃)
3	2	1.2	-1.5	-1.61
4	2	0.9	-0.5	-0.64
5	2	0.9	-1.0	-0.98
6	2	0.9	-1.5	-1.61
7	2.5	1.5	-0.5	-0.64
8	2.5	1.5	-1.0	-0.98
9	2.5	1.5	-1.5	1.61

3）基底总吸热量

表3-32给出了片块石路基基底总吸热量数据。

表3-32 片块石路基基底总吸热量数据表

工况序号	路基高度(m)	片块石厚度(m)	年平均地温(℃)	基底总吸热量(MJ)
1	2	1.2	-0.5	27.7
2	2	1.2	-1.0	-41.8
3	2	1.2	-1.5	-221.6
4	2	0.9	-0.5	281.1
5	2	0.9	-1.0	225.2
6	2	0.9	-1.5	43.6
7	2.5	1.5	-0.5	39.8
8	2.5	1.5	-1.0	-2.7
9	2.5	1.5	-1.5	-179.2

4）年平均吸热量

表3-33给出了片块石路基年平均吸热量数据。

表3-33 片块石路基年平均吸热量数据表

工况序号	路基高度(m)	片块石厚度(m)	年平均地温(℃)	年平均吸热量(MJ)
1	2	1.2	-0.5	1.4
2	2	1.2	-1.0	-2.1
3	2	1.2	-1.5	-11.1
4	2	0.9	-0.5	14.1
5	2	0.9	-1.0	11.3
6	2	0.9	-1.5	2.2
7	2.5	1.5	-0.5	2.0

(续表)

工况序号	路基高度(m)	片块石厚度(m)	年平均地温(℃)	年平均吸热量(MJ)
8	2.5	1.5	−1.0	−0.1
9	2.5	1.5	−1.5	−9.0

3.3.3.3 通风管-片块石复合路基

通风管-片块石复合路基结构为通风管置于片块石层顶部的组合结构。表 3-34 给出了通风管-片块石复合路基热收支数据。

表 3-34 通风管-片块石复合路基热收支数据表

路基宽度(m)	最大融化深度(m)	冻土年平均地温(℃)	基底总吸热量(MJ)
10	−1.58	−0.92	−80
26	0.05	−1.35	−120

3.3.3.4 XPS 保温板-热棒复合路基

XPS 保温板-热棒复合路基结构是指在路基路肩处插入热棒,在路面下一定深度范围内埋设 XPS 保温板。表 3-35 给出了 XPS 保温板-热棒复合路基热收支数据。

表 3-35 XPS 保温板-热棒复合路基热收支数据表

路基宽度(m)	最大融化深度(m)	冻土年平均地温(℃)	基底总吸热量(MJ)	热棒总吸热量(MJ)
10	−0.68	−1.61	2 026	−13 606
26	−0.65	−1.61	2 527	−15 359

3.3.4 多年冻土区高速公路能量平衡设计流程

根据能量平衡理论,得到冻土路基的基本设计思路如下:冻土路基的设计目的为消除环境升温和工程建设等对多年冻土的热侵蚀,这一部分热量可称为"有害"能量,即需要通过工程措施治理消除的。结合冻土路基的热收支分析,工程病害的防治要从病害的严重性与可能性两方面入手,冻土路基的总吸热量、冻土融化潜热量和热融蚀敏感系数与病害严重性和敏感性直接相关,为保证路基热稳定性,冻土路基的设计可直接从以上热收支指标入手,通过工程措施,使其下降到合理水平。具体而言,工程活动所带来的热侵蚀所引发的冻土地基融化盘与冻土融化潜热、热融蚀敏感系数等直接相关,因此只需要计算出融化盘面积,再根据地层热物理参数就可得到冻土路基的设计需求(由于冻土的显热与潜热相比较小,在设计计算时可不考虑,最后用一定的安全系数控制即可)。考虑一定安全储备后,即可得到冻土路基的设计目标值,之后结合热收支指标与路基结构的关系,通过两者的相互匹配,就可得到相应冻土路基的相关设计参数(高度、宽度、坡度等几何尺寸及特殊结构路基参数)。

在实际的设计计算过程中,可采用满足冻土路基热稳定性计算,结合变形验算的方法开展。其设计计算流程如下:

1) 收集基础资料

基础资料包括气象资料、工程地质资料和路基结构参数等。

2) 设计计算过程

(1) 根据当地气象资料,相关工程经验,预估普通冻土路基的热收支状况,得到人为上限的变化过程和路基融化盘的形态,得到各项热收支指标。

(2) 根据计算得到的冻土路基热收支指标,分析其热融病害的严重性与可能性,并评估初选冻土路基的热稳定性,根据设计目标和安全运营要求,选择合适的设计原则,确定合理的热收支水平,据此评估初选路基的合理性。

(3) 判断初选的路基结构热收支状态是否满足设计要求,若不满足,则根据设计原则确定的热收支水平,结合冻土路基尺度效应的热收支分析,确定新的路基结构参数(路基高度、宽度、坡度等)。若填土路基不满足设计要求,则选择特殊结构路基,结合特殊结构路基的热收支分析,确定合理的设计参数(通风管管径、间距、热棒路基间距、埋深等),实现参数化设计。

由以上设计计算流程,得到多年冻土地区热棒路基、片块石路基及通风管路基设计流程如图 3-28 所示。

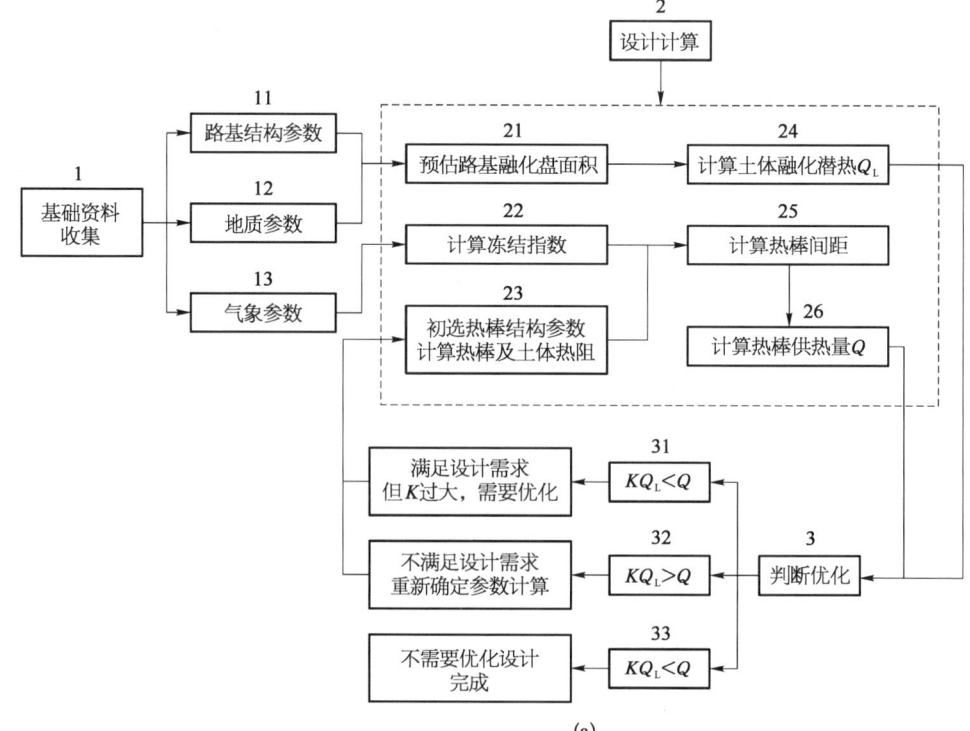

(a)

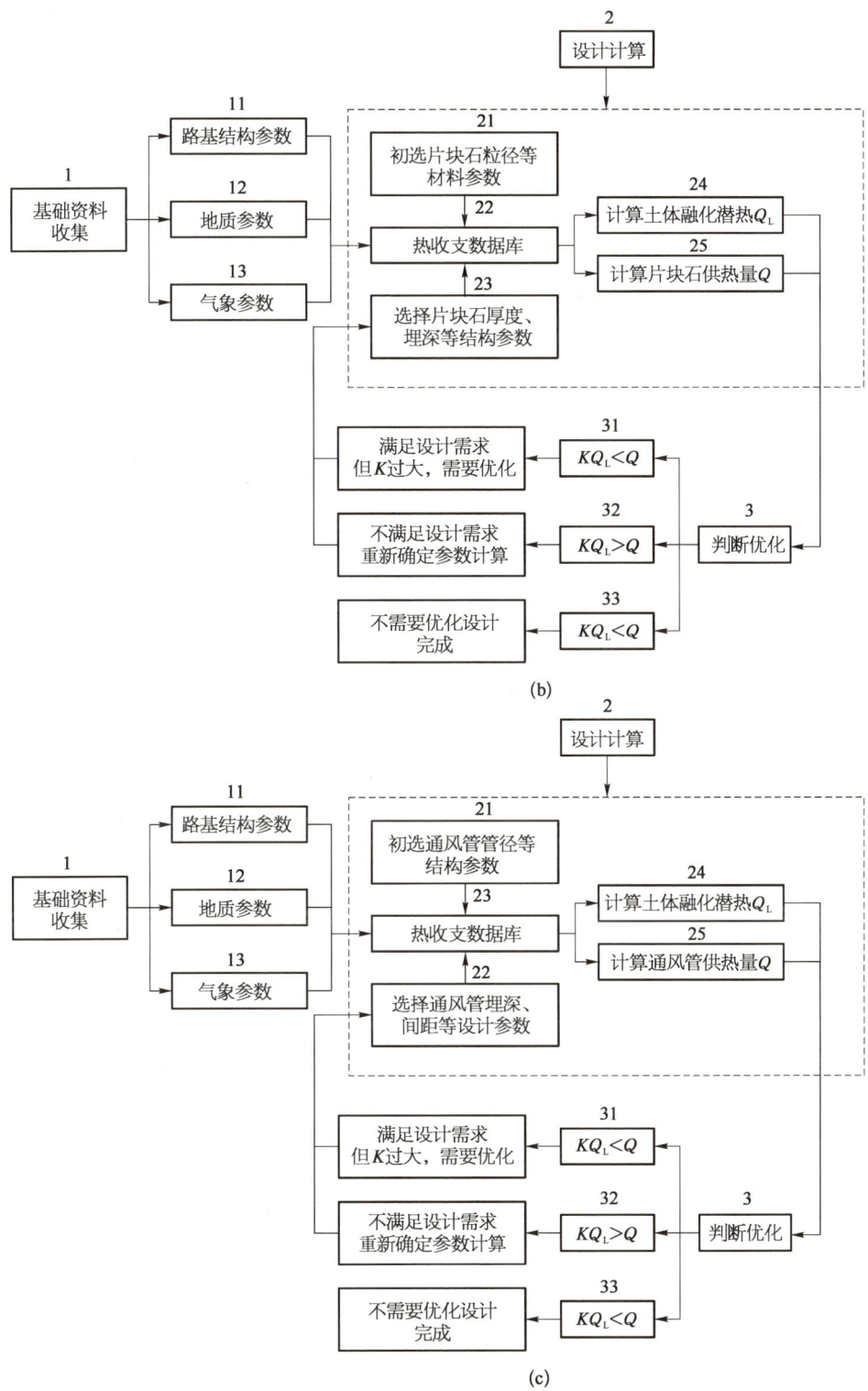

图 3-28 特殊结构路基设计流程
(a) 热棒路基;(b) 片块石路基;(c) 通风管路基

第4章

低压缺氧环境下高速公路关键指标与标准

4.1 路线几何指标与标准

高原具有低压、缺氧、冬季漫长、常年积雪冰冻等特点,特殊的气候条件会对驾驶员和车辆行驶产生较大影响,尤其是低海拔地区的驾驶员在高原行车时受环境的影响更大;此外,由于氧含量低,导致发动机动力性能降低,尤其是大型载重货车。本章主要针对高原特殊的地理环境,在不同海拔开展实车试验,采集驾驶员心生理变化参数,得出适应于高原特殊环境的合理线形指标参数。

4.1.1 圆曲线最小半径

圆曲线是公路几何线形的重要组成部分,我国目前的《公路工程技术标准》(JTG B01—2014)中圆曲线最小半径是以汽车在曲线部分能安全且顺适行驶所需的条件确定的,其实质是汽车在曲线行驶时,所产生的离心力等横向力不超过轮胎与路面摩阻力所允许的界限等条件。在高原地区除考虑以上因素外,还应考虑由于缺氧等造成驾驶员在曲线半径紧张度增加的因素,为此,分别选择三处不同海拔的平曲线路段、弯坡组合路段进行实车试验,采集驾驶员心生理变化参数,得出适应于高原环境的圆曲线最小半径。

在高原环境下,驾驶员生理阈值受环境因素影响有所改变,通过建立心率增长率、海拔、线形指标和车速四变量模型,分别将速度和海拔代入模型公式,得到曲线半径与心率增长率的曲线,之后通过计算该曲线曲率最大值得到曲线陡缓之间的分界点,并将该分界点作为判定曲线半径的依据。

1) 平曲线路段

在高原环境下,随着平曲线半径的增大,心率增长率变化总体为下降趋势,该试验路段数据绘制成散点图后呈现出两段变化明显的曲线。在海拔 3 567~3 957 m 和海拔 4 100~4 709 m 心率增长率和平曲线半径呈负相关变化,海拔 3 567~3 957 m 区间,随着半径增大,心率增长率从 22.31% 下降至 17.38%,降幅约 22.1%(图 4-1);而海拔 4 100~4 709 m 区间,心率增长率从 35.47% 下降至 29.23%,降幅约 17.6%(图 4-2)。

从以上两幅图中还发现部分相同半径大小对应纵坐标值大小具有明显差异,其原因主要仍是受海拔的影响,现选取样本点最多的同为平曲线半径为 300 m 时的心率增长率值,绘制成图 4-3。

从图 4-3 可以看出,在平曲线半径相同情况下,海拔成为影响心率增长率的主要因素,总体趋势与心率变化率和海拔关系分析相一致。

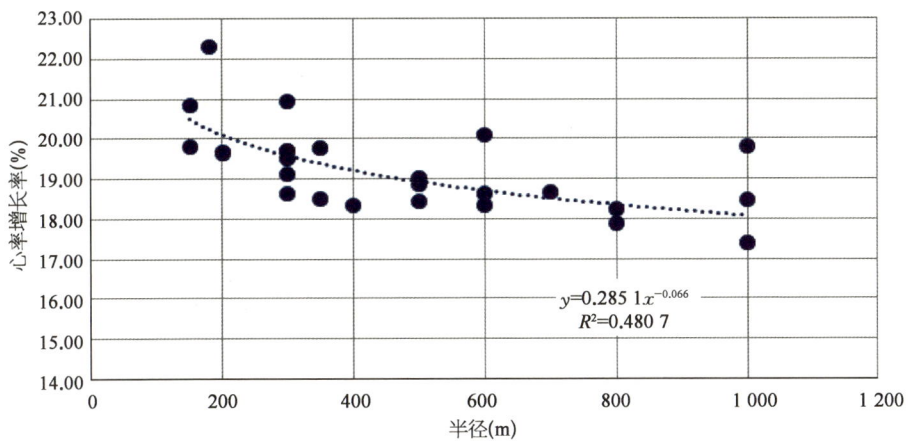

图 4-1 海拔 3 567~3 957 m 平曲线半径与心率增长率关系

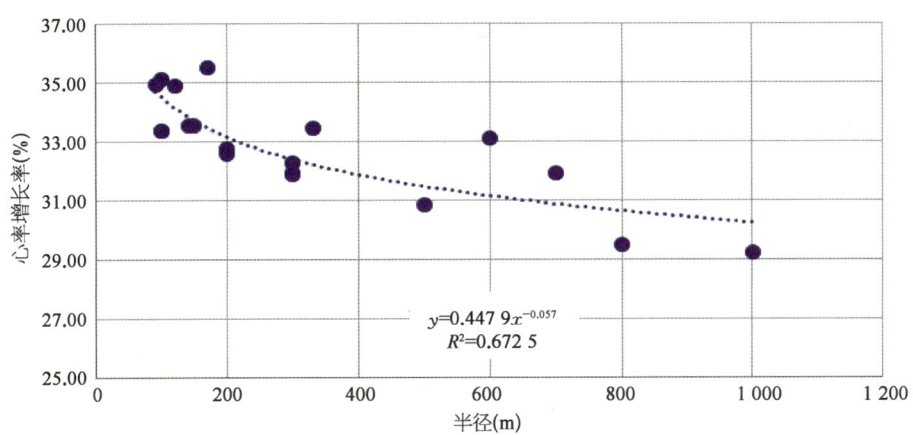

图 4-2 海拔 4 100~4 709 m 平曲线半径与心率增长率关系

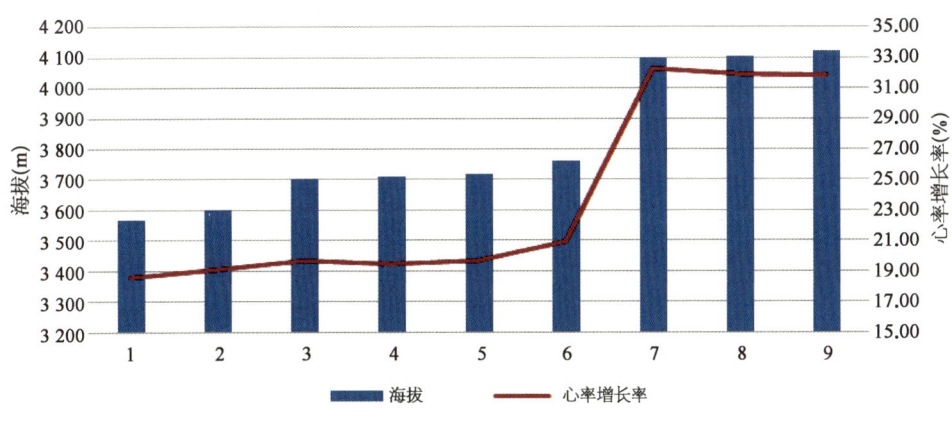

图 4-3 平曲线半径 300 m 时心率增长率变化分析

在海拔 3 567~3 957 m 范围内,通过计算海拔最高情况下心率增长率变化规律,得到满足该海拔区间行车要求的平曲线半径极限值,将 $v=80$ km/h,$M=3\ 957$ m 代入模型,得到 N-R 双因素关系式,有

$$N = 0.208R^{-0.002} \quad (4-1)$$

计算得到在 $R=300$ m 附近出现曲率最大值点,对应心率增长率 20.62%。半径小于 300 m 时,心率增长率较快;半径大于 300 m 时,心率增长率较缓。当心率增长率变化程度发生突变时,对驾驶员具有较大危险。

同理,在海拔 4 100~4 709 m 范围内,经计算得出在 $R=350$ m 出现曲率变化最大点,对应心率增长率 32.77%。

2) 弯坡组合路段

根据对已有相关研究总结,平曲线半径越小,纵坡越大,弯坡组合段上行车越危险。因此以 i/R 的形式影响驾驶员在线形组合路段上的行车状态(图 4-4 和图 4-5),计算式为

$$W = i/R \quad (4-2)$$

式中: W 为线形组合值;i 为纵坡坡度(%);R 为平曲线半径(km)。

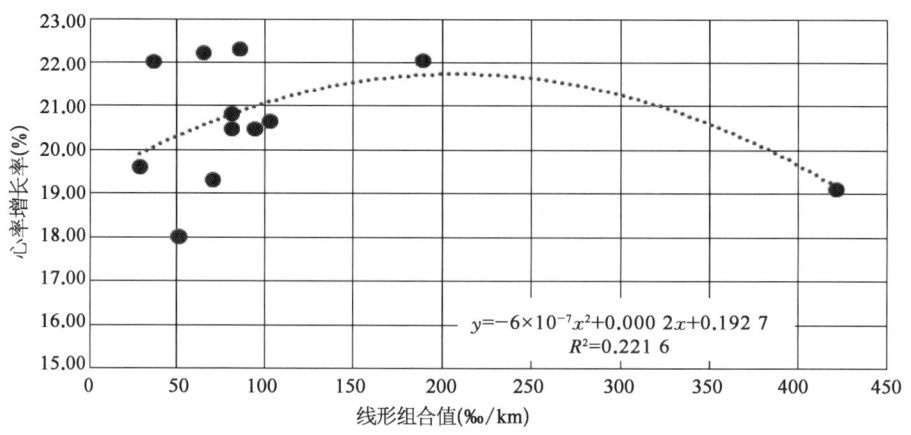

图 4-4 海拔 3 616~3 998 m 心率增长率与线形组合值关系

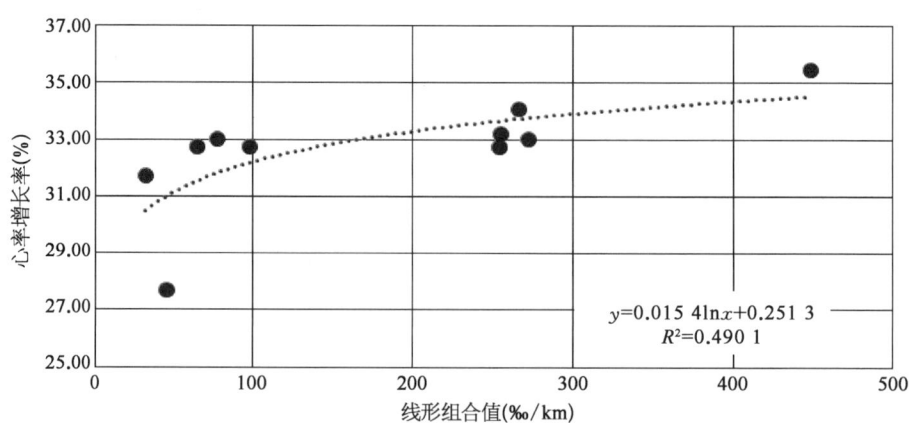

图 4-5 海拔 4 127~4 630 m 心率增长率与线形组合值关系

从以上两图可以看出,随着线形组合值的增大,心率增长率呈缓慢增长的趋势,两条曲线的拟合度分别为 0.221 6 和 0.490 1,拟合度比较低,其原因:① K2828~K2893 段中弯坡组合段较少,导致能采集到的样本点过少,因此统计规律不够明显;② 图中存在一样本点(421.33,19.12%),由于该点所处海拔较低以至于虽然该点线形组合值很大,但心率增长率反而较低。

对于弯坡组合段,采用同样的计算方法。在海拔 3 616~3 998 m 范围内,经计算得出在 $R=300$ m 出现曲率变化最大点,对应线形组合值 $W=66.67‰/km$,心率增长率 22.99%。在海拔 4 127~4 630 m 范围内,经计算得出在 $R=250$ m 出现曲率变化最大点,对应线形组合值 $W=80‰/km$,心率增长率 33.05%。

3) 圆曲线半径建议值

根据以往研究结果,驾驶员舒适、紧张及恐惧三种心理状态下对应的心率增长率分别为 18%、27% 和 39%。在高原环境下,驾驶员生理阈值受环境因素影响有所改变,R' 所对应的 N' 可认为是在该海拔区间内不同路段下驾驶员的生理阈值。各路段在对应 R' 前后驾驶员心率增长率变化程度不同,当 $R<R'$ 时,随平曲线半径减小,心率增长率显著增大;当 $R>R'$ 时,随平曲线半径增大,心率增长率缓慢减小。因此宜将平曲线半径控制在大于 R' 以保证行车安全。

将计算得到的驾驶员生心理反应分界点所对应的线形指标参数和心率增长率汇总,得到高原公路圆曲线建议值,见表 4-1。

表 4-1 高原公路圆曲线半径建议值

路 段	平曲线半径 R'(m)	心率增长率 N'(%)	线形组合值 W(‰/km)
海拔 3 567~3 957 m 平曲线	300	20.62	—
海拔 4 100~4 709 m 平曲线	350	32.77	—
海拔 3 616~3 998 m 弯坡组合段	300	22.99	66.67
海拔 4 127~4 630 m 弯坡组合段	250	33.05	80

4.1.2 公路纵坡设计指标

高海拔地区低氧含量致使车辆在该区域发动机性能减弱,纵坡指标的设计需结合车辆动力性能的折减来重新确定。为了准确获得不同海拔下(表 4-2)发动机使用外特性曲线和发动机制动特性曲线,在试验地点选择路面纵坡不小于 1.5% 作为试验路段,选择变速器挡位为 4 挡、5 挡、6 挡、7 挡、8 挡、9 挡,在试验路段上进行往返试验,以减小道路坡度、风向、风速等因素的影响。两种试验车型分别为东风牌 DFL4251A10 型重型半挂牵引车(六轴车)、东风牌 DFL5311CCYAX9A 型仓栅式运输车(四轴车)(图 4-6)。部分试验设备如图 4-7 和图 4-8 所示。

表4-2 试验地点海拔表

试验地点	西宁	共和	兴海	玉树	玛多
海拔(m)	2 300	2 890	3 638	4 188	4 545

图4-6 试验车辆

图4-7
RT3100型惯性导航系统

图4-8
RLVBBS4RG型差分基站

将不同海拔采集到的数据进行分析计算,将六轴铰接列车和四轴载重货车的折减系数拟合,结果如图 4-9 所示。

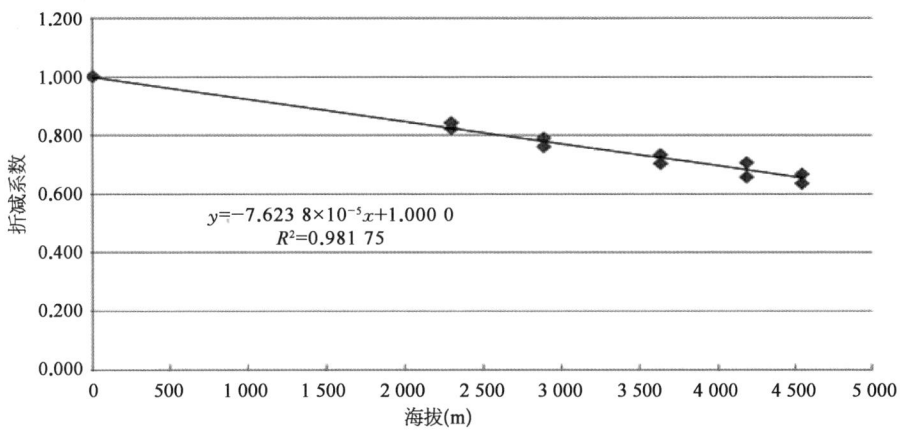

图 4-9 两种试验车型不同海拔发动机转矩折减系数

相应公式为

$$K_p = 1 - 7.6238 \times 10^5 H \quad (4-3)$$

式中:H 为海拔;K_p 为折减系数。

分别以四轴载重车为试验车型,车重 30.99 t、计算转速 1 400 r/min、计算转矩 1 500 N·m、传动效率 0.89,平衡速度计算结果见表 4-3。

表 4-3 不同海拔下的平衡速度 (km/h)

坡度(%)	527.65 m	1 000 m	1 500 m	2 000 m	2 500 m	3 000 m	3 500 m	4 000 m	4 500 m	5 000 m	5 500 m	6 000 m
0.0	105.98	105.00	103.84	102.56	101.14	99.57	97.83	95.92	93.81	91.50	88.96	86.19
0.5	95.02	93.72	92.22	90.59	88.82	86.90	84.82	82.57	80.14	77.53	74.72	71.70
1.0	84.99	83.46	81.73	79.87	77.89	75.78	73.52	71.13	68.59	65.90	63.05	60.05
1.5	76.01	74.36	72.50	70.54	68.48	66.30	64.02	61.62	59.11	56.50	53.77	50.93
2.0	68.14	66.44	64.55	62.58	60.52	58.38	56.16	53.85	51.46	49.00	46.45	43.84
2.5	61.33	59.64	57.78	55.85	53.86	51.81	49.70	47.52	45.29	43.01	40.67	38.28
3.0	55.48	53.84	52.04	50.20	48.31	46.37	44.39	42.36	40.29	38.19	36.04	33.87
3.5	50.47	48.89	47.18	45.44	43.66	41.84	39.99	38.11	36.20	34.26	32.30	30.31
4.0	46.17	44.67	43.05	41.41	39.74	38.04	36.32	34.57	32.81	31.02	29.21	27.39
4.5	42.47	41.05	39.52	37.98	36.41	34.82	33.22	31.60	29.96	28.31	26.64	24.96
5.0	39.26	37.92	36.48	35.03	33.56	32.08	30.58	29.07	27.55	26.02	24.47	22.92
5.5	36.47	35.20	33.85	32.48	31.10	29.71	28.31	26.90	25.48	24.06	22.62	21.17
6.0	34.02	32.83	31.55	30.26	28.97	27.66	26.35	25.03	23.70	22.36	21.02	19.67
6.5	31.87	30.74	29.53	28.31	27.09	25.86	24.63	23.39	22.14	20.88	19.63	18.36

(续表)

坡度(%)	527.65 m	1 000 m	1 500 m	2 000 m	2 500 m	3 000 m	3 500 m	4 000 m	4 500 m	5 000 m	5 500 m	6 000 m
7.0	29.96	28.88	27.74	26.59	25.44	24.28	23.11	21.94	20.77	19.59	18.40	17.22
7.5	28.25	27.23	26.15	25.06	23.97	22.87	21.77	20.66	19.55	18.44	17.32	16.20
8.0	26.73	25.76	24.73	23.69	22.66	21.62	20.57	19.52	18.47	17.42	16.36	15.30
8.5	25.35	24.43	23.45	22.46	21.48	20.49	19.49	18.50	17.50	16.50	15.49	14.49
9.0	24.11	23.23	22.29	21.35	20.41	19.47	18.52	17.57	16.62	15.67	14.72	13.76
9.5	22.97	22.13	21.24	20.34	19.45	18.54	17.64	16.74	15.83	14.92	14.01	13.10
10	21.94	21.14	20.28	19.42	18.57	17.70	16.84	15.98	15.11	14.24	13.37	12.50

加速坡长表示在一定的海拔与坡度条件下,从较低速度加速到较高速度所需要的行驶距离,其中平衡速度是能够达到的最大速度。海拔 3 000 m 处的加速坡长曲线计算结果见表 4-4。

表 4-4　不同坡度的加速坡长(海拔 3 000 m)　　　　　(m)

速度(km/h)	0.0	0.5%	1.0%	1.5%	2.0%	2.5%	3.0%	3.5%	4.0%	4.5%	5.0%	5.5%	6.0%
0	0	0	0	0	0	0	0	0	0	0	0	0	0
5	0.3	0.3	0.3	0.3	0.3	0.3	0.3	0.3	0.3	0.3	0.3	0.3	0.3
10	2	2	2	2	2	2	2	2	2	2	2	3	3
15	6	7	7	7	8	8	8	9	9	9	10	11	11
20	15	16	17	18	19	20	21	23	25	27	30	34	39
25	30	31	34	36	39	43	47	53	61	72	89	123	400
30	52	56	61	67	75	85	99	119	155	240	9 999	833	833
35	84	93	103	117	135	163	207	303	1 783	1 249			
40	129	145	166	195	239	316	520	4 463					
45	190	219	258	319	428	733	8 588						
50	272	320	394	524	857	6 653							
55	378	461	599	908	5 495								
60	518	657	928	2 017									
65	702	937	1 531	9 999									
70	945	1 360	3 392										
75	1 272	2 070	9 999										
80	1 731	3 687											
平衡速度(km/h)	95.9	82.6	71.1	61.6	53.8	47.5	42.4	38.1	34.6	31.6	29.1	26.9	25.0

减速坡长表示在一定的海拔与坡度条件下,以较高速度在一定坡度的纵坡段向上行驶,即使油门全开,由于行驶阻力大于汽车动力,行驶速度依然降低,直到速度降低到平衡速度,之后车辆在上坡段开始匀速行驶。海拔 4 000 m 处的减速坡长曲线计算结果见表 4-5。

表 4-5　减速坡长(海拔 4 000 m)　(m)

速度(km/h)	0.0	0.5%	1.0%	1.5%	2.0%	2.5%	3.0%	3.5%	4.0%	4.5%	5.0%	5.5%	6.0%
80	0	0	0	0	0	0	0	0	0	0	0	0	0
75	0	0	1 242	424	257	185	144	118	100	87	77	69	62
70			9 999	986	550	383	294	239	201	174	153	136	123
65				1 962	906	603	453	363	303	260	228	203	183
60				9 999	1 407	859	626	494	408	348	303	269	241
55					2 636	1 195	824	635	517	437	379	334	299
50					7 057	1 808	1 078	796	636	531	456	400	357
45						5 842	1 520	1 004	773	633	538	468	415
40							4 557	1 399	957	755	629	541	476
35								3 200	1 507	939	745	626	543
30									2 517	2 363	1 004	753	629
25											1 952	1 439	1 306
平衡速度(km/h)	95.9	82.6	71.1	61.6	53.8	47.5	42.4	38.1	34.6	31.6	29.1	26.9	25.0

综合上述研究成果,可以得出当平衡速度等于最低容许速度时,对应的坡度即为最大坡度。最大坡度下需要限制对应的坡长。

1) 最大纵坡及坡度折减

随海拔增高车辆功率降低过大,纵坡设计中宜采用较小的最大纵坡(表 4-6、表 4-7)。位于海拔 3 500 m 以上高原地区公路,最大纵坡应按表 4-8 规定予以折减。

表 4-6　不同海拔不限坡长的纵坡

设计速度(km/h)	3 000 m	3 500 m	4 000 m	4 500 m	5 000 m	5 500 m
120(80)	0.8%	0.7%	0.6%	0.5%	0.4%	0.3%
100(65)	1.6%	1.5%	1.4%	1.3%	1.2%	1.1%
80(50)	2.7%	2.5%	2.3%	2.1%	1.9%	1.7%

表 4-7　不同海拔最大容许速度对应最大纵坡,在此坡度下需要限制坡长

设计速度(km/h)	3 000 m	3 500 m	4 000 m	4 500 m	5 000 m	5 500 m
120(60)	1.9%	1.7%	1.6%	1.5%	1.3%	**1.2%**
100(50)	2.6%	2.5%	2.3%	2.1%	**2.0%**	1.8%
80(40)	3.6%	3.5%	3.3%	**3.0%**	2.8%	2.5%

表 4-8　不同海拔纵坡折减

项　目	3 500~4 500 m	4 500~5 500 m	5 500 m 以上
纵坡折减(%)	1.5	2.0	2.5

2) 最大坡长

最大坡长限制是指控制汽车在坡道上行驶，当车速下降到最低容许速度时所行驶的距离。不同海拔区间要求的不同坡度的坡长限制见表 4-9。

表 4-9　不同海拔不同纵坡最大坡长　　　　　　　　　　　(m)

项　目	3 000~4 000				4 000~5 000				5 000 以上			
设计速度(km/h)	120	100	80	60	120	100	80	60	120	100	80	60
纵坡坡度(%) 2	2 370	7 710	—	—	1 405	2 625	7 055	—	1 055	1 510	2 645	—
3	725	990	1 415	—	625	825	1 080	4 555	550	710	890	1 580
4	445	570	720	1 255	410	515	635	960	375	470	570	805
5	—	405	495	710	—	380	455	630	—	355	425	570
6	—	—	380	515	—	—	355	475	—	—	335	440

4.1.3　横断面组成与尺寸

高速公路的路基标准横断面组成应包括行车道、中央分隔带、左右路缘带、左右硬路肩、左右土路肩。

1) 车道数与车道宽度

根据青藏公路各路段交通量预测值、通行能力及服务水平验算，采用四车道高速公路标准。我国现行《公路工程技术标准》中相关条文也指出："以通行中、小型客运车辆为主且设计速度为 80 km/h 及以上的公路，经论证车道宽度可采用 3.5 m。""对于四车道以上的公路，车道宽度应满足车辆并列行驶所需的宽度。"

青藏地区公路交通量较低，以 G109 青藏公路为例，2014 年年平均日交通量不足 5 000 辆/日，按内侧车道主要通行小客车则内侧车道最小宽度可以取 3.5 m。

2) 中央分隔带宽度

在"十二五国家科技支撑计划项目"中曾对多车道高速公路横断面各组成进行了研究，根据组合型波形梁护栏、刚性护栏和缆索护栏等护栏的形式及其特点，在不设左侧硬路肩的情况下，分析其满足安全设计要求的中央分隔带宽度(表 4-10)。其不仅要满足中间带设置各种设施需要的最小宽度，还需要考虑路缘带和安全 C 值的要求。C 的取值：当设计速度大于 100 km/h 时为 0.5 m，等于或小于 100 km/h 时为 0.25 m，具体请参考《公路工程技术标准》(JTG B01—2004)。

表 4-10　不同设计速度时中央分隔带宽度推荐值

项　目		120 km/h	100 km/h	80 km/h
刚性护栏	一般值	1.60	1.50	1.40
	最小值	0.80	0.70	0.60
组合型波形梁护栏	一般值	1.90	1.80	1.70
	最小值	1.20	1.10	1.00
缆索护栏	一般值	5.40	5.30	5.20
	最小值	4.70	4.60	4.50

注：设计速度为 120 km/h 时，内侧路缘带宽度为 0.75 m；设计速度为 100 km/h 时，路缘带宽度一般值为 0.75 m，最小值为 0.5 m。

3）左侧路缘带

我国现行《公路工程技术标准》规定对于左侧路缘带要求一般值为 0.75 m，受地形、地物限制的路段，可论证采用 0.5 m。

从行车安全方面考虑，根据交通部 2000 年度公路建设标准规范计划项目《高速公路运行速度设计方法与标准》中"行车道宽度与运行速度的关系"的研究成果，对于实际行驶速度有影响的路面组成是行车道、路缘带和硬路肩宽度，行车道宽度的变化对于运行速度的影响要大于路肩、路缘宽度变化对于运行速度的影响。在理想状态下行车道宽度为 3.75 m 时，左侧路缘宽度为 0.5 m，右侧路肩宽度为 2.5 m。如实际道路横断面组成部分的宽度大于此宽度，则认为其横断面因素不对自由流速度构成影响。对于在各种横断面条件下小型车的运行速度取值，见表 4-11。

表 4-11　小型车运行速度取值表

车　道	车道宽度(m)	路缘宽度(m)	行驶速度(km/h)
内侧车道	3.75	0.50	120
	3.75	0.20	116
	3.50	0.50	114

通过表 4-11 可以看出，从运行速度方面考虑，当横断面行车道宽度为 3.75 m，左侧路缘宽度为 0.5 m 时，小型车的运行速度均不受影响；但是当行车道宽度不变，路缘宽度、路肩宽度减小时，小型车的运行速度均受到影响。

目前青藏公路小客车占总交通量比例接近 50%。随着高速公路开通，入藏旅游、地方交通出行的小型车辆比例还会日趋增加，其小客车靠内侧车道行驶，在中央分隔带宽度为 2.0 m 的情况下，其左侧路缘带宽度最小值为 0.5 m。

从冻土路基变形控制与稳定方面考虑，青藏地区大部分路段位于多年冻土路段，过去 40 多年来冻土路基研究取得的设计与施工技术，均是针对解决公路路基宽度仅为 10 m、铁路路基宽度为 7 m 的条件下维护路基热稳定性问题。但相对于二级公路而言，高速公路路基宽度较大,总吸热面积增加 3 倍以上,路堤填筑材料总体积热容增加 3~4 倍。初步计算表明,高速公路冻土路基下的融化盘会加宽、加深,对多年冻土的水热平衡将产生严重影响。因此,从冻土路基变形控制与稳定方面考虑,在能够满足车辆安全运行的前提下,左侧路缘带宽度应尽量取低值 0.5 m。

4) 右侧硬路肩

右侧硬路肩应具有足够的宽度保证其功能的充分发挥。硬路肩实现不同功能所需要的最小宽度见表 4-12,硬路肩宽度应根据各种功能综合确定。

表 4-12 考虑不同功能时右侧硬路肩最小宽度

功 能	一般最小宽度(m)	适 用 情 况
满足大型货车临时故障停靠	3.0	硬路肩宽度需要停靠五轴和六轴载重货车
执法管理、维修养护	2.5	硬路肩宽度需要停靠执法车辆时
埋设地上设施、地下管线	1.0	一般情况
避免碰撞事故	2.5	满足一般小型车临时避让事故时
驶出行车道恢复行驶	2.5	一般情况
改善视距	0.5	视具体环境、道路线形而定
排水	1.0	视具体降雨量和道路排水能力而定
提高通行能力	1.8	一般情况
远期改扩建	3.75	扩建时硬路肩改建成一个行车道时
紧急救援	3.5	硬路肩满足一般救援车辆行驶时

如果不考虑执法管理、维修养护及临时停车,右侧硬路肩最小值还可采用 1.5 m,但是要增加紧急停车带,紧急停车带间距不宜大于 500 m,且有效长度不应小于 40 m。

5) 横断面形式

对于多年冻土地区推荐采用分离式路基横断面形式;非多年冻土地区推荐采用整体式路基横断面形式,桥隧过渡等路段也可采用分离式断面。

通过以上综合分析,得出不同设计速度下横断面组成的最小宽度值,见表 4-13 和图 4-10。

表 4-13 不同设计速度时横断面组成最小宽度表

项 目	120 km/h	100 km/h	80 km/h
行车道宽度(m)	3.75(3.50)	3.75(3.50)	3.75(3.50)
左侧路缘带宽度(m)	0.5	0.5	0.5
硬路肩宽度(m)	1.5	1.5	1.5
土路肩宽度(m)	0.75	0.75	0.75

注:括号内数据表示内侧车道宽度。

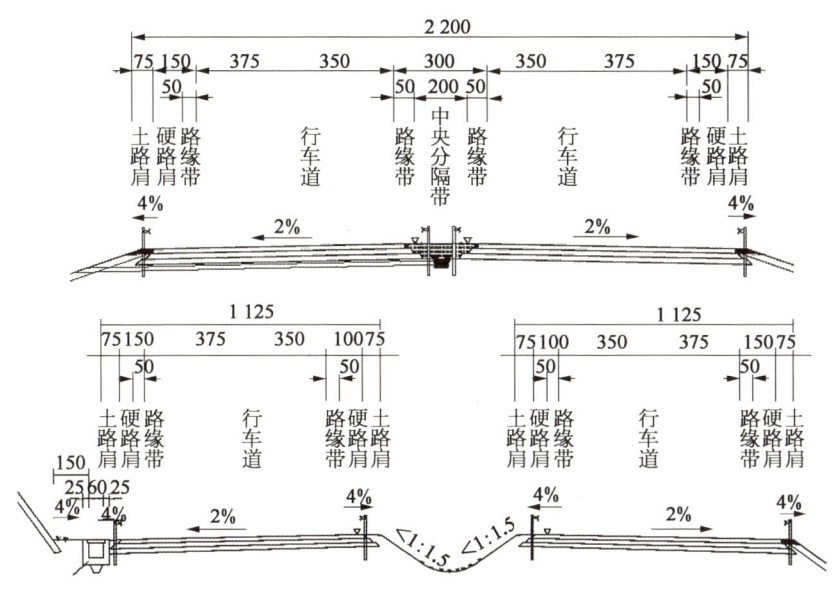

图 4-10　横断面组成最小宽度（单位：cm）

4.1.4　冰雪条件下超高及停车视距分析

1) 停车视距研究

在高原地区行车,氧气含量低,驾驶员操作敏捷性下降;常年积雪冰冻,导致路面摩擦系数降低,这两方面的特殊性将对高原地区停车视距产生一定程度的影响。保广裕等利用 2004—2012 年 10 月至次年 4 月青海省内主要公路沿线附近气象站地面逐时气象观测资料,分析青海省道路结冰时空分布特征,以及道路结冰日与气温、地温和风速等的变化关系。青藏公路沿线昆仑山至唐古拉山段的持续冰冻时间长度为 20～30 d/年,在高海拔地区和冷空气活动频繁地区道路结冰开始时间早,结束时间晚,道路结冰持续时间长。由此可以看出,高速公路建成之后,冰雪将成为交通安全的重要隐患之一。

我国现行《公路工程技术标准》中规定:高速公路设计时须满足停车视距要求,停车视距是指车辆以一定的速度行驶中,驾驶员自看到前方障碍物起,至到达障碍物起安全停止所需的最短距离。一般高速公路、一级公路以及大型车比例较高的二、三级公路,应采用货车停车视距对相关路段进行检验。"积雪冰冻路段的停车视距,考虑到在这些路段行驶的车速会有较大幅度的降低,也可不再调增。但对重要干线公路,可根据各地要求的必须保证安全的最低车速适当调增停车视距。"

通过检索相关研究成果发现,冰雪条件下的摩擦系数大致分布范围为 0.06～0.30,中间摩擦系数值为 0.18,研究取 0.18 进行停车视距计算。由于在冰雪条件下摩擦系数减小,所以纵坡坡度不能忽略,应加以考虑。在计算公路停车视距时,如果考虑纵坡坡度 i,则停车视距的计算公式为

$$S_{停} = \frac{v}{3.6}t + \frac{(v/3.6)^2}{2g(f_1 \pm i)} \tag{4-4}$$

式中,对于上坡路段取"+",下坡路段取值为"-"。这里的"t"未考虑缺氧环境下驾驶员延迟,仍取 2.5 s(内地一般值)。

我国高速公路最低设计速度为 60 km/h 时,考虑到在冰雪条件下车辆本身行驶速度减慢,因此仅选取设计速度 40 km/h、60 km/h、80 km/h、100 km/h、120 km/h 进行停车视距的计算,对应的行驶速度分别为 36 km/h、54 km/h、68 km/h、85 km/h、102 km/h,最大纵坡坡度为 6%,因此分别计算 0%~6% 不同纵坡所需的停车视距,最终的计算结果见表 4-14。

表 4-14 不同设计速度对应的停车视距 (m)

速度(km/h)	规范值(小车)	规范值(货车)	坡 度(%)						
			0	1	2	3	4	5	6
40	40	50	53	55	57	59	61	64	68
60	75	85	101	105	109	114	119	126	133
80	110	125	148	154	161	169	177	187	199
100	160	180	217	226	237	249	262	278	296
120	210	245	298	312	327	344	363	386	412

由以上分析可以看出:

(1) 在冰雪条件下,计算得出的停车视距不考虑反应时间延迟仍比目前规范中的规定值要大。

(2) 在同一速度条件下,随着下坡段坡度的增加,所需停车视距逐渐增大。

(3) 在下坡段同一坡度值条件下,速度越大所需停车视距越大,且视距的增加幅度越大。

青藏高原驾驶环境恶劣,从保证停车视距要求的角度出发,应该尽量采用较小的纵坡。考虑到我国高速公路在冰雪条件下恶性事故频发,青藏公路目前大型车比例较高,且以长距离的交通运输为主,从交通安全的角度出发,为了降低冰雪条件下的交通事故,保障人民群众生命和财产安全,建议在高海拔地区采用冰雪条件下的视距计算值进行设计检验。

2) 路面超高研究

在冰雪条件下,横向摩擦系数降低,车辆在曲线超高段行驶稳定性变差,如果速度行驶过快,则有可能驶出路外(图 4-11),若行驶速度过慢,则有可能滑向曲线内侧。

用车辆在不同速度条件下滑移(分为内侧与外侧)的临界超高值减去实际设计超高值,即为超高安全净值,以此来表达超高设置的安全程度,将最大超高对应的安全净值称为最大超高安全净值,最小超高对应的安全净值称为最小超高安全净值。

高海拔地区路线超高与半径的取值应当考虑冰雪条件的影响,通过文献检索发现,在结

图 4-11 车辆外侧滑移

冰状态下,横向摩擦系数最小,车辆行驶处于最不利的状态,不同路面状态下的横向摩擦系数值见表 4-15。

表 4-15 冰雪路面状态下的横向摩擦系数值

路面状态	横向摩擦系数
松雪路面	0.18~0.26
冰雪板	0.13~0.17
结冰	0.06~0.13

为了防止车辆滑出路外,速度较高时,超高尽可能设置大一些;而速度较低时,为了防止车辆向曲线内侧滑移(图 4-12),超高尽可能设置的小一些。但两者之间并不矛盾,因为在冰雪条件下,车辆的行驶速度比正常条件下速度值会小很多。

图 4-12 车辆向曲线内侧滑移

在速度为 40 km/h 的条件下,计算最不利条件横向摩擦系数取值为 0.06,路面结冰时的最大超高临界值与最小超高值临界值计算结果如图 4-13 所示。

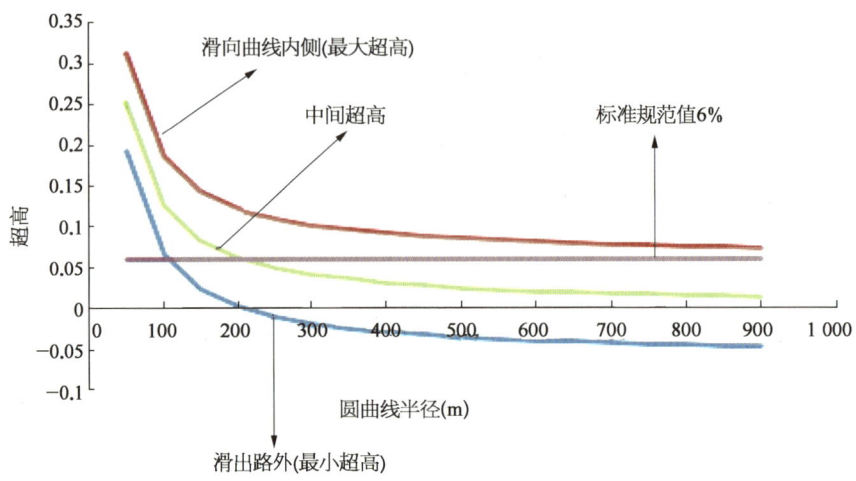

图4-13 最不利条件下的最大超高与最小超高临界值(40 km/h)

在图4-13中阴影区域表示超高的安全范围,在阴影区域之外车辆可能滑出路外,也可能滑向曲线内侧。在超高6%的条件下,建议圆曲线的极限最小半径取值为120 m,在4%的超高条件下,极限最小半径取值为160 m。最大超高值与最小超高值之间的中间值为最理想的超高取值,不同圆曲线半径下的超高与半径取值建议见表4-16。

表4-16 不同圆曲线半经下的理想超高值(40 km/h)

项 目	50 m	100 m	150 m	200 m	250 m	300 m	350 m
推荐超高(%)	—	—	—	6	5	4	4
项 目	400 m	450 m	500 m	550 m	600 m	650 m	700 m
推荐超高(%)	3	3	3	2	2	2	2

当圆曲线半径小于200 m时,其理想超高值大于6%,故建议当速度为40 km/h时,为避免车辆在冰雪条件下驶出路外,条件允许时,可取半径大于等于200 m。同理,可以得出在60 km/h、80 km/h、100 km/h、120 km/h时的超高取值,见表4-17~表4-20。

表4-17 不同圆曲线半径下的理想超高值(60 km/h)

项 目	250 m	300 m	350 m	400 m	450 m	500 m	550 m	600 m	650 m	700 m	750 m	800 m	850 m
推荐超高(%)	—	—	—	—	6	6	5	5	4	4	4	4	3
项 目	900 m	950 m	1 000 m	1 050 m	1 100 m	1 150 m	1 200 m	1 250 m	1 300 m	1 350 m	1 400 m	1 450 m	1 500 m
推荐超高(%)	3	3	3	3	3	2	2	2	2	2	2	2	2

表4-18 不同圆曲线半径下的理想超高值(80 km/h)

项 目	450 m	500 m	550 m	600 m	650 m	700 m	750 m	800 m	850 m	900 m	950 m
推荐超高(%)	—	—	—	—	—	—	6	6	6	6	5

(续表)

项 目	1 000 m	1 050 m	1 100 m	1 150 m	1 200 m	1 250 m	1 300 m	1 350 m	1 400 m	1 450 m	1 500 m
推荐超高(%)	5	5	5	4	4	4	4	4	4	3	3

表 4-19　不同圆曲线半径下的理想超高值(100 km/h)

项 目	1 000 m	1 050 m	1 100 m	1 150 m	1 200 m	1 250 m	1 300 m	1 350 m	1 400 m	1 450 m
推荐超高(%)	—	—	—	—	—	6	6	6	6	5
项 目	1 500 m	1 550 m	1 600 m	1 650 m	1 700 m	1 750 m	1 800 m	1 850 m	1 900 m	1 950 m
推荐超高(%)	5	5	5	5	5	4	4	4	4	4

表 4-20　不同圆曲线半径下的理想超高值(120 km/h)

项 目	1 300 m	1 400 m	1 500 m	1 600 m	1 700 m	1 800 m	1 900 m	2 000 m	2 100 m
推荐超高(%)	—	—	—	—	—	6	6	6	5
项 目	2 200 m	2 300 m	2 400 m	2 500 m	2 600 m	2 700 m	2 800 m	2 900 m	3 000 m
推荐超高(%)	5	5	5	5	4	4	4	4	4

对不同速度条件下,极限超高取值进行分析汇总,具体结果见表 4-21。

表 4-21　不同设计速度时超高条件下的圆曲线极限半径

项 目		40 km/h	60 km/h	80 km/h	100 km/h	120 km/h
极限值 (超高 6%,m)	规范	60	135	270	440	710
	建议	120	240	430	660	960
极限值 (超高 4%,m)	规范	65	150	300	500	810
	建议	160	290	510	800	1 160

超高值的具体选取与曲线半径的取值有直接关系,超高与曲线半径相互影响,抛开曲线半径仅仅讨论超高取值具有一定的片面性。故前面提出的合理超高值的选取,都是以某一具体半径值为前提的。且随着圆曲线半径的增大,理想超高的变化幅度逐渐降低,表现出趋近平稳的态势,在冰雪条件下,应当选取较大的圆曲线半径,以此来降低超高值。

4.2　服务设施合理间距与配置标准

格尔木至拉萨全长 1 110 km,距离长、沿线经过乡镇少,在高原缺氧状态下长时间连续驾驶,很容易引发高原反应,严重者则可能引发脑水肿与肺水肿。在高原地区服务设施不仅承担着车辆加油、人员休整、餐饮等功能,还具有应急救援、生命保障等重要功能,因此服务设施的间距以及配置标准将直接影响高速公路的正常运营以及生命保障。

我国现行《公路工程技术标准》中将服务设施划分为服务区、停车区、客运汽车停靠站三类。其中规定高速公路应设置服务区,平均间隔宜为50 km,当沿线城镇分布稀疏,水电等供给困难时,可增大服务区间距。高速公路服务区应设置停车场、加油站、车辆维修站、公共厕所、室内外休息区、餐饮、商品零售点等设施。根据公路环境和需求可设置人员住宿、车辆加水等设施。

高速公路应设置停车区,停车区可在服务区之间布设一处或多处,停车区与服务区或者停车区之间的间距宜为15~25 km。停车区应设置停车场、公共厕所、室外休息区等设施。

《关于西部沙漠戈壁与草原地区高速公路建设执行技术标准的若干意见》中提出,对于交通量较小,供水、供电困难路段,其服务区间距可适当加大,但要相应增大服务区的用地面积和建筑面积。对于服务区间距增大到多少,建筑面积及规模相应增大到多少没有提供可以参照的定量准则。

4.2.1 服务设施设置影响因素分析

1) 车辆加油的需求

应能保证车辆在有需要的情况下及时进入服务区补充燃油,刘亚非提出"低油量情况下车辆可行驶距离"这一指标,通过该指标分析确定满足车辆加油需求条件下的服务区设置间距推荐值。据统计,在低油量情况下,小型车行驶距离最短,平均值为51.26 km,与目前我国规范控制的服务区间距50 km 相符合。

2) 生理需求

服务区的设置需满足乘客的生理需求,如上厕所、餐饮、休息等。国际卫生组织测算,正常人体白天小便一般4~6次,大便1次,按照8 h 计算,则每隔1.3~2 h 需要进行一次小便,以我国高速公路最低限速60 km/h 来进行计算,得出服务设施之间的间隔为60~120 km。

从青藏公路沿线现场调研的数据来看,约81%的货车驾驶员连续驾驶3~4 h 之后希望进行休息调整,约6.7%的驾驶员连续驾驶1~2 h 之后就需要休息调整,以我国高速公路最低限速60 km/h 来计算,则服务区的间隔为60~120 km。

此外,青藏高原环境特殊,气温低、气压低、氧含量低,海拔3 658 m 的拉萨市大气含氧量只相当于北京的60%左右;平原人快速进入海拔3 000 m 以上高原时,50%~75%的人出现高原反应,常见的症状有头痛、失眠、食欲减退、疲倦、呼吸困难等。海拔超过2 500 m 就有可能患上高原病,海拔超过3 500 m 就会患上各种高原病,海拔超过4 500 m 就容易患上高原肺水肿、高原脑水肿等死亡率极高的急重性高原病。

总体而言,到达海拔3 000 m 以上时,由于氧含量降低,会出现一定程度的高原反应,且随着海拔的升高,出现高原反应的风险迅速增加。一旦出现高原肺水肿、脑水肿等需要及时治疗。建议进入高原人员应尽量保障休息时间,避免疲劳驾驶,并且从低海拔到高海拔地区应有一个逐步适应时间,以减少、减轻高原反应的发生。故建议在海拔3 000 m以上设置的服务设施应当加强医疗救助功能,尤其是加氧等功能。

3) 安全需求

《中华人民共和国道路交通安全法实施条例》中规定驾驶机动车不得有下列行为:连续驾驶机动车超过4 h未停车休息或者停车休息时间少于20 min。

美国加利福尼亚大学的研究结果表明,当距离停车区下游的距离大于30 mile(48.3 km)时,与疲劳相关的交通事故率突然增大。Taylor等的研究表明,在距离停车区下游35 mile(56.3 km)处单车事故数逐渐增大。

4) 货车需求

通过实际调研发现,在青藏公路上四个检查站(乃吉沟检查站、五道梁段部、安多检查站、西郊检查站)2014年1—9月交通量统计结果如图4-14所示。

由上图可看出,客车与货车各站总交通量的一半,其中大型与特大型货车占到总数的33%,中型货车占总数的8%,小型货车占总数的10%。考虑到青藏公路沿线大型与特大型货车交通量大的特点,在服务区的建设过程中也必须给予考虑。

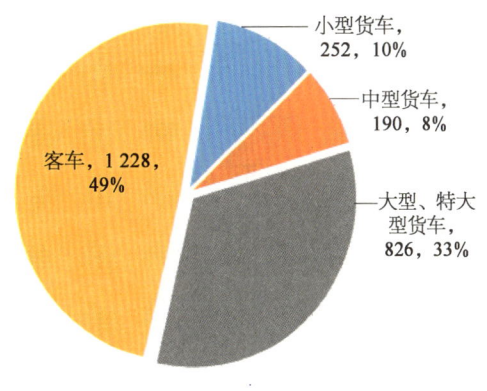

图4-14 平均交通量组成

货车对于服务设施的需求主要受其运输货物的需求,冷藏车辆所运送的需要严格保鲜的货物,会因为长时间的途中运行而需要在服务区获得加冰的服务;鲜花、树木、盆景等新鲜植物在运输过程中需要加水以保持生物的活力,这些都只能通过服务区的相应配置来满足。危险品在运输途中需要更多的防护,在服务区停靠时最好有专门的停车区域,可提供相关的检测设施和防护设施以保证途中的危险品状态正常。对于长途货物运输,这种货物的途中需求对服务区具有更高的依赖性。

5) 自然灾害应急需求

发生降雪以及路面结冰等自然灾害时,造成高速公路封闭、旅客滞留,服务区作为高速公路上的避风港,需要预留一定的灾害应急空间。2008年我国南方发生大规模的低温冰雪灾害,在灾害区域,由于服务区规划设计上的经验不足或是受建设经费制约,严重存在如停车区车位不足、设施设备不配套等情况,一定程度上影响了高速公路服务能力与应急能力。

青藏铁路沿线的主要地质灾害情况如图4-15所示,由于青藏公路的线位走向与青藏铁路较为接近,故下图也具有一定的参考意义。

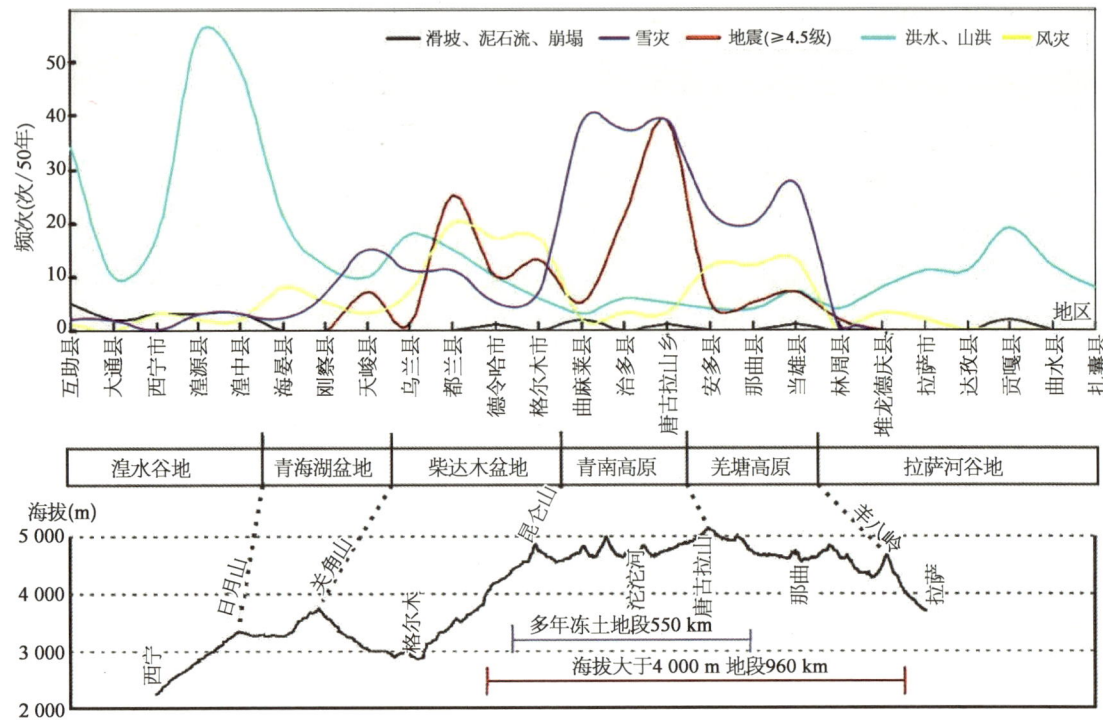

图 4-15 青藏铁路沿线自然灾害频次分布

从铁路沿线的总频次来看,唐古拉山口自然灾害的总频次最高,50 年间总频次达 86 次,其次为都兰、湟源、当雄等地区,总频次在 50 次以上,几乎每年都有自然灾害发生。

6) 观景需求

青藏公路沿线风景优美,结合地形条件,在部分景色优美的地方设置观景台,供游客休憩赏景。

4.2.2 服务设施类型及配置标准

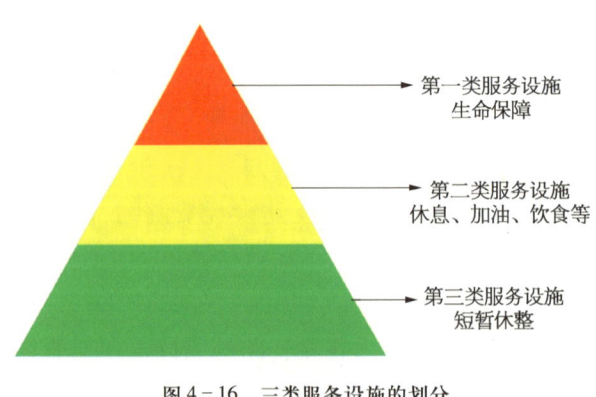

图 4-16 三类服务设施的划分

为了满足以上需求,根据功能不同将服务设施划分为三类,即第一类、第二类、第三类服务设施(图 4-16)。

第三类服务设施对应我国规范中的停车区,应设置停车场、公共厕所、室外休息室等设施,主要供道路使用者短时间休息,更换驾驶员、检查车辆等简单功能。

第二类服务设施对应我国规范中的

服务区,高速公路服务区应设置停车场、加油站、公共厕所、室外休息室等设施,有条件时可设置餐饮、商品零售点等设施,根据公路环境和需求可设置人员住宿、车辆加水等设施。与平原服务区的功能类似,主要为道路使用者提供较长时间休息、调整,满足加油、购物、用餐以及住宿等需求,此外还需提供氧气供给等功能。

第一类服务设施主要是实现生命保障功能。格尔木至拉萨段总长度约1 100 km,考虑到高原环境恶劣高寒、缺氧,且路途遥远,一旦发生事故后应急救援困难,从交通安全角度出发,成立交通事故应急救援中心,第一时间对发生交通事故的车辆进行应急救援,在高海拔地区,氧气含量偏低,人体耐受力与平原区相比明显降低,这对事故应急救援时间提出了更加严格的要求。设置车辆维修中心,对故障车辆进行简单维修,如更换轮胎等,使其能够正常行驶。建议在第二类服务设施的基础上,增设加氧站满足部分人员吸氧需求;增设医疗救护站,对出现突发性高原反应的人员进行及时救护,因此服务区应当配备一定数量的救援人员与相应的设备,在条件允许的情况下,可配备救援直升机,缩短救援时间,提高救援效率。

此外,以服务区为载体开展相关交通信息的发布工作,包括天气状况、道路交通状况等信息;以服务区为载体进行冰雪条件下交通流的疏散,因此沿线服务区应当设置足够数量的停车位,以及相关的配套设施等。

4.2.3 服务设施合理间距分析

综合考虑以上因素,确定第二类服务设施间隔。关于计算速度的确定,一方面高速公路的最低限速是60 km/h,另一方面通过调研发现货车期望行驶的最大速度为80 km/h,故分别以60 km/h与80 km/h来计算服务设施之间的间隔。

由表4-22可以看出,当驾驶员疲劳程度达到85%时,以60 km/h与80 km/h来计算,在测试点 A、B 与 C 的计算距离分别为92~123 km、85~113 km、63~84 km,取平均值,则在测试点 A、B 与 C 的计算距离分别为107 km、99 km、74 km。同理,疲劳程度15%时在测试点 A、B 与 C 的计算距离分别为83 km、74 km、48 km。综上所述,建议在海拔3 500 m附近,第二类服务设施的间隔定为100 km,考虑到海拔升高到4 000 m以上时,高原反应的风险指数迅速升高,故建议在海拔超过4 000 m时,服务区的间隔定为80 km。

表4-22 不同海拔下计算服务设施间隔

考 虑 因 素	测试点 A(海拔3 500 m)	测试点 B(海拔4 200 m)	测试点 C(海拔4 600 m)
低油耗条件下可行驶距离		小客车平均值 51.26 km 大客车平均值 110.53 km 大货车平均值 102.73 km	
每隔1.3~2 h需要进行一次小便		78~120 km(60 km/h) 104~160 km(80 km/h)	

(续表)

考 虑 因 素	测试点 A(海拔 3 500 m)	测试点 B(海拔 4 200 m)	测试点 C(海拔 4 600 m)
约 6.7%的驾驶员,连续驾驶 1~2 h 后就需休息调整		60~120 km(60 km/h) 80~160 km(80 km/h)	
连续驾驶机动车 4 h 需停车休息		240 km(60 km/h) 320 km(80 km/h)	
外地驾驶员疲劳程度为 15%(60~80 km/h)	71~95 km	63~84 km	41~55 km
外地驾驶员疲劳程度为 85%(60~80 km/h)	92~123 km	85~113 km	63~84 km
冰雪灾害应急需求		建议在服务区预留充足的灾害应急空间,两个服务区之间建议采用地下通道相互连接	
观景需求		根据实际情况而定	

第三类服务设施,即停车区主要用于短时间的休息和缓解疲劳,应该做到简单实用,以节约土地和建设成本。由于青藏高原高寒缺氧,且距离长,大多数驾驶员都以赶路为主,完全参照国外的建设标准会大大增加建设成本,具体间隔长度应综合考虑第二类服务设施与第一类服务设施确定,建议根据实际条件,在服务区之间设置 1~2 处停车区,根据上述设定的服务区间距,停车区间距在海拔 3 500 m 附近取值为 33~50 km,在海拔 4 000 m 以上间距设定为 27~40 km。最后,考虑到未来交通量增长的需求,可将目前停车区预留一定的面积,以备将来升级改造,将之建设成为服务区,停车区之间建议用地下通道相互连接,可实现车辆掉头等功能。

第一类服务设施的功能以及装备最为齐全,建议每隔两个第二类服务设施建设一个第一类服务设施,即在海拔 3 500 m 附近,每隔 300 km 设置一处第一类服务设施;在海拔 4 000 m 以上,每隔 240 km 设置一处第一类服务设施。最后,第一类服务区的选址还应当综合考虑水电供应等因素。

综上所述,不同海拔下服务设施间隔见表 4‑23。

表 4‑23　不同海拔下服务设施间隔　　　　　　　　　　(km)

类型 \ 海拔	3 500~4 000 m	≥4 000 m
第一类服务设施	33~50	27~40
第二类服务设施	100	80
第三类服务设施	300	240

4.3　基于运行安全的速度控制标准

设计速度是高速公路的重要指标之一,其受公路功能、海拔、地形条件、运行速度及路网节点等的影响。由于高速公路是条状的线形工程，随着高速公路里程的变化，上述因素也在不断变化，尤其是青藏高原地形、地质、海拔变化较为明显，更加导致设计速度的不断变化。因此，应动态地调整设计速度，并研究科学合理的速度过渡技术。

设计速度划分完成之后，在实际的运营过程中，从交通安全的角度出发，还需要进行速度控制。考虑海拔与大小车比例对运行速度的影响，运用统计分析为研究方法，建立高原低压缺氧地区各影响因素与85%位速度关系模型。

4.3.1 设计速度动态分段标准

青藏高原是一个巨大的山脉体系，其由山系和高原台地组成。山系地势险峻，起伏不平；而高原台地地势较为平坦，起伏度低，多以平原、丘陵地形为主。这两种差异性显著的地形地质条件决定了青藏高原地区高速公路在选择技术标准时，也存在较大的差异。技术标准选用的差异体现在设计速度的选择上，而设计速度决定了平纵横主要技术指标参数的取值。因此，根据青藏高原地区的地形地质条件，综合考虑高原区域车辆行驶特性等因素，研究适合于高海拔地区高速公路设计速度分段技术以及不同设计速度分段段落间速度过渡的设计方法。

4.3.1.1 设计速度的选择

高海拔地区高速公路设计速度的选择主要需要考虑以下五个方面的因素：

1) 公路功能、技术等级

以公路功能、技术等级选择设计速度。公路按照交通功能分为干线公路、集散公路和支路三类，干线公路主要细分为主要干线公路和次要干线公路。

不同功能公路对应于不同的设计速度，对于主要干线公路能够提供较高的出行速度，一般为80 km/h以上，可以选择设计速度为80 km/h、100 km/h、120 km/h。次要干线公路是主要干线公路的重要补充，可以选择设计速度为60 km/h、80 km/h、100 km/h、120 km/h。主要集散公路与干线公路相连，为干线公路汇集地方交通，并向地方疏散干线公路交通，可以选择设计速度为30 km/h、40 km/h、60 km/h、80 km/h。次要集散公路主要是从地方公路上汇集交通，可以选择设计速度为30 km/h、40 km/h、60 km/h。

不同的功能与技术等级对应不同的设计速度，一般高速公路对应的设计速度为120 km/h、100 km/h以及80 km/h。

2) 海拔地形条件

（1）海拔因素。根据高海拔地区高速公路主要几何指标与参数的研究成果，受海拔因素影响较大的路线技术指标包括平面的圆曲线半径以及纵断面的纵坡坡度、坡长。随着海拔升高，圆曲线最小半径的取值增大，满足车辆动力性能要求的纵坡坡度折减。因此，根据初步确定的路线方案,应结合海拔因素对其平面圆曲线半径、纵断面坡度指标可以满足的设计速度进行分析,分析标准见表 4-24。

表 4-24 考虑海拔因素的设计速度对应平纵指标极限值

设计速度 (km/h)	平面圆曲线最小半径(m)		最大纵坡坡度(%)		
	海拔<4 000 m	海拔≥4 000 m	海拔 3 500~4 500 m	海拔 4 500~5 500 m	海拔 5 500 m 以上
120	650	650	2	1.5	1
100	400	400	2.5	2	1.5
80	300	350	3.5	3	2.5

根据上表所示,不同海拔条件下设计速度对应圆曲线最小半径和最大纵坡坡度,初步可以确定路线初步方案的平纵技术指标在不同海拔下满足的设计速度范围。

(2)地形因素。在初步确定了不同海拔区间条件下的设计速度范围后,还应根据所处海拔区间的地形条件进一步选择设计速度。高原平原微丘区线形布设受地形、地质条件影响较小,可以采用较高的几何设计指标,在设计速度选取时可不低于 100 km/h,地形开阔时可以选取 120 km/h 的设计速度。

河谷平原地形(图 4-17)沿河布设线形一般不受限制,路线纵坡平缓或略有起伏,设计速度可以选取 100 km/h。对于地形条件受限的路段,设计速度可以选取 80 km/h。高山峡谷地形(图 4-18)较为陡峭,切割严重,河谷狭窄,地面自然坡度大部分在 20°以上,路线平、纵、横设计指标大部分受地形限制,设计速度一般选取 80 km/h。

图 4-17
河谷平原

图 4-18
高山峡谷

3) 气候条件

对于易受积雪冰冻影响的地区,其圆曲线半径、视距指标应适当增大。当路线方案穿越易受积雪冰冻影响地区时,应根据满足极限冰冻条件下要求的圆曲线半径、视距确定路段设计速度,同时设计速度分段长度应保证足够长度。

4) 典型车辆的运行速度

通过研究海拔对车辆动力性能和制动性能的影响,发现不同海拔下的同一坡度爬坡能力差异较大,车辆在同一坡度的坡段上能够达到的速度随着海拔的增加因动力性能的降低而逐渐变低。

海拔对小型车运行速度的影响较小,对载重货车、铰接列车等大型车的影响较大。研究发现,载重量为30 t、比功率8.3 kW/t的载重货车,在海拔3 000 m以下车辆性能降低10%~15%,海拔3 500~5 500 m车辆性能降低接近35%~40%。根据大型货车动力性能的这一变化特性,通过计算各个海拔相应坡度的平衡速度并绘制平衡曲线,采用基于海拔的等效坡度理论,计算不同海拔的等效坡度和坡度偏移值,得到大型车运行速度模型中纵坡修正量,推算出大型车的运行速度。

根据公路功能、地形地质条件可以初步确定走廊带路线大体的设计速度分段,进而得到初步的公路线位。受高海拔环境以及公路平、纵、横设计指标组合的影响,大型车的运行速度在不同海拔、不同线形条件下发生变化,特别是受纵坡的影响较大。因此在公路初步线位的基础上,结合大型车运行速度分布特征,需进一步对设计速度分段进行修正。

由表4-25可知,设计速度为100 km/h时,载重货车的最低容许速度为55 km/h;设计速度为80 km/h时,载重货车的最低容许速度为50 km/h。通过核查各路段能满足的最低容许速度,可以确定沿线能采用的对应设计速度。

表4-25 不同设计速度时上坡方向容许最低速度

项 目	120 km/h	100 km/h	80 km/h	60 km/h
容许最低速度(km/h)	60	55	50	40

对于路段技术指标总体较高,但局部大型车运行速度较低的路段,使得根据容许最低速度确定的设计速度与路段总体设计速度差值大于20 km/h时,应优化线形,控制设计速度的变化差异。

5) 沿线路网节点

不同设计速度的分段节点应尽量设置在互通式立交、主线收费站等区段。互通式立交、主线收费站的设置应根据公路沿线主要城镇、居民区、国省干线公路的分布进行确定,得到适合设置互通立交的网络节点。

综合考虑以上五点因素,可以得到高海拔地区高速公路设计速度动态分段技术流程图,如图4-19所示。

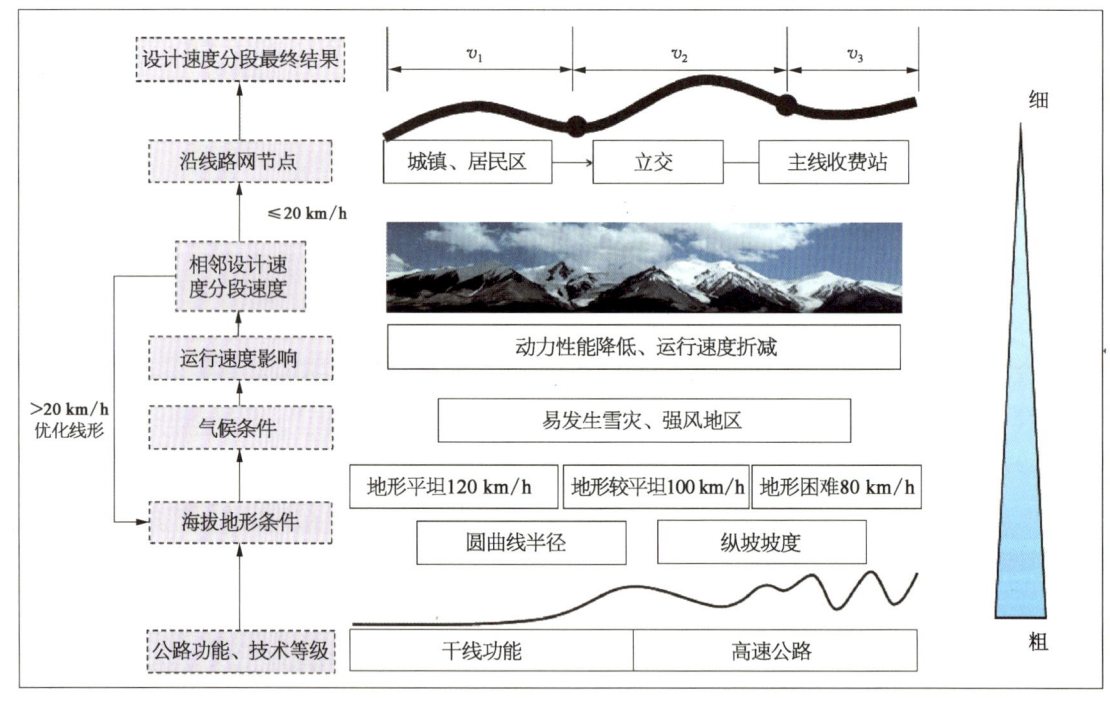

图4-19 高海拔地区高速公路设计速度动态分段技术流程图

4.3.1.2 速度过渡设计

不同设计速度分段间最大速度差可以达到40 km/h,会造成不同设计速度分段运行速度变化的巨大差异。从提高车辆运行安全角度出发,应进行高速公路的总体运行速度段设计,从运行速度协调性出发,提出不同设计速度分段的速度过渡设计方法。

1) 设计速度不小于 100 km/h

对于位于地形较为平坦的高原平原微丘、河谷平原且设计速度大于等于 100 km/h 的高速公路,由于这类项目基本处于地形较平缓地区,几何设计指标均较高,运行速度与设计速度之间的一致性一般较好。在这一类公路项目的设计中,一般参照执行现行路线设计规范对指标的总体要求即可,因为这一类公路项目的几何指标均是相对较高的。如图 4-20 所示案例,路段 2 为速度过渡设计,以达到速度平缓过渡。同时,在设计过程中,需要依据实际运行速度,对超高、视距等进行检验和验算,适当进行加强超高和保障视距等工作。

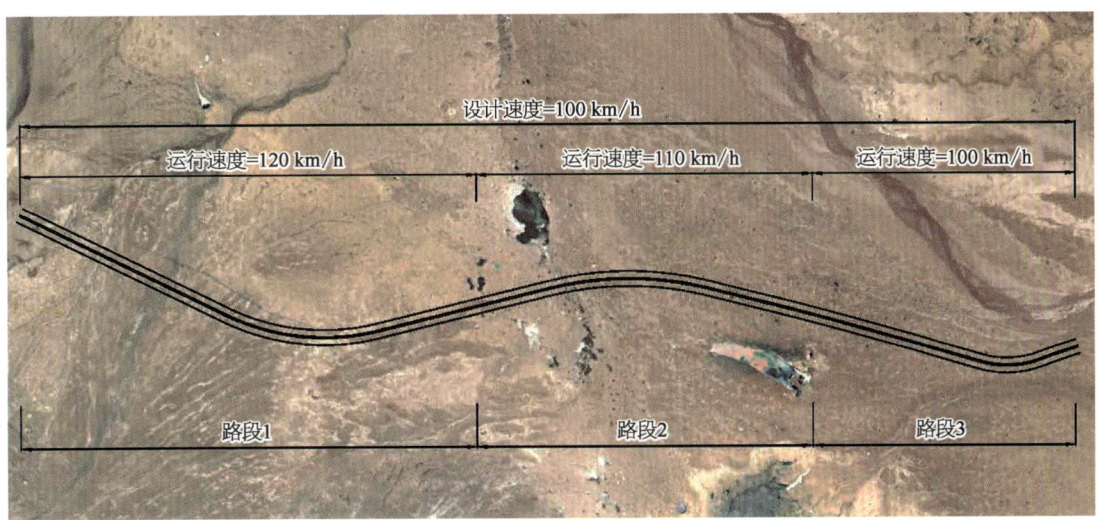

图 4-20　设计速度≥100 km/h 高速公路运行速度过渡设计示例

2) 设计速度小于 100 km/h

对于位于高山峡谷、地形地质条件复杂的河谷平原且设计速度在 60~90 km/h 的高速公路,运行速度基本大于等于设计速度,为了保证不同路段之间运行速度良好衔接和过渡,设计时需要有意识地增设速度过渡路段,并保证该路段有足够的过渡长度。如图 4-21 所示案例,在设计速度 80 km/h 路段和设计速度 100 km/h 路段之间的路段 2,就是为了保证速度连续变化而刻意增设的速度过渡路段。该过渡路段在设计时应尽量采用与过渡运行速度相适应的路线技术指标,以达到控制运行速度过渡的目的。

由于运行速度通常大于设计速度,运行速度变化幅度较大,所以在这一类项目设计过程中,需要设计者预测并分析评价运行速度变化,根据运行速度评价结论调整和优化几何线形指标。而且在关注相邻路段间运行速度变化的同时,还应协调处理好运行速度与设计速度之间的关系,并最终按照运行速度变化设置路基超高过渡,检查并保证行车视距,及时配套布置交

图 4-21　设计速度小于 100 km/h 高速公路运行速度过渡设计示例

通安全措施等。必要时,验算上坡方向通行能力和服务水平、检验下坡方向的行车安全性,论证并增设爬坡车道和避险车道等。该类是应用运行速度实现路线安全性优化设计的重点。

3）运行速度变化区间

在不同几何线形条件下,运行速度的总体规律主要表现出：在直线路段上加速,弯道上减速,纵坡上减速、下加速等特征。为了保证运行速度的连续变化,满足协调性等指标要求,在路线方案设计阶段就需要有意识地根据公路所经过区域的地形等综合条件,对全线的运行速度进行逐个路段的过渡设计,考虑运行速度合理的变化区间,并对应地选取与速度相适应的几何指标和参数。合理的运行速度变化区间及其与设计速度的关系见表 4-26。

表 4-26　运行速度变化区间及其与设计速度的关系

公 路 类 型	设计速度(km/h)	运行速度变化区间(km/h)
高速公路	120	100~120
	100	80~120
	80	60~100

注：运行速度作为公路几何设计路段的指标选取的参考值,不用作设计值。

4.3.2　动态速度控制(限速)标准

通过对青藏公路车辆行驶速度实际调研,对其运行速度与车辆超速情况进行分析,综合考虑海拔、运行速度、大小车比例等因素,在此基础上形成青藏地区特殊环境下高速公路的速度控制方案。根据青藏高原调查的数据,以高原低压缺氧地区公路运行速度特征分析为基础,考虑海拔与大小车比例对运行速度的影响,运用统计分析为研究方法,建立高原低压缺氧地区各影响因素与 85% 位速度关系模型。

4.3.2.1 限速方式及其分布

根据实地调研,目前 214 国道青海辖区共—到玛多段、109 国道青藏线均采用区间限速和地点限速相结合的方法。以 109 国道格尔木—拉萨段为例,分析目前高原地区公路不同限速方式组合的优缺点及其适用性。

1) 区间限速

区间限速,即公安交警在一些重点路段沿途设检查站,用限速卡方法,监控车速。根据实地调研资料,109 国道格尔木—拉萨段全长 1 215 km,沿线采用领取限速单方式限速,共设置 9 处公安交警检查站,分别为格尔木南山口检查站、雁石坪检查站、安多检查站、那曲检查站、古露检查站、乌玛塘检查站、当雄检查站、羊八井检查站、羊达检查站。

由图 4-22 可以看出,限速区间为格尔木南山口—雁石坪,区间全长 475 km,限速时间为 7 h,限速标准为 50 km/h、70 km/h。

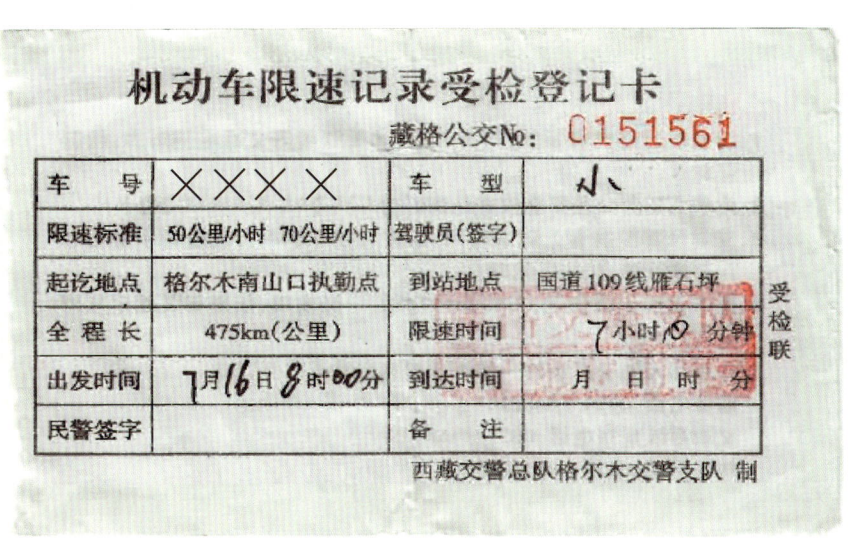

图 4-22 青藏 109 国道区间限速卡

目前,采用沿途各检查点发放限速卡的限速方式,存在以下问题:
(1) 领取限速卡的限速方式,约束力不强,驾驶员选择速度的自由度较大。
(2) 最大的问题就是驾驶员会超速行驶提前至检查站进行等候,增加了行车风险。
(3) 该路段限速多远并没有统一的标准,一般是根据执法人员的经验来定。
(4) 设置限速距离太短,驾驶员获取信息及操作太频繁,不利于行车安全。
(5) 限速范围过长会浪费道路资源,造成道路拥堵。

2) 地点限速

地点限速,即特殊路段限速,包括连续长陡纵坡路段、急弯、连续弯道路段、穿越居民密集的村镇、县城路段或城镇化路段(图4-23)、交通事故多发路段、受不良天气影响严重路段等。

图4-23 青藏109国道城镇限速

通过现场调研,目前,地点限速主要存在以下问题:

(1)事故多发路段及城镇路段的限速值不同,没有统一标准。

(2)限速的大小以及限速的距离长短,没有相关标准。

(3)在哪里开始限速及哪里解除限速,都没有科学合理的理论解析。

(4)有些仅设置"事故多发路段,减速慢行""事故易发路段,请勿疲劳驾驶"急弯标志、反向弯道标志的标志而已,没有具体限速值。

4.3.2.2 车辆超速情况分析

为了确定目前青藏公路车辆的超速情况,选取109国道的K3168和K3761进行分析,具体结果如图4-24~图4-27所示。

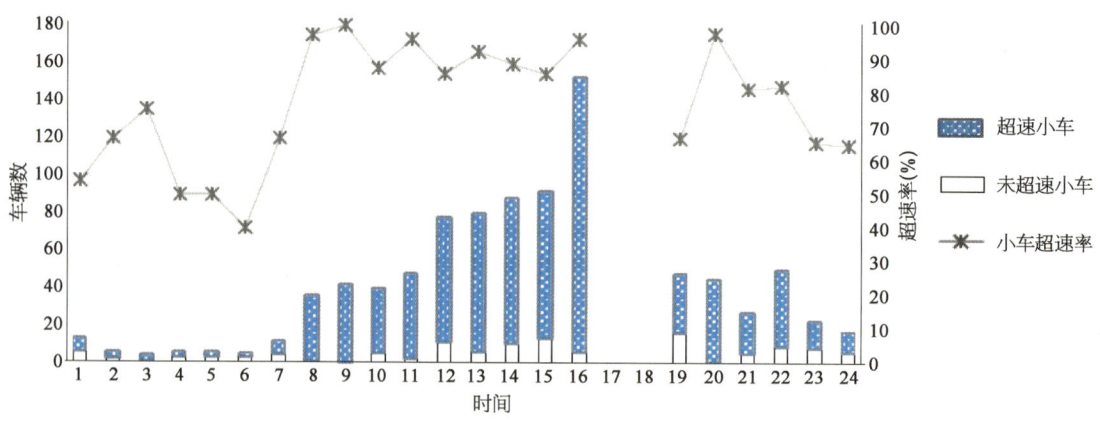

图4-24 K3168小车超速车辆时序图

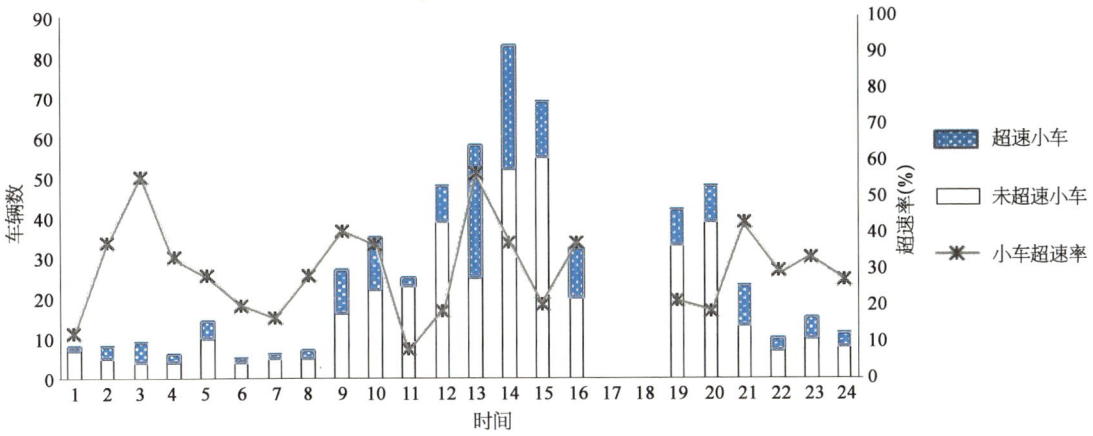

图 4-25 K3168 大车超速车辆时序图

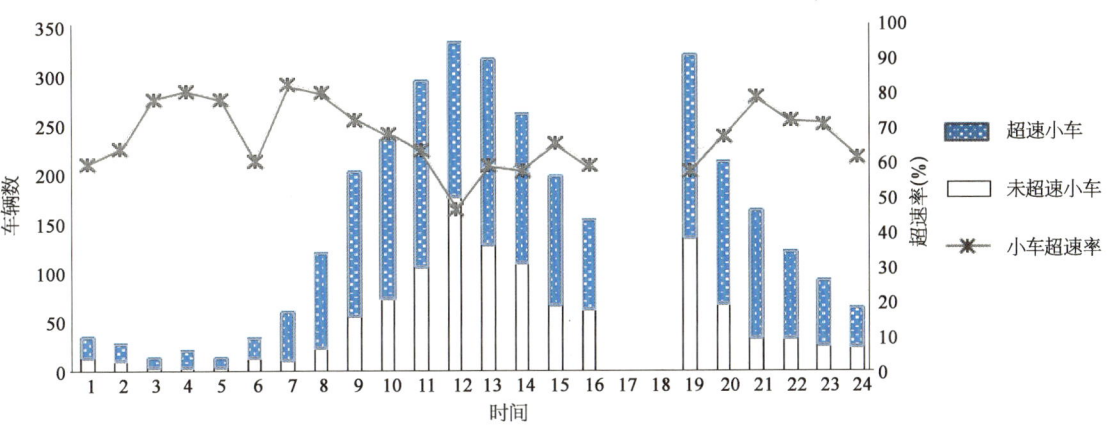

图 4-26 K3761 小车超速车辆时序图

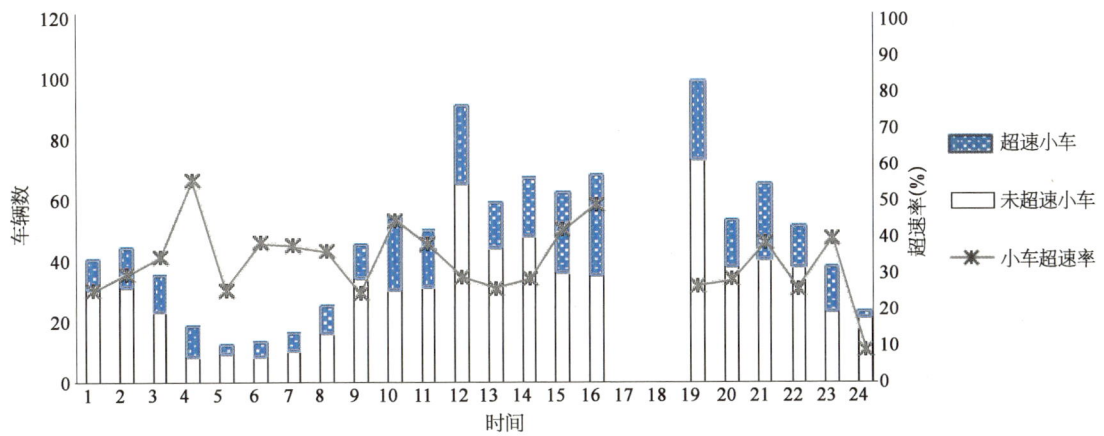

图 4-27 K3176 大车超速车辆时序图

109 国道路段 K3168 断面属于弯道处,调查时间内小车通过共计 961 辆,超速车辆 830 辆,白天 7:00—16:00 超速率较高,在 90% 上下波动,夜间视距不良速度有所下降,超速率在 70% 上下波动。大车交通量共计 604 辆,超速车辆 188 辆,超速率在 30% 左右波动。

109 国道路段 K3176 断面调查时间内小车通过共计 3 376 辆,超速车辆 2 151 辆,白天交通量达到 514 辆/h,受交通量的影响,速度有所下降,超速率也降低,整体小车超速率在 70% 上下波动。大车交通量共计 1 059 辆,超速车辆 342 辆,超速率在 30% 左右波动。

应综合考虑低压缺氧、高寒冰冻、景色单调等对驾驶员生理、心理和对车辆动力性能的影响。由于青藏高原特殊的环境,由实测的交通数据可知,超速现象较为普遍,驾驶员行车几乎不受限制措施的影响。在实际应用过程中,建立青藏高原公路以大小车 85% 位车速为依据建立限速值的决策模型。提出高原低压缺氧地区不同海拔、路线特征和地形条件下的车辆运行速度控制标准与设置依据。提出的方法针对青藏高原不同车型、不同线形条件、不同海拔、交通条件及路面条件下的限速值给出标准建议,具有很强的实用性。

目前无论是地点限速还是区域限速(领取限速卡形式)均未起到相应的限速效果,超速现象十分严重。青藏高原地区公路运行速度受海拔、交通量及大小车比例的影响。

(1)海拔。随着海拔的不断增高,对车辆性能的影响增大,导致在较大纵坡上爬坡无力,运行速度明显降低,大型载重货车更为明显。海拔越高、空气越稀薄,对驾驶员的影响越大,导致驾驶员的反应时间增大、超速增加等都会影响运行速度的分布。

(2)交通量。不同交通量路段交通负荷及服务水平不同,导致驾驶员的驾驶自由度不同。交通量大的路段,驾驶员相互影响加剧,运行速度也会一定程度降低。

(3)小车比例。一般情况下,小型车的运行速度代表了一条公路的速度特性,因此,运行速度受小型车速度变化的影响最为明显。当小型车比例低、大型车比例高时,小型车运行速度对公路整体运行速度的影响较低,尤其是在长大纵坡路段,导致公路的整体运行速度呈现偏低的趋势,而大小型车的速度差异也容易导致交通事故的发生。

因此针对上述影响运行速度的三个因素,应用 SPSS 软件对自由流速度下的运行速度进行多元线性回归,得出各影响因素与运行速度的相关性及其相关函数关系式,即

$$\begin{cases} S_L = v \\ v = f(h, P, T) \end{cases} \quad (4-5)$$

式中:S_L 为限制速度;v 为运行速度(km/h),即 85% 位车速;P 为小车比例(%);T 为当量交通量(pcu);h 为海拔(m)。

青藏高原地区车辆的行驶速度几乎不受现状限速值及限速方式的影响,因此采用《道路交通标志和标线》(GB 5768—2016)中提出已建道路的限速取自由流的 85% 位车速为运行速度。首先对各影响因素与运行速度进行多元线性回归分析,结果表明 R^2 为 0.235,其线性相关性较小,并且运行速度(因变量)的标准化残差两侧向上波动较大,中部向下波动较大,说明残差方差非齐性。鉴于以上结果,对各影响因素(自变量)进行变量变换,再次进行多元

线性回归,结果表明 R^2 为 0.657,而且运行速度(因变量)的标准化残差各点几乎平均分布在水平线 0 的两边,没有明显的偏正或偏负的趋势,说明当前模型所引入的变量与运行速度之间呈线性关系。最终得到的青藏高原限速值的决策模型如下

$$\begin{cases} S_L = v \\ v = -0.03T + 22.844\ln P + 9.998 \times 10^{-6} h^2 + 379.492\ln h - 0.184h - 2462.003 \end{cases}$$

(4-6)

综上所述,综合考虑海拔、大小车辆性能、车型比例及道路等级特征,结合式(4-6)相关结论,给出青藏高原特殊环境下不同海拔时车辆限速推荐标准值,见表 4-27。

表 4-27 不同海拔车辆限速推荐标准值

海拔(m)	小车限速推荐值(km/h)	大车限速推荐值(km/h)
2 000	100	80
2 500	90	80
3 000	90	80
3 500	80	60
4 000	80	60
4 500	80	60
5 000	60	50
5 500	60	50
6 000	60	50

表中推荐值均为青藏高原特殊环境下长直线路段的车辆限速推荐值,在保证不同海拔下相邻路段速度连续性($\Delta v \leqslant 20$ km/h)的同时,大小车速度差控制在安全范围以内,避免差值过大造成交通事故。另外,平曲线路段、弯坡及上下坡路段,根据路侧环境及车型比例应做相应折减。

第 5 章

大尺度冻土路基稳定技术

冻土路基工程稳定技术研究方面,现有研究均是基于二级及以下等级公路路基(路基宽度≤10 m)或铁路路基开展的。与二级公路相比,高速公路路基总吸热面积将增加3倍以上,路堤填筑材料总体积热容将增加3~4倍。现有的冻土路基稳定性调控手段对高速公路宽幅路基是否有效,尚需进行进一步的研究和实践验证。

本章在大尺度冻土路基尺度效应理论研究的基础上,从参数优化和结构改进两个角度提出了现有主要措施降温效能在大尺度路基条件下的优化、强化及效能提升技术。运用强化对流、强制通风、阻热导冷、定向热诱导等结构,提出系列新型大尺度冻土路基稳定技术,揭示其工作机制和降温效能。

5.1 基于时空尺度效应的路基建设模式

5.1.1 路堤合理结构与旱桥选择原则

采用风险区划方法作为路基方案和旱桥方案在冻土区取舍原则。本原则将走廊带内冻土公路工程风险划分为低风险、一般风险、中等风险、重大风险和特别重大风险五个等级,风险等级由冻土响应外界热扰动而引起的融化量和冻土的融沉特性决定。融化量由冻土年平均地温和冻土天然上限决定,冻土年平均地温决定了多年冻土的蓄冷量,地温越低则蓄冷量越大,外界热扰动作用下冻土的融化量越少,而冻土天然上限则由冻土年平均地温和冻土的热扩散能力决定,热扩散能力越强,则抵御外界热扰动能力越差。将融化等级划分为五级对应在高速公路热扰动作用下不同的融化深度,按照多年冻土的含冰量不同将多年冻土的融沉特性分为五个等级,从而得到青藏高原工程走廊带冻土公路工程风险矩阵,见表5-1。

表5-1 工程风险等级与冻土属性特征

风险矩阵	中等风险(Ⅲ级)	重大风险(Ⅳ级)	特别重大风险(Ⅴ级)	有效类别	风险值	风险等级划分	备注
4	8	12	16	20	含土冰层	15~20	特别重大风险	Ⅴ级
3	6	9	12	15	饱冰冻土	9~12	重大风险	Ⅳ级
2	4	6	8	10	富冰冻土	5~8	中等风险	Ⅲ级
1 不融化	2 低融化	3 融化	4 较强融化	5 强融化	少冰-多冰 有效类别	3~4	一般风险	Ⅱ级
1 <1	2 1~3	3 3~5	4 5~6	5 >6	赋值 融化可能量化	1~2	低风险	Ⅰ级

对于Ⅰ级风险区域修筑高速公路的一般原则为普通填土路基即可通过,Ⅱ级区域一般

原则为特殊路基通过，Ⅲ级区域一般原则为特殊路基通过或考虑分幅路基，Ⅳ级区域一般原则为特殊路基通过且同时考虑分幅路基或以桥代路通过，Ⅴ级区域一般原则为必须以桥代路通过。桥梁结构形式与所处具体桥位密切相关，故不具体赘述。

对于普通填土路基和特殊路基方案的选择，在特殊结构路基下伏冻土为吸热状态的前提下，对于同一冻土条件和环境条件来说，由于初始地温条件一致，不同的路基结构和路基形式均会对下伏冻土造成一定程度的热影响，因此，某一种特殊结构路基可能与某一厚度的普通填土路基降温效能等效，也可能与另外一种特殊结构路基的降温效能等效。与特殊结构路基降温效能等效的普通填土路基的厚度即为该特殊结构路基的等效厚度。由于普通填土路基、不同类型的特殊结构路基下冻土地温的分布各不相同，因此冻土上限和年平均地温这两个指标无法作为等效依据。通过分析选取冻土路基基底面上的总吸热量作为等效依据，即基底总吸热量相同的路基结构的降温效能视为等效。宽幅条件下，年平均地温为－1.5℃时，不同普通填土路基和不同参数的特殊结构路基的基底吸热量总结于表5－2。

表5－2　不同普通填土路基和不同参数的特殊结构路基的基底吸热量

路基结构	路基高度(m)	管径(cm)	净间距(cm)	片块石厚度(cm)	基底吸热量(MJ)
普通填土路基	1				3 249.85
	2				3 551.19
	3				3 914.20
	4				4 416.29
通风管路基	2	40	80		1 302
	2	40	40		1 525
	3	40	80		1 548
	3	40	120		1 637
	3	60	120		1 538
	3	60	180		1 661
	4	40	80		1 586
片块石路基	2			1.2	－221.6
	2			0.9	43.6
	2.5			1.5	－179.2

5.1.2　二次工程理念及模式

多年冻土区路基施工特点及路基病害时间效应问题的研究表明：多年冻土区道路工程具有显著的二次工程需求。由于施工热量导入、预沉降时间不足等因素，完工后的路基需要一定的时间周期进行再平衡。针对这一问题，提出了两种适用于多年冻土区的路基二次工程模式。

1) 基于冷量储备的分阶段施工模式

以消除施工期导入热量,预先储备充足冷量为指导思想。工程建设初期仅进行路基及道路基层施工,待路基经历数次冻融循环自身热量消散后再进行路面工程施工。该模式可快速消除施工导入热量对路基体的影响,为预防道路运营期病害奠定良好基础,但由于未及时铺设路面,因此道路通行能力将受到较大影响。

2) 基于能量再平衡的分期建设模式

以保证道路运营,消除施工期热量影响为指导思想。工程建设初期进行路基及道路基层施工后,仅铺设简易路面以保证道路运营需求,待运行一段周期施工导入热量在冻融作用下完全再平衡后,再进行路面施工。该方案兼顾了运营期交通量需求,但建设周期较长。

以多年冻土区路基病害时间效应为基础,提出了多年冻土区特殊路基能量再平衡时间(表 5-3),为特殊路基二次工程施工提供参考。

表 5-3 青藏高原多年冻土区特殊路基能量再平衡时间

特 殊 措 施	施工期导入热量再平衡时间(年)
热棒	2~3
片块石	3~4
XPS 板	3~5
通风管	3~5
通风管+片块石	3~4

5.1.3 高速公路冻土路基合理断面结构

5.1.3.1 设计原则

多年冻土地段路基应采用"宁填勿挖,保护冻土,控制融化速率及综合治理"的原则,尽量以填方路基为主,采用保护冻土、主动降温和允许冻土融化的设计原则。

(1) 尽量避开多年冻土区或绕开高含冰量冻土区,在多年冻土区尽量采用分离式路基,分离式路基间距尽量大于 50 m。

(2) 在满足功能需求的基础上,应尽量减小黑色沥青路面等吸热面的宽度。

(3) 挖除高含冰量土层,回填粗颗粒土,适用于高含冰量土层埋藏较浅且厚度较小的高温不稳定多年冻土。

(4) 允许冻土层逐步融化,适用于土层含冰量不高,冻土融化不会对路基路面造成破坏性病害的路段,少冰、多冰冻土路段可采用此方法。

(5) 保护多年冻土。

边坡坡率可按以下原则设计:填方路基采用不小于 1∶1.5 的边坡坡率,灵活设计。

挖方路基边坡坡率按照以下原则设计：土质及全风化岩石边坡坡率采用1∶1~1∶1.5；强风化岩石边坡坡度采用1∶0.75~1∶1；中风化岩石边坡坡率采用1∶0.5~1∶0.75。

当路堑边坡高度小于10 m时，采用一坡到顶；当路堑边坡高度大于10 m时，根据高度每隔8~10 m设2 m宽的平台，平台上设置排水沟。

5.1.3.2 合理高度

在不同环境条件下，不同高度的路基下冻土呈现出不同的温度响应特征，为了使路基在设计使用年限内保持稳定，在不采用工程措施时，路基应满足合理路基高度的要求。在不同温度冻土区，路基下冻土上限变化与路基高度密切相关，当路基高度较低或零断面时，其下多年冻土上限呈下降变化，随着路基高度的增加，路基下冻土上限的位置也会上升；当路基高度过高时，冬季的冻结能力不足以将夏季吸热引起最大融化深度范围内的土体冻结，从而在路基内残留融化夹层，形成融化夹层，且路基越高融化夹层存在的时间越长。根据不同路基高度条件下冻土状态响应特征，确定冻土路基的上、下临界高度。

1）下临界高度

当路基高度满足某一最低高度时，其下部多年冻土上限在未来20年内与原天然场地上限位置相比不下降，该路基高度值为路基下临界高度。图5-1分别给出了不同年平均地温条件整体式路基、分离式路基下第20年冻土上限增量随路基高度变化趋势，冻土上限增量为冻土路基人为上限位置与原天然上限位置差，当冻土上限增量为0m时，其对应的路基高度为路基下临界高度。在不同地温条件下，随着路基高度的增加，冻土上限增量呈线性增加，逐渐由负值转变成正值，在地温条件越高的条件下，冻土上限增量随路基高度增长速率

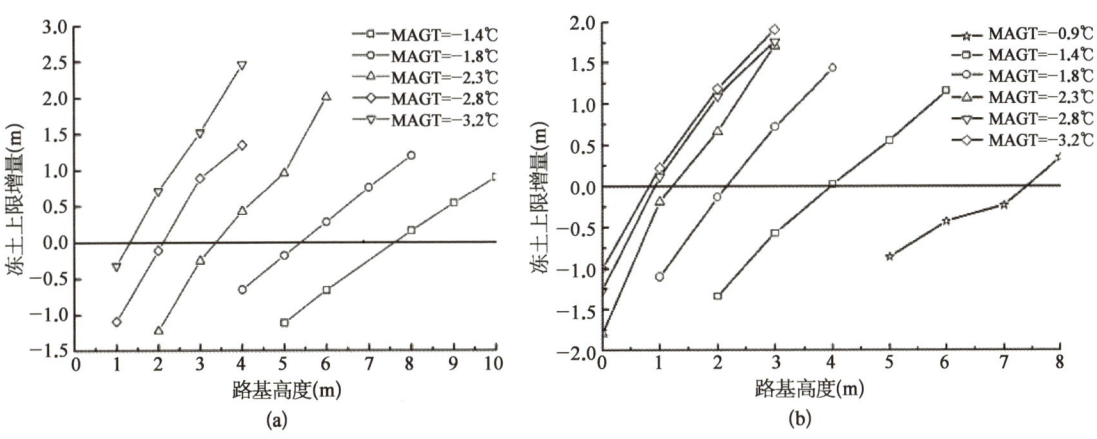

图5-1 路基下冻土上限增量随路基高度变化

（a）整体式路基；（b）分离式路基

MAGT—多年冻土年平均地温

越快。整体式、分离式路基在不同地温条件下的下临界高度见表5-4,对于同种路基,路基的下临界高度随着地温条件的降低而不断减小,在相同地温条件下,分离式路基的下临界高度低于整体式路基。

表5-4 不同年平均地温条件下路基下临界高度

年平均地温(℃)	整体式路基(m)	分离式路基(m)
-0.9	—	7.4
-1.4	7.7	4.0
-1.8	5.4	2.2
-2.3	3.5	1.2
-2.8	2.2	0.9
-3.2	1.3	0.8

2) 上临界高度

当路基高度过高时,冬季的冻结能力难以将冻土上限以上的土体完全冻结,在路基内形成融化夹层,尤其是路基建成后初期,路基填土的温度较高,冻结路基填土所需的冷能较多,因此,根据路基建成后经过次年冬季在路基内不出现融化夹层时最大路基高度确定路基的上临界高度。图5-2分别为不同地温条件下整体式路基、分离式路基内残留融化夹层厚度随路基高度的变化曲线,可见路基内的融化夹层厚度随着路基高度的增加而变大,且在地温较高的区域内更容易出现融化夹层。整体式、分离式路基在不同地温条件下上临界高度见表5-5,对于同种路基,路基的上临界高度随着年平均地温降低而增大,在相同地温条件下,分离式路基的上临界高度高于整体式路基。

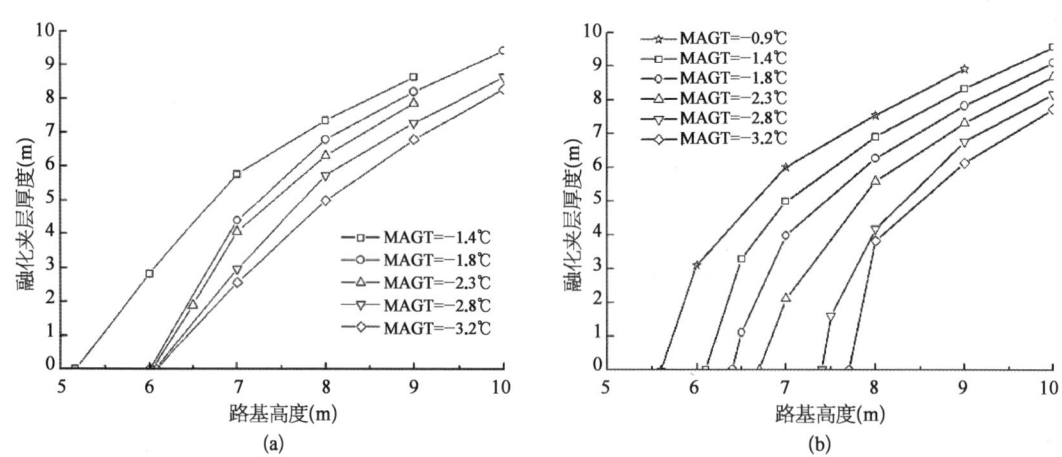

图5-2 路基内融化夹层厚度随路基高度的变化曲线
(a) 整体式路基;(b) 分离式路基

表 5-5　不同年平均地温条件下上临界高度

年平均地温(℃)	整体式路基(m)	分离式路基(m)
-0.9	—	5.6
-1.4	5.2	6.1
-1.8	6.0	6.4
-2.3	6.0	6.7
-2.8	6.1	7.4
-3.2	6.1	7.7

3) 路基合理高度存在性分析

冻土路基合理路基高度须同时满足上、下临界高度要求,如图 5-3 所示为整体式路基和分离式路基条件下上、下临界高度随年平均地温变化曲线。在整体式路基和分离式路基条件下,上、下临界高度曲线的交点所对应的年平均地温分别为-1.8℃、-1.2℃,该值为两种路基合理路基高度存在的年平均地温临界值,即在高速公路建成后 20 年,对于整体式路基,在年平均地温低于-1.8℃的地区,合理路基高度范围为上、下临界高度之间,在年平均地温高于-1.8℃的地区,整体式路基不存在合理高度,对于分离式路基,只有年平均地温低于-1.2℃的冻土区才存在合理路基高度。此外,路基合理高度存在的临界地温还与路基宽度有关,与分离式路基相比,整体式路基中心存在强烈的聚热效应,在相同地温条件下其下部冻土会受到更强的热扰动,因此,整体式路基的临界地温值低于分离式路基,这也预示着从合理路基高度角度来看,分离式路基的适用区域更大。综上,当多年冻土年平均地温低于-1.8℃时,可修筑整体式填土路基,低于-1.2℃时,可修筑分离式填土路基,不低于-1.2℃时,宜修筑特殊结构路基。

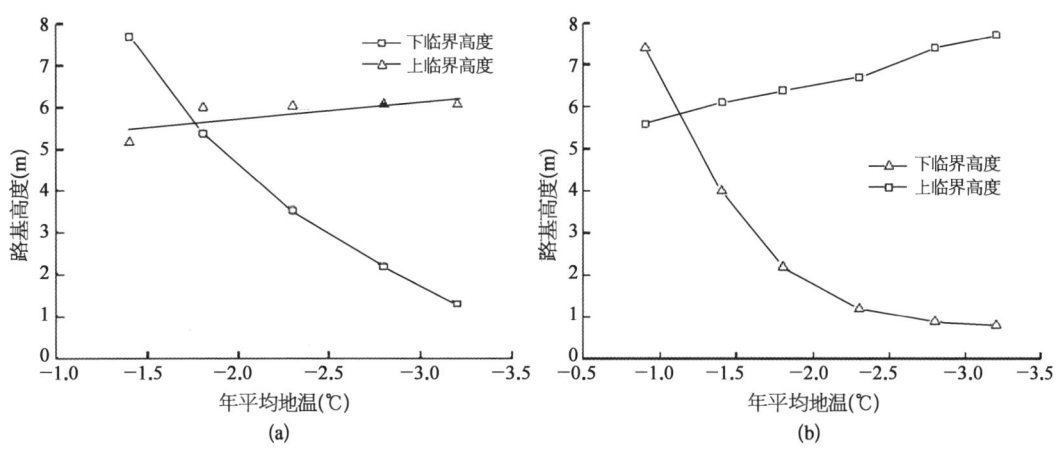

图 5-3　路基上、下临界高度随年平均地温变化曲线
(a) 整体式路基;(b) 分离式路基

5.1.3.3 分幅间距与边坡坡率

当两幅分离式路基的热扰动范围有所重叠时,在路基之间会发生相互热扰动作用,该作用发生的区域位于两幅路基之间的天然场地之内,使得下部冻土地基向两侧外土体扩散的热流分布产生差异,不利于热稳定性。

根据研究结果,单幅路基热影响范围如图 5-4 所示,单幅路基对天然场地的热影响范围为 50 m。因此,修筑分幅路基时应使得各自的热扰动范围相互独立,两幅路基之间的间距不小于单幅路基热扰动范围的 2 倍,即分离式路基的完全无扰动间距为 100 m。

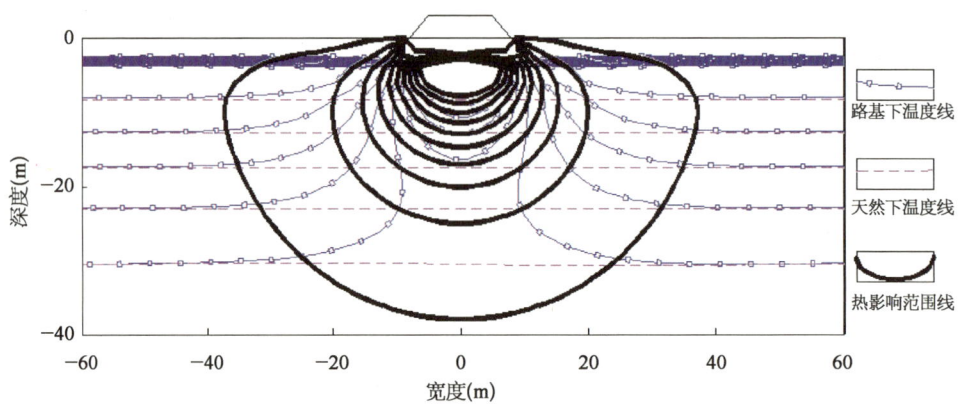

图 5-4 单幅路基热影响范围

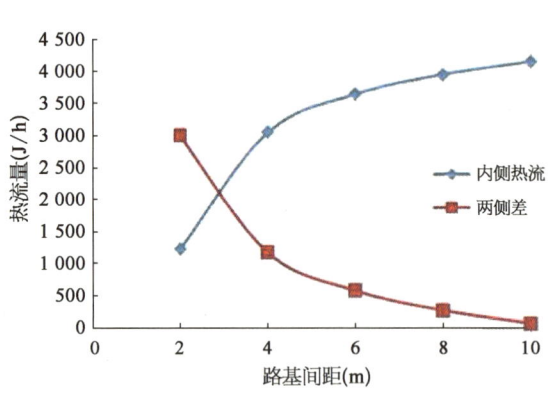

图 5-5 分离式路基坡脚下年平均水平热流量随路基间距变化曲线

图 5-5 所示为分离式路基内侧坡脚下年平均水平热流量及两侧坡脚下热流量差随路基间距的变化曲线,当路基间距小于 10 m 时,两幅路基存在相互热干扰,将会形成贯通的且向内侧偏移的融化盘;当间距大于 10 m 时,两幅间相互热干扰逐渐减弱。

综合上述两方面,分离式路基坡脚合理间距不宜小于 50 m,间距小于 10 m 易形成贯通式融化盘,间距介于 10~100 m 间下伏融化盘相对独立,存在不同程度热干扰,当间距大于 100 m 相互无热扰动;路基合理边坡坡率不宜小于 1∶1.5,当路基填高大于 3.6 m,应放缓边坡或设置反压护道。

5.2 基于能量平衡的大尺度冻土路基稳定技术

5.2.1 结构尺度参数研究

5.2.1.1 片块石路基

片块石路基是利用空气在路基片块石层内的流动来改变路基传热方式的一种通风路基。相对于普通填土路基而言,片块石路基冻土融化速率和地温升温速率明显降低,且可以从一定程度上减少路基阴阳坡效应造成的不均匀沉降。

对片块石路基而言,其主要结构参数包括路基高度和片块石厚度等。同时,结合以往设计经验,片块石路基主要应用于高温冻土区。因此,为考察不同路基高度、片块石厚度和年平均地温条件下片块石路基的降温效能,研究片块石路基数值计算工况设计见表5-6。

表5-6 片块石路基数值计算工况表

工况序号	路基高度(m)	片块石厚度(m)	年平均地温(℃)
1	2	1.2	-0.5
2	2	1.2	-1.0
3	2	1.2	-1.5
4	2	0.9	-0.5
5	2	0.9	-1.0
6	2	0.9	-1.5
7	2.5	1.5	-0.5
8	2.5	1.5	-1.0
9	2.5	1.5	-1.5
10	3	2.0	-0.5
11	3	2.0	-1.0
12	3	2.0	-1.5
13	3	1.5	-0.5
14	3	1.5	-1.0
15	3	1.5	-1.5
16	3	1.2	-0.5
17	3	1.2	-1.0
18	3	1.2	-1.5

根据相关研究成果,片块石层最佳粒径为 20~30 cm,计算中取为 20 cm,此时其孔隙率为 0.2。

1) 计算模型及参数

采用数值模拟方法分析了片块石路基多工况换热特性,并对其降温性能做了研究。分析所建立的片块石路基计算模型如图 5-6 所示。其中,路基高度 H、片块石厚度 H_c 和宽度 W 视具体工况而定,边坡坡率均为 1∶1.5,计算区域按地层岩性分为两层,自上而下分别为粉质黏土(3.0 m 厚)和弱风化泥岩(27.0 m 厚)。模型左右两侧取坡脚外 30 m 范围内土体,深度取 30 m。

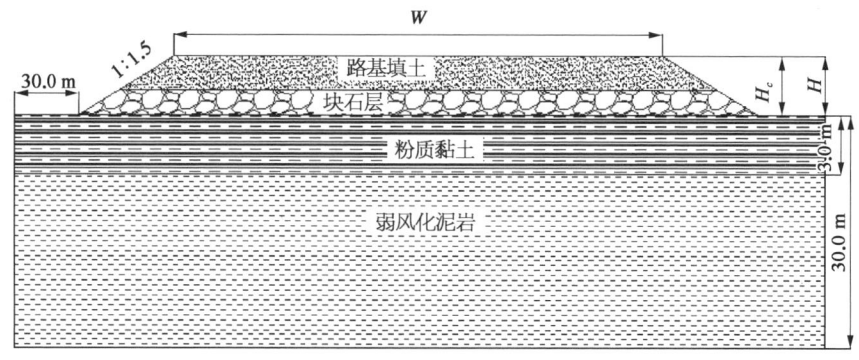

图 5-6 片块石路基计算模型示意图

2) 路基高度及块石层厚度降温效能影响分析

计算表明,路基高度作为片块石层的外部参数,主要通过改变路基热阻和片块石层顶部温度对片块石路基下人为冻土上限施加影响,随着路基高度的增大,人为冻土上限先下降后抬升,但是整体变化幅度不大。对于宽幅路基,在块石层厚度不变的条件下,可通过适当减小路基高度来增强片块石路基的降温效能,但其效果有限。

片块石厚度直接决定了片块石路基内是否发生自然对流及其强弱程度。图 5-7 所示为不同年平均地温和路基高度工况条件下冻土人为上限变化情况。由图可知,在不同的年平均地温和路基高度条件下,片块石厚度越大,其降温效能越好,下部冻土人为上限越浅。对于宽幅路基,在路基高度保持不变的条件下,可通过增大片块石厚度来增强其降温效能。

3) 结构改进

由前文的分析结论可以看出,增强片块石路基降温效能的一个有效途径是降低其顶部温度,因此提出了采用片块石层顶部增加通风管或通风板增强片块石路基降温效能的结构改进措施,并做了数值和现场试验。图 5-8a 为通风管-片块石路基数值模型示意图,图 5-8b 为修筑完成 20 年后片块石路基和通风管-片块石路基最大融化季节路基中心线地温分布。从图 5-8b 可以看到,通风管对片块石层降温效能有着显著的改进作用,在路基基底以

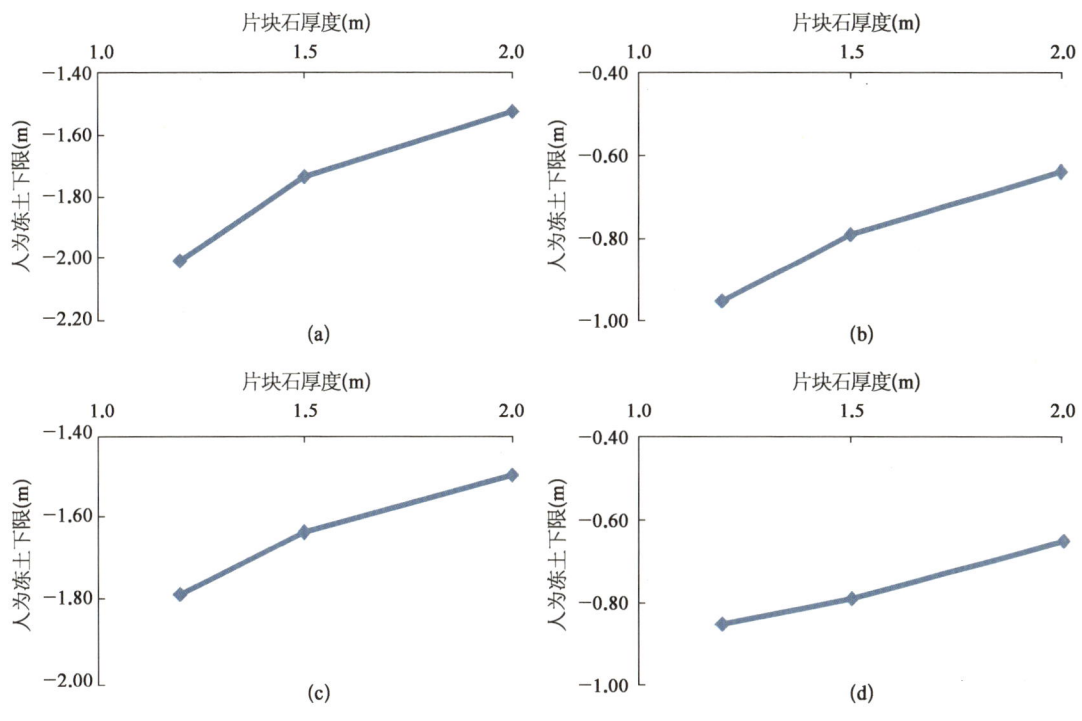

图 5-7　人为冻土上限与片块石厚度的变化关系
(a) 年平均地温=-0.5℃,路基高度=3 m;(b) 年平均地温=-1.5℃,路基高度=3 m;
(c) 年平均地温=-0.5℃,路基高度=4 m;(d) 年平均地温=-1.5℃,路基高度=4 m

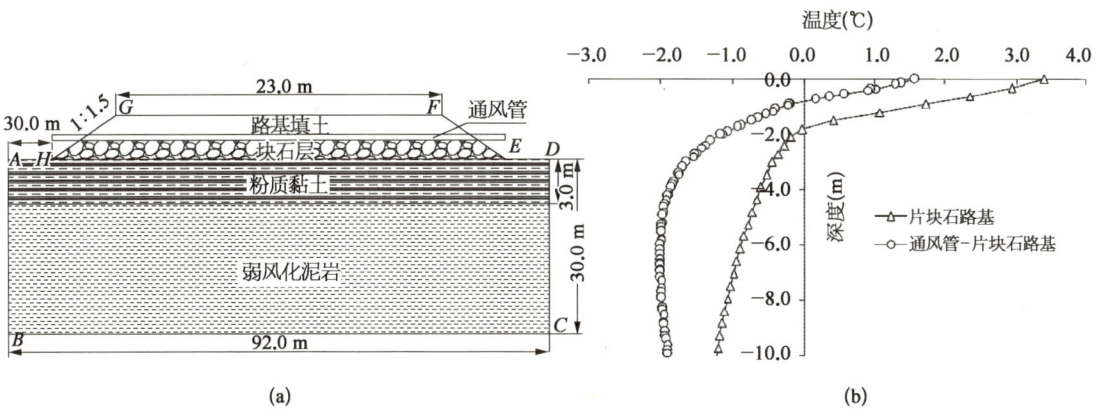

图 5-8　通风管-片块石路基数值模型及降温性能对比图
(a) 计算模型示意图;(b) 通风管-片块石与片块石路基最大融化季节路基中心孔地温对比

下,通风管-片块石路基的地温普遍低于片块石路基。两者人为冻土上限分别为-1.8 m 和 -0.8 m,10 m 深度处两者地温分别为-1.2℃和-1.9℃,通风管将片块石路基的人为冻土上限抬升了 1.0 m,10 m 深处地温降低了 0.7℃。上述分析表明,位于片块石层顶部的通风管在冷季直接将外界冷空气引入片块石层顶部,降低其温度,增大片块石层顶底温差,增强其自然对流,整体上增强了其降温效能;同时在暖季引入的热量有限,总的效果是增大了路基的散热量,进一步抬升了下伏冻土上限,降低了冻土地温。因此,在片块石层顶部增设通风管是一种有效的改进措施。

通风板-片块石路基相较于通风管-片块石路基而言,有着相同的降温工作原理,其降温效能数值验证过程和结果与通风管-片块石路基类似,故此处不再展开论述。且通风板的施工过程相较于通风管而言更为简单,路基结构强度也有所提升,因此于2014年在青海省共玉公路二期K568+400段铺设了试验路段,取得了较好的效果。

通过上述分析,基于冻土路基能量平衡需求,从参数优化和结构改进两个角度提出片块石路基在大尺度路基条件下的优化、强化及效能提升技术。片块石层厚度宜大于150 cm,粒径25~40 cm较优;结构上在片块石层顶部增加通风管或通风板可有效增大片块石层顶底温差,增强其自然对流,充分发挥其聚冷效能。

5.2.1.2 通风管路基

通风管路基的工作原理为:空气流经置于路基体内部的通风管道(常为混凝土管),与管壁发生较为强烈的强制对流换热,从而带走路基土体中的热量。在实际工程使用中,90%通风管路基可通过通风效应,引入外界冷量降低路基温度。其路基病害以局部沉陷为主,且大多为轻度或中度病害,重度病害极少。

分别对幅宽为10 m、13 m和26 m工况下通风管路基的年平均地温、最大融化深度和基底20年累计吸热量进行了计算。通风管路基有效地起到了路基冷却、隔热的作用,且由于换热管程的增加,宽幅通风管路基的效果甚至优于窄幅通风管路基。

1) 计算模型

采用数值方法模拟了通风管路基多参数换热特性,并对其降温性能做了分析。所建立的通风管路基计算模型如图5-9所示。天然冻土层的土质分为两层,依次为粉质黏土和弱风化泥岩,厚度分别取为3.0 m和27.0 m。为反映远场空气来流对公路表面的流动换热过程,避免入口效应对计算结果的影响,空气的入口段及出口段均取为30 m。公路沥青路面宽

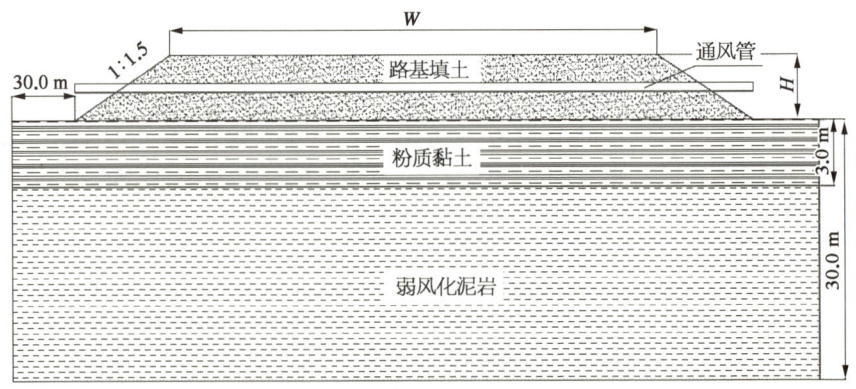

图5-9 通风管路基计算模型示意图

度、厚度、路基高度、通风管间距和埋深等几何尺寸随设计工况变化。

2) 不同路基尺寸条件下通风管路基的换热性能分析

坡率对坡面的宽度和路基横断面的宽度都有影响,分别对坡率为1:1.5和1:2.0的通风管路基进行了数值计算,结果见表5-7。由表可知,随着坡率的增大,10 m和26 m宽路基的年平均地温均变化较小(≤0.02℃);最大融化深度方面,13 m幅宽路基变化较小,而26 m幅宽路基的最大融化深度由-0.111 m抬升至0.812 m,影响显著;基底20年累计吸热量随着坡率的增大有一定的抬升。综上可知,对宽幅通风管路基而言,适当增大坡率可在一定程度上强化通风管的冷却路基效果。

表5-7 不同坡率和幅宽通风管路基的年平均地温、最大融化深度和20年累计吸热量

工 况	年平均地温(℃)	最大融化深度(m)	20年累计吸热量(MJ)
坡率1:1.5/13 m宽	-1.41	-0.149	5 808.6
坡率1:2.0/13 m宽	-1.43	-0.148	7 552.5
坡率1:1.5/26 m宽	-1.62	-0.111	6 198.4
坡率1:2.0/26 m宽	-1.61	0.812	7 196.7

3) 宽幅条件下通风管路基降温效能的参数影响分析

分别对通风管布置在距地面0.6 m、0.8 m、1.0 m和1.2 m的26 m宽幅路基的年平均地温和最大融化深度进行了计算分析。结果表明,随着通风管布置高度逐渐远离地面,路基的年平均地温和最大融化深度均随之增加。可见由于通风管路基的显著冷却路基作用,冻土上限跟随通风管布设位置而变化,而通风管路基的隔热作用体现在其布设高度对年平均地温的影响较小。

4) 倾斜式通风管路基对降温效能的提升分析

倾斜式布置的通风管内空气由低温区吹向高温区,符合换热器设计中逆流布置的基本强化换热原理。表5-8列出了为通风管布置倾角2%、3%和4%的不同幅宽路基的年平均地温、最大融化深度和基底20年累计吸热量计算结果。由表可知,相对于水平布置的通风管路基而言,倾斜式布置通风管路基可以抬高最大融化深度和减小基底的累计吸热量,但对于年平均地温的影响较小。以26 m宽幅路基为例,水平布置的通风管路基最大融化深度和基底累积吸热量分别为-0.111 m和6 198.4 MJ,而2%角度倾斜布置的通风管路基最大融化深度和基底累计吸热量分别为0.113 m和5 483.9 MJ,可见倾斜式通风管路基的降温效能更为明显。此外,对比不同幅宽和不同倾角的计算结果可见,倾角变化对通风管路基的年平均地温、最大融化深度和基底累计吸热量有一定影响,但并不显著,在现有通风管略微倾斜的布设方法前提下,倾角并非越大越好,而是存在一个最优值。和以基底20年累计吸热量为考核指标,根据计算结果可知,通风管3%角度倾斜布置效果最佳。

表 5-8　不同布置倾角通风管路基的年平均地温、最大融化深度和 20 年累计吸热量

路基宽度(m)	倾角(%)	年平均地温(℃)	最大融化深度(m)	20 年累计吸热量(MJ)
26	2	-1.503	0.133	5 483.9
	3	-1.506	0.123	6 122.4
	4	-1.506	0.123	6 121.7
13	2	-1.28	0.057	5 148.4
	3	-1.29	0.048	5 183.2
	4	-1.30	0.055	5 370.5
10	2	-1.212	0.09	4 783.7
	3	-1.217	0.09	4 558.5
	4	-1.414	0.07	5 083.2

5) 透壁式通风管-片块石复合路基的降温效能研究

图 5-10 所示为 24.5 m 宽幅公路透壁式通风管-片块石复合路基中心线不同深度的温度与时间关系。可以看到,-0.5~-2.0 m 深度的地温经过第一年就降低到 0℃ 以下,并且随着时间的增长,有整体稳步降低的趋势,相对于普通填土路基,地温降低明显,说明宽幅公路透壁式通风管—片块石复合路基具有良好的调温效果。

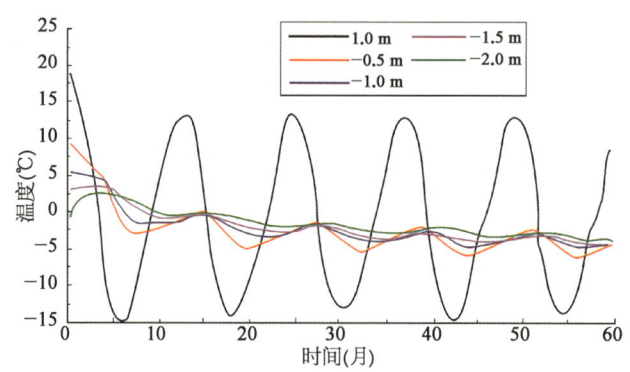

图 5-10　透壁式通风管-片块石复合路基中心不同深度处地温时程变化

6) 通风管-空心块路基的降温效能研究

对通风管降温效能进行改进的另外一种方式是将其与空心块进行组合,组合结构如图 5-11 所示。取初始冻土年平均地温为 -0.8℃,路基高度为 3.8 m,空心块层厚度为 1 m,计算模型同于通风管-片块石路基,计算参数同前。计算得到了通风管-空心块路基修筑完成后 50 年的温度分布。结果表明,无论是在窄幅还是宽幅条件下,通风管与空心块的组合是

对通风管结构的有效改进,大大提高了单一结构的降温效能,在路基运行 50 年后,路基下冻土仍保持着 −2℃ 以下的较低温度。

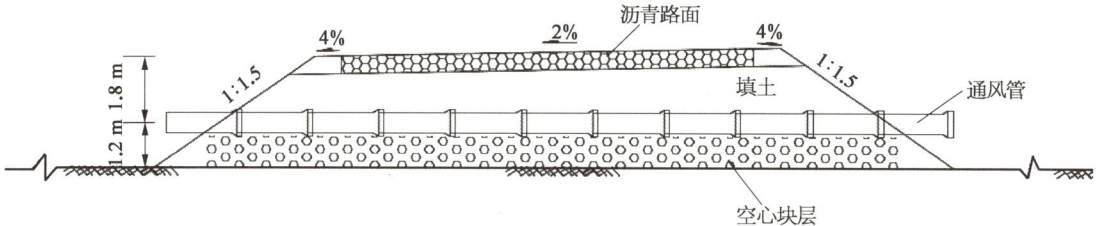

图 5-11　通风管-空心块路基结构示意图

通风管-空心块路基在窄幅和宽幅条件下均表现为放热状态,且后者放热强度大于前者。定义这种路基结构相同、冻土地质相同的条件下,宽幅路基降温效能大于窄幅路基的现象为聚冷效应。聚冷效应不只限定于通风管-空心块路基结构,如前所述,普通通风管路基也存在聚冷效应。通风管路基产生聚冷效应的主要原因为,路基宽度越大,通风管长度越大,外界冷空气的管程就越大,对流就越充分,因此输入路基的冷能就越多。

通过上述分析,基于冻土路基能量平衡需求,从参数优化和结构改进两个角度提出通风管路基在大尺度路基条件下的优化、强化及效能提升技术。综合考虑通风效果和施工及管间压实难度,一般管径 40 cm,间距 2 m 较优,管材可选用混凝土管或金属波纹管,布设高度距地面 1.0~1.5 m 为宜,可结合当地地形与风向条件适当调整其布设角度改善通风效能;结构上可通过透壁开孔、加装温控风门、导风口及与片块石层复合或空心块复合等方案,有效提升其降温效能。

5.2.1.3　热棒路基

热棒路基是一种在冷季高效导出路基热量、冷却路基的点状降温工程措施。但由于其点状换热外形特征,导致路基及下伏冻土区域温度场起伏较大,在冷暖交替季节,热棒附近上限不断波动,路基土体在冻融交替作用下易发生纵裂、局部沉陷等病害。

1) 不同安装方式热棒路基降温效能分析

基于所建立的热棒路基数值计算模型,对不同安装方式的热棒路基降温效能开展了分析。表 5-9 列出了不同结构形式的热棒路基和天然地基的冻土上限变化情况。从表中可以看出,热棒路基下人为上限有明显抬升,但又随路基结构形式的不同而有所变化;在路基运行 20 年后,单侧直插式与斜插式热棒路基人为上限较天然上限分别下降了 1.0 m 和 0.62 m;双侧热棒路基的短期和长期冷却作用都很明显,在路基运行 20 年后,人为上限保持在 −2.0 m 左右,起到了良好的路基冷却作用;此外,斜插式热棒由于蒸发段偏向于路中,能更好地保护路中多年冻土,减小黑色沥青路面的聚热效应带来的热侵蚀,斜插式热棒路基第 20 年的人为上限较直插式热棒路基高约 0.4 m。

表 5-9　不同结构形式的热棒路基上限变化

路 基 类 型	冻土上限(m)		
	第 2 年	第 5 年	第 20 年
单侧直插式	-1.82	-2.47	-3.84
单侧斜插式	-1.76	-2.35	-3.46
双侧直插式	-1.54	-1.68	-2.28
双侧斜插式	-1.44	-1.53	-1.88
普通路基	-1.81	-2.85	-4.94
天然地基	-2.31	-2.44	-2.84

上述对热棒在不同安装方式下的降温效能研究表明：双侧热棒路基的长期降温效果明显强于单侧热棒路基，斜插式热棒路基强于直插式热棒路基。

2）热棒安装倾角换热性能优化分析

如前所述，斜插式热棒降温性能优于直插式热棒路基，为确定热棒路基最优安装倾角，通过室内试验的方法对不同倾角下热棒的传热特性及相关关键参数进行了测试。试验中对热棒在 0°、10°、20°、30°、40°、50°、60°、70°、80°、90°共计 10 种倾角（与水平方向夹角）下的换热性能进行了测试。试验结果表明热棒外表面热流密度随热棒冷凝段和蒸发段温差的增大而线性增大（$R^2>0.99$）。

图 5-12 所示为不同倾角条件下热棒的传热系数。由图可知，热棒的换热性能与其倾斜角度密切相关，热棒在竖直条件下传热性能并不是最强，其在倾斜过程中传热性能先略微减小，随后在小于 70°以后逐渐增大，在 20°左右时，传热能力比竖直条件下增大达 30%以上，此时热棒换热效率达到最大。

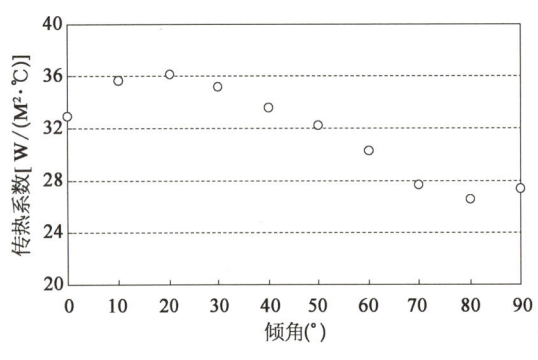

图 5-12　不同倾角条件下热棒传热系数

5.2.2　新型大尺度冻土路基稳定技术研发

5.2.2.1　弥散式通风管路基

1）设计原理

根据通风管路基的应用现状，充分利用通风管在冷季的对流散热特点，屏蔽暖季的对流聚热，设计了弥散式通风管路基结构（图 5-13），利用智能控制模块控制风机：冷季风机启动通风管内吹风形成对流，加速空气冷量下传，暖季风机关闭管内空气处于静止状态，外界热量进入路基只能依靠热传导，从而保护多年冻土。

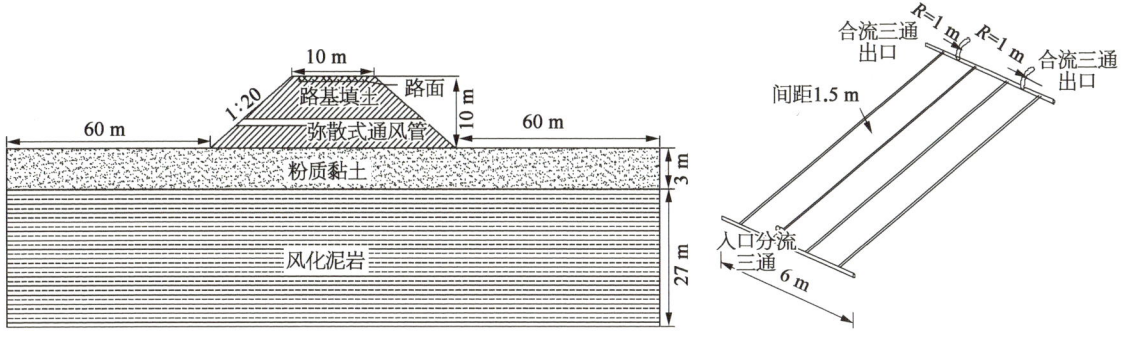

图 5-13 弥散式通风管路基结构示意图

2) 弥散式通风管降温效能模型试验研究

图 5-14 所示为弥散式通风管试验模型,试验模型路基宽度 230 cm,基底宽度 350 cm,路基高度 60 cm,基底以下深度 120 cm,弥散式通风管位于基底以上 30 cm 处,管径 10 cm,横向通风管由 4 根管组成,管长 265 cm,间距 15 cm。利用自动控制程序控制风机启动与关闭,当气温低于 0℃时,风机启动;当气温高于 0℃时,风机停止工作。

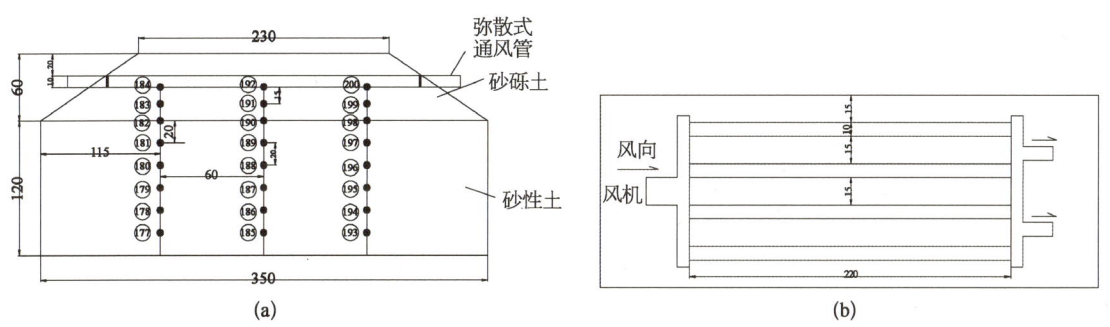

图 5-14 弥散式通风管试验模型示意图(单位: cm)
(a) 管中断面;(b) 俯视图

为研究弥散式通风管路基对下伏土体的降温效果,绘制弥散式通风管路基各位置温度时程曲线,如图 5-15 所示。由图可知,路基下伏土体整体呈降温趋势,试验经过两个周期(30 d)的运行,路中基底处(190)温度最低降至 -0.28℃,最低温度降低了 0.6℃,路中基底以下 40 cm 处(188)最低温度降低了 0.98℃。

图 5-16 所示为管间断面第 2 个周期最冷、最暖时间温度等值线分布图。由图可知,冷

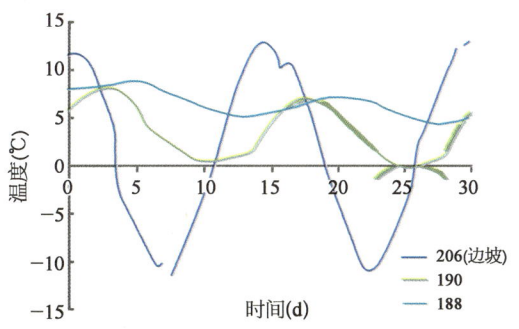

图 5-15 弥散式通风管路基各位置温度时程曲线

暖季路基下部土体温度差异不大,等值线形态类似,说明弥散式通风管路基结构对下部土体具有较好的降温效果。

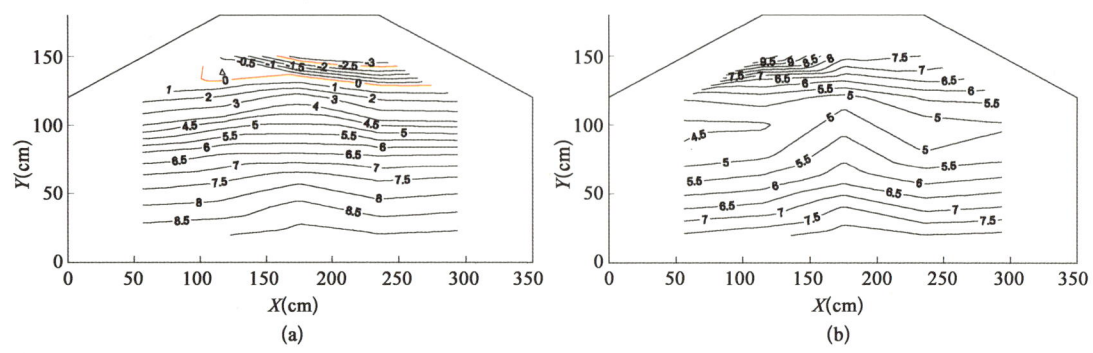

图 5-16　管间断面冷、暖季温度等值线图
(a) 冷季；(b) 暖季

图 5-17 所示为经历两个周期路中断面管中位置、管间位置冻融过程图,由图可知,弥散式通风管位置以下土体呈降温趋势,对比分析管中位置、管间位置冻融过程图,可知两者温度等值线形态类似、位置基本相同,说明弥散式通风管路基纵向降温均匀性较好。

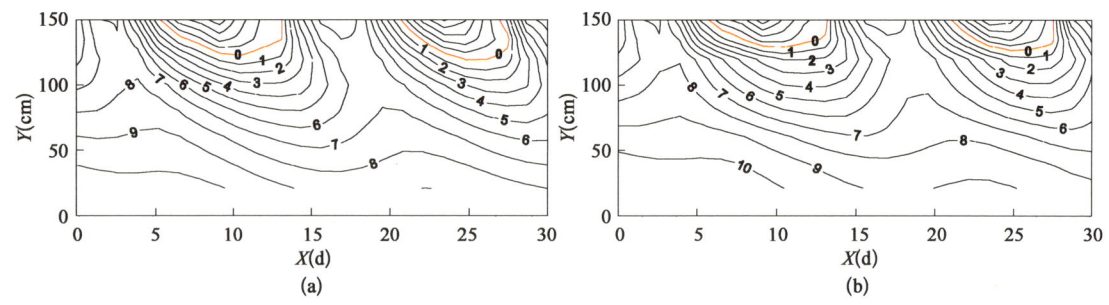

图 5-17　路中段面冻融过程图
(a) 管中断面；(b) 管间断面

5.2.2.2　单向导热板路基

1) 设计方案

提出了一种保温板与小型热棒复合的处治措施,一方面,利用保温板优良的隔热性能,夏季保障黑色路面吸收热量不被传导至多年冻土层,保护冻土上限不退化；另一方面,利用热棒的单向导热性能,冬季将外界冷量导入路基,降低路基温度,维持上限不退化。单向导热板设计方案如图 5-18 所示。

由换热分析可知:方案 1 中设置贯通热棒,长度短、数量多,且上下两端设有散热片,导热系数小,高温季节当热棒内部液氮不工作时,热量极易沿散热片及热棒向下传播,破坏保温板的隔热功能；方案 2 为 U 形热棒,长度较大,数量少且不设散热片,自身热阻高,能保证

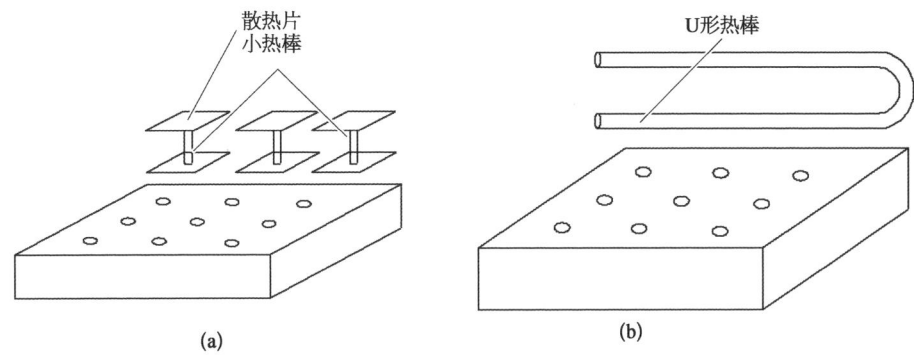

图 5-18 单向导热板设计示意图
(a) 设计方案 1;(b) 设计方案 2

保温板夏季正常隔热。因此最终采用方案 2 进行了降温性能模型试验。

2) 降温性能模型试验

为验证单向导热板设计方案对冻土路基的冷却效果,开展了室内模型试验研究。图 5-19 所示为单向导热板试验模型示意图,单向导热板厚度 6 cm,U 形热棒管壳尺寸为 $\phi 12$ mm× 1.0 mm×900 mm,热棒冷凝段长度 55 cm,蒸发段 55 cm,间距 16 cm,单向导热板上部填土厚度 10 cm。温度传感器布设在中部断面,板下布设两列温度传感器,布设间距为 20 cm,板上

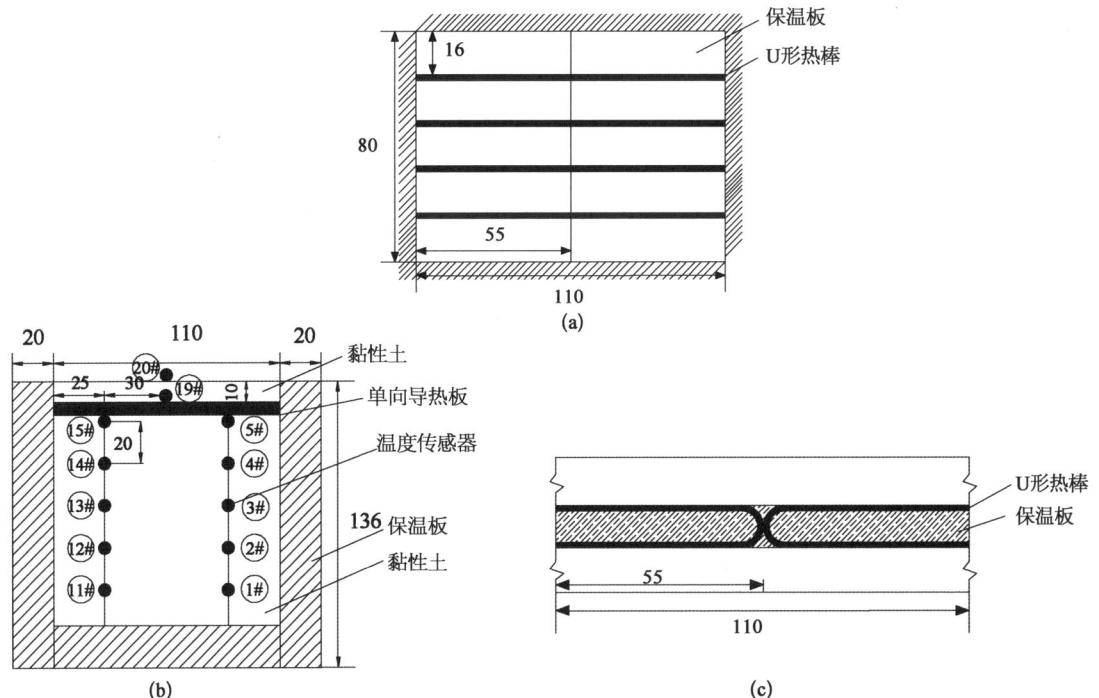

图 5-19 单向导热板试验模型示意图(单位: cm)
(a) 平面俯视图;(b) 传感器布设位置;(c) 单向导热板细部构造

布设一个温度传感器,土体表面布设一个温度传感器。

图 5-20 所示为单向导热板上下三个位置的温度时程曲线。由图可知,单向导热板下的两位置(5#、4#)温度随时间总体呈下降趋势,经历 4 个周期,单向导热板下 20 cm 处(4#)周期最低温度降低了 1.97℃,单向导热板下 0 cm 处(5#)周期最低温度降低至 0.72℃,表现出较好的降温效果。

图 5-21 所示为第 3 个周期板上温度与板下热流对比分析曲线。由图可知,板上温度与板下热流具有很好的一致性,当单向导热板上温度较高时,板下热流为正值(吸热),并且数值较小,最大值为 2.05 W/m²;随着温度的降低,板下热流由正转负(吸热转为放热),当板上温度进入负温,板下放热量进一步加大,热流最小值为 -21 W/m²。由此可见,保温板和 U 形热棒在各自时期发挥了很好的作用,很好地降低了单向导热板下土体的温度,若应用在实体工程中将会很好地降低路基下伏冻土温度。

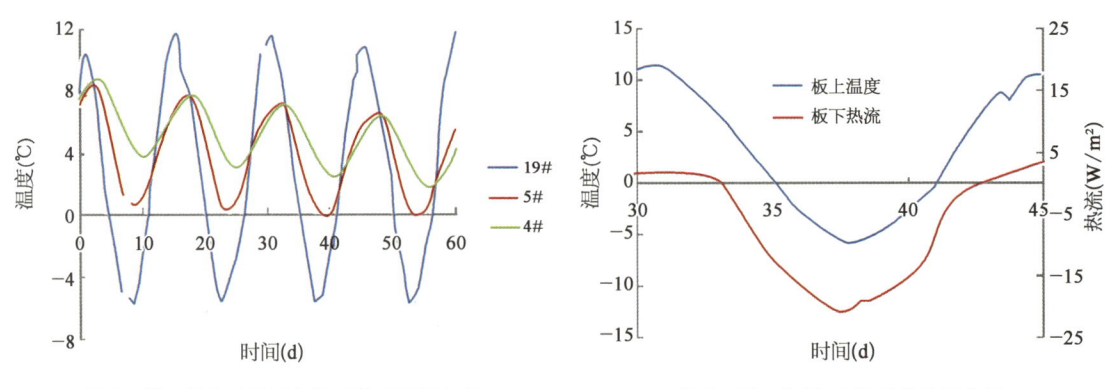

图 5-20 单向导热板各位置温度时程曲线   图 5-21 温度、热流对比分析曲线

5.2.2.3 路基路面一体化散热结构

1) 高取向热诱导结构设计方案

通过设置梯度导热结构来调控路面内的热量传输,不仅能够降低路面温度,而且没有改变路面结构的受力状态。通过在路面结构层内设置高取向热诱导结构,从而在减少路面吸热的同时抑制热量在中下面层的传导,抑制面层内热量的集聚,降低路面温度并减少传至冻土路基中的热量,从而达到保护冻土的目的。

图 5-22 所示为高取向的热诱导结构设计原理图。设计思路为:① 改变上面层的导热系数,尽可能地阻止热量进入路面内部;② 在中下面层设置上大下小的低导热梯度结构,抑制热量在中下面层的传导,减少结构层内的积热,降低路面温度的同时减少进入路基内的热量。

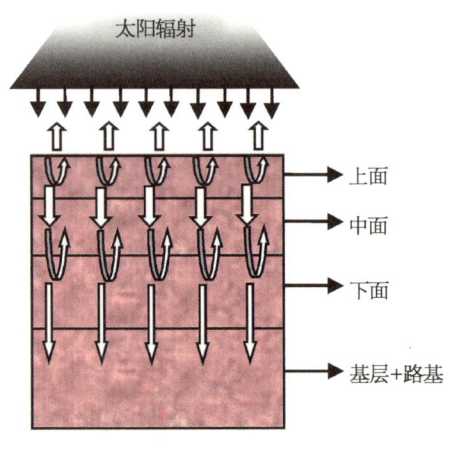

图 5-22 高取向热诱导结构设计原理图

2) 高取向热诱导沥青路面-片块石路基复合结构降温性能模型试验研究

设计了高取向热诱导沥青路面-片块石路基复合结构,并通过室内模型试验对其降温效果进行了分析。根据上节试验研究结果,试验沥青路面设计为上面层采用厚度 4 cm、漂珠掺量 15%(占矿粉体积比例)的 AC-16 沥青混凝土,中面层为厚度 5 cm、漂珠掺量 5% 的 AC-16 沥青混凝土,下面层为厚度 6 cm、漂珠掺量 15% 的普通 AC-16 沥青混凝土。为研究高取向热诱导沥青路面-片块石路基复合结构的降温效果,采用模型试验的方法对比了封闭式高取向热诱导沥青路面-片块石路基复合结构(以下称封闭复合结构)、开放式高取向热诱导沥青路面-片块石路基复合结构(以下称开放复合结构)和普通对比结构三个路基路面模型的降温效能(图 5-23)。

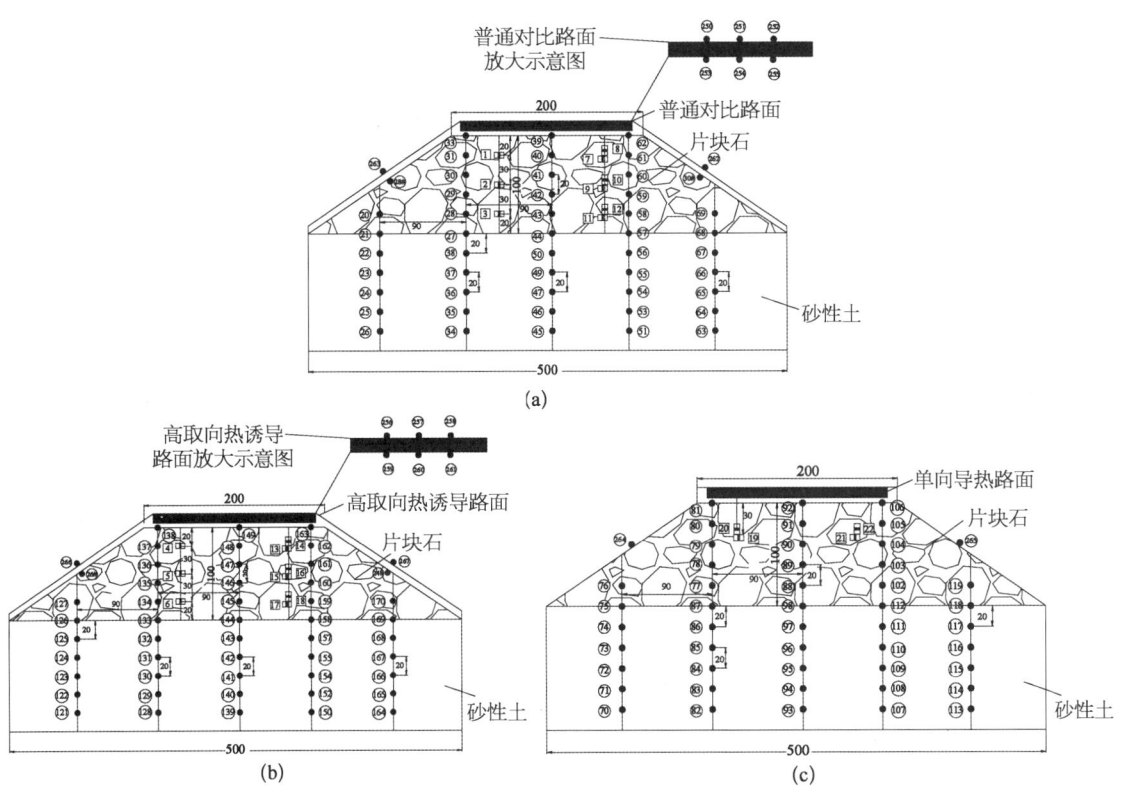

图 5-23 三种路基结构的试验布置示意图
(a) 普通对比结构;(b) 封闭复合结构;(c) 开放复合结构

表 5-10 列出了不同结构沥青路面顶底部温度。可以看出,在暖季,由于上面层漂珠掺量高,沥青混合料导热系数小,很好地抵挡了外界热量的进入,加上中、下面层由于不同的漂珠掺量,形成了上小下大的梯度导热结构,这种梯度结构不利于热量的继续下传,进一步阻止了路面内的热量向下传递;在冷季,由于中、下面层是上大下小的梯度导热结构,利于路基内的热量向上传递,加上通常上面层厚度相对较薄,上部的高阻面层对路基内部热量向外散发影响不大。因此,从整个冷暖周期分析可知,热诱导路面结构很好地阻止了外界热量的进入。

表 5-10　沥青路面顶底部温度统计表

周期	普通沥青路面底		高取向热诱导路面底		高取向热诱导路面顶	普通沥青路面顶
	冷季	暖季	冷季	暖季		
1	-2.22	5.57	-1.64	5.19	1.24	1.25
2	-2.35	5.99	-1.73	5.55	1.21	1.22
3	-2.17	6.04	-1.69	5.66	1.35	1.41
4	-2.2	6.09	-1.65	5.64	1.37	1.39

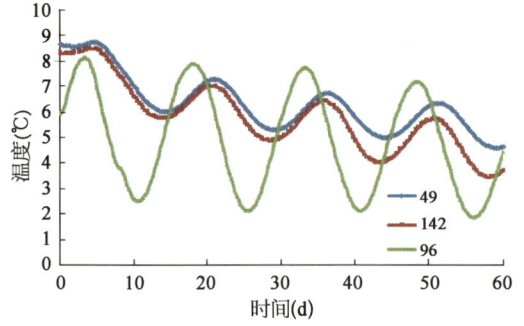

图 5-24　各种结构路中块石层底部以下 40 cm 温度监测曲线

图 5-24 所示为三种不同形式路基结构路中块石层底部以下 40 cm 处温度监测曲线。由图可知,经过 4 个周期(60 d)的运行,封闭复合结构下土体温度(142)和普通对比结构下土体温度(49)一直呈下降趋势,封闭复合结构下部土体温度始终低于普通对比结构,且前者的降温速率始终快于后者,运行 4 个周期,封闭复合结构下部土体温度最低达到 3.46℃,普通对比结构下部土体温度最低则为 4.60℃,两者相差 1.14℃,可见封闭复合结构的降温效果优于普通对比结构。相比另外两种结构形式,开放复合结构由于受外界气温影响大,降温效果不明显。

通过以上试验、分析可知,提出的基于强化对流散热的弥散式通风管路基结构、基于强化导冷阻热的单向导热板路基结构、基于定向热诱导的路基路面一体化散热结构三种新型大尺度冻土路基稳定技术,均具有良好的降温效能,示范工程应用效果较好。

5.3　运营期冻土路基表面变形评价方法与标准

5.3.1　大尺度冻土路基表面变形分离计算模型

选取 100 m 冻土路基作为评价路段,评价道路宽度为 7.0 m(两车道)。将路基表面按 0.25 m×0.25 m 网格化,并赋予各网格节点以变形值,则形成表面变形的数据矩阵为

$$S_{n \times m} = \begin{bmatrix} S_{11} & \cdots & S_{1m} \\ \vdots & \ddots & \vdots \\ S_{n1} & \cdots & S_{nm} \end{bmatrix} \quad (5-1)$$

以青藏公路 K2902+300~K2902+400 段为例,以上述矩阵所表现的表面变形形态如图 5-25 所示。

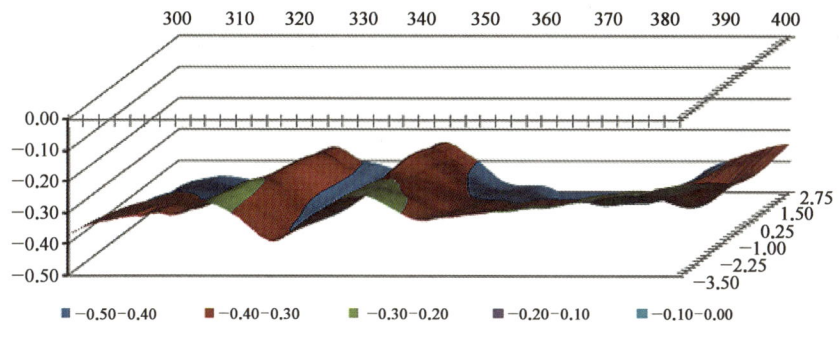

图 5-25　K2902+300~K2902+400 段表面变形形态曲面

另设变形矩阵中,路基宽度对应的矩阵(为方便起见,设路基中心为 0,向右为负,向左为正)为

$$CS = [-3.5, \ -3.25, \ \cdots, \ 0, \ \cdots \ 3.25, \ 3.5] \quad (5-2)$$

评价长度对应的矩阵(为方便起见,忽略大桩,以 0~100 m 计)为

$$VS' = [0, \ 0.25, \ \cdots, \ 100] \quad (5-3)$$

则横断面上各点变形量的均值形成的数值矩阵为

$$\bar{S}'_{1 \times n} = [\bar{S}_1, \ \bar{S}_2, \ \cdots, \ \bar{S}_n] \quad \bar{S}_i = \sum_{ij=1}^{m} S_{ij}/m \quad (5-4)$$

由此可提取变形表面上任意纵横断面的变形数据,图 5-26 所示为提取的青藏公路 K2902+300~K2902+400 段左、右路肩,路基中心及横断面各点平均值等对应的变形曲线。

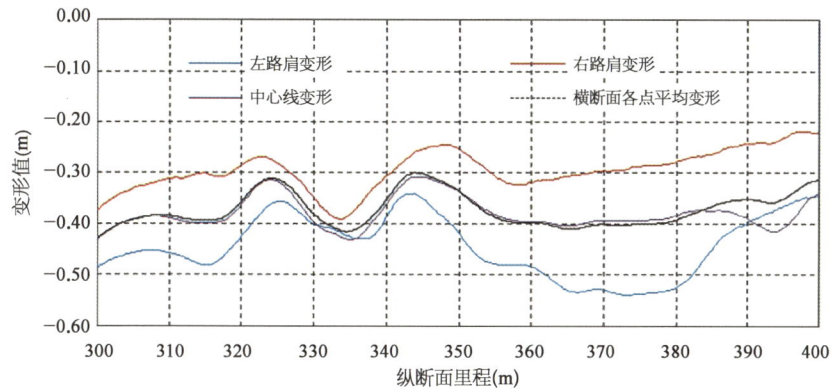

图 5-26　K2902+300~K2902+400 段典型纵断面变形曲线

1) 整体变形的分离与计算

整体变形表现为总体变形面产生的平均位移及在纵断面方向的倾斜程度,其形态曲线

表现为沿纵断面方向的直线,是横断面上各个点变形量的均值与道路里程(沿纵断面方向)线性拟合的结果,如图 5-27 所示。

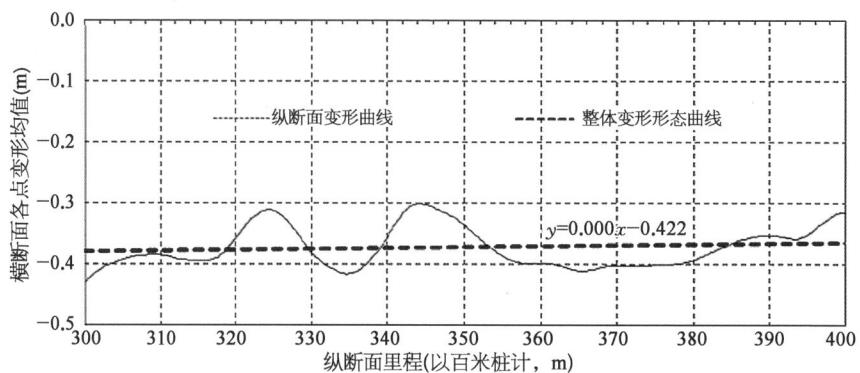

图 5-27　K2902+300~K2902+400 段整体变形形态曲线

将横断面上各点变形量的均值对应的矩阵序列式设为因变量,将评价长度对应的矩阵式中的 V_S 设为自变量,线性拟合后的直线即为路基整体变形形态,公式表达为

$$H_i = k \cdot VS_i + VH \quad (i = 1, 2, \cdots, n \quad 则\ VS_i = 0, 0.25, \cdots, 100) \quad (5-5)$$

式中:k 为拟合直线的斜率;VH 为拟合的截距。

$$k = \frac{\sum_{i=1}^{n} VS_i \cdot \bar{S}_i - n \overline{VS} \cdot \bar{\bar{S}}_n}{\sum_{i=1}^{n} VS_i^2 - n \overline{VS}^2} \quad (5-6)$$

其中

$$\overline{VS} = \sum_{i=1}^{n} VS_i / n, \quad \bar{\bar{S}}_n = \sum_{i=1}^{n} \bar{S}_i / n = \sum_{i=1}^{n} \sum_{j=1}^{m} S_{ij} / m \times n$$

$$VH = \bar{\bar{S}}_n - k \cdot \overline{VS} \quad (5-7)$$

整体变形(H_i)组成的数据序列用矩阵可表示为

$$H'_{n \times 1} = [H_1, H_2, \cdots, H_n] \quad (5-8)$$

2) 波浪变形的分离与计算

波浪变形表现为变形面上沿纵断面方向产生的不规则波浪状变形状态,其形态曲线表现为沿纵断面方向波浪起伏,是横断面上各点变形量的均值剔除整体变形后的残差沿纵断面方向的分布曲线,如图 5-28 所示。

沿路基纵断面方向的变形形态由整体变形与波浪变形叠加组合而成,因此设波浪变形数据序列矩阵为 W,则有

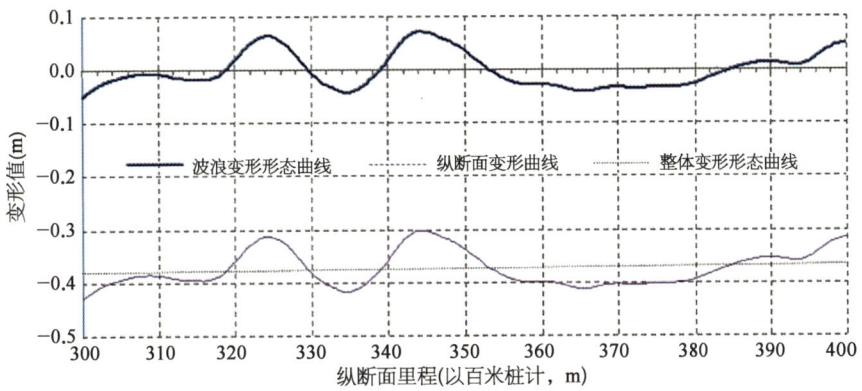

图 5-28　K2902+300~K2902+400 段变形及波浪形态曲线

$$W_{n\times 1} = \begin{bmatrix} W_1 \\ W_2 \\ \vdots \\ W_n \end{bmatrix} = \bar{S}_n - H = \begin{bmatrix} \bar{S}_1 - H_1 \\ \bar{S}_2 - H_2 \\ \vdots \\ \bar{S}_n - H_n \end{bmatrix} \quad (5-9)$$

3）倾斜变形的分离与计算

倾斜变形表现为变形面上横断面的倾斜程度，其形态曲线表现为沿横断面方向的直线，是横断面上各点变形量沿横断面方向线性拟合的结果，如图 5-29 所示。当横向倾斜沿纵断面分布不均匀时，将造成路基表面的扭曲变形。

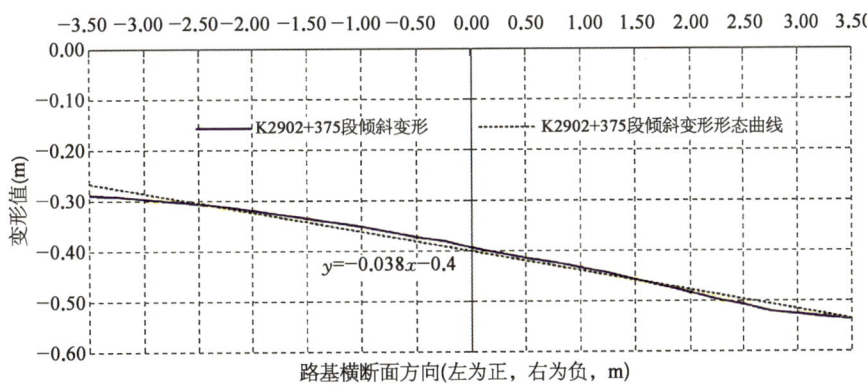

图 5-29　K2902+375 段倾斜变形及其形态曲线

路基的倾斜主要体现在横断面上，由路基表面变形矩阵可知，第 i 条横断面上各点变形对应的数据矩阵可表示为

$$S_i = [S_{i1}, S_{i2}, \cdots, S_{im}] \quad (i = 1, 2, \cdots, n) \quad (5-10)$$

将横断面变形矩阵（S_i）设为因变量，将路基宽度对应的矩阵（CS）设为自变量，线性拟合后的直线即为该横断面对应的变形形态，公式表达为

$$SL_{ij} = kc_i \cdot CS_j + Vhc_i \quad (j = 1, 2, \cdots, m \quad 则 CS_j = -3.5, -3.25, \cdots, 3.5)$$
(5-11)

式中：kc_i 为第 i 条横断面上各点变形值拟合直线的斜率；Vhc_i 为第 i 条横断面上各点变形值拟合直线的截距。

$$kc_i = \frac{\sum_{j=1}^{m} CS_j \cdot S_{ij} - m \cdot \overline{CS} \cdot \overline{S}_i}{\sum_{j=1}^{m} CS_j^2 - m \cdot \overline{CS}^2} \quad (5-12)$$

其中

$$\overline{CS} = \sum_{j=1}^{m} CS_j / m$$

$$Vhc_i = \overline{S}_i - kc_i \cdot \overline{CS} \quad (5-13)$$

则横断面变形所组成的数据序列用矩阵可表示为

$$SL_{n \times m} = \begin{bmatrix} SL_{11} & SL_{12} & \cdots & SL_{1m} \\ SL_{21} & SL_{22} & \cdots & SL_{2m} \\ \vdots & \vdots & \ddots & \vdots \\ SL_{n1} & SL_{n2} & \cdots & SL_{nm} \end{bmatrix}$$

$$= \begin{bmatrix} kc_1 \\ kc_2 \\ \vdots \\ kc_n \end{bmatrix} \cdot [CS_1, CS_2, \cdots, CS_m] + [Vhc]_{n \times m} = kc_{n \times 1} \times CS_{1 \times m} + Vhc_{n \times m}$$

(5-14)

由上可知路基横断面上反映的变形形态实际上由两部分构成，前一部分 $kc_{n \times 1} \cdot CS_{1 \times m}$ 反映的横断面倾斜变形，后一部分 $Vhc_{n \times m}$ 则反映的是每条横断面整体平移（沉降或抬升）状态，其表现为纵断面上的起伏波浪。

因此，为保证各变形分量的相互独立性，避免在分离各分量时相互影响，横断面变形中只取前一部分的倾斜变形作为研究对象。

4）凹陷或凸拱变形的分离与计算

凹陷或凸拱变形表现为变形面上沿横断面方向表现出的下凹式或上凸式变形状态，其形态曲线表现为沿横断面方向的二次抛物线，是横断面上各点变形量剔除倾斜变形后的残差沿横断面方向二次拟合的结果，如图 5-30 所示。

路基的凹陷与凸拱变形也主要体现在横断面上，与倾斜变形叠加构成路基横断面变形

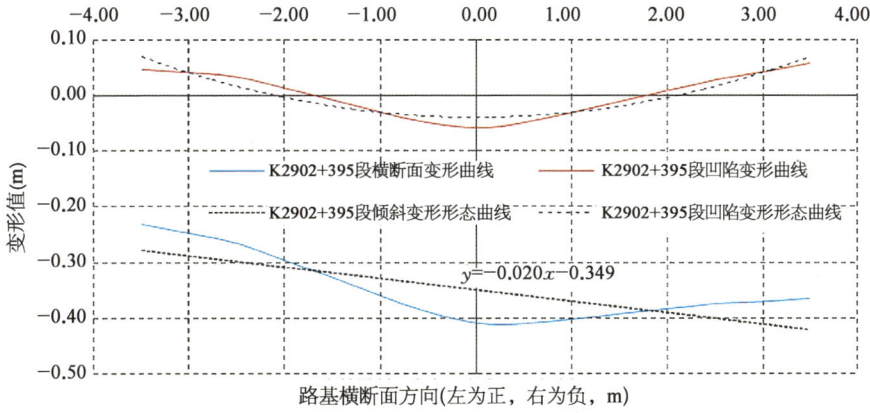

图 5-30 K2902+395 段凹陷变形及其形态曲线

的最主要形式,其变形形态接近一元二次方程所表达的抛物线形式。在实际计算中,为方便起见,将横断面变形剔除包含整体平移的倾斜变形后的残余变形全部归为凹陷或凸拱变形。

因此,路基凹陷或凸拱变形的数据矩阵可表示为

$$D_{n \times m} = S_{n \times m} - SL_{n \times m} = S_{n \times m} - kc_{n \times 1} \times CS_{1 \times m} - \Delta hc_{n \times m} \quad (5-15)$$

即

$$D_{nxm} = \begin{bmatrix} S_{11} - SL_{11} & S_{12} - SL_{12} & \cdots & S_{1m} - SL_{1m} \\ S_{21} - SL_{21} & S_{22} - SL_{22} & \cdots & S_{2m} - SL_{2m} \\ \vdots & & \ddots & \vdots \\ S_{n1} - SL_{n1} & S_{n2} - SL_{n2} & \cdots & S_{nm} - SL_{nm} \end{bmatrix} \quad (5-16)$$

由以上各分量计算可知,路基总体变形量由整体变形、波浪变形、倾斜变形、凹陷或凸拱变形四部分叠加而成,用矩阵形式表达为

$$S_{n \times m} = H_{n \times m} + W_{n \times m} + kc_{n \times 1} \times CS_{1 \times m} + D_{n \times m} \quad (5-17)$$

式中:$H_{n \times m}$,$W_{n \times m}$ 是为计算方便,由一维矩阵扩展的结果,具体表达为

$$H_{n \times m} = \begin{bmatrix} H_1 & H_1 & \cdots & H_1 \\ H_2 & H_2 & \cdots & H_2 \\ \vdots & \vdots & \ddots & \vdots \\ H_n & H_n & \cdots & H_n \end{bmatrix}, \quad W_{n \times m} = \begin{bmatrix} W_1 & W_1 & \cdots & W_1 \\ W_2 & W_2 & \cdots & W_2 \\ \vdots & \vdots & \ddots & \vdots \\ W_n & W_n & \cdots & W_n \end{bmatrix} \quad (5-18)$$

5.3.2 大尺度冻土路基表面变形表征指标体系

冻土路基表面变形评价指标体系分宏观变形程度与微观变形特征评价两个层次,共计 17 组评价指标,具体见表 5-11。

表 5-11 冻土路基表面变形评价指标体系表

项目		整体变形	波浪变形	倾斜变形	凹陷或凸拱变形
变形程度	全表面变形指数	σS			
	各分项变形指数	σH	σW	σSL	σD
	所占比例	$\sigma H^2/\sigma S^2$	$\sigma W^2/\sigma S^2$	$\sigma SL^2/\sigma S^2$	$\sigma D^2/\sigma S^2$
	剔除整体变形后比例	—	$\dfrac{\sigma W^2}{\sigma W^2 + \sigma SL^2 + \sigma D^2}$	$\dfrac{\sigma SL^2}{\sigma W^2 + \sigma SL^2 + \sigma D^2}$	$\dfrac{\sigma D^2}{\sigma W^2 + \sigma SL^2 + \sigma D^2}$
变形特征值		平均沉降	纵向差异沉降	波数	最大波差	纵坡变化	最大左倾变形	最大右倾变形	左倾:零倾:右倾	扭曲度	最大凹陷变形	最大凸拱变形	凹陷:零凹:凸拱
		dH	ΔH	nw	ΔW	$\Delta Lg_{n\times 1}$	SL_{lmax}	SL_{rmax}	—	T_r	Vhd_{smax}	Vhd_{cmax}	—

表 5-11 中表面变形指数用于宏观评价总体及各分量的变形程度,反映了表面上各变形点与数学期望值的偏移程度,可用统计学中反映数据离散程度的指标进行表征,选用标准差作为表征路基表面变形程度的基础指标。变形特征值主要用于描述各类变形分量的具体变形特征,以期评价其各自的变形形态与量值,并能很好地与现有规范的相关评价或设计指标建立联系。

1) 表面变形程度的表征与计算

设反映路基表面总变形程度的指标为 σS,按变形矩阵 $S_{n\times m}$ 计算,则有

$$\sigma S = \sqrt{\frac{\sum_{i=1}^{n}\sum_{j=1}^{m} S_{ij}^2}{m \times n}} \tag{5-19}$$

设反映路基整体沉降程度的指标为 σH,按整体变形矩阵 $H_{n\times 1}$ 计算,则有

$$\sigma H = \sqrt{\frac{\sum_{i=1}^{n} H_i^2}{n}} \tag{5-20}$$

设反映路基沿纵断面方向起伏波动变形程度的指标为 σW,按波浪变形矩阵 $W_{n\times 1}$ 计算,则有

$$\sigma W = \sqrt{\frac{\sum_{i=1}^{n} W_i^2}{n}} \tag{5-21}$$

设反映路基横断面倾斜变形程度的指标为 σSL,按倾斜变形矩阵 $SL_{n \times m}$ 计算,则有

$$\sigma SL = \sqrt{\frac{\sum_{i=1}^{n}\sum_{j=1}^{m}(SL_{ij} - \overline{SL_i})^2}{m \times n}} = \sqrt{\frac{\sum_{i=1}^{n}\sum_{j=1}^{m}(kc_i \times CS_j)^2}{m \times n}} \quad (5-22)$$

$\overline{SL_i}$ 即为第 i 条横断面上各点变形量的均值。

设路基横断面方向凹陷或凸拱变形程度的指标为 σD,按凹陷或凸拱变形矩阵 $D_{n \times m}$ 计算,则有

$$\sigma D = \sqrt{\frac{\sum_{i=1}^{n}\sum_{j=1}^{m}D_{ij}^2}{m \times n}} \quad (5-23)$$

路基表面变形各分量经分离计算,均是相互独立的因子,且无遗漏残余变形,反映其变形程度指标的计算式与单位均相同,因此,变形程度的量化指标可相互比较。

总体变形程度与各分量变形程度间满足

$$\sigma S^2 = \sigma H^2 + \sigma W^2 + \sigma SL^2 + \sigma D^2 \quad (5-24)$$

由此式可计算各变形分量在总变形中所占的比例,分别为 $\sigma H^2/\sigma S^2$, $\sigma W^2/\sigma S^2$, $\sigma SL^2/\sigma S^2$, $\sigma D^2/\sigma S^2$。考虑到整体变形为规则变形,对行车影响相对较小,因此在比较时也可考虑剥离其影响只计算后三类不规则变形所占比例情况,分别为 $\sigma W^2/(\sigma W^2 + \sigma SL^2 + \sigma D^2)$,$\sigma SL^2/(\sigma W^2 + \sigma SL^2 + \sigma D^2)$,$\sigma D^2/(\sigma W^2 + \sigma SL^2 + \sigma D^2)$。

2) 各变形分量特征值的表征与计算

对整体变形而言,其反映的是路基表面的整体沉降,由其形态曲线可知,变形面的平均沉降值与纵断面方向最大差异沉降(即评价段落终点与起点对应整体变形量的差值)可充分反映整体变形的形态与量值,计算方法如下

$$dH = \overline{\overline{S}}_n = \sum_{i=1}^{n}\sum_{j=1}^{m}S_{ij}/m \times n \quad (5-25)$$

$$\Delta H = k \cdot L = H_n - H_1 \quad (5-26)$$

式中:dH 为变形面的平均沉降值;ΔH 为纵向最大差异沉降值;L 为评价路段的长度,一般为 100 m;其他符号意义同前。

对波浪变形而言,其反映的是路基纵向变形,主要影响路基纵坡的变化和行车舒适性。从其形态曲线可以看出,评价路段内波峰、波谷出现的频次即波数,波浪出现的最大振幅即最大波差,波浪变形引发路基纵坡差异即纵向差异沉降变化率三个指标可以充分反映波浪变形的形态与量值,因此将以上三个指标作为波浪变形评价的特征值,具体计算方法如下

$$nW = one[W_1 = \max(W_{n\times1}) \text{ 或 } \min(W_{n\times1})] + \sum_{i=2}^{n-1} one[(W_{i-1} - W_i) \times (W_i - W_{i+1}) < 0]$$
$$+ one[W_n = \max(W_{n\times1}) \text{ 或 } \min(W_{n\times1})] \tag{5-27}$$

$$\Delta W = \max(W_{n\times1}) - \min(W_{n\times1}) \tag{5-28}$$

$$\Delta Lg'_{n\times1} = 100 \times \left[\frac{W_2 - W_1}{VS_2 - VS_1}, \frac{W_3 - W_2}{VS_3 - VS_2}, \cdots, \frac{W_n - W_{n-1}}{VS_n - VS_{n-1}}, \frac{W_n - W_{n-1}}{VS_n - VS_{n-1}} \right] \tag{5-29}$$

式中:nW 为评价路段内出现的波数,其中 $one(\ )$ 函数是指当括号内的条件满足时,其函数值为1,否则为0;$\max(\ )$、$\min(\ )$ 两函数分别是取其括号内数据矩阵的最大值和最小值;ΔW 为评价路段内的最大波差;$\Delta Lg_{n\times1}$ 为依据波浪形态曲线计算的路基纵断面上各点纵向沉降坡率,亦代表了路基纵向差异沉降的变化率,为保证该矩阵与波浪变形矩阵维数相同,补充其最后一项的值与前一项相等;将各数据项均乘以100的目的是为符合工程中纵坡常以百分数表达的习惯;$VS_2 - VS_1 = VS_3 - VS_2 = \cdots = VS_n - VS_{n-1}$ 为评价路段纵向网格划分的间距,均取为0.25 m。

K2902+300~K2902+400 段整体及波浪变形特征值如图 5-31 所示。

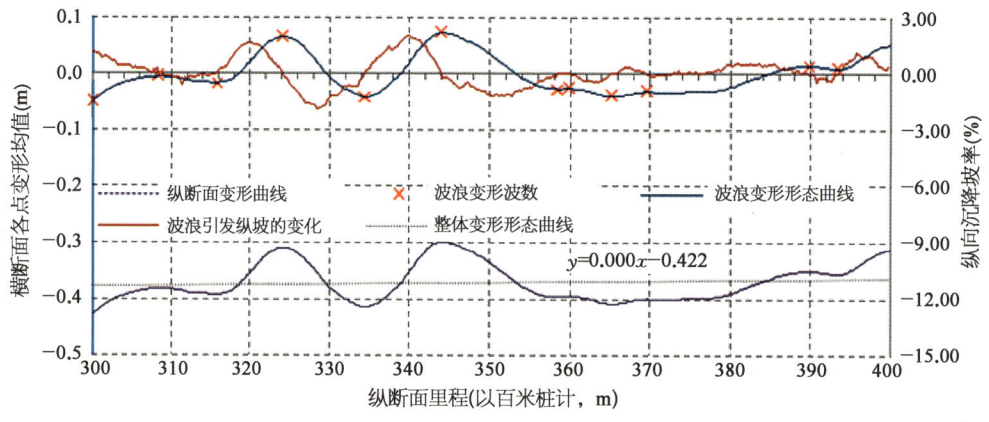

图 5-31 K2902+300~K2902400 段整体及波浪变形特征值

以上三类特征值指标中,nW 与 ΔW 可作为总体量化判断的依据;$\Delta Lg_{n\times1}$ 则可作为判定波浪变形形态是否符合标准的基础数据。在工程实际应用中,$\Delta Lg_{n\times1}$ 与道路行驶质量直接相关,对 $\Delta Lg_{n\times1}$ 数据序列分布区间的划分可能更有应用价值。因此将现行规范中最大纵坡限值的百分之一作为划分 $\Delta Lg_{n\times1}$ 分布区间的依据,具体见表 5-12。

表 5-12 划分 $\Delta Lg_{n\times1}$ 分布区间的依据

划分区间	≤0.3%	>0.3%, ≤0.5%	>0.5%
各区间占比	$\dfrac{\sum_{i=1}^{n} one(\Delta Lg_i \leq 0.3\%)}{n}$	$\dfrac{\sum_{i=1}^{n} one(0.3\% < \Delta Lg_i \leq 0.5\%)}{n}$	$\dfrac{\sum_{i=1}^{n} one(\Delta Lg_i > 0.5\%)}{n}$

对倾斜变形而言,其反映的是路基横向变形,主要是引起路基超高的变化,工程上主要关心的是倾斜方向及倾斜引起横断面上的最大差异沉降。沿纵断面方向来看,如果横向倾斜变形不规则变化还会导致道路的纵向扭曲,因此通过评价横向倾斜的不均匀性还可以反映道路沿纵向的扭曲程度,可将其定义为扭曲度。综合而言,选择最大左倾变形,最大右倾变形,左倾、零倾及右倾的比例,扭曲度四个指标作为倾斜变形评价的特征值,具体计算方法如下(左倾为负值,右倾为正值)

$$SL_{lmax} = \min[kc_i \times (CS_m - CS_1) < 0] \quad (i = 1, \cdots, n) \tag{5-30}$$

$$SL_{rmax} = \max[kc_i \times (CS_m - CS_1) \geq 0] \quad (i = 1, \cdots, n) \tag{5-31}$$

$$左倾:零倾:右倾 = \frac{\sum_{i=1}^{n} one(kc_i < -0.1\%)}{n} \times 100\% : \frac{\sum_{i=1}^{n} one(-0.1\% \leq kc_i \leq 0.1\%)}{n}$$

$$\times 100\% : \frac{\sum_{i=1}^{n} one(kc_i > 0.1\%)}{n} \times 100\% \tag{5-32}$$

$$T_r = (CS_m - CS_1) \times \sqrt{\frac{\sum_{i=1}^{n}(kc_i - \overline{kc_i})^2}{n}} \tag{5-33}$$

式中:SL_{lmax}为最大左倾变形,min( )函数表示满足括号内条件的所有数据序列的最小值,即为最小负数;SL_{rmax}为最大右倾变形,max( )函数表示满足括号内条件的所有数据序列的最大值,即为最大正数;T_r为道路扭曲度,即表明道路横向倾斜相对于平均倾斜变形的离散程度,用各横断面上最大差异变形的标准差表示;$\overline{kc_i} = \sum_{i=1}^{n} kc_i/n$。

在计算左倾、零倾、右倾比例时,令当$|kc_i| \leq 0.1\%$时可忽略横向倾斜变形,是为"零倾";one( )函数意义同前。

各式中$(CS_m - CS_1)$为评价路段的道路宽度,取为两个行车道宽,即为7 m。

对凹陷或凸拱变形而言,其反映的也是路基横向变形,主要是引起路拱的变化。由前可知,凹陷或凸拱变形的形态表现为二次抛物线,第i条横断面凹陷或凸拱变形数据二次拟合的表达式设为

$$fD_i(x) = a_i x^2 + b_i \tag{5-34}$$

式中:x为横断面方向,左侧为正,右侧为负,$x \in [-3.5, 3.5]$。因为凹陷或凸拱变形中已剥离倾斜变形的影响,故上式中无代表倾斜变形的一次项;a_i为凹陷或凸拱变形矩阵中,第i行数据序列采用最小二乘原理按上式拟合得到;b_i为拟合的残差,是整体平移项,不影响凹陷或凸拱的形态。

式(5-34)形态曲线如图5-32所示。

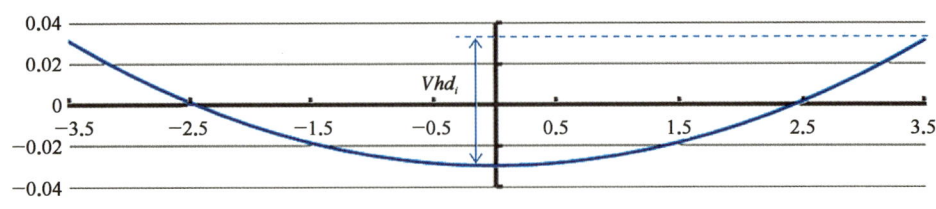

图 5-32　凹陷变形形态

式中当 $a>0$ 时表现为凹陷,反之 $a<0$ 时表现为凸拱,且 $|a|$ 越大,上凸或下凹曲线越陡峭,反之 $|a|$ 越小则曲线越平缓。由此可知,式中 a 值的大小能充分反映凹陷或凸拱变形的形态。然而考虑到工程应用的便利且与其他变形特征值保持相同的单位与量级,研究中选择图5-32标示的 Vhd 作为凹陷或凸拱变形特征值评价的基础指标。

$$Vhd_i = a_i \times 3.5^2 = 12.25 a_i \tag{5-35}$$

用矩阵表示为

$$Vhd = \begin{bmatrix} Vhd_1 \\ Vhd_2 \\ \vdots \\ Vhd_n \end{bmatrix} = 12.25 \times \begin{bmatrix} a_1 \\ a_2 \\ \vdots \\ a_n \end{bmatrix} \tag{5-36}$$

在整个评价路段计算得到 Vhd 后,可将提取最大凹陷变形,最大凸拱变形,凹陷、零凹及凸拱变形的比例作为整段凹陷或凸拱变形评价的特征值,具体计算如下

$$Vhd_{smax} = \max(Vhd_i > 0) \quad (i=1,\cdots,n) \tag{5-37}$$

$$Vhd_{cmax} = \min(Vhd_i < 0) \quad (i=1,\cdots,n) \tag{5-38}$$

$$凹陷:零凹:凸拱 = \frac{\sum_{i=1}^{n} one(Vhd_i > 0.0035)}{n} \times 100\% : \frac{\sum_{i=1}^{n} one(-0.0035 \leq Vhd_i \leq 0.0035)}{n}$$

$$\times 100\% : \frac{\sum_{i=1}^{n} one(Vhd_i < -0.0035)}{n} \times 100\% \tag{5-39}$$

式中:Vhd_{smax} 为最大凹陷变形分量,即 Vhd 矩阵中最大正值;Vhd_{cmax} 为最大凸拱变形,即 Vhd 矩阵中最小负值。

在计算凹陷、零凹、凸拱比例时,令当 $|Vhd_i| \leq 0.0035$ m 时可忽略凹陷及凸拱的影响,是为"零凹",这一数值恰使路基两侧与路基中心的高差形成的斜率不超过0.1%,与倾斜变形中"零倾"的取值保持一致;式中 one( ) 函数意义同前。

5.3.3 大尺度冻土路基表面变形评价标准

基于路面结构层对路基变形的极限响应和纵向差异沉降对行车舒适性的影响,提出以整体沉降与差异沉降为基准,与冻土路基表面变形特征值相一致的冻土路基变形评价标准;基于现有标准规范以及青藏公路典型路段路基变形规律,提出过渡段路基差异沉降变形控制标准。

1) 普通冻土路基表面变形控制标准

针对冻土路基变形形态复杂的特点,通过三维激光扫描技术手段获取了冻土路基表面的变形,并对路基表面的变形形式进行了辨识、分离,分为整体变形、波浪变形、倾斜变形和凹陷或凸拱变形四种。通过分离出来的整体变形、波浪变形、倾斜变形和凹陷或凸拱变形单独进行冻土路基变形稳定性评价,确保整体变形符合路基结构稳定性要求,波浪变形符合行车舒适性要求,倾斜变形符合行车安全性要求,凹陷或凸拱变形符合路面结构稳定性要求。

参考现有规范、标准以及众多科研人员的研究成果,提出路基整体变形最大不能超过 30 cm 的标准,并且沿纵断面方向坡率不得高于《公路路线设计规范》(JTG D20—2017)规定的对应设计速度的最大纵坡值。基于路面基层材料抗拉性能,提出路基横向差异沉降坡率应小于 0.5%。基于行车舒适性能,提出路基纵向差异沉降坡率应小于 0.4%,由于分离出来的路基纵向变形主要表现为波浪变形,即路基纵向波浪变形波峰波谷之差与一半波长的比值应小于 0.4%。《公路工程技术标准》规定积雪冰冻地区为保证行车安全,超高控制极限指标为 6%,由于高原多年冻土地区气候多变,雨、雪天气频繁,路面常年处于湿滑状态,并且经常结冰,考虑冻土地区复杂气候条件,提出多年冻土地区路基的横向倾斜坡率应小于 4%。综合以上提出的变形控制标准汇总于表 5 - 13。

表 5 - 13 冻土路基表面变形控制指标汇总

目 标	影响目标的主要变形	控制指标	主要参考依据
路基结构稳定性(合理高度)	整体变形	路基整体变形≤30 cm;纵向坡率≤《公路路线设计规范》中对应设计速度最大纵坡值	《公路路基设计规范》《公路路线设计规范》
路面基层材料结构稳定性	凹陷或凸拱变形	路基横向差异沉降坡率≤0.5%	《公路路基设计规范》,众多学者根据软土和黄土地区高速公路工程实践以及相关理论研究成果
行车舒适性	波浪变形	路基纵向差异沉降坡率≤0.4%,即路基纵向波浪变形波峰波谷之差与一半波长的比值应小于 0.4%	IRI(国际平整度系数)与行车舒适性方面的研究成果
行车安全性	倾斜变形	路基横向倾斜坡率≤4%	《公路工程技术标准》

2) 路桥、路涵过渡段变形控制标准

多年冻土区修建高等级公路部分路段必然会有桥梁、涵洞等构筑物,就会出现过渡段跳车问题,严重的过渡段跳车会影响行车舒适性,甚至是行车安全。据以往的观测结果,青藏公路四处典型路基断面K2887+500(西大滩)路基年冻胀变形量约为1.8 cm,K2896+500(昆仑山)路基年冻胀变形量约为1.34 cm,K2939+185段路基年冻胀变形量约为0.75 cm,K3057+195段路基年冻胀变形量约为2.93 cm,均小于《公路路基设计规范》(JTG D30—2004)提出软土地区涵洞、通道处容许工后沉降值(20 cm)。因此,参考《公路路基设计规范》软土地区涵洞、通道处工后容许沉降规定,设置多年冻土区路基过渡段工后沉降标准为20 cm,为保证过渡段纵向行车舒适性,过渡段长度宜大于50 m。《公路桥涵设计通用规范》(JTG D60—2015)还规定高速公路、一级公路、二级公路和三级公路的桥头宜设置搭板,搭板长度不宜小于5 m。桥台高度不小于5 m时,搭板长度不宜小于8 m。考虑多年冻土特殊的地质条件,容易产生强融沉变形,桥头搭板长度取8 m。

第6章

高海拔高寒地区沥青路面结构设计

我国地域辽阔,气候多变,环境差异大,特别对于高海拔高寒地区这样极端自然、地理、气候条件的特殊地区,沥青路面的材料选择、材料设计、结构拟定与选择、结构力学计算等都需要采用和依据适合该地区的方法与原则。尤其该地区的低温变化更为敏感,在混凝土桥梁的桥面铺装时铺面采用了沥青铺装层,其结构的设计、层间功能层设计指标与试验方法均需进行专门的分析,不能直接照搬或借鉴沥青路面的设计方法和原则。所以,本章将从沥青路面的典型结构选择、设计以及混凝桥面沥青铺装系的设计与计算进行详细阐述。

6.1 沥青路面典型结构设计

路面结构是道路基础设施的重要组成部分,它承受着过往交通的全部车辆荷载,通过它再将荷载传递给路基,因此它必须具备一定的强度和抗变形能力。同时,由于路面结构长时期直接暴露在大气自然环境之中,经受着温度和湿度的周期性作用,这种高温与低温、冰冻与融化、干燥与湿润的反复交替作用和车辆的反复碾压作用将使路面结构的各项抗力特性与表面功能发生衰变。因此,路面设计必须能够提供技术可行、经济合理、安全可靠、经久耐用的路面结构,使之在预定的设计期内经受行车荷载和环境的作用,仍满足使用要求。

6.1.1 沥青路面设计方法的演变与发展

沥青路面设计方法经历了力学法(如古典设计方法即1901年麻省理工静力平衡法、1906理查德森冰块试验法)、经验法(如CBR法、美国平板加载实验法、美国Hveen法、美国Kansas三轴法)、力学—经验法(如AZ法、SHELL法、南非NITRR等)。美国国家公路与运输协会(American Association of State Highway and Transportation Officials,AASHO)设计法采用力学-经验法,即Mechanical-Empricical Pavement Design Guide(MEPDG),AASHO法经历了1961、1972、1986、1993、2002版本的发展。

对于幅员辽阔的中国,特别对占陆地面积70%的高海拔高寒地区和占陆地面积25%的多年高海拔高寒地区,其自然条件、行车条件、材料来源、经济条件等与内地各地区有较大的差别,所以既不能单一采用经验法或者分析法,也不能完全照搬全国统一的设计规范。

中国沥青路面设计方法均基于层状弹性体系,设计规范经历了1958、1966、1978、《公路柔性路面设计规范》(JTJ 014—1986)、《公路沥青路面设计规范》(JTJ 014—1997)、《公路沥青路面设计规范》(JTG D50—2006)、《公路沥青路面设计规范》(JTG D50—2017)阶段的发展。尤其,《公路沥青路面设计规范》(JTG D50—2017)经历了3年多的酝酿终于于2017年3月20日正式发布,并要求于2017年9月份正式施行。《公路沥青路面设计规范》(JTG D50—2017)与(JTG D50—2006)相比,在设计思路、材料参数确定、交通等级划分与交通量计算、设计控制及验算指标、设计流程等方面均发生了颠覆性的变化,主要表现在:

① 设计中引入了可靠度设计方法,在选取材料参数时考虑了在工可、施工图等不同阶段可以采用不同水平选取标准和方法,尤其对于沥青混合料要求采用动态模量,并且引入了贯入试验。

② 累计标准当量轴载的换算不再采用经验公式计算,而是采用全新的轴载谱。

③ 摒弃了数十年的弯沉设计指标,针对不同底基层、基层、面层组合的路面结构类型,提出了沥青混合料疲劳开裂、无机结合料稳定层疲劳开裂、沥青混合料永久变形、路基顶面竖向压应变等设计控制指标,尤其路基顶面竖向压应变指标与路基设计指标实现了统一。不过,尽管设计指标中放弃了弯沉指标,而在交工验收时还要求采用落锤式弯沉仪(FWD)对弯沉进行检测。

④ 由于书中主要工程案例 G214 玉(树)共(和)段等均在 2014—2016 年期间完成设计、施工并投入了运营,所以书中所涉及工程案例均是依据《公路沥青路面设计规范》(JTG D50—2006)进行设计的。当然,随着《公路沥青路面设计规范》(JTG D50—2017)在实践中的进一步应用、总结,以后很有必要结合高海拔高寒地区的特殊自然、地理、交通条件、行车需求,提出更加适合该地区沥青路面的设计方法。

6.1.2 沥青路面典型结构选择与计算分析

对于高海拔、高寒地区,很有必要提前设计出适合当地不同交通、环境条件的典型路面结构,以便在设计时可根据当地的条件直接应用与之相适应的路面结构。也就是将长期的试验路实践经验和现有路面大量调查结果与路面力学计算相结合,把路面结构组合、混合料组成与厚度计算等设计工作融为一体,提前作出一系列设计,形成可选择的典型路面结构。这种典型结构将实现路面设计与施工技术措施系列化、规范化、标准化,也使路面结构定型化、图表化,使得路面结构的设计更加方便、快捷、省时,路面结构的质量也能得到更好的保证。

针对高海拔高寒地区沥青路面的特点,结合该地区沥青路面使用性能的调查,高海拔高寒地区沥青混凝土路面典型结构设计主要包括:

① 以青藏公路为依托,兼顾其他高海拔高寒地区道路经验,首先拟定五种不同路面结构进行分析。

② 设计遵循"满足设计年限内交通荷载作用的沥青混凝土面层最小设计厚度、满足最小的防冻厚度以及满足各结构层的最小施工厚度"的原则。

③ 通过对五种结构对比计算分析,最终确定适合于多年冻土区的合理路面结构组合。

1) 设计要求

高海拔高寒地区的路面典型结构的设计首先要具有一定的承受荷载能力和抗疲劳能力,使路面的整体刚度满足设计年限内的预测交通量要求。尽管青藏公路交通流量不算太大,仍属低交通量,但其自然环境因素比起内地要恶劣得多。青藏公路直接暴露在高原强紫外线的照射、较大的温差、冻融循环、强烈的高原大风等自然环境中,并且修筑在日益退化、上限逐渐下移的多年冻土路基上,因此,在进行路面结构设计时,考虑交通荷载的同时,要特别重视恶劣的自然环境对道路造成的巨大危害,要保证或尽量增强路面的耐久性,同时要兼顾路面结构的抗冻性能,使其结构厚度在满足荷载作用的同时,也要满足防冻最小厚度。

2) 设计原则

路面典型结构设计主要立足于长期使用中积累的经验,并能够铺筑大量的试验路以供长期观测,然后通过对使用中的路面结构进行较为全面的分析,提出适合本国国情的各种路面典型结构。但是,青藏公路地处平均海拔 4500 m 以上,地质条件复杂、材料运输供应艰难、施工期短、施工条件恶劣等问题给路面结构的设计和施工带来了不可想象的障碍。加之,我国在"低纬度、高海拔"的高海拔高寒地区修筑沥青混凝土路面的经验还不是很丰富,可以借鉴的成功设计范例不是太多,所以进行该地区的路面典型结构设计时,主要依据现有的路面设计规范、过去的青藏线以及东北林区道路的研究成果、内地的可借鉴的典型路面结构设计、路面结构的全面理论分析等,要把握路面结构层次不宜过多、厚度要适中、材料供应方便、施工容易的原则,既要使路面结构满足交通荷载和自然环境的综合作用,又要经济、耐用、可行。

① 满足设计年限内交通荷载作用的沥青混凝土面层最小设计厚度见表 6-1。

表 6-1 沥青混凝土路面面层最小设计厚度

道路冻深(cm)	土基干湿类型	粉性土(mm)	黏性、细纱亚土(mm)
50~100	中湿	30~50	30~45
	潮湿	40~60	35~55
100~150	中湿	40~60	35~50
	潮湿	50~70	45~60
150~200	中湿	45~70	40~60
	潮湿	60~80	50~70
>200	中湿	50~75	50~70
	潮湿	65~100	55~80

从路面结构层厚度设计上看,最小设计厚度在满足交通荷载作用的同时,更要体现沥青路面的功能设计和防反射裂缝上,足够的面层厚度可以提供良好的行车舒适性、耐磨性、防水性、耐疲劳性。但过大的厚度反而容易引起较大的车辙,并且增加工程的造价,所以设计的厚度应该技术可行,经济合理。

② 满足最小的防冻厚度:对于高海拔高寒地区的中湿、潮湿路段,路面总厚度不应小于表 6-2 的规定,如果依照强度计算的路面结构层总厚度小于表中的厚度值,必须调整结构层厚度或增加垫层厚度。

③ 考虑到材料应力扩散和压实需要,各结构层要满足最小施工厚度见表 6-2。

表 6-2 路面结构层最小施工厚度

结 构 层 类 型		施工最小厚度(cm)	适宜厚度(cm)
沥青混凝土面层或沥青碎石(LSM25)	细粒式	2.5	4~6
	中粒式	4	2.5~4
	粗粒式	5	5~8
水泥稳定类基层		15	16~20
级配碎石、级配砾石		8	10~15

3) 典型结构设计流程

① 路面结构组合设计:根据经验和试验路提出多种典型的路面结构组合。

② 路面结构计算参数确定和选取:计算参数选取是否准确将直接影响路面结构厚度的设计结果,因此首先要选取有代表性的参数值,选取时主要依据规范的推荐值、工程设计常用值、最近的科研成果等。

③ 变化土基设计参数确定不同厚度的同一结构组合:由于沥青混凝土面层、水泥稳定类基层、级配碎石底基层的模量等计算参数在设计和施工中的变异性不太大,但是土基由于自然条件的千差万别,特别对于不同的含冰量路段,上限深度和活动层的变化规律非常复杂,因此在具体地段,必须首先了解该段地质特点和冻土条件,确定路基填筑材料,然后再计算不同模量下的结构层组合厚度。

④ 推荐合理的路面结构组合:结合多年冻土区气候环境特点,根据多年冻土路基研究成果,分析不同参数的路面结构层厚度计算结果,最终确定合理的路面结构组合。

6.1.3 道路设计参数确定

1) 交通量调查

在路面设计之前,首先要进行交通量调查或者对当地交通量进行预测、计算。以青藏公路 G109 为例,其最初设计交通量为每天 500 辆次左右,而实际上从 2001 年以来直到现在已经达到了 5 000 辆次以上,严重超过了它的实际负载量。自 2002 年为了配合青藏铁路建设,其交通量猛增到 30 000 辆次。所以,要对交通量进行比较科学、准确的预测。

2) 设计年限内累计当量轴载换算

通过对高海拔高寒地区道路交通量的统计调查,计算出平均日交通量,然后对不同车型的各级轴载,采用路面设计、层底拉应力验算指标的不同公式分别换算为 100 kN 的标准轴载;最后再根据设计年限、交通量年增长率等结构设计参数将标准当量轴次换算为累计标准当量轴次。

① 路面竣工一年后第一年双向日平均当量轴载换算：

$$N = \sum_{i=1}^{k} C_1 C_2 n_i \left(\frac{P_i}{P}\right)^{4.35} \quad (6-1)$$

$$N' \sum_{i=1}^{k} C_1' C_2' n_i \left(\frac{P_i}{P}\right)^{8} \quad (6-2)$$

式中：N 为以设计弯沉值和沥青层层底拉应力为指标的标准轴载的当量轴次(次/日)；N' 为以半刚性基层层底拉应力为指标的标准轴载的当量轴次(次/日)；P_i 为被换算车型的各级轴载作用次数(次/日)；n_i 为被换算车型的各级轴载作用次数(次/日)；k 为被换算车辆的类型数；C_1 为轴数系数，$C_1 = 1 + 1.2(m-1)$，m 为轴数；C_2 为轮组系数，双轮组为1.0，单轮组为6.4，四轮组为0.38；C_1' 为轴数系数；$C_1' = 1 + 2(m-1)$，m 为轴数；C_2' 为轮组系数，双轮组为1.0，单轮组为18.5，四轮组为0.09。

② 累计当量轴次换算。

设计时要计算设计年限内一个车道上的累计标准当量轴次 N_e：

$$N_e = \frac{[(1+\gamma)^t - 1] \times 365}{\gamma} \times N_1 \eta \quad (6-3)$$

式中：N_e 为设计年限内一个方向一个车道的累计当量轴次(次)；γ 设计年限内交通量的年均增长率(%)；t 为路面结构的设计年限；η 为沥青混凝土路面的车道系数，取0.3~1.0；N_1 为运营第一年双向日平均当量轴次(次/日)。

3) 土基回弹模量

土基是路面结构的最下层，承受着由面层传下来的车辆荷载和上部结构的自重，土基回弹模量能较好地反映土基所具有的部分弹性性质，是路面设计中计算路面结构层厚度的重要参数。通过对109国道、黑北道路等高海拔高寒地区典型路段的土基进行测试，得到土基模量范围为35~65 MPa。进行结构层厚度计算时，将土基依模量大小分为35~45 MPa、45~55 MPa、55~65 MPa 三种。

4) 路面材料参数

高海拔高寒地区路面结构层分面层和基层，面层一般采用双层结构，其中上面层采用AC13C型细粒式沥青混凝土，下面层采用AC16型中粒式沥青混凝土以及沥青碎石；而基层主要有水泥稳定砂粒以及能够延缓裂缝的沥青稳定碎石、级配砂粒和级配碎石基层。而面层、基层的材料力学参数需要通过试验的方法确定，然后再通过野外现场取样测试进行检验和修正，材料参数建议值，见表6-3~表6-6。

表6-3 面层材料参数

面层材料类型	抗压回弹模量(MPa) 20℃	抗压回弹模量(MPa) 15℃	15℃劈裂强度,σ_{sp}(MPa)
中粒式沥青混凝土	1 100	1 600	1.0
粗粒式沥青混凝土	800	1 200	0.9

表6-4 基层材料参数

基层材料	配合比或规格要求	抗压回弹模量(MPa)	劈裂强度(MPa)
水泥稳定砂砾	水泥剂量	1 300~1 400	0.4~0.5(0.84~0.9,90天龄期)
级配碎石	C2	1 000~1 100	0.3~0.4
级配砂砾	C3	1 000~1 100	0.3~0.4
沥青碎石	D1	700	—

注:C_2、C_3、D_1请参见道路沥青路面施工技术规范(JTG F40—2004)。

表6-5 沥青碎石基层配合比要求

结构类型	通过下列筛孔(mm)的重量百分比(%)												沥青用量
	31.5	26.5	19	16	13.2	9.5	4.75	2.36	1.18	0.6	0.3	0.15	0.075	
LSM-25	100	90~100	70~90	55~75	45~65	35~55	25~45	17~35	10~25	8~20	5~15	3~12	3~7	5.5~6.2

表6-6 级配碎石基层配合比要求

通过下列筛孔(mm)的重量百分比(%)									压碎值
31.5	19	9.5	4.75	2.36	0.6	0.3	0.075		
100	85~95	50~70	29~54	17~37	8~20	2~15	0~7		不大于26%

5) 青藏公路设计参数

以青藏公路G109为例,经过对其交通量进行调查,得出表6-7所示的设计参数。

表6-7 青藏公路设计参数及累计标准当量轴次换算结果

参 数		指 标 要 求
青藏公路等级		二级
路面等级		高级路面(沥青混凝土)
设计年限(t/年)		12
换算的标准轴载(kN)		BZZ—100
设计年限内交通量预计年均增长率γ(%)		7.2
车道系数η	较窄、无分隔、双车道	0.7
设计年限年内累计标准当量轴次换算值	$N_{e设计}$(次/一车道)	1 450 000
	$N_{e验算}$(次/一车道)	341 176

6.1.4 试验路路面结构拟定

针对高原多年高海拔高寒地区的昼夜温差大、海拔相对较高、路面结构层内温度梯度较其他地区明显偏大的特点,选定在109国道的K2897+500~K2900段,即西大滩至昆仑山口的路段进行修筑试验路。该区除分布有饱冰冻土外,还分布有少冰、多冰冻土,冻土上限一般为2.1~3.0 m,下限为100~110 m。

6.1.4.1 基本设计理论

我国新建道路沥青路面结构设计采用双圆垂直均布荷载作用下的多层弹性层状体系理论,结构层厚度要满足整体刚度要求和结构层层底疲劳开裂要求,对于像青藏公路这样的二级道路以及该地区高速道路、一级道路,都必须以沥青路面路表回弹弯沉值、沥青混凝土层层底拉应力以及半刚性基层层底拉应力为设计双控指标。当然,如果采用级配碎石或级配砂砾基层,可以不对该层层底拉应力进行计算。而对于该地区的三级、四级道路,只以路表面设计弯沉为控制指标。下面的力学计算均采用了 APBI 程序,实际应用中可采用其他相关程序。路表弯沉及沥青层层底或半刚性基层层底拉应力计算图式如图6-1、图6-2所示,图中:A点为路表轮隙中心弯沉计算点;B、C、D、E点为各结构层轮隙中心点、1/2半径、半径、3/2半径处的拉应力计算点;P表示0.707 MPa荷载;δ表示当量圆半径(取10.65 cm)。

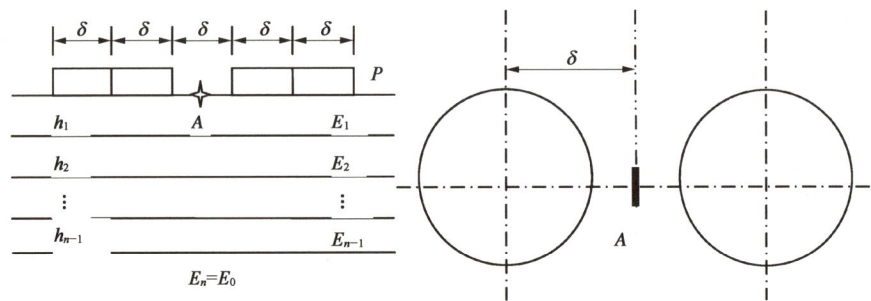

图6-1 路表弯沉计算图式

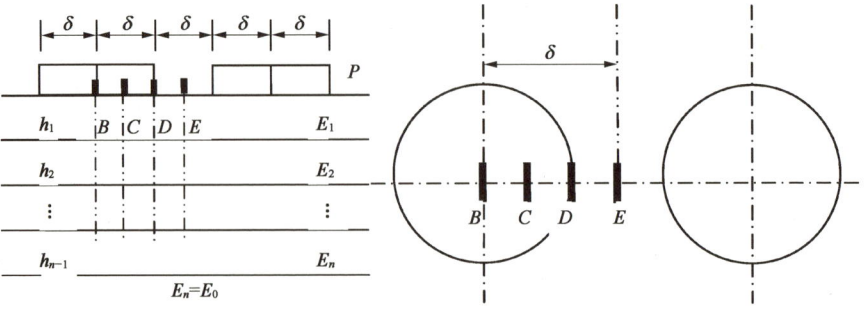

图6-2 沥青层底及半刚性基层层底拉应力计算图式

6.1.4.2 路基路面结构响应分析

高海拔高寒地区道路工程修筑后,破坏了原有地基的热平衡状态,加剧了冻土融沉速度及其造成的不均匀沉降。同时,路基下部将形成深度不同和形状各异的融化盘,对于不同的路基状况、不同路面结构会表现出不同响应。下面分别考虑冻土路基融化盘深度为1 m、2 m和3 m情况下,沥青稳定基层路面、级配碎石基层沥青路面和半刚性基层沥青路面的不同响应(采用有限元ABAQUS软件进行数值计算)。

1)计算模型

采用平面应变对路基路面横端面进行计算,考虑到横断面的对称性,将横断面一半作为计算模型,如图6-3所示。

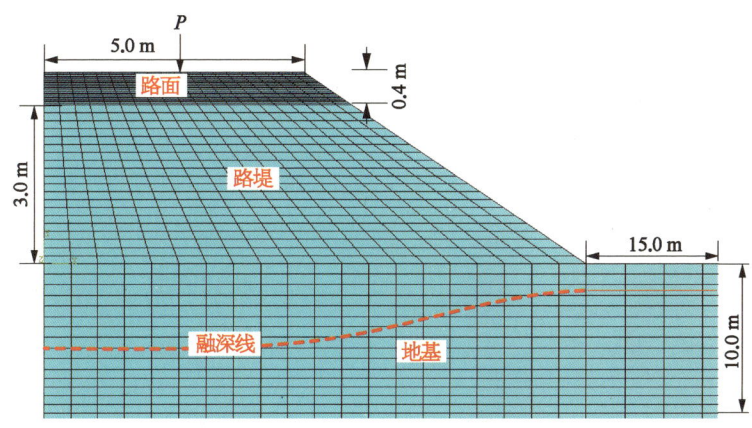

图6-3 路面结构分析计算模型简图

模型中路面宽度为5 m,路堤高度为3 m,地基深度取10 m。计算共包括9种工况,分别为3种融化盘深度(1 m、2 m和3 m)及3种基层沥青路面结构(沥青稳定基层、级配碎石和半刚性基层)的组合。各工况中路基结构及参数相同,路堤采用粗粒土进行填筑,地基土包含冻土、融土和融化盘,融土深度为2 m,冻土深为8 m,融化盘呈盆状,最深处位于路基中心部位。计算参数见表6-8。

表6-8 不同工况材料参数表

工况	指标	上面层	下面层	上基层	底基层	融化盘深度(m)
1	结构类型	AC13C	AC16	沥青稳定碎石	水泥稳定碎石	1
	厚度(cm)	4	6	10	20	
	模量(MPa)	1 300	1 100	800	1 300	
2	结构类型	AC13C	AC16	沥青稳定碎石	水泥稳定碎石	2
	厚度(cm)	4	6	10	20	
	模量(MPa)	1 300	1 100	800	1 300	

(续表)

工况	指标	上面层	下面层	上基层	底基层	融化盘深度(m)
3	结构类型	AC13C	AC16	沥青稳定碎石	水泥稳定碎石	3
	厚度(cm)	4	6	10	20	
	模量(MPa)	1 300	1 100	800	1 300	
4	结构类型	AC13C	AC16	级配碎石	水泥稳定碎石	1
	厚度(cm)	4	6	10	20	
	模量(MPa)	1 300	1 100		1 300	
5	结构类型	AC13C	AC16	级配碎石	水泥稳定碎石	2
	厚度(cm)	4	6	10	20	
	模量(MPa)	1 300	1 100		1 300	
6	结构类型	AC13C	AC16	级配碎石	水泥稳定碎石	3
	厚度(cm)	4	6	10	20	
	模量(MPa)	1 300	1 100		1 300	
7	结构类型	AC13C	AC16	水泥稳定碎石		1
	厚度(cm)	4	6	30		
	模量(MPa)	1 300	1 100	1 300		
8	结构类型	AC13C	AC16	水泥稳定碎石		2
	厚度(cm)	4	6	30		
	模量(MPa)	1 300	1 100	1 300		
9	结构类型	AC13C	AC16	水泥稳定碎石		3
	厚度(cm)	4	6	30		
	模量(MPa)	1 300	1 100	1 300		

级配碎石材料是非线性的,由三轴压缩试验测得其弹性模量随着应力水平的增加而增加,其影响因素为材料类型、级配、含水量、密实度及应力状态等。其中最大影响因素应力状态与模量的非线性关系式(6-4):

$$E = K_1 \theta^{K_2} \tag{6-4}$$

式中: E 为级配碎石基层的弹性模量(kPa); θ 为第一应力不变量,是三个主应力 σ_1、σ_2 和 σ_3 之和或者三个法向应力 σ_x、σ_x 和 σ_x 之和; K_1 和 K_2 为与材料和试验有关的回归常数。

分析在地基沉降过程中路面结构的响应时,级配碎石的非线性由 ABAQUS 子程序实现,其中 K_1、K_2 分别取 24 432 和 0.47。

2) 荷载及边界条件

计算采用平面应变模型,结合路基路面实际受力状态,将模型作部分简化。对交通动荷载而言,等效为 11.5 kPa 的均布静荷载。地基一侧延伸 15 m,相对于路面宽度已较大,因此

可定义地基侧面为 x 向约束、不渗透边界条件。地基深度为 10 m,在地基底部,定义 x、y 向约束,同时为不透水边界。对于模型中的原始地面,定义为自由边界,无应力、位移及渗透约束。路堤坡比为 1∶1.5,路面顶部为无任何约束的自由边界。

3) 计算结果及分析

(1) 路面变形计算结果与分析

通过对不同融化盘深度条件下三种路面结构分别进行数值计算,同一路面结构在不同融化盘深度时路面顶部位移如图 6-4~图 6-5(左)所示,在同一融化盘深度时不同路面结构顶部位移如图 6-5(右)~图 6-6 所示。

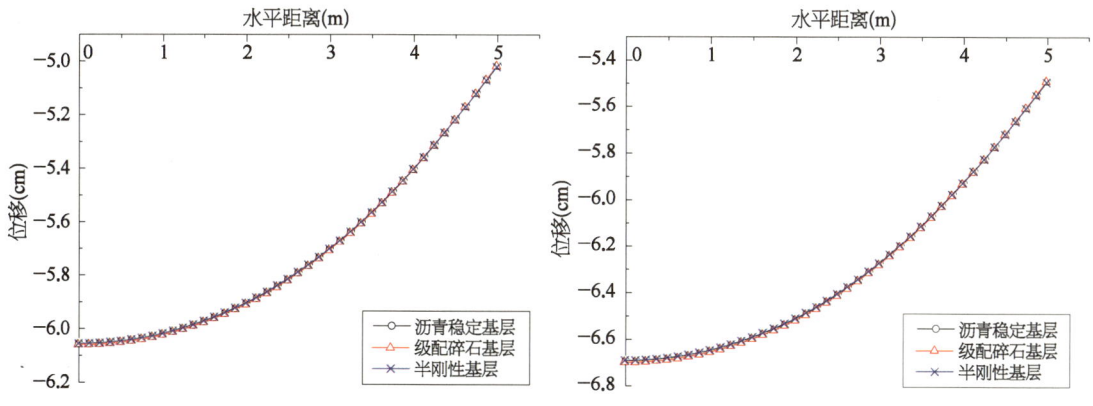

图 6-4 融化盘深 1 m(左)、2 m(右)时各路面结构顶部位移

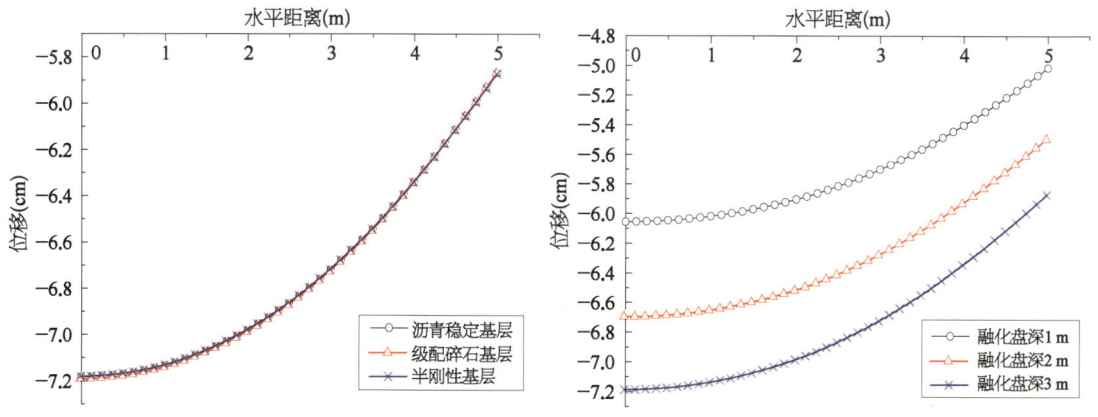

图 6-5 融化盘深 3 m 时各路面结构顶部位移(左)及沥青稳定基层路面结构顶部位移(右)

由图 6-5(右)~图 6-6 可知,对于相同的融化盘深度,不同路面结构面层顶部位移相差不大。因为研究的三种结构主要反映在基层种类不同,而基层厚度都较小,因此,因基层型式不同而造成路面结构的位移差异并不大,但图 6-5~图 6-6(左)显示,融化盘深度对路面顶部位移影响较大,随着融化盘深度增加,面层顶部最大位移也增加,见表 6-9。

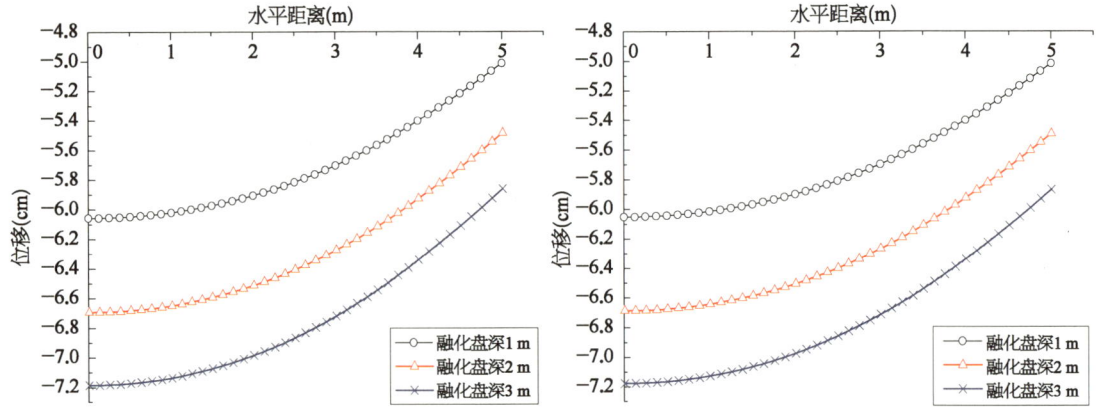

图 6-6　级配碎石基层路面结构顶部位移（左）及半刚性基层路面结构顶部位移（右）

表 6-9　不同融化盘深度的各结构面层顶部最大位移表

结构类型 融化盘深度	面层顶部最大位移（cm）		
	沥青稳定基层 沥青路面	级配碎石基层 沥青路面	半刚性基层 沥青路面
1 m	-6.05	-6.06	-6.05
2 m	-6.69	-6.69	-6.69
3 m	-7.18	-7.19	-7.17

结合如上分析可知，在多年冻土区，面层与半刚性基层中间铺设一定厚度其他材料对路面位移影响很小，路面位移主要由路堤变形及冻土地基融沉引起，而其中冻土地基融沉占主要部分。

（2）面层及基层底部应力计算结果与分析

下面针对不同融化盘深度条件下的各路面结构，对其面层底部与半刚性底基层底部应力分布进行计算并分析。对沥青稳定碎石层和级配碎石层，不进行应力分析。通过数值计算，得到各路面结构面层底部和半刚性基层底部应力分布如图 6-7~图 6-11 所示。

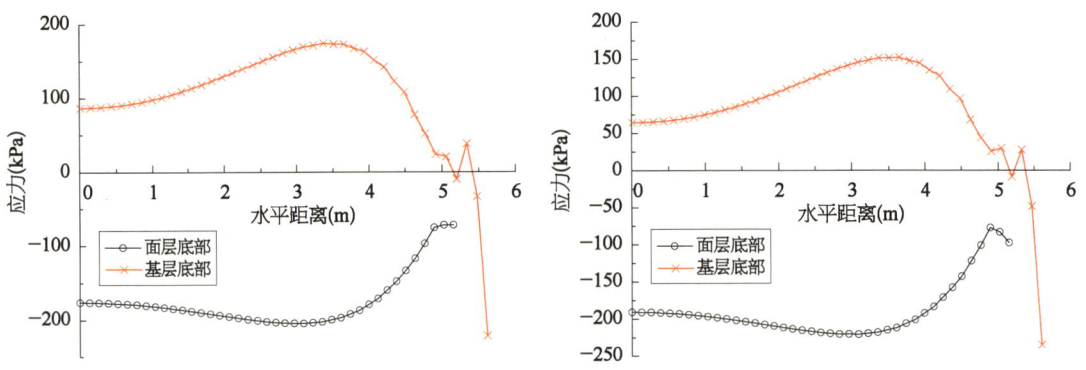

图 6-7　融化盘深 1 m 时沥青稳定基层路面应力（左）及级配碎石基层路面应力（右）

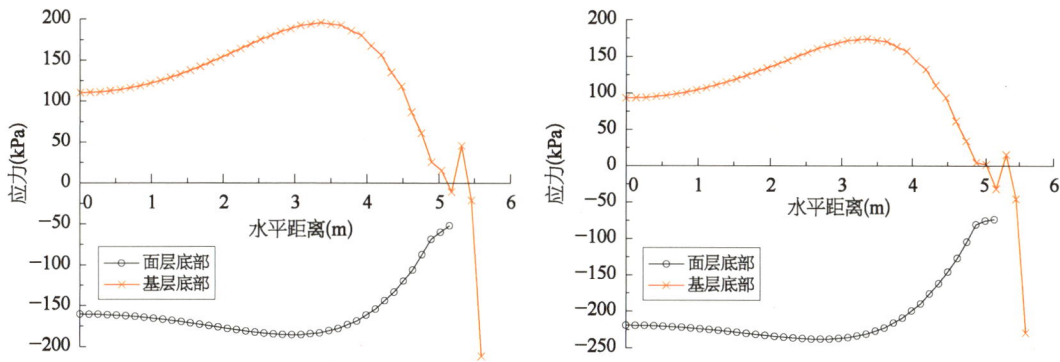

图 6-8 融化盘深 1 m 时半刚性基层路面应力（左）及融化盘深 2 m 时沥青稳定基层路面应力（右）

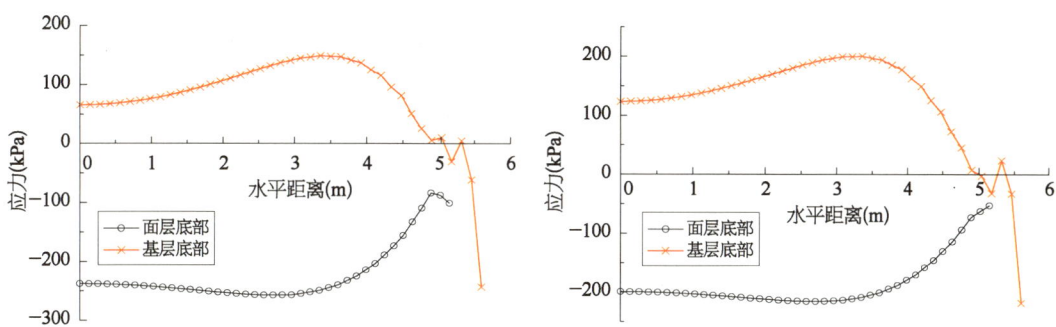

图 6-9 融化盘深 2 m 时级配碎石基层路面应力（左）及半刚性基层路面应力（右）

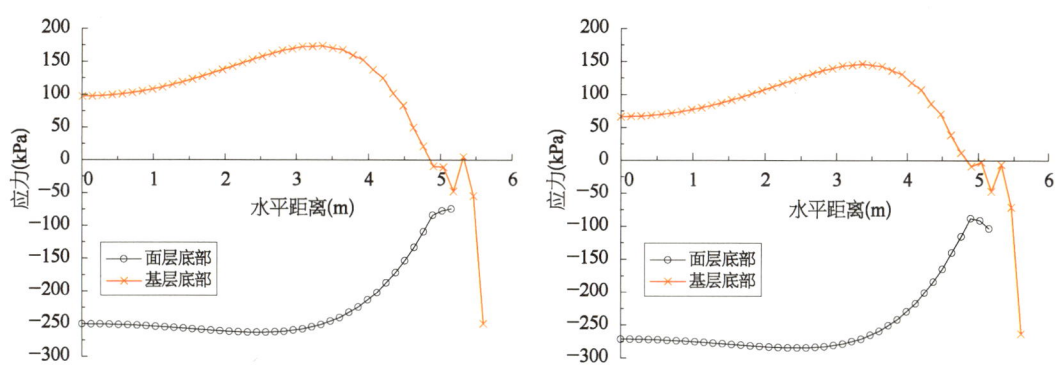

图 6-10 融化盘深 3 m 时沥青稳定基层路面应力（左）级配碎石基层路面应力（右）

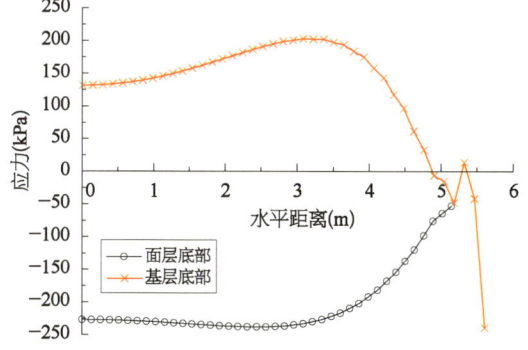

图 6-11
融化盘深 3 m 时半刚性基层路面应力

从图 6-11 可以看出,对于表 6-10 中所列不同工况,沥青面层底部表现为压应力,且最大压应力远小于沥青混凝土极限抗压强度,而半刚性基层底部应力表现为拉应力,见表 6-10。

表 6-10 不同融化盘深度的各结构半刚性基层底部最大拉应力表

融化盘深度	半刚性基层底部最大拉应力(kPa)		
	沥青稳定基层沥青路面	级配碎石基层沥青路面	半刚性基层沥青路面
1 m	173.87	152.5	196.02
2 m	174.58	149.33	200.45
3 m	174.12	146.42	203.57

从路面中心到路缘,应力表现为先增大后减小,变化幅度大小随路面结构不同而有差异。影响应力分布特征的因素主要有路面结构各层厚度、材料特性及融化盘大小和形状等,只有同时考虑各因素才能对高海拔高寒地区路面应力进行全面分析。

(3) 不同工况下半刚性基层底部拉应力对比分析

为了比较分析高海拔高寒地区不同路面结构型式对冻土路基融沉的适应性,分别对各种路面型式的半刚性基层底部拉应力分布进行计算。同一路面结构在不同融化盘深度下半刚性基层底部应力分布情况如图 6-12~图 6-13(左),同一融化盘深度下不同路面结构半刚性基层底部应力分布如图 6-13(右)~图 6-14。

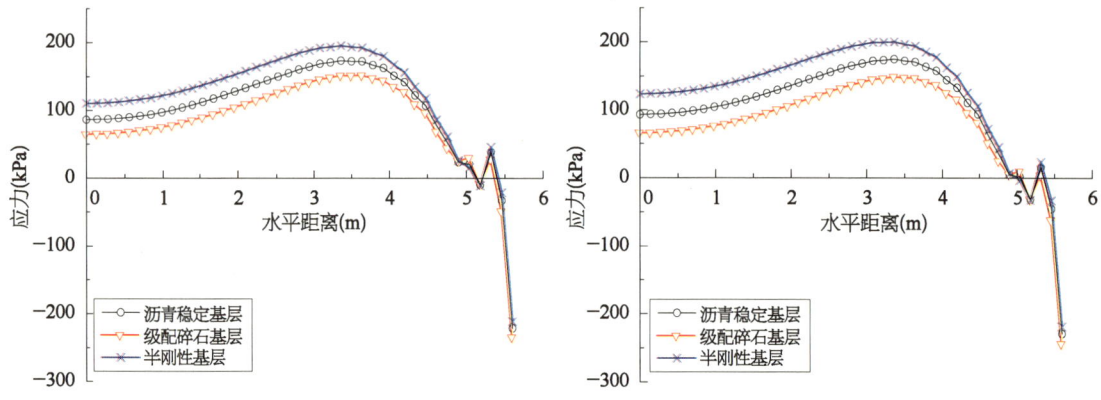

图 6-12 融化盘深 1 m 时(左)及 2 m 时(右)各结构基层底部应力

综合分析位移及应力计算结果,在不同工况下,三种路面结构表现出不同的位移及应力响应。在同一融化盘深度下三种路面结构顶部位移相差较小,而对于同一种路面结构,融化盘深度对路面位移影响较大,因此通过采取工程措施减缓融化盘向深处发展,可以减小了路面顶部位移。但对于基层层底拉应力来说,结构与融化盘深度对其影响就不同了,在同一融化盘深度下,各路面结构基层底部应力差异较大,其中半刚性基层沥青路面基层底拉应力最大,级配碎石基层沥青路面基层底部拉应力最小。随融化盘深度不同,各路面结构基层底部

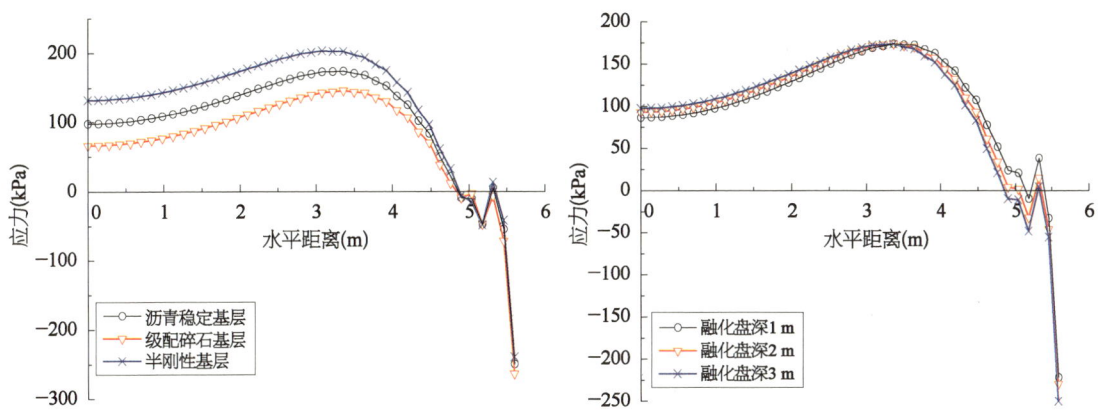

图 6-13 融化盘深 3 m 时各结构基层底部应力(左)及沥青稳定基层路面结构基层底部应力(右)

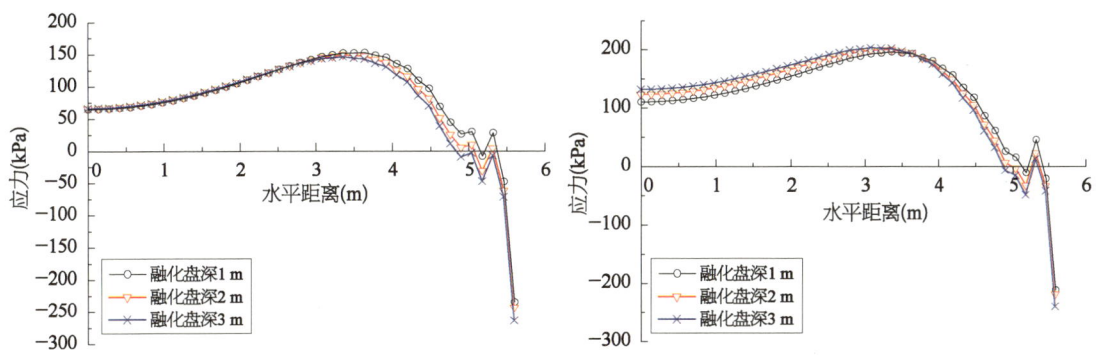

图 6-14 级配碎石基层(左)及半刚性基层(右)路面结构基层底部应力

应力变化都较小,说明基层底部拉应力对路面结构型式更为敏感,所以需要通过设计合理的路面结构来减小路面基层底部拉应力。

如果仅从力学计算和理论分析,级配碎石基层沥青路面更适合于高海拔高寒地区,但结合高海拔高寒地区气候、地理及交通条件综合考虑,与级配碎石基层沥青路面顶部位移和层底拉应力相近的沥青稳定基层相比,路表水和地下水容易进入级配碎石基层内,到达半刚性基层地面,会造成冻涨、水损等病害。

因此,从理论分析和实际施工应用综合考虑,沥青稳定基层沥青路面结构更加适合高海拔高寒地区。

6.1.4.3 路面结构试算参数以及结构厚度试算、拉应力计算

进行路面结构初拟时,必须根据经验以及规范的要求假定好厚度比较稳定而又安全系数较大的结构层厚度,只能对其中一层较典型的结构层厚度依据计算弯沉小于设计弯沉的原则进行试算,表 6-11~表 6-16 列出了只有一层未知厚度的结构层厚度的试算以及拉应力验算结果。

表 6-11　结构厚度计算、拉应力验算参数一览表

参　　数		标　准
设计年限年内累计标准当量轴次换算值	$N_{e设计}$（万次/一车道）	1 450 000
	$N_{e验算}$（万次/一车道）	341 176
道路等级系数 A_c	二级	1.1
面层类型系数 A_s	沥青混凝土	1.0
基层类型系数 A_b	半刚性基层+底基层≥20 cm	1.0
	面层、基层间级配碎石、沥青碎石厚度≤15 cm	1.0
	柔性基层、底基层厚度>15 cm	1.6
沥青混合料级配系数 A_a	细中粒式沥青混凝土	1.0
抗拉强度结构系数 K_s	沥青混凝土面层 $0.09A_a N_{e验算}^{0.22}/A_c$	1.35
	无机稳定集料 $0.35 N_{e验算}^{0.11}/A_c$	1.29
结构层的极限抗拉强度（即极限劈裂强度）σ_{sp} 见结构层材料参数表		

表 6-12　新增 1 结构结构层参数及未知厚度层的计算

结 构 层 组 合	AC-13（改性）	AC-16	沥青碎石	水泥稳定砂砾	级配砂砾	土基
厚度（cm）	4	5	待算	20	20	
20℃ 模量（MP）	1 300	1 100	700	1 300	200	50
劈裂强度 σ_{sp}（MP）	1.3	1	—	0.6	—	
设计弯沉值，0.01 mm $L_d = 600 N_e^{-0.2} A_c A_s A_b$			38.7			
弯沉修正系数 F			$F = 1.63(L_d/(2000\delta))^{0.38}(E_0/P)^{0.36}$		0.69	
满足 $F \cdot L_s \leq L_d$ 的试算结构层厚度（cm）			12.2			
沥青碎石层厚度为 15 cm 时结构层底拉应力计算结果						
层底容许拉应力（MP）$\sigma_R = \sigma_{sp}/K_s$	0.962 5	0.740 7		0.465 1	—	
以试算厚度 h 计算的层底拉应力（MP）σ	-0.298 9	-0.275 9		0.028 0		
是否满足 $\sigma \leq \sigma_R$？	满足	满足		满足		

表 6-13　新增 2 结构结构层参数及未知厚度层的计算

结 构 层 组 合	AC-13（改性）	AC-16	级配碎石	水泥稳定砂砾	级配砂砾	土基
厚度（cm）	4	5	待算	20	20	
20℃ 模量（MP）	1 300	1 100	300	1 300	200	50
劈裂强度 σ_{sp}（MP）	1.3	1	—	0.6	—	

(续表)

结 构 层 组 合	AC-13(改性)	AC-16	级配碎石	水泥稳定砂砾	级配砂砾	土基
设计弯沉值,0.01 mm $L_d = 600N_e^{-0.2}A_cA_sA_b$			38.7			
弯沉修正系数 F		$F = 1.63(L_d/2\,000\delta)^{0.38}(E_0/P)^{0.36}$				0.69
满足 $F \cdot L_s \leq L_d$ 的试算结构层厚度(cm)			14.1			
级配碎石层厚度为15 cm时各结构层层底拉应力计算结果						
层底容许拉应力(MP) $\sigma_R = \sigma_{sp}/K_s$	0.962 5	0.740 7	—	0.465 1		
以试算厚度 h 计算的层底拉应力 σ(MP)	−0.309 9	−0.271 3	—	0.019 6		
是否满足 $\sigma \leq \sigma_R$?	满足	满足	—	满足		

表6-14 新增3结构层参数及未知厚度结构层的计算

结 构 层 组 合	AC-13(改性)	沥青稳定碎石	水泥稳定砂砾	级配砂砾	土基
厚度(cm)	4	8	待算	20	
20℃模量(MP)	1 300	700	1 300	200	50
劈裂强度 σ_{sp}(MP)	1.3	—	0.6	—	
设计弯沉值,0.01 mm $L_d = 600N_e^{-0.2}A_cA_sA_b$			38.7		
弯沉修正系数 F		$F = 1.63(L_d/2\,000\delta)^{0.38}(E_0/P)^{0.36}$			0.69
满足 $F \cdot L_s \leq L_d$ 的试算结构层厚度(cm)			18.7		
水泥稳定砂砾为20 cm时的层底拉应力验算					
层底容许拉应力(MP) $\sigma_R = \sigma_{sp}/K_s$	0.962 5	—	0.465 1	—	
以试算厚度 h 计算的层底拉应力 σ(MP)	−0.419 2	—	0.256 2	—	
是否满足 $\sigma \leq \sigma_R$?	满足	—	满足	—	

表6-15 新增4结构层参数及未知厚度结构层的计算

结 构 层 组 合	AC-13(改性)	AC-16	水泥稳定砂砾	级配砂砾	土基
厚度(cm)	4	5	待算	20	
20℃模量(MP)	1 300	1 100	1 300	170	50
劈裂强度 σ_{sp}(MP)	1.3	1.0	0.6	—	

(续表)

结 构 层 组 合	AC-13(改性)	AC-16	水泥稳定砂砾	级配砂砾	土基
设计弯沉值,0.01 mm $L_\mathrm{d} = 600 N_\mathrm{e}^{-0.2} A_\mathrm{c} A_\mathrm{s} A_\mathrm{b}$			38.7		
弯沉修正系数 F		$F = 1.63(L_\mathrm{d}/2\,000\delta)^{0.38}(E_0/P)^{0.36}$			0.69
满足 $F \cdot L_\mathrm{s} \leq L_\mathrm{d}$ 的试算结构层厚度(cm)			水泥稳定砂砾 22.5		
水泥稳定砂砾层厚为 25 cm 时结构层底拉应力计算结果					
层底容许拉应力(MP) $\sigma_\mathrm{R} = \sigma_\mathrm{sp}/K_\mathrm{s}$	0.962 5	0.740 7	0.465 1	—	
以试算厚度 h 计算的层底拉应力 σ(MP)	-0.313 9	-0.216 3	0.016 9	—	
是否满足 $\sigma \leq \sigma_\mathrm{R}$?	满足	满足	满足	—	

表 6-16 新增 5 结构层参数及未知厚度结构层的计算

结 构 层 组 合	AC-13(改性)	AC-16	沥青碎石	级配碎石	级配砂砾	土基
厚度(cm)	4	5	10	待算	15	
20℃模量(MP)	1 300	1 100	700	250	200	50
劈裂强度 σ_sp(MP)	1.3	1.0	—	—	—	
设计弯沉值,0.01 mm $L_\mathrm{d} = 600 N_\mathrm{e}^{-0.2} A_\mathrm{c} A_\mathrm{s} A_\mathrm{b}$			61.857			
弯沉修正系数 F		$F = 1.63(L_\mathrm{d}/2\,000\delta)^{0.38}(E_0/P)^{0.36}$				0.82
满足 $F \cdot L_\mathrm{s} \leq L_\mathrm{d}$ 的试算结构层厚度(cm)			13.52			
级配碎石厚度为 15 cm 时的层底拉应力计算结果						
层底容许拉应力(MP) $\sigma_\mathrm{R} = \sigma_\mathrm{sp}/K_\mathrm{s}$	0.962 5	0.740 7	—	—	—	
以试算厚度 h 计算的层底拉应力 σ(MP)	-0.676 3	-0.332 7	—	—	—	
是否满足 $\sigma \leq \sigma_\mathrm{R}$?	满足	满足	—	—	—	

该结构组合进行试算时,如果假定沥青碎石厚度为 10 cm、级配砂砾厚度为 20 cm 或者级配碎石厚度为 30 cm,而试算其中任意一层厚度时,都能满足设计弯沉值,所以,认为上述假定厚度应该变为沥青碎石厚度为 5 cm、级配砂砾厚度为 15 cm 的合理厚度,然后再试算级配碎石的厚度即可。

6.1.4.4 拟定试验路路面结构

通过上述的计算和拉应力的验算,综合考虑了既能承受交通荷载的作用,又能克服该地区的低温收缩以及水泥稳定类基层的反射裂缝等多方面的因素,初拟了以下 5 种新增的结构,见表 6-17 和图 6-15。

表6-17 拟定试验路路面结构一览表

序 号	结 构 组 合
原结构	4 cm AC-13(改性)+5 cm AC-16+20 cm 水泥稳定砂砾+20 cm 级配砂砾
新增1	4 cm AC-13(改性)+5 cm AC-16+10 cm 沥青碎石+20 cm 水泥稳定砂砾+20 cm 级配砂砾
新增2	4 cm AC-13(改性)+5 cm AC-16+15 m 级配碎石+20 cm 水泥稳定砂砾+20 cm 级配砂砾
新增3	4 cm AC-13(改性)+8 cm 沥青碎石+20 cm 水泥稳定砂砾+20 cm 级配砂砾
新增4	4 cm AC-13(掺纤维)+5 cm AC-16+25 cm 水泥稳定砂砾+20 cm 级配砂砾
新增5	4 cm AC-13(改性)+5 cm AC-16+10 cm 沥青碎石+15 cm 级配碎石+15 cm 级配砂砾

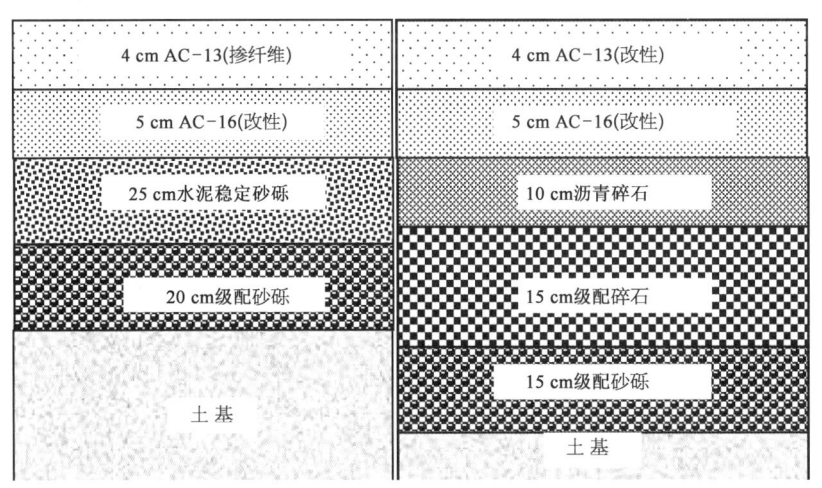

图6-15 拟定试验路新增路面结构布置图

6.1.4.5 试验路路面破损调查结果分析(表6-18)

表6-18 试验路裂缝状况调查

位 置	结 构	状 态	位 置	结 构	状 态
K2897+910	新增1	左半幅	K2899+000	新增4	中线轻微
K2898+045	新增2	左半幅	+015	新增5	左侧
+440		左路肩	+230		裂缝贯通
+685		裂缝贯通	+270		中线
+890	新增3	裂缝贯通	+410		裂缝贯通
+945		裂缝贯通	+455		右侧

通过对试验路段调查发现,主要病害为路面低温开裂、水损坏及其他功能性破坏等病害,其总体原因是路基承载力、路面结构强度与交通荷载作用之间失去平衡,或是由于交通量迅速增加、路面结构、路面材料不合理以及施工难以满足条件等原因造成。

6.1.5 推荐沥青路面典型结构组合

新增结构1、2路段的开裂均在左半幅或左路肩处,因为该路段的左侧为高填方路基,分析原因可能是路基或边坡的沉降造成的。而新增结构4只有一个位置的中线有轻微裂缝。新增结构5相对开裂严重些,加之其结构组合比较复杂,对施工组织不利,结构4的裂缝比较严重,基本贯通,所以综合考虑后认为新增结构1、2、4更加适合高海拔高寒地区,见表6-19。

表6-19 青藏线推荐典型结构组合表

结构编号	类 型	35~45(MPa)	45~55(MPa)	55~65(MPa)	最小防冻厚度(cm)
新增1	AC-13(改性)	4	4	4	
	AC-16	5	5	5	
	沥青碎石	10	5	5	
	水泥稳定砂砾	25~17	25~18	18~15	
	级配砂砾	20	10	10	
新增2	AC-13(改性)	4	4	4	$h_d = abcf^{0.5}$
	AC-16	5	5	5	$= 24.8$ cm(气温冻结指数取
	级配碎石	10	10	10	2 600℃·d)
	水泥稳定砂砾	34~25	25~17	17~15	
	级配砂砾	20	20	20	
新增4	AC-13(掺纤维)	4	4	4	
	AC-16	5	5	5	
	水泥稳定砂砾	35~26	26~21	21~16	
	级配砂砾	20	20	20	

6.2 混凝土桥沥青铺装系设计及施工控制

本节首先针对混凝土桥受力特殊性,对其沥青铺装系结构设计采用了拉应力、剪应力双指标控制,且在抗剪指标中考虑了混合料及其界面浸水 72 h 最不利状态;其次,在沥青铺装系黏结层及防水黏结层混合料设计中引入了麦克·劳德法(McLeod)与中心旋转试验法(the Central Composite Rotatable Design Techniques,CCRDT);最后,对混凝土桥沥青铺装系施工及其质量控制推荐了技术要求。

6.2.1 混凝土桥沥青铺装系结构设计

6.2.1.1 设计控制指标及准则

① 沥青铺装层表面抗拉控制:目前的混凝土桥沥青铺装层裂缝类病害频率超过 80%,所以为了克服荷载裂缝与温度裂缝的产生,应确保沥青铺装结构层内最大主应力 σ_{max} 不超过沥青混凝土的容许拉应力 $[\sigma_R]$,即式(6-5):

$$\sigma_{max} \leqslant [\sigma_R] \text{ 且 } [\sigma_R] = \frac{\sigma_{SP}}{K_S}, \quad K_S = \frac{0.09 N_e^{0.22}}{A_c} \tag{6-5}$$

式中:σ_{max} 为力学分析计算的沥青铺装系表面最大拉应力(MPa);$[\sigma_R]$ 为沥青混凝土容许拉应力(MPa);σ_{SP} 为沥青混凝土劈裂强度(MPa);K_S 为沥青混凝土抗拉结构强度系数;A_c 为公路等级系数,高速、一级公路为 1.0,二级公路为 1.1,三、四级公路为 1.2;N_e 为设计年限内一个车道累计标准当量轴次(次/车道)。

② 层间抗剪控制:沥青铺装层另一主导型病害为层间剪切破坏,在进行沥青铺装层剪应力计算时,要求铺装层在车轮法向荷载、纵向及径向切向荷载共同作用下,其破坏面上可能产生的最大剪应力 τ_{max} 应不超过铺装层材料的容许剪应力 $[\tau_R]$,即式(6-6):

$$\tau_{max} \leqslant [\tau_R] \text{ 且 } [\tau_R] = \frac{c_{72} + \sigma_\alpha \operatorname{tg} \varphi_{72}}{K_f}, \quad K_{f=0.2} = \frac{0.39 N_e^{0.15}}{A_c}, \quad K_{f=0.5} = \frac{1.2}{A_c} \tag{6-6}$$

式中:τ_{max} 为沥青铺装层层间最大剪应力,采用有限元计算时应输入铺装层材料 60℃水浴 72 h 后再在 25℃空气浴中 2 h 的黏聚力 c_{72} 和内摩阻角 φ_{72};σ_α 为剪切破坏时的正应力,界面试验中的 F_2;$[\tau_R]$ 中的 c_{72} 和 φ_{72} 同前,由界面分析试验确定;K_f 为沥青混凝土抗剪强度系数,$f=0.2$ 是轮胎慢速制动,$f=0.5$ 是急刹车。

6.2.1.2 设计控制指标计算

在设计中可以采用不同方法来计算混凝土弯坡桥沥青铺装系的最大拉应力 σ_{max} 及剪应力 τ_{max}，尽管 MIDAS、桥梁博士等一些专门用于桥梁力学计算的软件在计算精度、便捷程度和成熟度方面比较好，但是大多适用于直线桥，而不适合于弯坡桥这种特殊线形，所以 ABAQUS、ANSYSE 等有限元软件更适合异型桥的建模、计算，基本计算步骤如下：

① 建立混凝土桥整桥(或至少 2 跨以上)及局部梁段有限元 3D 模型。

混凝土桥完全可通过 ABAQUS/CAE 来实现，以每跨长 20 m、跨中有 0.3 m 宽的横隔板、跨间有 2 m 横隔板、其底部有直径为 1.5 m 的支座、圆曲线半径为 200 m 为例(本例以混凝土弯坡桥为例)，建立如图 6-16 所示的两跨 3D 弯桥模型。考虑到不同纵坡、横坡坡桥模型的难度，采用了先建立平弯桥模型，然后通过施加水平纵向、水平横向荷载来考虑纵坡和横坡影响。两跨模型由半径均为 200 m 的 4 个半跨(4×8.85 m)、3 个 2 m 跨间横隔板及 2 个跨中横隔板组成。建模过程中注意：① 生成部件：与轮胎建模的坐标系不同，桥面坐标系方向为：$1(x)$ 为横向(垂直行车方向)、$2(y)$ 为竖向、$3(z)$ 为纵向(行车方向)；采用 Revolution 将横断面 Sketch 沿水平方向分别旋转 $2.536\,6°$、$0.573\,2°$、$0.086°$ 形成半跨、跨间横隔板、跨中横隔板模型。

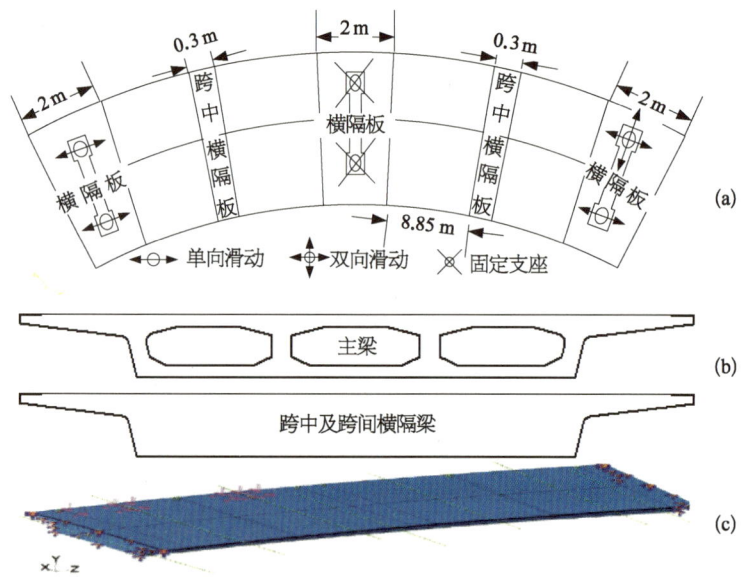

图 6-16 混凝土单箱三室箱梁断面及连续两跨有限元模型
(a) 两跨弯桥平面图；(b) 主梁断面及横隔梁断面；(c) 两跨有限元模型

② 通过设计期内累计标准当量周次 N_e 计算弯坡桥沥青铺装系长期加载时间 t 来计算当量模量。

沥青铺装系材料是一种黏弹性材料，其力学特性不但与荷载大小、特性有关，而且受到加载时间、加载温度等显著影响，加载温度又直接影响着材料的特性，所以需要对铺装系材料的平道、坡道加载效应进行分析。由如图 6-17 所示的汽车发动机功率特性曲线可知，发动机有效功率 P_e、驱动力 F_t 及车速 V 存在如式(6-7)关系：

$$P_e = \frac{T \cdot n}{9\,550}, \quad F_t = \frac{T \cdot i_0 i_1 \cdot \eta}{r}, \quad V = 0.377 \frac{n \cdot r}{i_0 i_1} \Rightarrow P_e = F_t \cdot V \quad (6-7)$$

式中：P_e 为发动机有效功率(kW)；F_t 为驱动轮驱动力(N)；T 为发动机扭矩(N·m)；i_0、i_1 为第一、二变速比；η 为机械效率；r 为轮胎转动半径；V 为车速(km/h)。

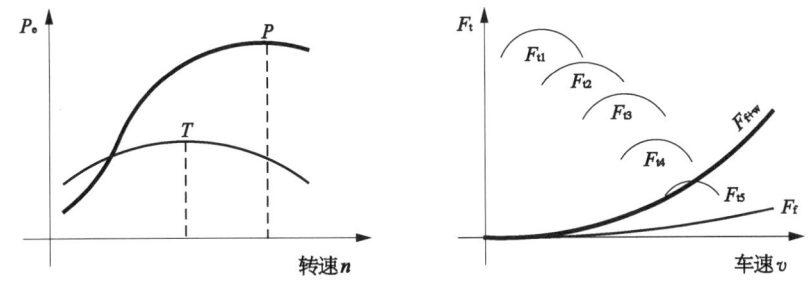

图 6-17　牵引车发动机功率特性曲线

汽车匀速爬坡极限车速计算：根据对目前市场上六轴汽车列车的牵引车调查发现，发动机功率普遍为 290~420 hp，即 213.15~308.7 kW，此次计算选择了 260 kW 动力。对于一辆给定汽车，其发动机最大输出有效功率 P_e 则一定，但不同纵坡时汽车需要克服的所有阻力的最大驱动力是不同的，那么由式(4-12)可计算不同纵坡上的匀速爬坡的极限车速 V。

汽车瞬态加载时间 Δt 计算：对于铺装层上轮胎前缘某一点来说，汽车的瞬态加载时间 Δt 也就是胎/面接触区纵向距离 L 与车速 V 之比，即 $\Delta t = 3.6L/V$；

汽车长期加载时间 t 计算：车辆荷载作用于铺装层是通过轮胎的多次累积作用实现的，这与设计期内累计标准当量轴次 N_e 有关，采用东南大学吴昊计算 $t = 3.6L \times N_e/V$ 公式。

等效温度 T 换算：1955 年，由化学家 M. L. Williams、R. F. Landel 和 J. D. Ferry 共同提出以他们名字首字母组合命名的 WLF 公式[式(6-8)]：

$$\lg a_T = \frac{-C_1(T - T_g)}{C_2 + T - T_g} \quad (6-8)$$

式中：T_g 为 $i=0\%$ 时基准温度，本文取夏季 7~8 月最不利气温 42℃；$\alpha_T = t_2/t_1$，t_1 为瞬态加载时间，t_2 为标准加载时间（取 $i=0\%$ 长期加载时间）；对于沥青黏弹性材料 $C_1 = 8.86$，$C_2 = 101.6$。

铺装系当量模量 E 换算：沥青材料模量与其加载时间、温度密切相关，长时间、低温加载相当于短时间、高温加载效果，据郑元勋(2008)对 10 cm 沥青路面模量与气温回归模型 $E = 8\,823e^{-0.028\,7T}$ 计算了不同等效温度 T 下当量模量 E，计算结果见表 6-20。

表 6-20　不同纵坡下匀速爬坡铺装层材料加载效应参数

项目	0	1%	2%	3%	4%	5%	6%	7%	8%	9%	10%
最大驱动力(kN)	9.44	12.13	15.15	18.32	21.59	24.89	28.22	31.54	34.89	38.21	41.54
极限车速 V(km/h)	99.16	77.14	61.78	51.09	43.36	37.61	33.17	29.68	26.83	24.50	22.53
瞬态加载时间 Δt(s)	0.007 3	0.009 3	0.011 7	0.014 1	0.016 6	0.019 1	0.021 7	0.024 3	0.026 8	0.029 4	0.032 0
长期加载时间 t(s)	7 261	9 333	11 654	14 092	16 607	19 143	21 706	24 262	26 835	29 393	31 957
等效温度 T(℃)	42.0	43.3	44.4	45.4	46.3	47.1	47.8	48.4	49.0	49.5	50.0
当量模量 E(MPa)	2 649	2 555	2 472	2 403	2 343	2 291	2 246	2 206	2 171	2 139	2 109

③ 采用界面分析试验法检测材料内聚力 c 与耐摩阻角 φ。

有限元分析沥青混合料等黏塑性、弹塑性材料时一般采用 Mohr-Coulomb 弹塑性本构模型(简称 M-C 模型),其中 M-C 模型参数 c、φ 可由三轴试验、单轴贯入与单轴抗压试验组合或界面分析试验来确定,但三轴试验对于沥青混合料或土工材料较适合,而对于沥青铺装系则主要采用后两种：

单轴贯入抗剪强度试验：CJJ 169—2012 要求采用旋转压实或静压法成型直径(100 ± 2)mm、高(100 ± 2)mm 圆柱体试件,由 MTS 通过贯入杆($d=28.5$ mm,$l=50$ mm)对试件施加法向荷载,测定 60℃ 单轴贯入抗剪强度,如式(6-9)所示。由试件数值模型计算 E 为 $100\sim2\,000$ MPa、μ 为 0.35 黏结层处的 σ_1、σ_3,且得到最大剪应力为 0.327 MPa,认为与 E、μ 无关,从而确定 $\gamma_1 = 0.327$；再由贯入试验强度曲线拐点得到最大贯入压强(P/A),且取 0.8 倍折减率,即 $\gamma_2 = 0.8$。

$$\tau_s = \gamma_1 \times \gamma_2 \times \frac{P}{A} \tag{6-9}$$

式中：τ_s 为试件单轴贯入抗剪强度(MPa)；P 为试件破坏时的最大荷载(N)；A 为贯入杆截面积(mm^2)；γ_1 为抗剪强度参数,取 0.327；γ_2 为最大贯入压强折减率,取 0.8。

接着将贯入强度 P/A 与数值计算 σ_1、σ_3 抗剪强度参数相乘得到 σ_1、σ_3,再进行单轴抗压强度试验,并将抗压强度作为第一主应力 $\sigma_c = \sigma_1$,且 $\sigma_3 = 0$,最后由如图 6-18(左)所示单轴抗压摩尔圆中直角三角形 ABO_2 可得 c 和 φ：

$$c = \frac{\sigma_c}{2}\left(\frac{1-\sin\varphi}{\cos\varphi}\right), \quad \varphi = \arcsin\frac{\sigma_1 - \sigma_3 - \sigma_c}{\sigma_1 + \sigma_3 - \sigma_c} \tag{6-10}$$

界面分析试验：即对图 6-18(右)所示试件夹具以 $4\sim4.5$ mm/min 的速率施加竖向荷载 F_1,右楔形支座沿着 α 角向下滑动的同时,左楔形支座则向左平移,此时传感器测得水平荷载 F_2。同时,可由力学平衡原理以及摩尔库仑定律得到式(6-11)：

$$\begin{cases} F_1 = \tau + F_2\tan\alpha \\ \tau = c + F_2\tan\varphi \end{cases} \tag{6-11}$$

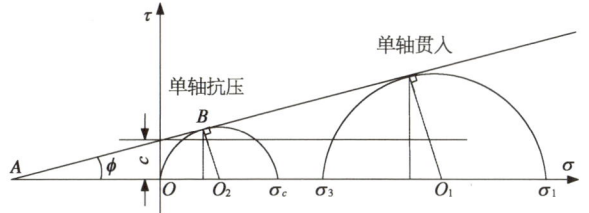 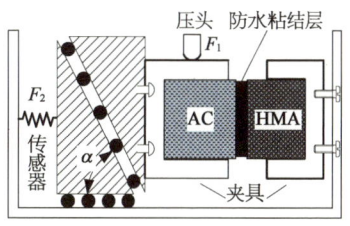

图 6-18 单轴贯入试验与单轴抗压强度极限摩尔圆(左)及界面分析仪示意图(右)

整理(6-11)式可得式(6-12):

$$F_1 = c + F_2(\tan\alpha + \tan\varphi) \qquad (6-12)$$

式中：F_1 为剪切破坏时的竖向荷载(N);F_2 为剪切破坏时的水平荷载(N);τ 为防水黏结层剪切强度(MPa);α 为楔形倾角,5°~30°;c 为防水黏结层黏聚力;φ 为防水黏结层内摩阻角。

这样,可由仪器测得 F_1 为横坐标、F_2 为纵坐标的 F_2-F_1 曲线,且由式(6-12)计算:

$$F_2 = \frac{1}{(\tan\alpha + \tan\varphi)} \cdot F_1 - \frac{c}{(\tan\alpha + \tan\varphi)} \qquad (6-13)$$

考虑到便利、准确性,采用界面分析试验检测沥青铺装系黏聚力 c 和内摩阻角 φ。

6.2.1.3 基于浸水强度保有系数改进 M-C 模型

防水黏结层顾名思义应兼备防水、黏结功能,而目前设计、施工、试验检测、质量评定更注重黏结,而忽视防水。其实水分对防水黏结层黏结、抗剪、抗拉、抗压强度及抗压回弹模量等均有影响。J. Lieberman(2001)、C. RAAB(2004)、Christiane Raab(2012)等人就水对抗剪强度影响进行了如图 6-19 所示的试验与研究。Scholz T V(1995)开发集长期老化与水损害于一体的 LINK 试验,纳入英国 SG3/05/234 标准;Choi Y K(2005)开发了真空水浴饱和后入 85℃水浴+2.1 MPa 达 65 h 的饱和老化拉伸劲度试验。我国魏翰超(2010)发现老化、浸水双重作用使沥青混合料 c 值减小 20%,而 φ 值却增加 10%,也有认为水浴温度升高、浸水时间加长可使沥青混凝土试件劈裂强度及抗压回弹模量分别降低 22%~40%。这说明:① 水对防水黏结层强度参数有着显著影响,在室内、现场检测中增加浸水条件是必要的,通过试验浸水条件模拟实际初期水损害是可能的;② 通过在有限元数值模拟中改变材料抗剪强度参数 c、φ 来模拟实际浸水条件的变化是可行的;③ 由此可推测水对铺装层材料强度也有影响。

对于沥青混凝土铺装层及碎石封层类防水黏结层,其耐久性及强度受 c 和 φ 的影响,而 c 与 φ 在铺装层寿命期并非不变,其与车辆、环境荷载密切相关。尽管在寿命期内材料整体性能呈衰减趋势,但外因、内因对材料模量 E、泊松比 v、c 和 φ 等影响程度和规律却是不同的,那么,只有获得铺装系材料的 c、φ 值,才能采用 M-C 模型进行模拟,也才能通过改变 c、φ 关键参数来实现在有限元中对降雨条件的数值模拟。当然,为在有限元中通过改变 M-C 参数 c、φ 来模拟水对铺装系影响,或真正对沥青铺装系防水性能实现数值模拟,很有必要通过浸水强度衰减试验建立抗剪、黏结强度与不同浸水条件的关系。

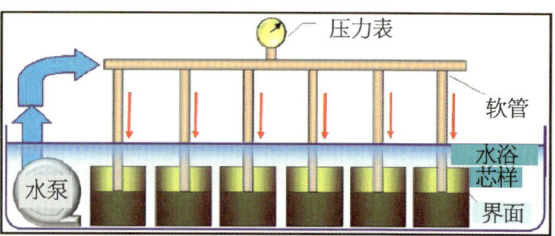

图 6-19　LPDS 及试件浸水加压设备

如图 6-20 所示浸水试验条件代号为：标准 25℃ 空气浴 6 h；12 h+60℃、24 h+60℃、48 h+60℃、72 h+60℃ 分别为水浴 12 h、24 h、48 h、72 h 后再进行 25℃ 水浴 2 h。如图 6-20 所示，考虑到当由 25℃ 升高为 60℃ 时抗剪强度迅速减小且数据比较离散，所有浸水强度试件首先在 60℃ 水浴中养生 12~72 h 后，再在 25℃ 水浴中养生 2 h，最后进行拉拔、直剪及界面分析试验。

60℃水浴 12~72 h　　　　　　　　　25℃水浴 12 h

图 6-20　浸水强度折减试验试件养生

本试验选择了 SBS 改性沥青碎石封层、橡胶沥青碎石封层、SBR 改性乳化沥青碎石封层类防水黏结层，依照图 6-20 所示浸水条件进行养生，然后进行黏结强度、直剪强度、界面分析试验，试验结果如图 6-21、图 6-22 所示，试验后试件界面破坏如图 6-23 所示。

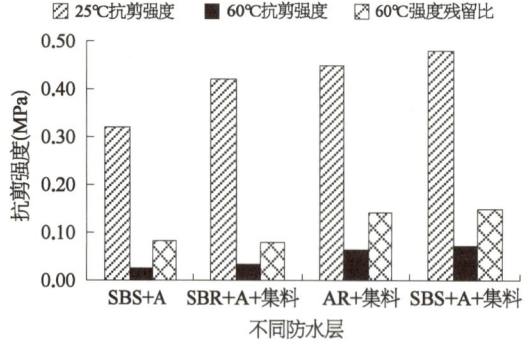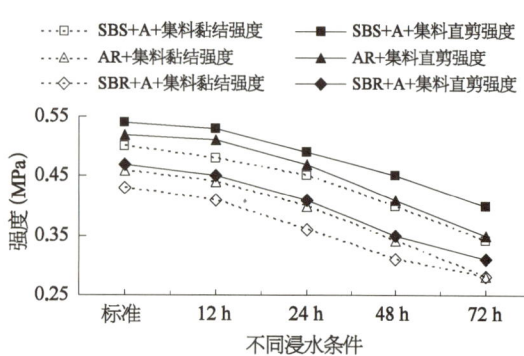

图 6-21　不同防水黏结层强度对温度敏感性

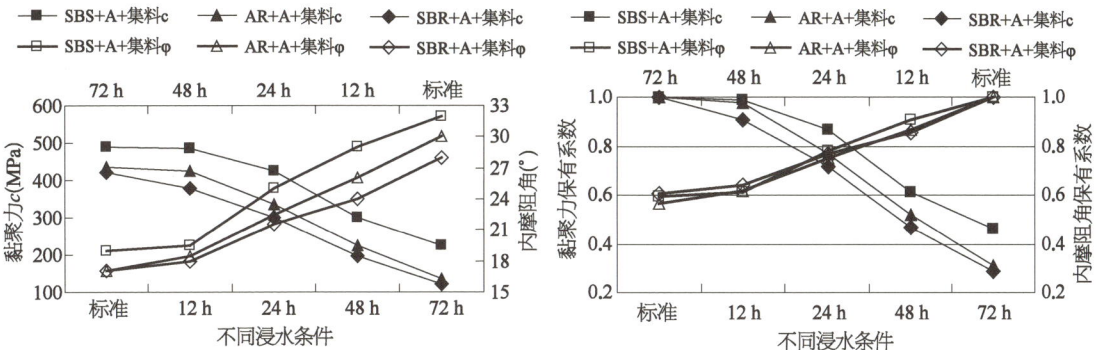

图 6-22　不同浸水条件下不同防水黏结层强度衰减规律

由图 6-22 可知：三种防水黏结层的铺装系直剪、黏结强度在标准养生条件下有差异，SBS 改性沥青类、SBR 改性乳化沥青类要比 AR 类高出 15%，且三类防水层强度均随着浸水时间的增加而不同程度地衰减，SBS 改性沥青类强度在 60℃ 水浴中养生 12 h 后衰减速率要小于其他防水层，说明其抗水损性能最为优异；SBR 改性乳化沥青类强度最小，从 412 kPa 降低到 105 kPa，主要是因为 SBR 改性乳化沥青类封层强度增长需要较长时间，试件成型前防水层尽管破乳，但是强度没有完全形成；另外破乳时沥青在集料表面留下微孔隙，也为后期的浸水留下了隐患，这与实际施工中出现的现象比较吻合。从界面分析试验可见：c 与 φ 随着浸水时间的增加而衰减，普遍由 32° 降低到 16°，尤其 φ 值对浸水的敏感性较 c 值小，但三种防水层 c 与 φ 的衰减幅度相差较小，说明水损坏是通过水分浸透、动水压力等作用致使材料黏聚力 c 及内摩阻角 φ 产生不同程度衰减，最终导致防水层强度下降，同时也说明在有限元模型中通过改变 c 与 φ 来模拟防水层的抗水损性能是可行的。

另外，如图 6-23(左)所示，不浸水时界面破坏一般出现在防水层内部，而图 6-23(右)表明浸水后界面通常发生在防水层与桥面板结合部。

图 6-23　不同典型界面破坏状态

沥青铺装系材料浸水强度衰减规律借鉴边坡稳定性数值分析中由 Griffiths 等提出的强度折减弹塑性有限元法思想,如式(6-14)所示。

$$c'' = \frac{c'}{F_t}, \quad \varphi'' = \arctan\left|\frac{1}{F_t}\tan\varphi'\right| \quad (6-14)$$

式中：c'、φ' 分别为土体实际黏聚力和内摩阻角；c''、φ'' 分别为以折减系数折减后的黏聚力和内摩阻角；F_t 为强度折减系数。

但沥青铺装层及碎石封层防水黏结层浸水抗剪强度折减规律与土体有所区别,高温条件下浸水将引起 c 的大幅度折减,但 φ 折减幅度较小,因此,抗剪强度与 c、φ 的折减率不是同步的。为了更好地表征材料浸水不同时间后残留强度的特征,提出了浸水黏聚力保有系数与浸水内摩阻角保有系数的概念,即：浸水黏聚力保有系数(F_c^t)系指防水黏结层 25℃ 时黏聚力 c 值与浸水 t 小时后 c_t 之比；浸水内摩阻角保有系数(F_φ^t)系指防水黏结层 25℃ 时内摩阻角 φ 值与浸水一定 t 小时后 φ_t 之比,如式(6-15)所示。

$$F_c^t = \frac{c_t}{c}, \quad F_\varphi^t = \frac{\varphi_t}{\varphi} \quad (6-15)$$

式中：F_c^t 为浸水 t 小时黏聚力保有系数；F_φ^t 为浸水 t 小时内摩阻角保有系数；c 为标准条件下(25℃)黏聚力(MPa)；φ 为标准条件下(25℃)内摩阻角(°)；c_t 为 60℃ 水浴浸水 t 小时再在 25℃ 水浴 2 h 的黏聚力(MPa)；φ_t 为 60℃ 水浴浸水 t 小时再在 25℃ 水浴 2 h 的内摩阻角(°)；

沥青铺装层与防水黏结层的 M-C 模型参数：基于沥青铺装层及防水黏结层浸水界面分析试验,结合不同铺装系的强度衰减规律得到表 6-21 所示的保有系数表。

表 6-21　不同浸水时间下铺装系 M-C 模型参数

项目		0	24 h	48 h	72 h
黏聚力 c(kPa)	铺装层 SMA	500	325	200	125
	防水黏结层 WM	300	210	150	90
内摩阻角 φ(°)	铺装层 SMA	40	34	30	26
	防水黏结层 WM	20	16	14	12

④ 对整桥施加如图 6-24 所示的汽车列车荷载模型：对于半径 R 的弯桥来说,还要根据式(6-14)计算弧形汽车荷载模型的旋转角 θ,从而确定最不利荷位。

假定牵引车主插销到后轴主插销距离为 L,而弯道半径或汽车转弯半径为 R,那么汽车要想实现中心转弯,则转向轮需要转过的转向角 θ 近似式(6-16)：

$$\sin\theta \approx \frac{L}{R}, \quad 即\ \theta \approx \arcsin\frac{L}{R} \quad (6-16)$$

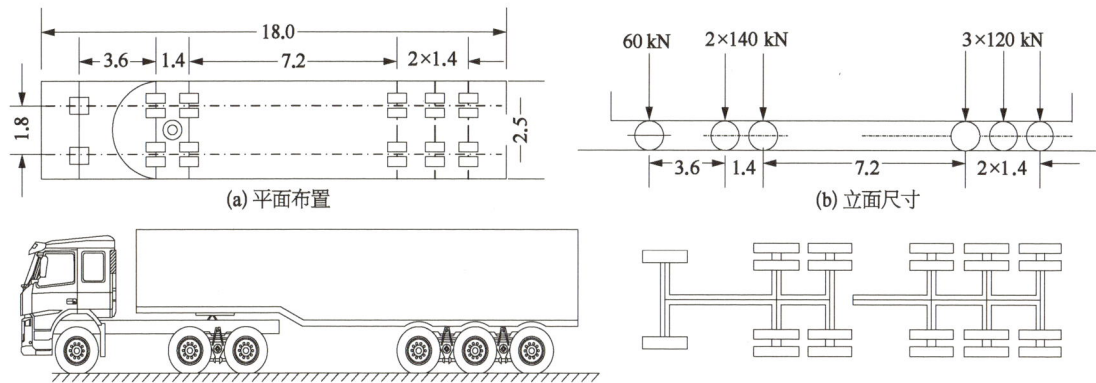

图 6-24 混凝土弯坡桥车辆荷载车-轴-轮-胎组模型及单轴轴载分布

⑤ 对于纵坡为 0~10%、横坡为 1%~10%、半径为 20 m/50 m/100 m/200 m/650 m 的弯坡桥,需要计算法向荷载一次超载系数、纵向切向荷载系数、法向荷载二次超载系数、径向切向荷载系数及径向切向荷载分布系数,然后对局部梁段上的驱动轮胎/面接触区施加由法向、纵向切向及径向切向荷载组成的"铺装系设计简化 3D 荷载",并采用相应软件计算表面最大拉应力及层间最大剪应力(当然,如果计算站配置能够解决计算成本问题,也可采用全耦合响应级荷载模型进行加载)。

⑥ 最后基于劈裂试验检测铺装系材料劈裂强度,且应用界面分析试验检测铺装层材料 60℃ 水浴 72 h 后再在 25℃ 空气浴中 2 h 的黏聚力 c_{72} 及内摩阻角 φ_{72},且根据 A_c、N_e、f 等计算容许拉应力 $[\sigma_R]$ 和容许剪应力 $[\tau_R]$;同时,通过调整铺装层厚度直至计算铺装层最大剪应力等于容许剪应力,这样就可以在抗剪控制中通过提高计算剪应力、降低容许剪应力对铺装层材料的抗剪能力提出更高要求。

6.2.2 基于 CCRDT–McLeod 法设计防水黏结层

我国对混凝土桥面防水黏结层缺乏专门的设计,尤其是碎石封层类防水黏结层,普遍借鉴沥青路面层铺法技术要求直接施工,这是不合理的,本书将 McLeod 法与 CCRDT 法相结合,提出更加科学的、适用于混凝土桥面碎石封层类防水黏结层的设计法。

6.2.2.1 基于 McLeod 法初拟集料与沥青撒(洒)布量

自从 20 世纪 20 年代以来,碎石封层设计经历了由经验法向理论法的发展,而理论设计主要有 Hanson 法、Kearby 法、McLeod(麦克·劳德)法、英国 Road Note39 法、澳大利亚 Austroads 法、新西兰 P17 法以及南非 TRH3 法等。1930 年为了适应当时的液体沥青发展,新西兰 F. M. Hanson 认为 50% 集料空隙碾压后减为 30%,开放交通后变为 20%,而 20% 空隙中仅 70% 被沥青填充,因此基于集料最小尺寸提出了沥青洒布量 $R(L/m^2)$ 与最小集料尺寸 ALD 的关系 $R = ALD \times 0.2 \times 0.7 = 0.14ALD$,后来又基于构造深度因子 $e(L/m^2)$ 和交通量修

正因子 T_f 进行了修正,即 $R = (0.138ALD + e)T_f$、$e = 0.21T_d - 0.05$。经过 20 多年的发展,于 1953 年 Kearby 基于集料毛体积密度 W、集料 100% 覆盖后集料重量 $Q(\text{yd}^2)$ 确定集料参考撒布量 $S = 27W/Q$;同时,基于集料平均撒布厚度 $d(\text{in})$、集料嵌入比例 h 等确定沥青参考洒布量 A,又于 1981 年基于交通修正因子 T 及表面构造修正因子 V 进行了相应的改进,如式(6-17)所示。

$$A = 5.61E(1 - W/62.4G)T + V, \quad E = h \times d, \quad d = 1.33Q/W \quad (6-17)$$

式中:S 为每立方码集料可撒布的平方码数量;A 为 60 华氏温度下洒布率(gal./yd²)。

本书引入 20 世纪 60 年代由 Norman McLeod 提出且被沥青协会、乳化沥青生产联合会及 SHRP(Strategi Highway Research Program)计划所采用的 McLeod 设计法,设计采用石灰岩集料,参数见表 6-22,计算如式(6-18)~式(6-21)所示。

表 6-22 McLeod 法初拟集料与沥青撒(洒)布量参数

粒径 (mm)	覆盖率 K(%)	50%通过率粒径 M(mm)	毛体积密度 G(t/m³)	松散密度 W(kg/m³)	集料吸收率 O(kg/m²)	桥面构造修正因子 S(kg/m²)	集料损失系数 E	集料针片状指数 FI(%)	改性乳化沥青固含量 R(%)
9.5~13.2	60	2.34	2.625	1 600	0.03	0.05	1.00	10	100
	80	9.57							

集料松散空隙率:
$$\begin{cases} V_{60} = 1 - \dfrac{0.6W}{1\,000G} = 63.4\% \\ V_{80} = 1 - \dfrac{0.8W}{1\,000G} = 51.2\% \end{cases} \quad (6-18)$$

集料平均最小尺寸:
$$\begin{cases} H_{60} = \dfrac{M_{60}}{1.139\,285 + 0.011\,506FI} = 2.05 \text{ mm} \\ H_{80} = \dfrac{M_{80}}{1.139\,285 + 0.011\,506FI} = 8.39 \text{ mm} \end{cases} \quad (6-19)$$

集料撒布量:
$$\begin{cases} c_{60\%} = (1 - 0.8V_{60\%})E \times H \times G \times K = 6 \text{ kg/m}^2 \\ c_{80\%} = (1 - 0.8V_{80\%})E \times H \times G \times K = 10 \text{ kg/m}^2 \end{cases} \quad (6-20)$$

沥青洒布量:
$$\begin{cases} A_{60} = \dfrac{0.4 \times H_{60} \times V_{60} + S + O}{R} = 0.6 \text{ kg/m}^2 \\ A_{80} = \dfrac{0.4 \times H_{80} \times V_{80} + S + O}{R} = 1.8 \text{ kg/m}^2 \end{cases} \quad (6-21)$$

6.2.2.2 基于 CCRDT 法初拟沥青洒布量及碎石撒布量组合

对于 AR 和 SBS 改性沥青同步碎石防水黏结层,在进行不同温度、浸水条件下黏结、抗剪强度、c 和 φ 检测及施工前,首先进行配合比设计,即确定最佳沥青洒布量、最佳集料撒布量。由于设计中只涉及一个强度(抗剪/黏结)因变量以及沥青洒布量、碎石撒布量两个在施工容许范围内相互独立的自变量,所以设计时引入最早由 Robinson(2000)基于统计法提出且普遍应用于农业、化工行业的 CCRDT 法。人们在安排大量试验方案时习惯采用正交试验设计法,特别对多因素、多水平试验设计比较科学和适用,但在确定两因素、多水平方案时,计算复杂的正交表就远不如 CCRDT 法简单、快捷。下面结合设计过程对 CCRDT 法原理及详细过程进行阐述。

① 确定自变量及其影响域:选择沥青洒布量 A 和碎石撒布量 C 作为两个互相独立自变量,由 McLeod 设计法确定沥青、集料初拟洒布量分别为 $A \in [0.6 \text{ L/m}^2, 1.8 \text{ L/m}^2]$,$C \in [6 \text{ kg/m}^2, 10 \text{ kg/m}^2]$;同时,确定黏结强度、直剪强度、斜剪强度、扭剪强度为因变量。

② 试验组合编码条件见表 6-23,编码规则如图 6-25 所示。

表 6-23　中心混合旋转试验法试验编码规则

试验编号 n	1	2	3	4	5	6	7	8	9~13
A_c^n	-1	+1	-1	+1	$-\psi$	$+\psi$	0	0	0
C_c^n	-1	-1	+1	+1	0	0	$-\psi$	$+\psi$	0

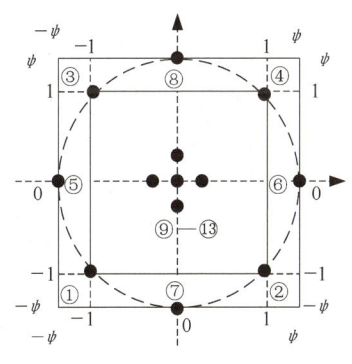 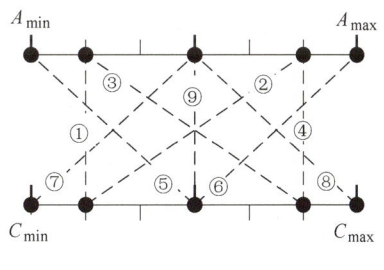

图 6-25　CCRDT 设计的编码及两因素多水平之间派对规则

③ 计算试验实际洒(撒)布量:该试验方案共设计 13 组试验,1~4 组包括自变量中心值(+1 和 -1),5~8 组为设计开始点,除一个以外开始点的所有因素都在设计中用作中点水平值,该因素有一个可任意选择的 ψ 水平,9~13 组为中心点,在中心可能有任何数量重复点,参考 Diamond(2001)的结论对 2 个自变量取 5 个中心点。当 $\psi = 2^{1/2}$ 时,该设计称为可旋转,说明在 X 点的预测响应变异只依赖于 X 距设计中心点距离。为了将图 6-25 中编码条件量化为影响范围之内的数值,$\psi = 2^{1/2}$ 设置为变量变化幅度的一半,且换算系数定义见式(6-22):

$$\begin{cases} \sqrt{2}A_s = \frac{1}{2}(A_{max} - A_{min}), & A_n = A_c^n \times A_s + \frac{1}{2}(A_{max} + A_{min}) \\ \sqrt{2}C_s = \frac{1}{2}(C_{max} - C_{min}), & C_n = C_c^n \times C_s + \frac{1}{2}(C_{max} + C_{min}) \end{cases} \quad (6-22)$$

式中:A_n 为第 n 组沥青洒布量;C_n 为第 n 组碎石撒布量;A_s 为沥青洒布量换算系数;C_s 为碎石撒布量换算系数;A_c^n 为第 n 组沥青洒布量编码值;C_c^n 为第 n 组碎石撒布量编码值;A_{min}、A_{max} 为初拟沥青最小及最大洒布量(L/m^2);C_{min}、C_{max} 为初拟碎石最小及最大撒布量(kg/m^2)。

④ 确定初拟沥青洒布量与碎石撒布量最佳组合:$A_{min} = 0.6\ L/m^2$,$A_{max} = 1.8\ L/m^2$。$C_{min} = 6\ kg/m^2$,$C_{max} = 10\ kg/m^2$,结果见表 6-24。

表 6-24 初拟沥青洒布量与碎石撒布量最佳组合

试验数	1	2	3	4	5	6	7	8	9~13
试验编号	A0.8/C6.5	A1.6/C6.5	A0.8/C9.5	A1.6/C9.5	A0.6/C8	A1.8/C8	A1.2/C6	A1.2/C10	A1.2/C8
沥青洒布量(A_n)(L/m^2)	0.8	1.6	0.8	1.6	0.6	1.8	1.2	1.2	1.2
碎石撒布量(C_n)(kg/m^2)	6.6	6.6	9.4	9.4	8.0	8.0	6.0	10.0	8.0

⑤ 成型试件:试件成型如图 6-26 所示。

图 6-26 强度衰减试验试件成型过程

成型过程:① 选择普通硅酸盐水泥制备强度为 C40、100 mm×300 mm×300 mm 水泥混凝土试件,标准条件养生 21 d,粗糙度(0.5±0.1)mm;② 表面洒布 0.2 kg/m^2 透层油(煤油:沥青=6:4),室温养生 48 h;③ 分别选择 SBS 改性沥青(70#基质沥青+3%SBS)、橡胶沥青(90#基质沥青+外掺 25%40 目胶粉)、改性乳化沥青(蒸发残留物 60%+3.5%SBR 胶乳)三种黏结料洒布于透层表面,再撒布 9.5~13.2 mm 单粒径集料,常温养生 24 h;④ 加铺 50 mm SMA-13。

⑥ 依照(1)要求进行如图6-27所示拉拔试验和直接剪切试验,界面分析试验、直剪试验、拉拔试验的加载速率分别为6 mm/min、8 mm/min、10 mm/min,结果如图6-28所示。

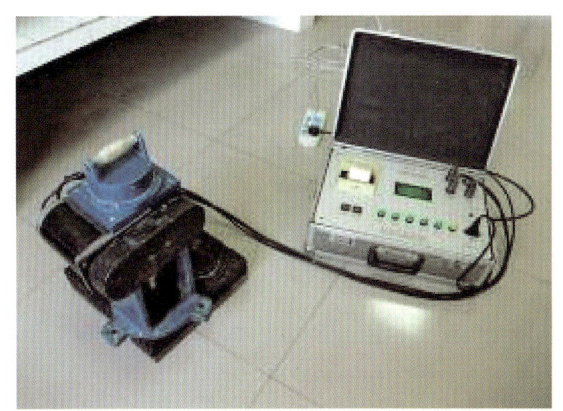

图6-27 黏结强度试验(左)与直剪强度试验(右)

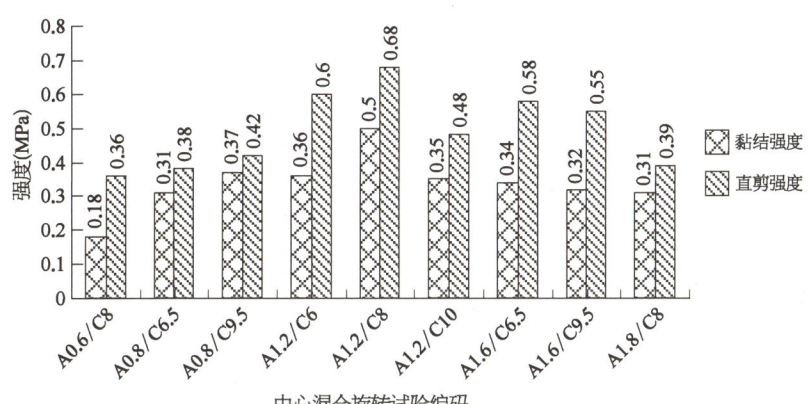

图6-28 不同配比防水黏结层黏结及直剪强度

如采用传统完全交叉试验方法,需进行25组;如采用正交法,也为L8(2^7)=25次,但图6-28表明:① 采用CCRDT法只需9组即可,且与全面试验法确定最佳配比非常一致(篇幅所限,全面试验结果未列);② 对同一沥青洒布量,随着碎石撒布量增加,而黏结、抗剪强度呈先增后减趋势,但均在8 kg/m² 附近出现峰值,主要因碎石较少时,沥青膜厚度较大,强度较高,当增加到最佳撒布量时强度达到峰值,随后碎石增加将导致沥青膜迅速变薄,强度下降;③ 对同一碎石撒布量,强度随沥青洒布量变化规律基本与②一致。当沥青较少时,沥青膜厚度较小,强度较低;当沥青增加到最佳量1.2 kg/m²,强度达到峰值,而当沥青洒布量继续增加时,此时自由沥青增多,润滑作用将使强度下降。假设平均粒径为8 mm,撒满碎石时需12.8 kg/m²,那么最佳撒布量为8.0 kg/m² 时,碎石覆盖率为8/12.8=62.5%,这与施工要求的60%~70%非常吻合,所以确定碎石的最佳撒布量应为8 kg/m²。

第 7 章

高速公路桥梁与隧道冻融灾变防控技术

7.1 高海拔高寒地区混凝土材料强度形成过程和耐久性

7.1.1 高原高寒区桥梁桩基混凝土低温下强度形成技术

1）试验所用原材料

试验所用水泥为 P.O.42.5R 型普通硅酸盐水泥；矿物掺合料之粉煤灰（FA）为 I 级粉煤灰，密度为 2.43 g/cm³，比表面积为 655 m²/kg；硅灰（SF）选用中密质硅灰，其平均粒径为 0.1μm，比表面积为 1.5×10^4 m²/kg，密度为 2.26 g/cm³；微膨胀剂选用混凝土专用 803 型无色液体微膨胀剂，推荐掺量为胶凝材料总量的 0.6%~1.2%；减水剂为高效减水剂，推荐掺量为胶凝材料总重量的 0.5%~1.2%。混凝土粗集料选用石灰岩质碎石，粒径 5~20 mm 连续级配，压碎指标为 4.6%，针片状含量为 2.8%，含泥量小于 0.2%，表观密度为 2 597 kg/m³，吸水率为 0.42%；细集料采用甘肃临洮河沙，细度模数为 2.82，中砂、Ⅱ区级配；砂的密度为 2.6 g/cm³，吸水率为 0.75%，含泥量为 1.5%。引气剂采用 Micro – Air202 混凝土引气剂，掺量为 0.005%~0.012%。

试验室制作不同配合比 100 mm×100 mm×100 mm 试块，每组 3 个，共 4 组，常温成型，分为标准养护和低温养护，低温养护在室内温度为-1~-2℃条件下养护，观察不同配合比混凝土（表 7-1）在低温下强度增长规律。

表 7-1 C40 混凝土配合比

组别	水胶比	C40 混凝土材料用量（kg/m³）（-2℃成型养护，坍落度 20±2,2 400 kg/m³）								
		水泥	水	砂	石	减水剂	粉煤灰	矿粉	二氧化硅	防冻剂
A	0.40	460	184	712	1 044	3.68				4.6
B	0.40	345	184	712	1 044	3.68	115			4.6
C	0.40	299	184	712	1 044	3.68	92	69		4.6
D	0.40	391	184	712	1 044	3.68		69		4.6
E	0.40	340.4	184	712	1 044	3.68	115(25%)		4.6	4.6
F	0.40	446.2	184	712	1 044	3.68			4.6	4.6

2）低温下混凝土强度形成特性

低温与标准养护下混凝土强度形成及发展过程分别如图 7-1 和图 7-2 所示。对比两图可以看出，低温下掺粉煤灰混凝土强度最低，复掺二氧化硅和二氧化钛混凝土强度较高，在标准养护下 C40 混凝土在不掺加任何掺合料的情况下可以达到强度要求，但掺加粉煤灰和矿粉正常情况下很难达到标准强度，低温下粉煤灰混凝土强度损失尤其严重，说明因为温度影响,混凝土强度形成与水泥的掺量有直接影响,而利用掺合料替代水泥,虽然水泥水化热降低,放热量减少,但是对强度影响较大。

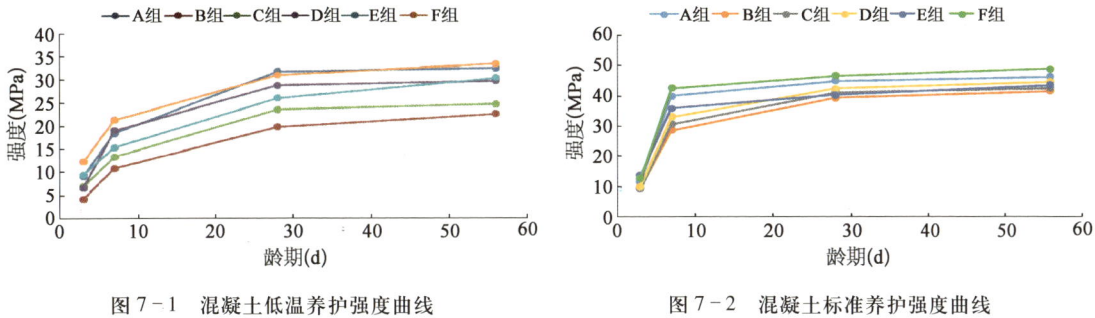

图 7-1　混凝土低温养护强度曲线　　　　图 7-2　混凝土标准养护强度曲线

基于上述试验,建议在添加掺合料情况下不能应用标准养护条件下强度来衡量低温条件下混凝土强度,在实际工程中,应考虑接近工况条件养护混凝土,以便达到混凝土实际强度;或者参考已有的添加新型抗冻防冻外加剂方法,实现负温环境下的混凝土强度。

7.1.2　高原高寒区冻融循环作用下混凝土抗冻融耐久性

7.1.2.1　混凝土抗冻融循环强度变化特性

分别制作 C40 和 C60 高强混凝土试件(尺寸为 100 mm×100 mm×100 mm)9 组,每组 3 个。分别测试 3 d、7 d、28 d 强度以及每冻融 50 次测试立方体抗压强度,冻融次数较少者可测试每冻融 25 次强度,另制作 100 mm×100 mm×400 mm 试件 3 个,28 d 之后进行冻融循环,按照《普通混凝土长期性能和耐久性能试验方法标准》(GB/T 50082—2009)试验,每冻融 50 次进行超声波探伤和动弹仪测试,并同时进行 CT 扫描探测混凝土内部损伤情况,直至达到破坏条件。冻融循环混凝土配合比设计见表 7-2。

表 7-2　冻融循环混凝土配合比设计

组别	标号	C40 混凝土材料用量(kg/m³)(标准成型养护,坍落度 20±2,2 400 kg/m³)					
		水泥	水	砂	石	减水剂	引气剂(‰)
A	C40	440	176	784.96	999.04	4.4	
B	C40	440	176	784.96	999.04	4.4	0.6
C	C60	560	224	711.04	904.96	5.6	

混凝土冻融循环强度变化如图 7-3 所示。通过对比可知,掺加引气剂的 B 组混凝土抗冻融循环能力明显增强,可以达到 250 次冻融循环不破坏,未掺加引气剂 A 组混凝土在冻融循环 150 次后强度明显下降,C 组高标号混凝土在经过 175 次冻融循环后强度下降趋势明显。显然,良好的引气剂有助于混凝土抗冻融耐久性的增强。

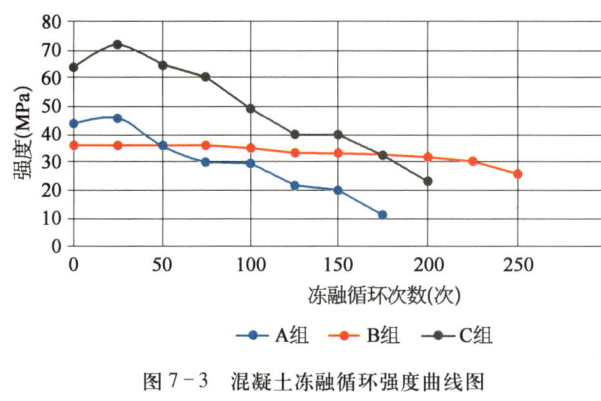

图 7-3 混凝土冻融循环强度曲线图

此外,根据扫描电镜观察,冻融作用后混凝土显微结构内部均发生不同程度的开裂,微裂纹生长、扩展,直至导致混凝土的水泥浆体剥落,结构酥松、破坏。而 CT 扫描结果显示,在冻融 150 次后混凝土内部结构基本无变化,表面剥落,说明在冻融过程中,是从表面开始直至向混凝土内部作用的过程,因此损伤首先发生在表面,而结构内部几乎无损伤,随着冻融次数的增加,损伤逐渐向内部接近,直至最后发生破坏。因此,增强混凝土抗冻融耐久性需要从促进内部结合强度、降低孔隙水冻胀和降低表层冻融剥蚀(表层防护)两方面开展试验研究。

7.1.2.2 掺合物混凝土抗冻融循环变化特性

该系列试验中混凝土及骨料均与前述试验相同,即混凝土标号等级为 C30 和 C40,水泥采用 P.O.42.5 普通硅酸盐水泥;细骨料为洮河天然河沙,含泥量小于 0.2%;粗骨料为石灰岩质锤破碎石,无针片状颗粒,粒径 5~20 mm;水为兰州市民用自来水。

研究中冻融循环 50 次、100 次、150 次、200 次后取出试件和试块测试混凝土的抗压强度、纵波波速、动弹性模量并对试件称重,其中一部分试件继续进行 250 次、300 次冻融循环,冻融后取出试件测试其纵波波速和动弹性模量。因纵波波速与动弹性模量之间存在很好的联系,以下仅介绍和分析强度、质量及动弹性模量方面的试验结果。

1) 掺聚丙烯纤维混凝土冻融循环变化特性

试验中外加剂为聚羧酸高效减水剂,纤维为甘肃某公司生产的聚丙烯纤维。引气剂为十二烷基苯磺酸钠。试验配合比设计参数见表 7-3。

表 7-3 掺聚丙烯纤维混凝土配合比设计参数

强度等级	组别	每立方米混凝土配合比			水(kg)	减水剂(kg)	纤维(kg)	引气剂(g)	水胶比
		水泥(kg)	砂子(kg)	石子(kg)					
C30	A	390	820.69	1 045	156	3.9	0.600	0	0.40
C30	B	390	820.69	1 045	156	3.9	0.600	31.2	0.40
C40	C	440	784.96	999	176	4.4	0.677	0	0.40
C40	D	440	784.96	999	176	4.4	0.677	35.2	0.40

图 7-4 所示为不同配合比聚丙烯纤维混凝土的抗压强度及其损失率随冻融循环次数

的变化,直观体现了混凝土强度等级和引气剂对冻融循环抗压强度的影响:C40 混凝土初始抗压强度明显高于 C30 混凝土,并且未掺加引气剂混凝土强度高于添加引气剂同等级混凝土。在冻融 50 次后,C30 和 C40 混凝土抗压强度都出现下降;在冻融循环 100 次后,C30 和 C40 混凝土抗压强度相比冻融 50 次后有所增强,这说明冻融前混凝土水化不完全,在冻融过程中发生了水化反应。

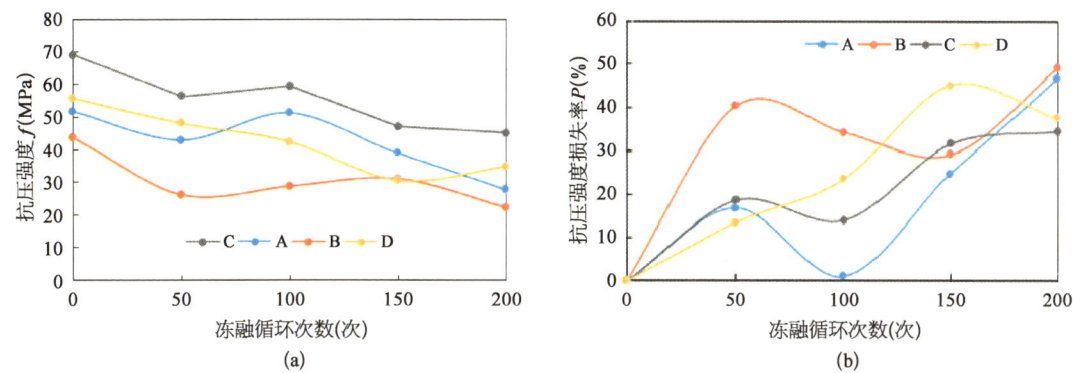

图 7-4 冻融循环作用下聚丙烯纤维混凝土抗压强度及其损失率变化曲线
(a) 抗压强度;(b) 抗压强度损失率

冻融循环 50 次后,C30 掺加引气剂聚丙烯纤维混凝土抗压强度损失率高达 40.29%,而未掺加引气剂的 C30 聚丙烯纤维混凝土抗压强度损失率和 C40 聚丙烯纤维混凝土相似,A、C 和 D 组分别为 16.78%、18.61% 和 13.49%。在冻融循环 150 次和 200 次之后,C30 聚丙烯纤维混凝土和 C40 聚丙烯纤维混凝土抗压强度损失率都出现线性增长趋势,A、B、C、D 四组不同配合比聚丙烯纤维混凝土的抗压强度损失率分别为 46.53%、49.05%、34.56%、37.64%,显示掺加引气剂聚丙烯混凝土抗压强度损失率略低于未掺加引气剂聚丙烯纤维混凝土。从而得出引气剂对聚丙烯纤维混凝土的抗压强度具有不利影响。

由图 7-5a 可知,不同配合比 C30 和 C40 聚丙烯纤维混凝土质量损失随冻融次数增加线性增加,但质量损失率都较低,可见聚丙烯纤维的掺加增强了混凝土抗剥蚀能力,这一点

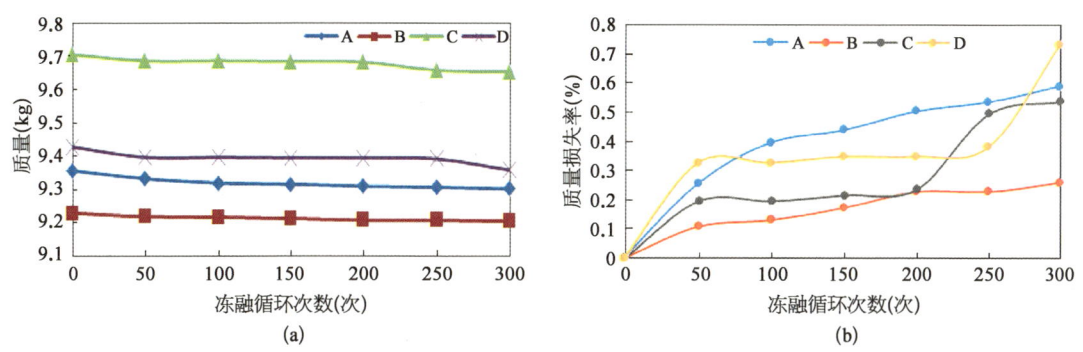

图 7-5 冻融循环作用下聚丙烯纤维混凝土质量及其损失率变化曲线
(a) 混凝土质量;(b) 质量损失率

在试验过程中也得到了验证,即试验过程中几乎看不到聚丙烯纤维混凝土试件表面剥蚀现象,聚丙烯纤维混凝土表面冻融损伤层非常小。图7-5b所示为不同配合比C30和C40聚丙烯纤维混凝土在不同冻融循环次数下的质量损失率。试验表明,冻融作用下掺加了引气剂的C30聚丙烯纤维混凝土质量损失率更低,而冻融作用下掺加了引气剂的C40聚丙烯纤维混凝土则比未掺加引气剂的C40聚丙烯纤维混凝土质量损失率更高,并且总体都比C30聚丙烯纤维混凝土质量损失率高。

通过共振法得到四组不同配合比聚丙烯纤维混凝土动弹性模量及其损失率如图7-6a所示,可知C40聚丙烯纤维混凝土的动弹性模量比C30聚丙烯纤维混凝土大,且含有引气剂的聚丙烯纤维混凝土都比同强度设计标准的未含引起剂的动弹性模量小。当冻融次数小于200次时,所有配比的聚丙烯纤维混凝土动弹性模量降低都较为平稳且较小,当冻融次数达到200次时,所有配比的聚丙烯纤维混凝土动弹性模量都出现急剧下降,特别是以C40未掺加引气剂聚丙烯纤维混凝土为最大,达到34.99%。当冻融次数达到300次时,A、B、C、D组聚丙烯纤维混凝土动弹性模量降低分别为46.54%、35.72%、54.41%、53.72%。从而可以得出C30聚丙烯纤维混凝土在冻融循环作用下动弹性模量衰减得比C40聚丙烯纤维混凝土更慢。

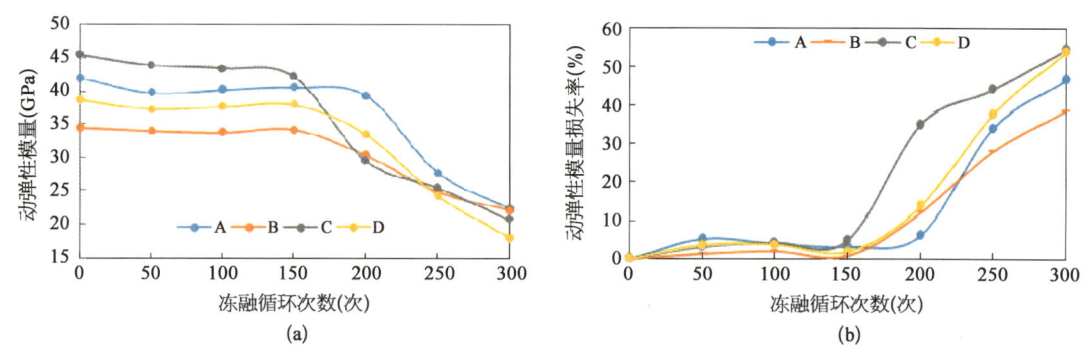

图7-6 冻融循环作用下聚丙烯纤维混凝土动弹性模量及其损失率变化曲线
(a) 动弹性模量;(b) 动弹性模量损失率

根据冻融次数与动弹性模量损失率的关系曲线(图7-6b),在冻融循环150次前,C30和C40聚丙烯纤维混凝土动弹性模量损失率都较低,且增长较慢;在冻融循环150次后,C30和C40聚丙烯纤维混凝土动弹性模量损失率迅速增长,并且C40聚丙烯纤维混凝土损失率高于C30聚丙烯纤维混凝土;在相同的冻融次数下,未掺加引气剂的C40聚丙烯纤维混凝土的损失率最大。同时,掺加了引气剂的C30和C40聚丙烯纤维混凝土动弹性模量损失率都低于未掺加引气剂的,这说明引气剂对冻融循环作用下的聚丙烯纤维混凝土损伤具有一定的抑制作用。

2) 掺粉煤灰混凝土冻融循环变化特性

掺粉煤灰混凝土配合比设计参数见表7-4。

表7-4 掺粉煤灰混凝土配合比设计参数

强度等级	组别	每立方米混凝土配合比			水(kg)	减水剂(kg)	粉煤灰(kg)	引气剂(g)	水胶比
		水泥(kg)	砂子(kg)	石子(kg)					
C30	A1	351	820.69	1 045	156	3.9	39	0	0.40
C30	B1	351	820.69	1 045	156	3.9	39	31.2	0.40
C30	C1	312	820.69	1 045	156	3.9	78	0	0.40
C30	D1	312	820.69	1 045	156	3.9	78	31.2	0.40
C40	A	374	784.96	999	176	4.4	66	0	0.40
C40	B	374	784.96	999	176	4.4	66	35.2	0.40
C40	C	330	784.96	999	176	4.4	110	0	0.40
C40	D	330	784.96	999	176	4.4	110	35.2	0.40

图7-7显示了不同配合比C30和C40粉煤灰混凝土的抗压强度随冻融循环次数的变化:C40粉煤灰混凝土由于掺加了较多的粉煤灰造成其初始抗压强度明显低于C30粉煤灰混凝土,并且未掺加引气剂混凝土强度高于添加引气剂同等级混凝土。在冻融50次后,未掺加引气剂C30和C40粉煤灰混凝土抗压强度都出现下降,但掺加引气剂C30和C40粉煤灰混凝土抗压强度都出现上升;在冻融循环100次后,C30和C40粉煤灰混凝土抗压强度都有所下降,并且C30粉煤灰混凝土C1组抗压强度下降剧烈,至冻融150次之后完全破坏,说明粉煤灰的大量加入对冻融循环条件下的混凝土抗压强度具有不利影响。同时,至冻融循环200次时,加入引气剂的混凝土抗压强度衰减都较慢,尤以C40的D组更为明显。试验整体表明掺加粉煤灰的量过多对混凝土的抗压强度具有不利影响,但是掺加10%~15%情况下在有引气剂的条件下强度具有增强效果。

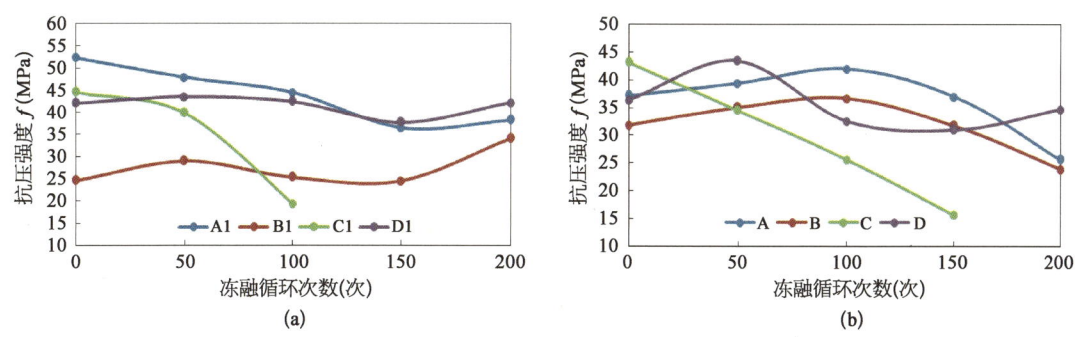

图7-7 不同配合比C30和C40粉煤灰混凝土抗压强度随冻融循环次数的变化
(a) C30;(b) C40

由图7-8a、b可知,不同配合比C30粉煤灰混凝土质量损失随冻融次数增加线性增加,但质量损失率都较低,可见粉煤灰的掺入增强了混凝土抗剥蚀能力,试验过程中也几乎看不到粉煤灰混凝土试件表面剥蚀现象,粉煤灰混凝土表面冻融损伤层非常小。而C40掺加15%粉煤灰混凝土在冻融过程中都出现了质量增加的现象,说明冻融过程中水分大量进入该配合比混凝土中造成质量增加，但在冻融250次之后该配合比粉煤灰混凝土质量出现下降。

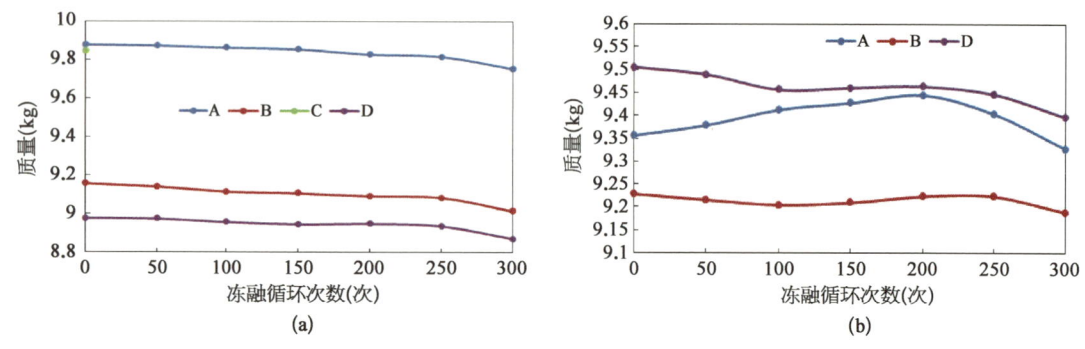

图7-8 冻融循环作用下不同配合比C30和C40粉煤灰混凝土质量变化曲线
(a) C30；(b) C40

通过共振法得到8组不同配合比粉煤灰混凝土动弹性模量，如图7-9所示。

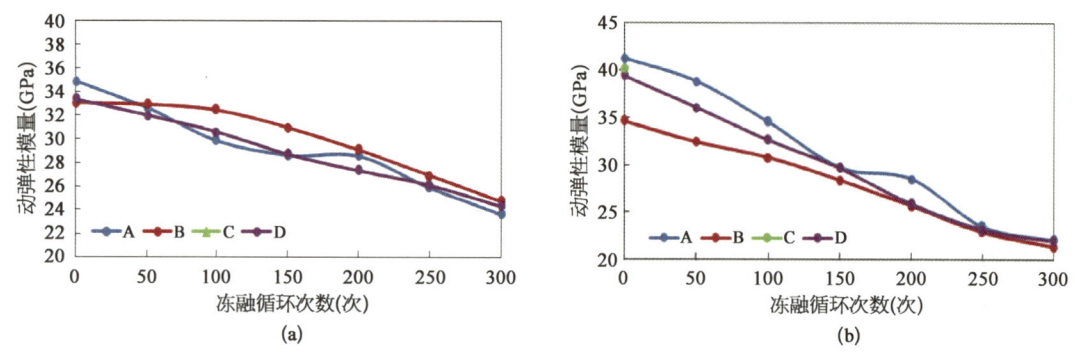

图7-9 冻融循环作用下不同配合比C30和C40粉煤灰混凝土动弹模变化曲线
(a) C30；(b) C40

从图可知，C30粉煤灰混凝土的动弹性模量比C40粉煤灰混凝土大，且含有引气剂的聚丙烯混凝土都比同强度设计标准的未含引气剂的动弹性模量小。在冻融过程中，C30和C40粉煤灰混凝土动弹性模量都呈现较为稳定的近线性下降。虽然C30粉煤灰混凝土初始动弹性模量比C40粉煤灰混凝土大，但是在冻融循环300次之后，C40粉煤灰混凝土的动弹性模量都比C30的大，说明C40粉煤灰混凝土的动弹性模量损伤更小。

3) 掺硅灰混凝土冻融循环变化特性

自然养护28 d之后，掺加8%硅灰混凝土抗压强度均高于掺加5%硅灰混凝土，并且未加引气剂硅灰混凝土强度明显较高。随着冻融循环次数的增加，掺硅灰混凝土抗压强度都出现下降，但8%硅灰混凝土冻融循环250次之后抗压强度均高于5%硅灰混凝土。同时无引气剂的5%、8%硅灰混凝土的抗压强度均高于40 MPa，体现了良好的抗冻融耐久性能。冻融循环 50 次后,掺加引气剂的 5%硅灰混凝土抗压强度损失率较低,为 9.776%,而掺加引气剂 8%硅灰混凝土抗压强度损失率则高达 35.24%,而未掺加引气剂的 5%硅灰混凝土抗压强度损失率和 8%硅灰混凝土都较低,A、C 组分别为 2.482%、4.937%,并且在冻融至 200 次时,A、C 组的抗压强度损失率都较低。但冻融 250 次后 A 组抗压强度损失率为 26.46%,而 C 组抗压强度损失率仅为 18.04%。但是掺加引气剂的 B 组和 D 组硅灰混凝土抗压强度损失率都较大,当冻融次数 250 次时分别为 45.61% 和 34.05%,表现出较差的抗冻融性能。

掺硅灰混凝土配合比设计参数见表 7-5。

表 7-5 掺硅灰混凝土配合比设计参数

强度等级	组别	每立方米混凝土配合比			水(kg)	减水剂(0.5%)/减水率40%(kg)	硅灰(kg)	引气剂(0.008%)(g)	水胶比
		水泥(kg)	砂子(kg)	石子(kg)					
C30	A	370.5	820.69	1 045	156	1.95	19.5（胶凝材料的5%）	0	0.4
C30	B	370.5	820.69	1 045	156	1.95	19.5（胶凝材料的5%）	31.2	0.4
C30	C	358.8	820.69	1 045	156	1.95	31.2（胶凝材料的8%）	0	0.4
C30	D	358.8	820.69	1 045	156	1.95	31.2（胶凝材料的8%）	31.2	0.4

图 7-10a、b 所示为不同含量硅灰混凝土的抗压强度及其损失率随冻融循环次数的变化。

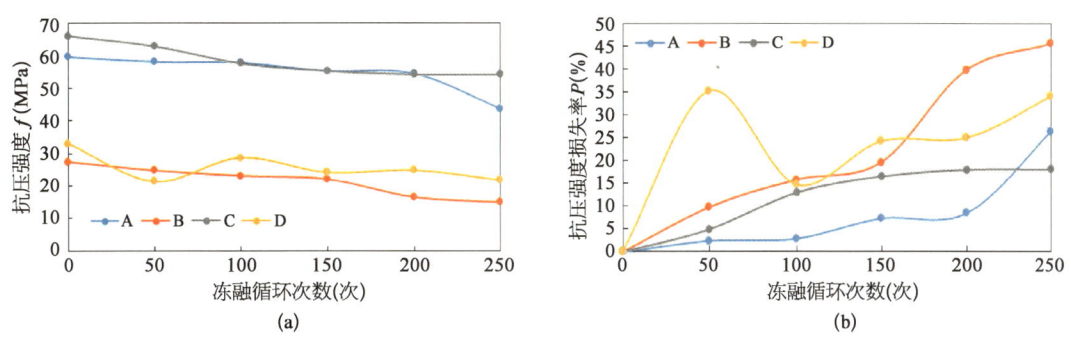

图 7-10 冻融循环作用下掺硅灰混凝土抗压强度及其损失率变化曲线
(a) 抗压强度;(b) 抗压强度损失率

由图 7-11 为冻融循环作用下不同硅灰含量混凝土动弹性模量及其损失率变化曲线。表明:8%掺量硅灰混凝土动弹性模量比 5%掺量硅灰混凝土大,且含有引气剂的硅灰混凝土都比同强度设计标准的未含引气剂的动弹性模量小。当冻融次数小于 100 次时,所有配比的硅灰混凝土动弹性模量降低都较为平稳且较小,当冻融次数达到 150 次时,所有配比的硅灰混凝土动弹性模量都出现明显下降,特别是以掺加引气剂 8%硅灰混凝土为最大,达到

20.57%。当冻融次数达到 250 次时，A、B、C、D 组硅灰混凝土动弹性模量降低分别为 21.83%、37.97%、26.42%、40.02%。从而可以得出 5%掺量硅灰混凝土在冻融循环作用下动弹性模量衰减得比 8%掺量硅灰混凝土更慢。此外，在冻融循环 100 次前，不同配合比硅灰混凝土损伤量都较低，且损伤量增长较慢；在冻融循环 100 次后，不同配合比硅灰混凝土损伤量迅速增长，并且 8%掺量硅灰混凝土损伤量高于 5%掺量硅灰混凝土；在相同的冻融次数下，掺加引气剂的 8%掺量硅灰混凝土的损伤量最大。同时，未掺加引气剂的硅灰混凝土损伤量都低于掺加引气剂的，这说明引气剂对冻融循环作用下的硅灰混凝土损伤具有不利作用。

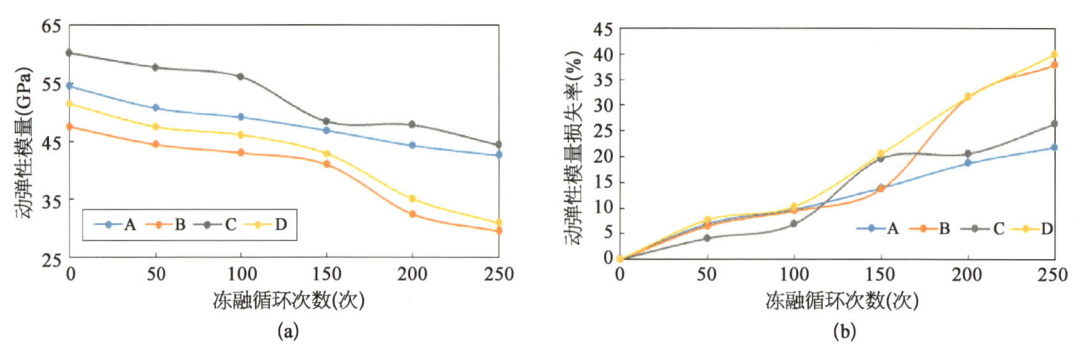

图 7-11　冻融循环作用下硅灰混凝土动弹模量及其损失率变化曲线
(a) 动弹性模量；(b) 动弹性模量损失率

7.1.2.3　高渗透环氧树脂涂层防护混凝土抗冻融循环变化特性

高渗透环氧树脂为中国科学院广州化灌公司生产，混凝土配合比设计参数见表 7-6。研究中将 C30 和 C40 素混凝土进行自然养护 28 d，待养护时间达到即进行高渗透环氧树脂涂层对混凝土试块和试件的表面涂抹，涂抹 3 次，待环氧树脂表层干燥之后对试件进行超声波强度测试和动弹性模量测试，目前共进行了 2 次高原野外现场冻融损伤测试：于 2016 年 2 月 26 日将试件放置于北麓河高原野外试验站进行野外现场试验，并于 2016 年 4 月 30 日从高原取下试件进行超声波强度测试和动弹性模量测试，而后于 2016 年 6 月 24 日将试件放回到高原，并于 2016 年 8 月 20 日从高原取下试件并进行超声波强度测试和动弹性模量测试，历时 4 个月，穿越了寒季和暖季。目前已于 2016 年 10 月 7 日将试件放回到高原野外进行野外试验。

表 7-6　高渗透环氧树脂涂层混凝土配合比设计参数

强度等级	组别	每立方米混凝土配合比			水(kg)	减水剂(0.5%)/减水率40%(kg)	引气剂(g)	水胶比
		水泥(kg)	砂子(kg)	石子(kg)				
C30	A	390	820.69	1 045	156	1.95	0	0.4
C30	B	390	820.69	1 045	156	1.95	31.2	0.4
C40	C	440	784.96	999.04	176	2.2	0	0.4
C40	D	440	784.96	999.04	176	2.2	35.2	0.4

在野外现场测试中通过超声波检测仪对 10 cm×10 cm×40 cm 的棱柱体试件进行野外现场放置试验后纵波速度测试,测试结果如图 7-12 所示。由图可知,未掺加引气剂涂层混凝土初始纵波波速总体比掺加引气剂涂层混凝土大;经过高原野外现场试验 2 个月之后,除 B 组涂层混凝土纵波波速发生增大现象,其他 3 组涂层混凝土纵波波速都有轻微衰减;但是经历 4 个月野外现场放置试验后,A、B、D 组纵波波速出现恢复现象,达到初始值,并且 C 组纵波波速比初始值还大。

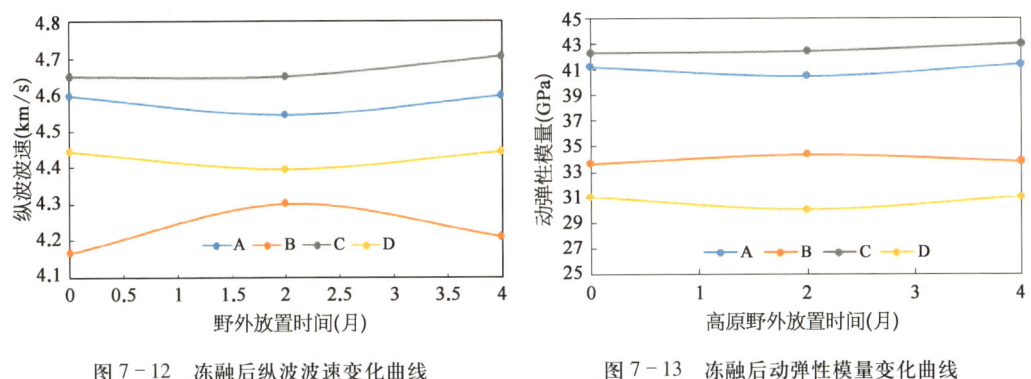

图 7-12 冻融后纵波波速变化曲线　　　　图 7-13 冻融后动弹性模量变化曲线

此外,通过共振法得到 4 组不同配合比涂层混凝土动弹性模量,如图 7-13 所示,显示高原野外放置后涂层混凝土动弹性模量变化类似于超声波强度变化情况,放置 2 个月后动弹性模量都出现降低现象;但是放置 4 个月后都出现增大现象(需下次数据确认)。但可以肯定的是,涂层可有效增加混凝土的低温耐久性。但在高原环境下需进一步研究涂层抗老化、抗风蚀、抗冻融、干湿循环等能力。

7.2　多年冻土地区桥梁桩基灾变控制技术

7.2.1　地下水热源对冻土桩基承载力的影响

作者课题组所研究的桩-土体系荷载的传递,是指埋置于冻土中的桩基受到外界荷载的扰动,为使桩基保持平衡状态,桩侧冻结应力、桩端阻力及桩侧摩阻力均会随着桩基所受荷载的增加而逐步发挥。其中,桩侧冻结应力、桩端阻力等桩基力学特性的强弱不仅与桩基所受外界荷载扰动的大小有关,而且与桩周冻土层强度、土体含水率以及冻土环境温度密切相关。主要是通过冻土内部埋置地下水热源的方式来改变冻土强度以及土体温度,并与无地下水热源时单桩加载试验所呈现的荷载传递规律进行对比分析,从而研究地下水热源的存在对荷载传递的影响效应。

7.2.1.1 内置地下水热源时荷载传递的试验数据分析

1) 桩身应变

利用桩身应变误差及精度控制方法,对分级加载所得的原始应变数据进行处理。通过对各加载下桩身应变随测试时间变化趋势的分析,发现各工况下所得数据在第 9 h 的规律性较好,且便于相互对比分析。因此选取该时刻的桩身应变,分别得到工况 1、2 和 3 测试下应变随桩埋深的变化曲线,如图 7-14~图 7-16 所示。

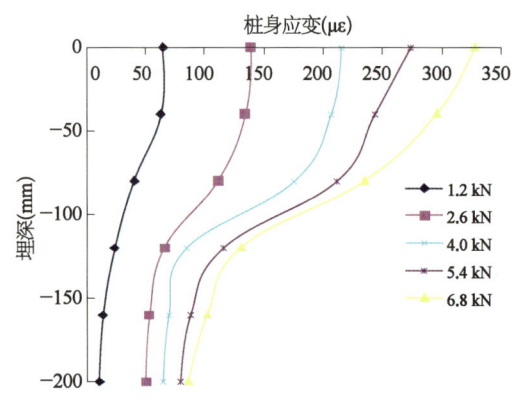

图 7-14 无地下水热源时应变沿桩埋深变化曲线

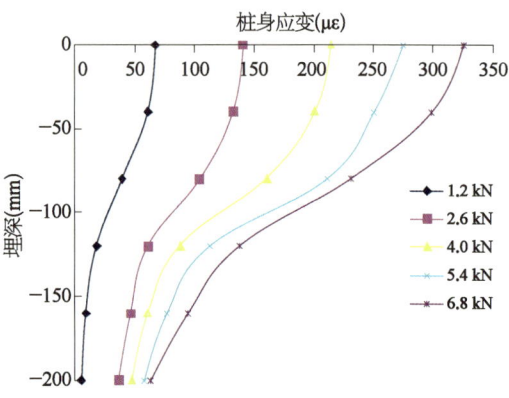

图 7-15 地下水热源位于桩底时应变沿桩埋深变化曲线

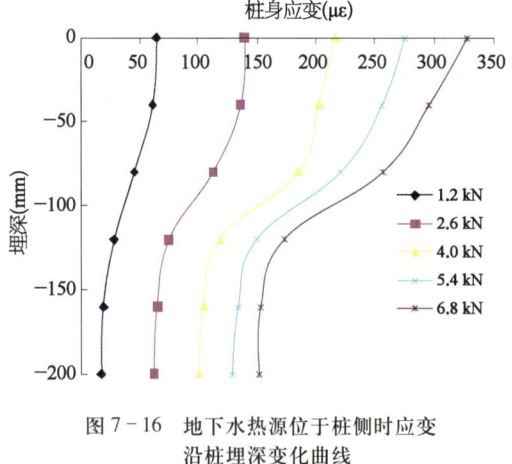

图 7-16 地下水热源位于桩侧时应变沿桩埋深变化曲线

从图 7-14~图 7-16 可知各工况下桩身应变随着桩埋深应变的变化趋势,其相同点为:① 随着桩顶荷载的逐级增加,各工况下的应变值在桩同一埋深处均随之增加;② 在各加载等级下,桩身应变值沿着桩埋深的增加都表现出逐渐减小的趋势;③ 在桩埋深 120 mm 以下,各工况下应变的变化趋于平稳,应变值变化幅度不大。异同点则是:当地下水热源位于桩侧时,其应变在埋深 120 mm 以下的变化趋势较为平稳,而应变值要比无地下水热源时或是地下水热源置于桩底情况下的值大。

上述各规律说明,桩侧地下水热源的存在使得混凝土单桩埋深较大处的桩侧摩阻力降低,为保证桩-土体系稳定,该工况下桩端阻力得以发挥,因此导致埋深较大处的桩身轴力从桩顶到桩端的减弱程度最小;当地下水热源置于桩底时,其存在使得桩端冻土融化,承载力降低,所以此时桩身轴力变小,而桩侧冻结应力得以发挥。

为更好地比较桩-土体系内置地下水热源的有、无及其所处位置对桩身应变的影响,分别选取荷载为 1.2 kN 及 5.4 kN 时应变随桩埋深变化曲线进行比较发现:在分级所加荷载较小阶段(如桩顶荷载为 1.2 kN),沿桩埋深的各处应变值在地下水热源位于桩侧时值较大,地下水热源位于桩底时的应变值较小,但这三种工况下的应变趋势相同,且应变值差别不大;在分级所加荷载较大(如桩顶荷载为 5.4 kN)时,应变所呈现出的趋势与初期阶段的应变变化规律类似,但三种工况下的应变值差别则越来越大,这在桩埋深 80 mm 以下体现的较为明显。

因此,桩-土体系内置地下水热源随着加载等级的增加,即桩顶荷载的增大,对冻土内桩身应变的影响越来越大,尤其是当地下水热源置于桩身侧面时对应变的影响作用最为明显。

2) 桩侧冻结应力

在上述各工况下所得桩身应变的基础之上,分别计算出桩土内无地下水热源、地下水热源置于桩底及地下水热源置于桩侧时所对应不同埋深处的桩侧冻结应力,然后绘制出桩侧冻结应力沿桩埋深的变化曲线,如图 7-17~图 7-19 所示。

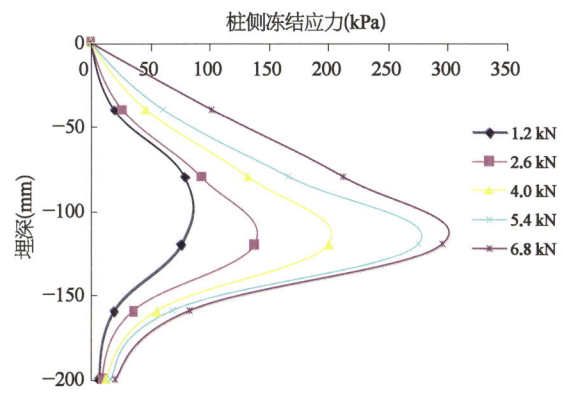

图 7-17 地下水热源位于桩底时桩侧冻结应力沿桩埋深变化曲线

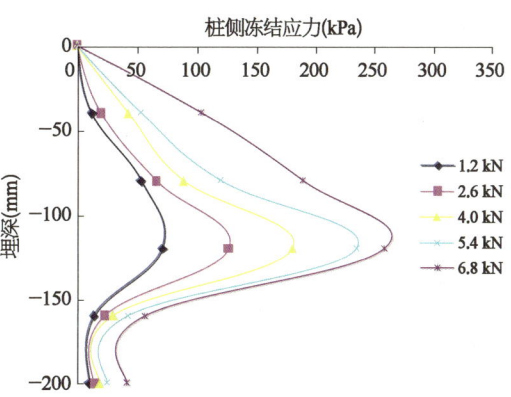

图 7-18 地下水热源位于桩侧时桩侧冻结应力沿桩埋深变化曲线

从图 7-17~图 7-19 可知:① 在分级加载过程中,随着荷载等级的增加,相同埋深处各工况下的桩侧冻结应力值均随之变大;② 各工况下桩侧冻结应力沿桩埋深的变化趋势都表现为从桩埋深为 0 mm(即冻土界面)处逐渐增大,其增幅也逐渐变大,直至 120 mm 附近;③ 在埋深 140 mm 以下则慢慢趋于稳定,变化幅度较小,随桩埋深的增加呈抛物线形变化;④ 在埋深 100~130 mm 处,桩内无地下水热源或内置地下水热源时其桩侧冻结应力均有最大值出现。

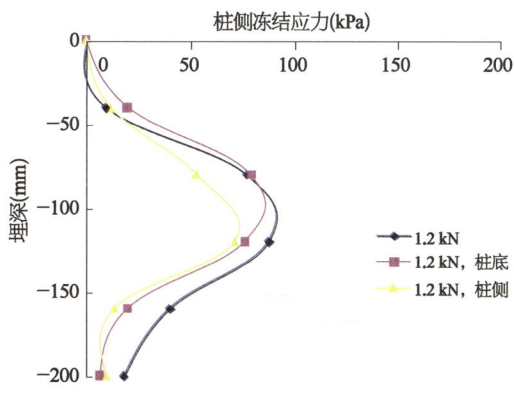

图 7-19 荷载为 1.2 kN 时各工况下桩侧冻结应力沿桩埋深变化曲线

桩埋深在 80~160 mm 处各工况下的桩侧冻结应力存在如下关系：无地下水热源时桩侧冻结应力大于地下水热源置于桩底时所得桩侧冻结应力，而地下水热源置于桩侧时的桩侧冻结应力值最小；在埋深 80 mm 以上，比较三者对应的桩侧冻结应力可知地下水热源存在时的桩侧冻结应力值大于无地下水热源时的桩侧冻结应力，而在埋深 160 mm 之下，当地下水热源置于桩底时，其桩侧冻结应力则最小。

之所以呈现如上规律，究其原因是地下水热源的存在使得桩周部分冻土中的冰发生融化，因此在桩埋深较大处的桩侧冻结应力较无地下水热源下的桩侧冻结应力要小；而在较浅处，由于该部分土体离桩土内置地下水热源较远，不仅没有受到地下水热源的影响，而且相应的桩侧冻结应力得到进一步发挥而增大。

三种工况下桩端处的桩侧冻结应力均随着荷载等级的增加而变大，但无地下水热源时其桩侧冻结应力增幅最大，地下水热源位于桩侧时的增幅次之，而地下水热源置于桩底时最小。这主要由于地下水热源使得桩周冻土出现局部融化，冻土力学性能降低，因此随着加载级别的提高，其相应桩侧冻结应力的增幅受地下水热源影响而变化较小。另外从中也可看出，无地下水热源时的桩端冻结应力在荷载为 5.4 kN 之后增幅开始减小，且逐渐趋于平衡稳定状态；但有地下水热源存在时，同样荷载下的桩侧冻结应力值增幅虽小，但仍旧缓慢增加且处于不平衡状态。

3) 桩土相对位移

在各工况分级加载的过程中，利用百分表及位移计测得每个时刻下的桩顶位移，并选取第 9 h 所对应的桩顶位移；依据上述桩土相对位移分别得出各工况下桩不同埋深处的桩土相对位移，进而绘制出其沿桩埋深的变化曲线。经分析发现：各工况下的桩土相对位移沿着桩埋深的变化趋势较为平顺；虽然随着桩埋深的不断增加，桩土相对位移出现减小，但不同埋深处的值波动不大；此外，各埋深处的桩土相对位移随着加载级别的加大而不断增加。

在所加荷载较小时，各工况下的桩土相对位移比较接近，埋深为 0 mm 处所对应的位移值约为 0.43 mm；而随着荷载的增加，地下水热源位于桩侧时的相对位移最大，地下水热源位于桩底时次之，无地下水热源时的相对位移值最小。

地下水热源的存在使得混凝土单桩与冻土两者间的相对位移变大，结合对应的桩基沉降量随着荷载增加的变化趋势，地下水热源位于桩侧时桩基沉降量最大，而无地下水热源时的沉降则最小。比较分析可知其主要原因是地下水热源的存在使得桩周土体的摩擦阻力减弱，导致桩基下沉程度加剧，该结论同样在桩侧冻结应力沿桩埋深的变化规律中得到体现。

4) 桩端阻力及各工况下冻结应力与相对位移的关系

桩端阻力是桩基力学特性中的重要指标，参考桩底埋置的土压力盒所测数据，分别计算出无地下水热源、地下水热源位于桩底以及地下水热源位于桩侧时桩端阻力的大小，并绘制出其随荷载增加的变化曲线，如图 7-20 所示。

在地下水热源置于桩底时,由于在桩端以上各处的桩侧冻结应力得以充分发挥,使得其桩端处桩身所受轴力最小,因此不论是桩端阻力,还是靠近桩端处的桩侧冻结应力均较小;其次,当地下水热源置于桩侧时,该工况下的桩侧冻结应力减小,桩端阻力进一步发挥,因此其桩端阻力值要大于无地下水热源时所得桩端阻力的大小。在荷载等级达到4.0 kN时,无地下水热源时的桩端阻力约为2.2 kN,且随荷载的增大而趋于稳定;而含地下水热源时其桩端阻力变化趋势则均没有达到稳定。

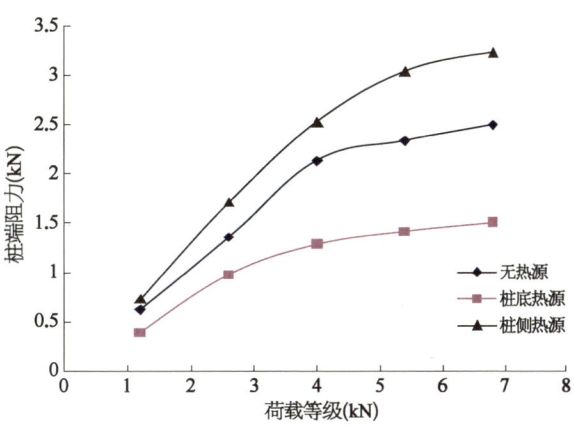

图7-20 桩端阻力随荷载增加的变化曲线

分析还发现:桩身各埋深处的桩侧冻结应力随桩土相对位移的变化呈上升趋势,并且桩侧冻结应力的变化趋势与无地下水热源时的趋势一致,均逐渐发挥。在桩埋深40 mm处,地下水热源促使埋深较浅处的桩侧冻结应力进一步发挥,使得在地下水热源存在时其桩侧冻结应力稍大于无地下水热源存在时桩侧冻结应力。而埋深较大处,由于距离地下水热源较近,使得其桩侧冻结应力均小于无地下水热源时桩侧冻结应力,并且随着桩土相对位移的增大,两者间的桩侧冻结应力差值亦变大。

7.2.1.2 内置地下水热源时流变效应试验数据分析

该室内试验主要是通过在冻土内部埋置地下水热源的方式而使冻土局部温度和其内在结构产生变化,进一步研究其对桩-土流变效应的影响规律;其中对冻土蠕变主要通过桩顶位移、桩底位移以及桩土相对位移随时间的变化趋势加以分析,而对冻土应力松弛则是分析在试验加载过程中应力随时间所发生的衰减情况;最后依据相关试验数据,分析在不同工况下桩基极限承载力的大小。由试验加载测试装置中的位移采集系统,可有效地控制试验所测桩顶位移数据的误差。

1) 地下水热源位于桩侧时流变效应试验

地下水热源位于桩侧时试验分析结论如下:

(1) 各加载等级下桩顶位移随时间的变化曲线均可用形如 $S = a\ln t + b$ 的对数表达式进行拟合,式中 S 表示桩顶位移大小(单位:mm),t 表示加载时间(单位:h)。

(2) 在分级加载初期阶段,无地下水热源和地下水热源置于桩侧时的桩顶位移值均较为接近;而在分级加载后期,如荷载5.4 kN、6.0 kN时,两者在桩顶位移稳定之后的差值较大,分别达到了0.22 mm和0.43 mm。

(3) 在各加载级别作用下,桩顶位移随时间的变化趋势均趋于平稳,但在地下水热源存在时其达到平衡所用时间较长;以 1.2 kN 和 5.4 kN 荷载下桩顶位移变化规律为例,地下水热源存在时其稳定所需时间分别为 15 h 和 20 h,而无地下水热源时其稳定所需时间仅为 12 h 和 16 h。

比较地下水热源存在时各个荷载等级下桩顶位移流变曲线的变化趋势,还可看出各个荷载加载等级下的桩顶位移最终趋于稳定所用时间随着荷载的变大而增加。如荷载等级分别为 1.2 kN 和 2.6 kN 时,其桩顶位移趋于稳定所需要的时间分别为 15 h 和 17 h;在荷载增加 1.4 kN 的同时,桩顶位移趋于稳定所用时长则相应地增加了 2 h。

综上所述,随着荷载的逐级增大,冻土的流变效应对桩基的影响更加明显。而冻土中地下水的存在又促使冻土流变效应进一步发挥,因此桩基受流变效应的影响而沉降加剧。

桩顶位移流变曲线呈现上述规律的原因在于,地下水热源的存在导致冻土融化,进而使得桩周土体内部结构发生变化,其中土颗粒、冻结水以及因融化而产生的未冻结水等重新形成新平衡体系所需的时间则更长。另外,冻土融化使得桩侧摩阻力减弱且桩端阻力增强,这加重了混凝土单桩底部对桩端土体的挤压,沉降量变大。所以,结合多年冻土区工程实际,地下水的存在会进一步促使桥梁桩基的沉降,对桥梁的安全运营带来隐患。

2) 地下水热源位于桩底时流变效应试验

地下水热源位于桩底时试验分析结论如下:

(1) 由于两种工况下的初始温度均为 −1.5℃,桩底埋深处的温度约在第 9 h 时才会出现正温,因此地下水热源的存在对桩底部分土体的影响效应是逐步发挥的。

(2) 在埋深 160 mm 之上,两种工况下的温度变化趋势近似,即随着时间的推移呈缓慢上升的趋势;但在无地下水热源时,其桩端土体温度的变化在加载测试时间内没有出现较大的升温趋势;而地下水热源存在时,其桩底对应土温变化较大。

(3) 在此温度变化趋势影响下,无地下水热源时的桩顶位移流变曲线在加载时间内慢慢趋于稳定。

(4) 在地下水热源存在时,桩顶位移在 9 h 前趋势变化虽近似于前者,但随着时间的推移,桩端温度出现正温且冻土开始融化,导致桩端承载力不足;此外,桩侧冻结应力又不足以提供足够的桩侧摩阻力,因此模型桩基最终出现失稳并破坏。

综上所述,当桩底无地下水热源时,桩基在外荷载的作用下能够在一定时间内达到平衡;而有地下水热源时,冻土仅在初始阶段能够维持桩基的稳定,随着时间的推移,很快发生破坏。所以,在多年冻土区实际工况中,一旦气候环境变暖,加上桩基所处冻土区中含地下水,这对桩基稳定性的危害将是不容忽视的。

7.2.2　太阳辐射对冻土桩基承载力的影响

采用数值仿真模拟分析太阳辐射对冻土桩基承载力的影响,仿真结论如下:

(1) 温度等值线在地面以下 2~4 m 桩体及桩周冻土层有下降,桩周附近地温比同一深度的天然地温(未受扰动)要高,说明太阳辐射热量通过桩基础传入冻土层使其升温。天然地表处0℃等值线2001年位于地下3.0 m,到2050年下降到3.5 m,说明由于气候变暖的作用使活动层厚度增加,同时使冻土层温度升高显著。除了地表4 m范围内桩土界面温度随季节波动外,由于气候变暖和太阳辐射热量传入冻土层,桩土界面温度随着时间推移越来越高。2050年地面以下4 m桩土界面温度均高于-0.5℃。

(2)气候变暖及太阳辐射的共同作用使桩土界面温度升高,导致桩基承载力随时间的推移越来越低。单桩的设计荷载为2 599.6 kN,预计2020年夏季桩基承载力2 691.3 kN,2030年夏季桩基承载力下降到2 514.1 kN。

(3)气候变暖和太阳辐射共同作用使桩周冻土温度升高,裸露在大气中的桩基础越长就会吸收越多的太阳辐射,桩土界面温度升高越快。桩长20 m其中6 m桩裸露在大气中的桩基础承载力比3 m裸露桩的承载力要低,冬季桩基础承载力平均降低400 kN左右,夏季承载力略有降低,降低幅度均小于40 kN。说明更长的桩基础裸露确实会吸收更多的太阳辐射,主要体现在冬季桩土界面温度升高,承载力下降,夏季升温则不明显。

(4)初始年平均气温升高1℃,桩基承载力在冬季和夏季都有降低,冬季降低幅度在800~1 000 kN,夏季降低幅度在400~700 kN。气温对桩基承载力影响敏感。

7.2.3　多年冻土区桩基灾变风险评价指标

冻土区桩基础的承载力是由桩土界面的冻结力及桩底地基土承载力两部分构成的,桩土界面的冻结力是承载力的主要组成。为了更好地体现桩基承载力的变化,提出桩基容许承载力热稳定率 ϕ 作为多年冻土区桥梁桩基灾变风险评价指标,有

$$\phi = \frac{[P]}{[P_0]} = \frac{\frac{1}{2}\sum \tau_i F_i m'' + m'_0 A[\sigma]}{\frac{1}{2}\sum \tau_{i0} F_{i0} m'' + m'_0 A[\sigma_0]} \tag{7-1}$$

式中:$[P]$为桩基一年当中最小容许承载力;$[P_0]$为桩基设计容许承载力。

桩基承载力在一年当中随着外界环境在变化,考虑最不利情况,计算桩基承载力指的是一年当中桩基的最小容许承载力。对摩擦桩而言,一般桩底容许承载力所占桩基容许承载力不到10%,忽略桩底承载力,认为多年冻土区桩基容许承载力只由桩土界面间的冻结力组成。同一多年冻土桩基础冻结力修正系数不变,$m'' = m''_0$。所以有

$$\phi = \frac{[P]}{[P_0]} = \frac{\frac{1}{2}\sum \tau_i F_i}{\frac{1}{2}\sum \tau_{i0} F_{i0}} = \frac{\sum \tau_i F_i}{\sum \tau_{i0} F_{i0}} \tag{7-2}$$

把桩侧表面与各冻土层之间的冻结强度 τ_i(kPa)平均,F_i 为桩侧表面各冻土层中的冻结面积(m^2),则

$$\phi = \frac{\sum \tau_i F_i}{\sum \tau_{i0} F_{i0}} = \frac{\bar{\tau} F}{\bar{\tau}_0 F_0} \tag{7-3}$$

式中:F 为桩土一年当中最小冻结面积(m^2);F_0 为设计桩土一年当中最小冻结面积(m^2)。

桩侧表面与各冻土层之间的平均冻结强度 $\bar{\tau}$(kPa)也取一年当中的最小值。桩土界面的冻结面积与平均温度有直接的关系,一般冻结面积最小时界面温度也是最高的,也就是冻结强度是最低的,所以这里的最小冻结面积和最小平均冻结强度认为在夏季同时体现。若令:$\phi_\tau = \frac{\bar{\tau}}{\bar{\tau}_0}$($\phi_\tau$ 指的是冻结面平均冻结强度稳定率;$\bar{\tau}$ 为桩侧表面与各冻土层之间的平均冻结强度;$\bar{\tau}_0$ 为设计最低冻结面冻结强度);令 $\phi_A = \frac{F}{F_0}$(ϕ_A 为冻结面积稳定率),则有

$$\phi = \phi_A \phi_\tau \tag{7-4}$$

ϕ 越大说明桩基承载力越接近最初的设计值,ϕ 越小说明桩基容许承载力下降程度大,如果 $\phi \geq \frac{1}{n}$ 则认为此桩基承载力不足失去稳定性(n 指的是桩基承载力的安全系数)。

根据上述公式计算出桩基承载力的稳定率,见表7-7。

表7-7 桩基容许承载力热稳定率

承载力热稳定率	年 份				
	2010	2020	2030	2040	2050
冻结面积稳定率 ϕ_A	1	0.999	0.995	0.990	0.986
冻结面平均冻结强度稳定率 ϕ_τ	1	0.952	0.855	0.720	0.559
桩基容许承载力热稳定率 ϕ	1	0.951	0.851	0.713	0.551

可以看出,气候变暖等多因素使得计算工况中的多年冻土桩基承载力下降,2010—2050年40年间桩基容许承载力的热稳定率下降到0.551,说明到2050年桩基容许承载力仅为2010年的55%。应采取有效的工程措施来提高其容许承载力。

为了验证式(7-4)的适用性,按式(7-2)计算此桩基一年中最小容许承载力。通过表7-7及表7-8可以看出,忽略桩底提供的承载力计算的桩基容许承载力热稳定率略小于通过规范考虑桩底提供承载力计算的桩基容许承载力热稳定率,且误差在10%以内,说明通过冻结面积稳定率 ϕ_A、冻结面平均冻结强度稳定率 ϕ_τ 来计算多年冻土区桩基容许承载力热稳定率 ϕ 是比较贴近实际且偏于安全。

表 7-8 计算桩基最小计算容许承载力

最小计算容许承载力(kN)	年份				
	2010	2020	2030	2040	2050
最小承载力(kN)	4 873.3	4 664.2	4 248.5	3 666.8	2 972.8
桩基容许承载力热稳定率	1	0.957	0.872	0.752	0.610

7.2.4 短期极端异常气候变暖引起的桩基灾变机理及其风险评价

针对青藏高原历时气候资料,提出了三种短期极端异常气候变暖模式,并按照前述的桩基灾变风险评价指标,对某工程桩进行了分析,这里仅给出第一种异常气候模式下的桩基承载力热稳定性的计算结果与结论。

短期极端异常变暖气候首先影响的是浅地表温度,较深处地温升温表现滞后,且影响时间长,升温后地温不容易降低。此算例中说明 3 年暖期对地温的影响不仅仅是 3 年,对较深处地温的影响时间长达 30 年之久,2019—2021 年暖期过后,计算结果表明,到 2050 年平均升温率在 4.8%左右,说明暖期对地温的影响是不可能完全消散的。

气候异常变暖模式一下,计算桩基承载力有所降低,而且降低程度夏季高于冬季,说明气候异常变暖在夏季对桩基承载力的影响程度高于冬季。2019 年承载力降低率在 3%左右;2020 年承载力降低率在 12%左右;2021 年承载力降低最为严重,降低率在 14%左右;2022 年随着气温趋于正常,承载力降低率有所降低,在 12%左右,直到 2050 年承载力降低率在 2%左右,说明 3 年气候异常暖期对桩基的承载力影响基本已消除。说明短期极端异常暖期对桩基的承载力有明显的降低作用,而且持续时间较长。

表 7-9 第一种异常气候模式桩基容许承载力热稳定率

承载力热稳定率	年份							
	2010	2019	2020	2021	2022	2028	2040	2050
冻结面积稳定率 ϕ_A	1	0.991	0.984	0.983	0.987	0.991	0.985	0.982
冻结面平均冻结强度稳定率 ϕ_τ	1	0.897	0.823	0.753	0.753	0.790	0.663	0.541
桩基容许承载力热稳定率 ϕ	1	0.889	0.810	0.740	0.743	0.783	0.653	0.523

通过表 7-9 可以看出,影响桩基容许承载力的主要是由于桩土界面温度升高导致冻结面平均冻结强度稳定率 ϕ_τ,而冻结面积稳定率 ϕ_A 在短期异常气候过程中基本没有变化,也就是桩土界面间最大融化深度并没有大的改变。

7.2.5 地下水引起的冻土区单桩基灾变机理及其风险评价

冻土退化改变了地表水、地下水的储运条件及水源涵养功能。地下水的温度一般高于 0 ℃,会使相邻冻土层升温甚至融化,直接影响上部结构的安全。以某桥梁桩基础出现地下承压水工程为实例,计算分析地下水对相邻冻土层的升温融化过程。计算过程中仅从温度的角度来分析地下水对相邻冻土的影响,忽略了水的渗流产生的传质传热作用。

研究模型中桩长 22 m,地下 20 m 处温度较高的地下水直接作用于桩体,直接影响桩土界面温度,使其温度升高,桩土界面的切向冻结强度降低,导致承载力下降。甚至使桩底冻土融化,使桩端地基土容许承载力降低,甚至为 0。在地下 20 m 深出现 0.6℃ 承压水作用下,桩基承载力均有降低,在出现承压水的第 1 年承载力平均降低 19% 左右,第 2 年承载力平均降低 27% 左右,第 3 年承载力平均降低 31% 左右,第 4 年承载力平均降低 35% 左右,第 5 年承载力平均降低 31% 左右,第 10 年承载力平均降低 37% 左右,第 20 年承载力平均降低 48% 左右,第 30 年承载力平均降低 45% 左右,在地下水出现的最初 5 年承载力下降速度最快,5 年以后承载力也继续在下降,但下降速度明显减缓,最后承载力会趋于一个稳定值。这与温度场计算结果是一致的,冻土温度在外界大气气温、地下水等新的边界条件下会形成一个"新的热平衡体系",地基土温度不会无限制升温,达到新平衡后桩基承载力也就稳定了。

通过表 7-10 可以看出,此桩地下部分长 20 m,地下承压水刚好作用在桩底位置,0.6℃ 的承压水使其作用位置附近的冻土层融化,导致桩土界面间的冻结状态被打破,使得冻结面积减小,冻结面积稳定率 ϕ_A 从地下水出现的第 1 年的 0.944,第 5 年下降到 0.872,第 20 年下降至 0.794,第 30 年降低至 0.778,可以看出冻结面积减小得越来越慢,直至最后的稳定状态不再下降。限于时间关系,计算了承压水作用 30 年期间的地温场变化,还没有达到稳定状态。冻结面平均冻结强度稳定率 ϕ_τ 从承压水作用的第 1 年的 0.855,第 5 年下降至 0.660,第 30 年下降至 0.533,说明地下 20 m 作用 0.6℃ 的承压水不仅冻结面积稳定率 ϕ_A 降低,而且对冻结面平均冻结强度稳定率 ϕ_τ 的降低作用显著。容许承载力热稳定率 ϕ 第 1 年下降至 0.807,第 5 年下降至 0.576,降低速率快。

表 7-10　地下 20 m 作用 0.6℃ 承压水桩基容许承载力的热稳定性分析

承载力热稳定率	初始(未出现地下水)	时间					
		1 年	2 年	5 年	10 年	20 年	30 年
冻结面积稳定率 ϕ_A	1	0.944	0.917	0.872	0.833	0.794	0.778
冻结面平均冻结强度稳定率 ϕ_τ	1	0.855	0.761	0.660	0.600	0.551	0.533
桩基容许承载力热稳定率 ϕ	1	0.807	0.697	0.576	0.500	0.438	0.414

当地下水作用位置在桩体上时,桩基承载力降低显著,出现的第 1 年其容许承载力就降低显著,而且地下水出现在地下位置隐蔽不易被察觉。在多年冻土区出现地下水使得桩基承载力的热稳定率降低,导致其承载力不足。

通过表 7-11 可以看出,此桩地下部分长 20 m,地下承压水作用在地下 28.3 m,处于桩底以下 8.3 m 位置,距离桩体位置较远,桩土界面间的冻结状态并没有改变,在计算中为了更好地体现地下水作用对桩基容许承载力的热稳定影响,并没有考虑气候变暖因素,多年冻土活动层厚度并没有改变,所以冻结面积稳定率 ϕ_A 始终保持在 1。地下 28.3 m 作用 0.6℃ 地下水对冻结面平均冻结强度稳定率 ϕ_τ 的降低作用显著,第 1 年下降至 0.968,第 5 年下降至 0.827,第 30 年下降至 0.695。

表 7-11　地下 28.3 m 作用 0.6℃ 承压水桩基容许承载力的热稳定性分析

承载力热稳定率	时间						
	初始(未出现地下水)	1 年	2 年	5 年	10 年	20 年	30 年
冻结面积稳定率 ϕ_A	1	1	1	1	1	1	1
冻结面平均冻结强度稳定率 ϕ_τ	1	0.968	0.920	0.827	0.764	0.719	0.695
容许承载力热稳定率 ϕ	1	0.968	0.920	0.827	0.764	0.719	0.695

当地下水作用在桩体之下,且距离桩底较远处位置时,桩土界面间的冻结状态不会被打破,冻结面积稳定率 ϕ_A 不会改变,而冻结面平均冻结强度稳定率 ϕ_τ 会随着地下水作用时间的延长而降低,从而容许承载力热稳定率 ϕ 随之降低。

通过对比以上两表可以得出,地下水作用在桩体位置上时容许承载力热稳定率 ϕ 降低更为显著;当地下水作用在桩体之下且距离桩底较远处位置时,容许承载力热稳定率 ϕ 降低相对较小。

7.3　多年冻土区大断面公路隧道冻融灾变控制技术

7.3.1　多年冻土隧道冻胀机理及防冻融结构体系

1) 围岩横观各向同性冻胀性

开展了封闭与开放条件下类岩石-砂浆试件的单向冻胀试验,由试验结果可知,单向冻胀条件下,岩石内每一点都存在一个平行于冻结方向的冻胀性对称轴,即每一点都有一个垂直于冻结方向的各向同性平面,在该平面内,沿各个方向具有相同的冻胀性。因此,可以认为单向冻胀条件下,岩石具有横观各向同性冻胀性。

冻土区隧道工程贯通后,冷空气进入隧道内部,围岩由衬砌向内冻结,冻结方向为隧道衬砌外法向。围岩中每一点都存在一个平行于冻结方向(即衬砌外法向)的冻胀性对称轴,即每一点都有一个垂直于冻结方向的各向同性柱状曲面,在该曲面内,沿各个方向具有相同的冻胀性,如图 7‑21 所示。因此,在冻土隧道冻结过程中,围岩具有横观各向同性冻胀性,隧道径向为冻胀性对称轴,隧道环向与纵向所在的柱状曲面为冻胀性各向同性面。

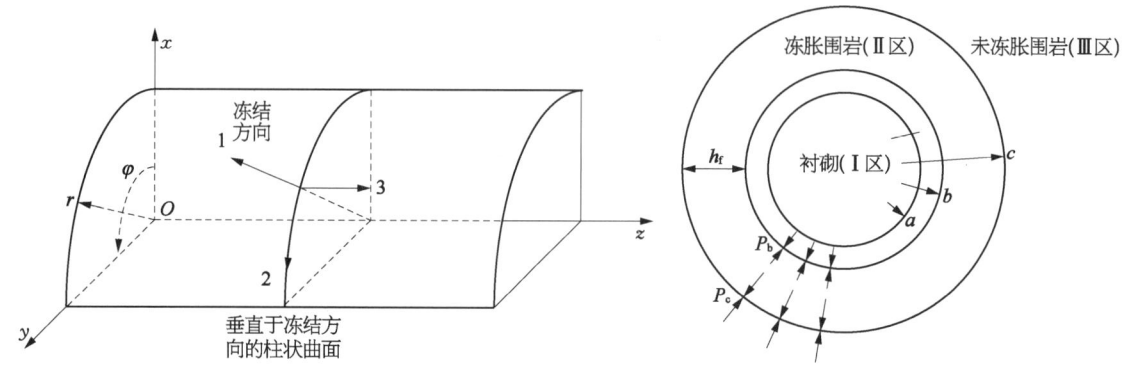

图 7‑21　冻土隧道围岩横观各向同性冻胀性　　　　图 7‑22　隧道冻胀力计算模型

2) 考虑围岩横观各向同性冻胀的圆形隧道冻胀力解析解

将隧道等效为圆形,推导围岩横观各向同性冻胀时的冻胀力解析解。冻融圈整体冻胀模型如图 7‑22 所示,其中Ⅱ区冻胀围岩的厚度为 h_f,围岩冻胀对衬砌产生的冻胀力为 P_b,对外侧未冻胀围岩产生的冻胀力为 P_c。

按如下假设简化问题:① 隧道为圆形,忽略衬砌、围岩自重及初始地应力作用;② 围岩为均质、各向同性的弹性介质;③ 简化为平面应变问题;④ 围岩以隧道径向为对称轴具有横观各向同性冻胀性;⑤ 冻胀围岩的变形量由冻胀变形与弹性变形两部分组成,其中围岩的冻胀变形是其固有冻胀特性的表现,与围岩所受的约束条件无关。

经推导,得出圆形隧道衬砌所受的冻胀力为

$$P_b = \frac{2D_1(1-\mu_{\mathrm{II}})\dfrac{\Delta_c}{c} - [D_3 + D_2 + D_1(1-2\mu_{\mathrm{II}})]\dfrac{\Delta_b}{b}}{\left\{\dfrac{a^2 + b^2(1-2\mu_{\mathrm{I}})}{(b^2 - a^2)} \dfrac{(1+\mu_{\mathrm{I}})}{E_{\mathrm{I}}} + 2[D_1 + D_2(1-2\mu_{\mathrm{II}})]\dfrac{(1+\mu_{\mathrm{II}})}{E_{\mathrm{II}}}\right\}D_4 - \dfrac{8D_1 D_2 (1-\mu_{\mathrm{II}})^2 (1+\mu_{\mathrm{II}})}{E_{\mathrm{II}}}}$$

(7‑5)

其中

$$D_1 = \frac{c^2}{2(c^2 - b^2)}; \quad D_2 = \frac{b^2}{2(c^2 - b^2)}; \quad D_3 = \frac{E_{\mathrm{II}}(1+\mu_{\mathrm{III}})}{2E_{\mathrm{III}}(1+\mu_{\mathrm{II}})}; \quad D_4 = D_3 + D_2 + D_1(1-2\mu_{\mathrm{II}})$$

$$\Delta_b = \frac{b(1-2\mu_{\mathrm{II}})(k-1)\eta}{2(1-\mu_{\mathrm{II}})(k+2)}\left(\ln b - \frac{1}{2}\right) + \frac{C_1}{2}b + \frac{C_2}{b}$$

$$\Delta_c = \frac{c(1-2\mu_{\mathrm{II}})(k-1)\eta}{2(1-\mu_{\mathrm{II}})(k+2)}\left(\ln c - \frac{1}{2}\right) + \frac{C_1}{2}c + \frac{C_2}{c}$$

3) 曲墙式衬砌冻胀荷载的简化计算方法

(1) 冻胀荷载的分布形态。采用数值方法分析了衬砌形状对冻胀荷载分布形态的影响,以及不同冻土段(多年冻土段、多年工程冻土段、季节工程冻土段)、隧道埋深对冻胀荷载量值的影响。分析得出,冻胀荷载始终垂直作用于衬砌表面,分布形态可简化分解为:均匀作用于衬砌拱顶至边墙的压力荷载 q_1;均匀作用于拱脚的压力荷载 q_{max};边墙附近,q_1 过渡到 q_{max} 的梯形荷载;拱脚至仰拱中心,q_{max} 过渡到 q_2 的梯形荷载,如图7-23所示。图中,$\theta_1 = 58°$,$\theta_2 = 95°$,$\theta_3 = 18°$。

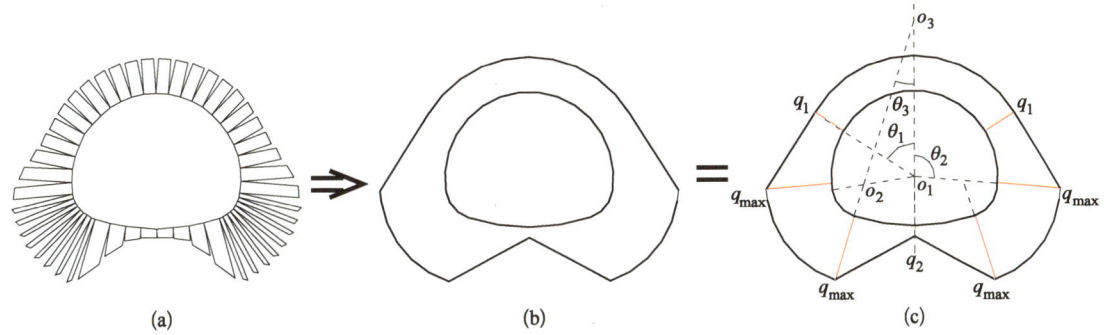

图7-23 冻土隧道冻胀荷载分布形态

(a) 冻胀荷载包络图;(b) 冻胀荷载简化分布形式;(c) 冻胀荷载分布特征

(2) 冻胀荷载的简化计算公式。在解析解和数值计算基础上,拟合了适用于曲墙式衬砌的冻胀荷载简化计算公式,并给出了荷载分布特征参数和量值特征参数。

$$\begin{cases} q_1 = B_1 q_{max} \\ q_2 = B_2 q_{max} \\ q_{max} = B_3(1-B_4^h)P_b \end{cases} \quad (7-6)$$

式中:B_1、B_2 为冻胀荷载分布特征参数;B_3 为衬砌形状影响参数;B_4 为隧道埋深影响参数;P_b 为圆形隧道上的冻胀力,按式(7-5)计算;h 为隧道埋深。

曲墙式隧道冻胀荷载修正计算参数值见表7-12。

表7-12 曲墙式隧道冻胀荷载修正计算参数值

冻土段	围岩级别	B_1	B_2	B_3	B_4
季节工程冻土段	Ⅳ	0.50	0.11	0.71	0.8621
	Ⅴ	0.50	0.10	0.77	0.8620
	Ⅵ	0.51	0.13	0.99	0.8045

(续表)

冻土段	围岩级别	B_1	B_2	B_3	B_4
多年工程冻土段	IV	0.52	0.13	0.95	0.972 5
	V	0.52	0.13	1.10	0.972 6
多年冻土段	IV	0.52	0.13	0.93	0.930 3
	V	0.52	0.13	1.09	0.926 1

4) 多年冻土区隧道防冻融结构设计方法

多年冻土区隧道设计时,应分别考虑以下两种情况进行衬砌结构验算:融化条件下围岩(松散)压力作用;冻结条件下围岩(松散)压力与冻胀力组合作用。

根据所穿越围岩的冻土类型,可分为洞口季节冻土段、多年冻土段、季节工程冻土段、多年工程冻土段。衬砌可采用图7-24所示流程进行设计。

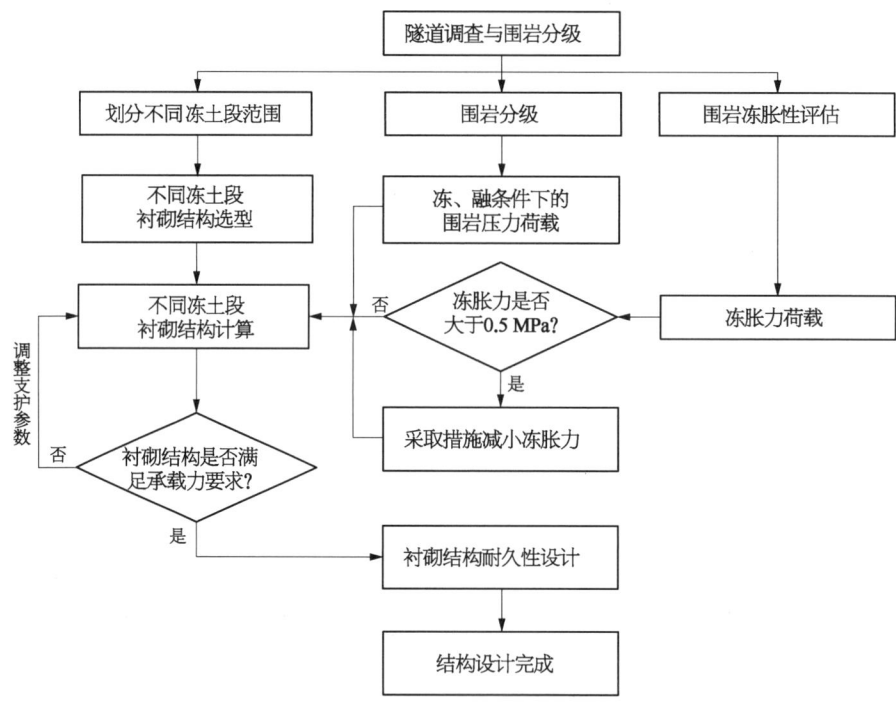

图7-24 多年冻土区隧道结构设计流程

(1)通过隧道调查与围岩分级,划分隧道所经不同冻土段的范围,并评估围岩冻胀性,确定围岩的冻胀率。

(2)根据不同冻土段特点,进行衬砌结构(含保温结构、防排水结构)设计,参考类似工程,初步拟定支护参数;衬砌结构设计应能适应冻融作用,并能承受冻胀力的影响,对多年冻土段,初期支护还应能够维持洞室稳定。

(3)计算围岩冻胀力和冻融条件下围岩压力,并采用荷载结构法计算支护内力,确定支护结构参数。

(4) 将 0.5 MPa 设定为采取冻胀力控制措施的界限,即冻胀力在 0.5 MPa 以下时可调整支护参数使衬砌结构满足承载力设计要求,冻胀力大于 0.5 MPa 时应采取措施减小冻胀荷载。

衬砌结构计算、衬砌结构耐久性设计方法参照《公路隧道设计规范》(JTG D70—2004)执行。

7.3.2 多年冻土隧道防排水与防冻保温系统

7.3.2.1 局部多年冻土隧道防排水系统

利用数值模拟方法计算非冻土段的温度场,将拱底围岩冻结深度 3.3 m 作为双侧保温水沟和中心深埋水沟的临界值,拱底围岩冻结深度 5.5 m 作为中心深埋水沟和防寒泄水洞的临界值,绘制围岩冻结深度等值线,如图 7-25 所示。

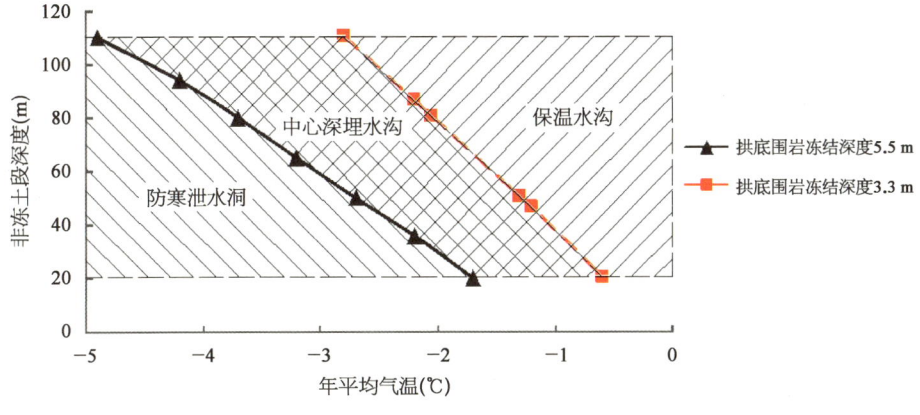

图 7-25 拱底围岩冻结深度等值线图

根据图 7-25,形成局部多年冻土隧道非冻土段排水系统设计方法,具体如下:

(1) 若隧道非冻土段地下水量很少,仅需设置双侧保温水沟,并在水沟中铺设加热电缆。

(2) 若隧址区年平均气温高于 -0.6℃,且隧道非冻土段地下水量较大时,宜采用双侧保温水沟。

(3) 若隧址区年平均气温在 -0.6~-1.7℃,且隧道非冻土段地下水量较大时,此时隧道非冻土段埋深较大断面处拱底围岩冻结深度小于 3.3 m,可采用双侧保温水沟;而在埋深较小断面处拱底围岩冻结深度大于 3.3 m,保温水沟需铺设较厚保温层才能保证水沟能水流不冻结,宜采用中心深埋水沟,将水沟埋置于该断面最大冻结深度以下,利用地温保证水沟内水流不冻结。

(4) 若隧址区年平均气温在 -1.7~-2.8℃,且隧道非冻土段地下水量较大时,此时隧道非冻土段埋深较大断面处拱底围岩冻结深度小于 3.3 m,可采用双侧保温水沟;埋深较小断面处拱底围岩冻结深度大于 5.5 m,需采用防寒泄水洞;其间区段埋深介于 3.3 m 与 5.5 m,

可采用中心深埋水沟。

（5）若隧址区年平均气温在-2.8~-4.9℃，且隧道非冻土段地下水量较大时，此时隧道非冻土段埋深较大断面处拱底围岩冻结深度介于 3.3 m 与 5.5 m，可采用中心深埋水沟；埋深较小断面处拱底围岩冻结深度大于 5.5 m，需采用防寒泄水洞。

（6）若隧址区年平均气温低于-4.9℃，且隧道非冻土段地下水量较大时，此时隧道非冻土段拱底围岩冻结深度基本都将大于 5.5 m，需采用防寒泄水洞。

（7）若冻结深度过大，防寒泄水洞埋置深度也将过大，这将大大增加防寒泄水洞的长度，此时可在拱底铺设保温层使拱底围岩冻结深度降低后再按照上述方法进行排水系统设计。

局部多年冻土隧道非冻土段可能出现保温水沟与中心深埋水沟的衔接，其衔接可按图 7-26 所示进行布置；也可能出现中心深埋水沟与防寒泄水洞的衔接，其衔接可按图 7-27 所示进行布置。

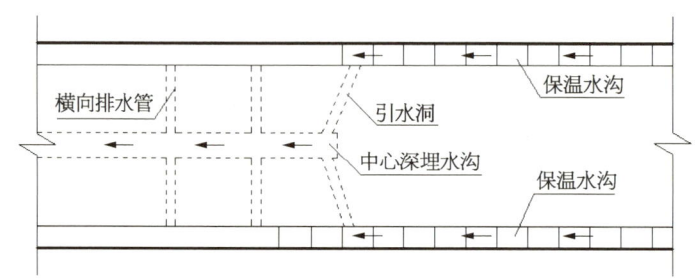

图 7-26　保温水沟与中心深埋水沟的衔接

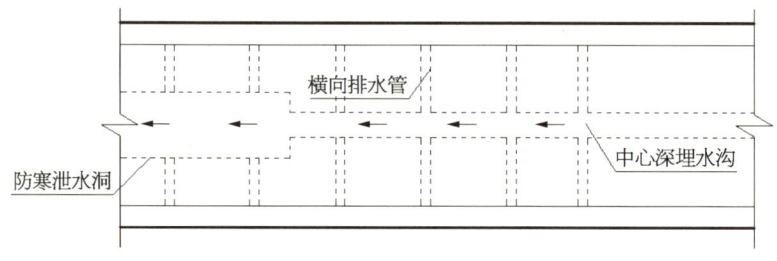

图 7-27　中心深埋水沟与防寒泄水洞的衔接

局部多年冻土隧道多年冻土段宜设置双侧保温水沟，以排除暖季融水为主，避免设置中心排水设施对多年冻土的扰动。水沟侧壁及盖板需铺设保温层防冻。

7.3.2.2　冻土隧道隔热保温层厚度计算方法

多年冻土段以"防融"（围岩表面温度 $T \leqslant 0℃$）为目标，非冻土围岩以"防冻"（围岩表面温度 $T > 0℃$）为目标，开展隔热保温层厚度计算。

1）多年冻土段隔热层厚度计算

以多层圆筒壁热传导方程为基础，结合斯蒂芬近似解析公式推导了不同类型冻土、四种铺设方式(表面铺设、夹层铺设、双层铺设、离壁铺设)下保温层厚度的计算公式。

以夹层铺设方式为例。如图 7-28 所示,基于假设如下:隧道横断面为圆形;对于隧道某一断面的热传导问题,近似认为温度只沿径向变化,沿隧道轴线方向取为单位长度。

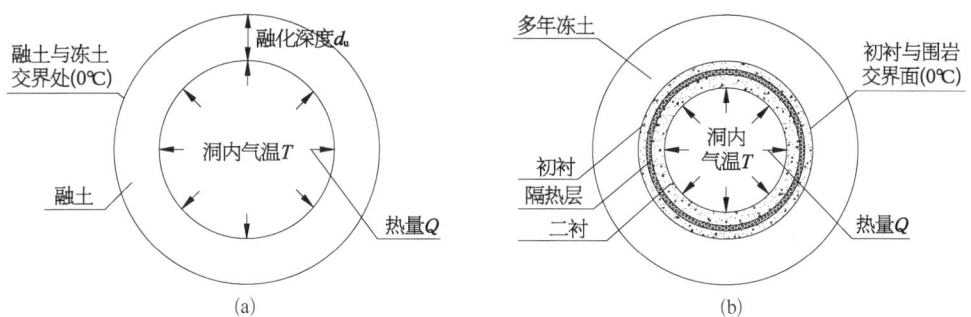

图 7-28 夹层铺设时隔热层厚度计算模型
(a) 铺设隔热层前;(b) 铺设隔热层后

推导得出

$$\frac{1}{(r_1+h_1+h_2+h_3)\alpha} + \frac{1}{\lambda_3}\ln\frac{r_1+h_1+h_2+h_3+d_u}{r_1+h_1+h_2+h_3}$$
$$= \frac{1}{r_1\alpha} + \frac{1}{\lambda_1}\ln\frac{r_1+h_3}{r_1} + \frac{1}{\lambda_2}\ln\frac{r_1+h_3+h_2}{r_1+h_3} + \frac{1}{\lambda_1}\ln\frac{r_1+h_1+h_2+h_3}{r_1+h_2+h_3} \quad (7-7)$$

式中:λ_i 为围岩、衬砌或保温层导热系数[W/(m·℃)];r_i 为隧道中心至每层材料的距离(m);α 为空气与圆筒壁内侧的对流换热系数[W/(m²·K)];h_1 为初衬厚度(m);h_2 为隔热层厚度(m);h_3 为二衬厚度(m);d_u 为多年冻土最大融化深度(m)。

代入各项已知参数,即可求得铺设在初衬和二衬之间的隔热层厚度 h_2。

2) 非冻土段保温层铺设厚度的计算方法

(1) 洞口年平均气温大于0℃。保温层铺设在初衬与二衬之间,计算模型与图 7-28 相似,经推导可得

$$\frac{1}{(r_1+h_1+h_2+h_3)\alpha} + \frac{1}{\lambda_3}\ln\frac{r_1+h_1+h_2+h_3+d_f}{r_1+h_1+h_2+h_3} = \frac{1}{r_1\alpha} + \frac{1}{\lambda_1}\ln\frac{r_1+h_3}{r_1} + \frac{1}{\lambda_2}\ln\frac{r_1+h_2+h_3}{r_1+h_3} \quad (7-8)$$

代入各项已知参数,即可求得铺设在初衬与二衬之间的保温层厚度 h_2。

(2) 洞口年平均气温小于0℃。通过有限元计算来确定合理的保温层厚度。

(3) 解析计算结果误差分析。对于寒区隧道多年冻土段,采用解析公式求解隔热层厚度是合理、可行的。对于隧道非冻土段,提出的修正方法见表 7-13。

表 7-13 非冻土段保温层厚度计算结果修正方法

隧址气象条件		保温层厚度计算公式	计算结果修正	
洞口年平均气温大于 0℃	洞口年平均气温与洞身周围围岩初始地温接近(1℃范围内),且振幅大于等于 15℃	夹层铺设[式(7-7)]	取公式计算结果的 3 倍作为最终厚度	若暂无地温资料,可统一取公式计算结果的 3 倍作为最终厚度
	其余情况	夹层铺设[式(7-8)]	取公式计算结果的 2 倍作为最终厚度	
洞口年平均气温小于 0℃		采用有限元数值计算,以隧道设计使用年限为时间步长进行计算		

7.3.2.3 保温层铺设长度的计算方法

1) 保温层铺设长度的计算

系统分析并建立了保温层长度计算方法及基本流程:

(1) 确定进、出口年平均气温,年温度振幅,隧道埋深函数(隧道埋深随里程的变化),材料热物理参数等各项已知条件。

(2) 因为沿隧道长度方向的温度场分布既受进口气象的影响,也受出口气象的影响,因此,在求解温度场之前,首先要划分出进口段(受进口气象的影响)和出口段(受出口气象的影响),划分方法为:设在距离隧道进口 L_M 处,由进口处气象参数确定的洞内空气年温度振幅与出口处气象参数确定的洞内空气年温度振幅相等。即

$$T_{A1}(T_1, V, L_M) - T_{A2}(T_2, V, L_0 - L_M) = 0 \tag{7-9}$$

式中:T_{A1} 为由进口气象参数确定的洞内年温度振幅(℃);T_{A2} 为由出口气象参数确定的洞内年温度振幅(℃);T_1 为进口处洞外年温度振幅(℃);T_2 为出口处洞外年温度振幅(℃);V 为进口处风速(m/s);L_0 为隧道总长度(m)。

当 $0 \leq l \leq L_M$ 时,利用进口气象参数计算隧道进口段围岩及衬砌温度场;当 $l > L_M$ 时,利用进出口气象参数计算隧道出口段围岩及衬砌温度场。

(3) 对于多年冻土,当在距隧道进口或出口某一长度 l 处,初衬与围岩交界面温度已小于或等于 0℃,则取 l 为隔热层的铺设长度;对于非冻土,当在距隧道进口或出口某一长度 l 处,二衬表面的温度已大于 0℃(双层铺设、离壁铺设、表面铺设时)或者初衬与二衬之间的温度已大于 0℃(夹层铺设时),则取 l 为保温层的铺设长度。计算过程可用图 7-29 所示的流程来表示(以多年冻土为例)。

2) 保温层铺设长度的修正

考虑敷设保温层后热交换条件的改变,推导了保温层设计铺设在初衬与二衬之间的修正系数计算公式:

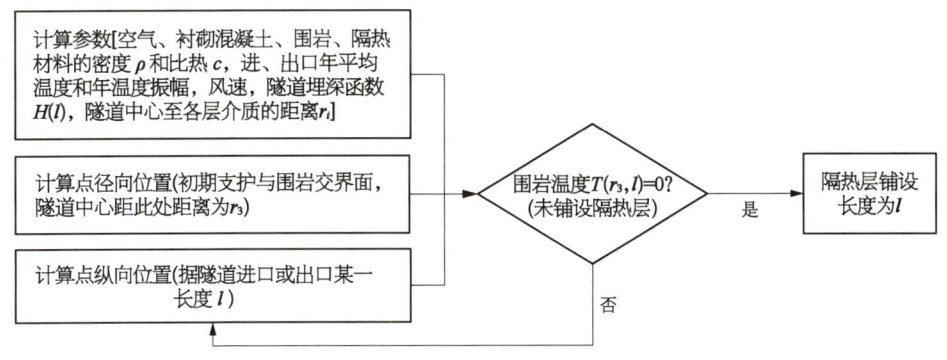

图 7-29 隔热层铺设长度计算流程

$$k = \sqrt{\dfrac{\dfrac{1}{h_1 r_0} + \dfrac{1}{\lambda_2}\ln(r_3/r_0) + \dfrac{1}{\lambda_1}\ln(r_4/r_3) + \dfrac{1}{\lambda_2}\ln(r_5/r_4) + \dfrac{1}{\lambda_3}\ln(r_6/r_5)}{\dfrac{1}{h_1 r_0} + \dfrac{1}{\lambda_2}\ln(r_1/r_0) + \dfrac{1}{\lambda_3}\ln(r_2/r_1)}} \qquad (7-10)$$

式中：h_1 为空气与保温层间的对流换热系数[W/(m²·K)]；A_2 为对流换热面积(m²)，该问题中 $A_2 = 2\pi r_1 l'$；r_0 为隧道的当量半径(m)；r_1 为初衬外侧(靠近围岩侧)的半径(无保温层)(m)；r_2 为围岩温度恒定处的半径(无保温层)(m)；r_3 为二衬外侧的半径(m)；r_4 为保温层外侧的半径(m)；r_5 为铺设保温层后初衬外侧的半径(m)；r_6 为铺设保温层后围岩温度恒定处的半径(m)；λ_1 为保温层导热系数[W/(m²·K)]；λ_2 为衬砌的导热系数[W/(m²·K)]；λ_3 为围岩的导热系数[W/(m²·K)]。

当将保温层铺设在二衬表面时，铺设长度修正系数 k' 为

$$k' = \sqrt{\dfrac{\dfrac{1}{h_1 r_3} + \dfrac{1}{\lambda_1}\ln(r_0/r_3) + \dfrac{1}{\lambda_2}\ln(r_1/r_0) + \dfrac{1}{\lambda_3}\ln(r_2/r_1)}{\dfrac{1}{h_1 r_0} + \dfrac{1}{\lambda_2}\ln(r_1/r_0) + \dfrac{1}{\lambda_3}\ln(r_2/r_1)}} \qquad (7-11)$$

7.3.3 多年冻土隧道洞口段热融滑塌控制技术

将热棒应用于隧道工程，进行浅埋段温度调控和热融防治。布置形式如图 7-30 所示。

1) 热棒的气-管-土耦合传热模型

基于热阻法，建立热棒的传热模型，模型示意图如图 7-31 所示。基于热棒的工作原理和相关的传热理论，冻土隧道热棒的气-管-土耦合传热模型如下：

热棒总热流的计算方程为

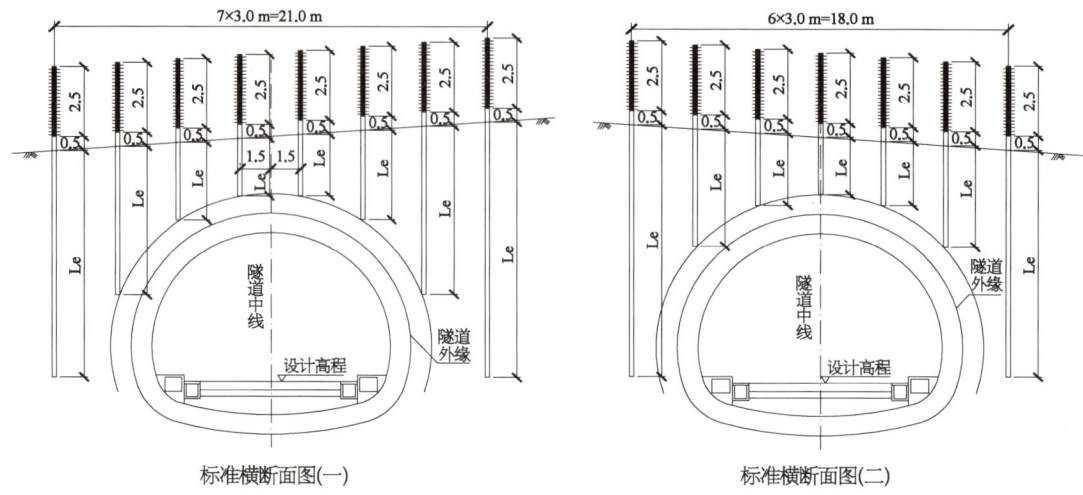

图 7-30 姜路岭隧道浅埋段热棒试验断面

$$Q = \frac{T_a - T_{co}}{R_1} = \frac{T_{co} - T_{ci}}{R_2} = \frac{T_{ci} - T_{cl}}{R_3} = \frac{T_{cl} - T_{el}}{R_4} = \frac{T_{el} - T_{ei}}{R_5} = \frac{T_{ei} - T_s}{R_6} = \frac{T_a - T_s}{\sum R_i}$$

(7-12)

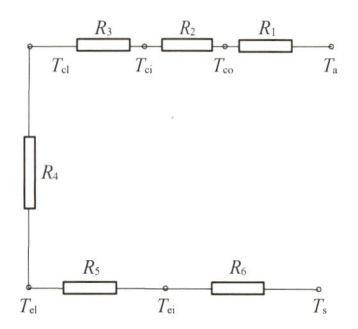

土层传热计算模型为

$$C_s \frac{\partial T}{\partial t} = \frac{\partial}{\partial r}\left(\lambda_s \frac{\partial T}{\partial x}\right) + \frac{\partial}{\partial y}\left(\lambda_s \frac{\partial T}{\partial y}\right) + \frac{\partial}{\partial z}\left(\lambda_s \frac{\partial T}{\partial z}\right)$$

(7-13)

式(7-12)和式(7-13)具有强非线性,采用数值方法进行求解。

图 7-31 热棒的热阻示意图

2) 热棒降温效果

现场监测数据及数值分析(图7-32和图7-33)表明,热棒对洞口段降温效果显著,使多年冻土上限明显上升,形成一定厚度的多年冻土层,并减小融化圈的厚度,加快融化圈的回冻速率,避免大断面公路隧道洞口及浅埋段施工过程中的热融滑塌及长期运营过程中的冻融破坏。依据单管降温效能,建议布设间距以3 m为宜。

7.3.4 多年冻土隧道施工期融化圈控制技术

基于热微扰动理念,提出施工期洞内气温、融化深度、围岩表面积温作为冻融圈三项控制指标(表7-14),并从洞内气温、爆破热扰动、混凝土水化热三个角度进行控制,以保证围岩冻融圈在可控范围内。

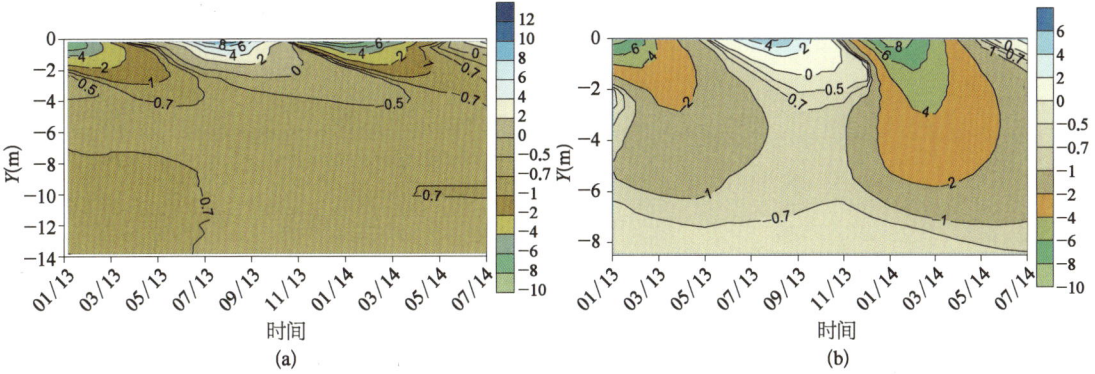

图7-32 姜路岭隧道测温孔实测地温分布
(a) 天然孔;(b) 距热棒1.5 m

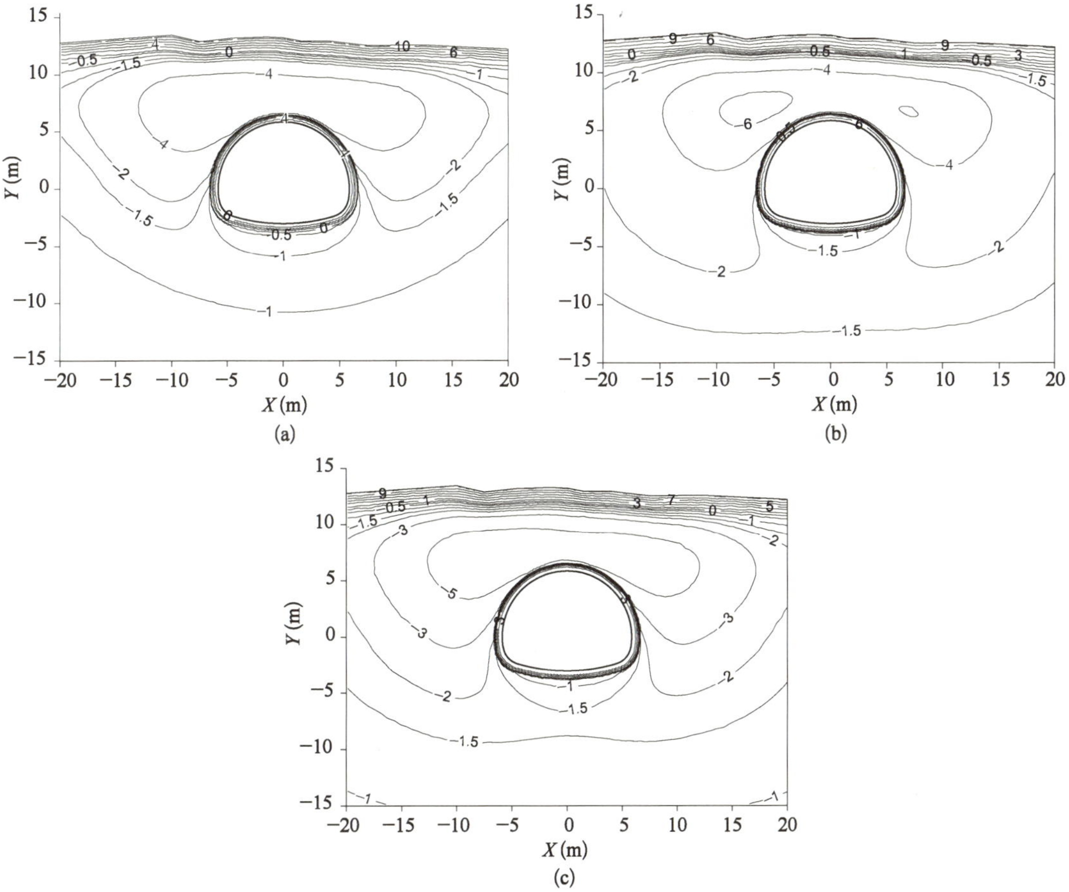

图7-33 热棒群埋设1年、5年、10年后地温分布
(a) 1年后;(b) 5年后;(c) 10年后

表 7-14　多年冻土区隧道冻融圈控制指标

序号	指标	限值
1	洞内气温	−5~+5℃
2	融化深度	<3.0 m
3	围岩表面积温	>0℃/d(喷射混凝土强度达到抗冻临界强度 5 MPa 前) <5℃/d(初期支护闭合后)

为控制多年冻土段多冰段初期支护喷射混凝土造成的多年冻土融化,提出了预制装配式初期支护的初步方案;为控制多年冻土段多冰段施工过程中掌子面围岩稳定性,提出了掌子面充气隔热帘方案,在对施工影响较小的情况下,大幅降低隧道内热量对掌子面的影响,并提出了利用固态二氧化碳控制掌子面围岩温度的钻孔机具方案,可以在掌子面钻孔过程中将围岩温度控制在合理范围内。

7.3.5　多年冻土隧道融沉及结构稳定控制技术

1) 冻融循环作用下地基融沉变形规律

利用数值计算方法对围岩的冻融变形进行计算(图 7-34 和图 7-35),计算中主要涉及

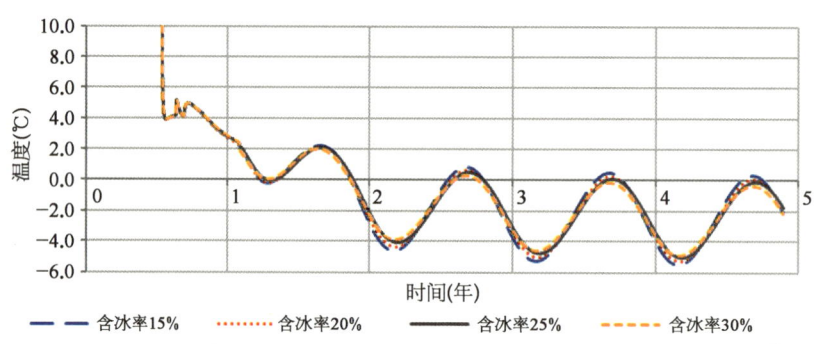

图 7-34　不同含冰率围岩温度场分布

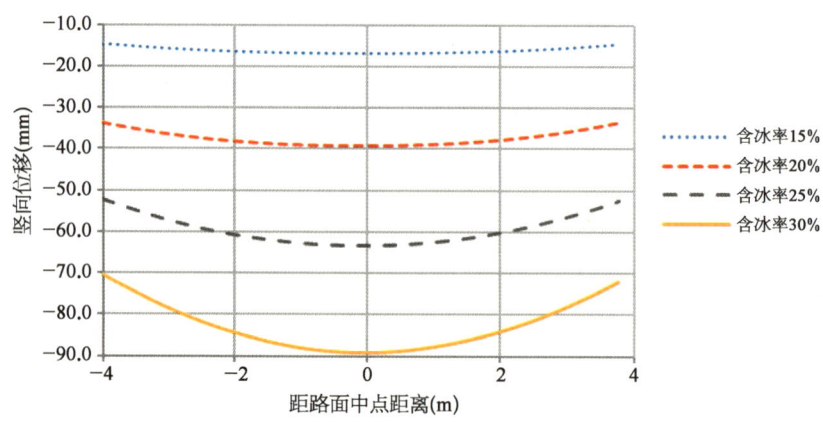

图 7-35　不同含冰率条件下隧道路面横向不均匀变形情况

温度场与应力场的两场耦合分析,在热力学中,用热膨胀系数来描述物体的热胀冷缩性质,而隧道周围冻土通过冻胀率来描述其冻胀情况,通过融沉系数来描述其融沉情况,总体上冻土呈现的是一种"热缩冷胀"的特点。

经分析得出,与洞外公路路基相比,隧道多年冻土地基融沉变形具有以下特点:

(1)较大融沉位移仅发生在运营初期,因此在施工期应做好地基的融沉控制,加强保温设计以减少融沉位移发生的次数,不需要采取长期的融沉控制措施。

(2)无阴阳坡效应存在,横向最大融沉点位于路面中心正下方,差异变形相对稳定,只需控制差异变形在一定的范围内即可。随着冻土含冰率的增大,围岩融化后强度显著降低,融沉位移增大,地基的不均匀变形程度变大;当隧道地基中存在富冰层,且富冰层中各部分的含冰率不同时,含冰率差异越大,其最大融沉位移越大,不均匀变形程度也变大。

2)地基融沉防控措施

为了减少施工水化热,可以按照隧道拱底曲率及回填高度要求,将气泡混合轻质土预制成块体,可取预制块的长宽尺寸 1.0 m×1.0 m,高度按照预制块的位置与仰拱回填高度确定,如图 7-36 所示。根据隧道实际的跨度和仰拱回填的高度要求制作并布置预制块。

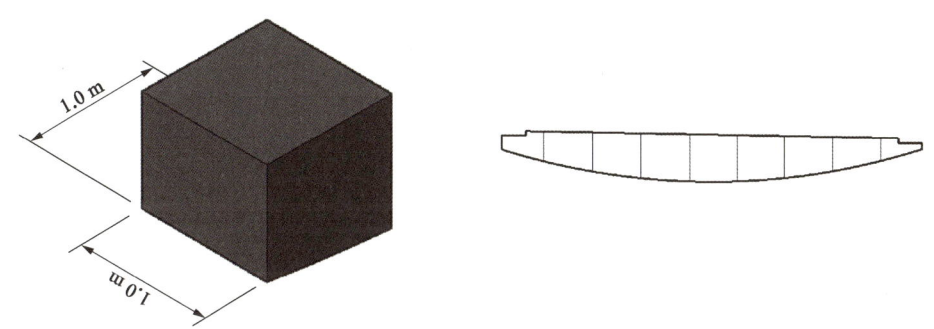

图 7-36 用于拱底回填的预制气泡混合轻质土块示意图

3)冻融循环作用下隧道衬砌混凝土的劣化规律

采用快冻法对二衬混凝土进行室内冻融试验,测试不同冻融循环次数下混凝土的质量损失、动弹性模量、抗拉强度、抗压强度,得到冻融循环作用下混凝土的劣化规律。质量损失率、相对动弹性模量、冻融后劈裂抗拉强度、抗压强度与冻融循环次数关系曲线分别如图7-37~图 7-40 所示。

经拟合得到混凝土试件的相对动弹性模量 P_N、抗拉强度 f_{tN}、抗压强度 f_{cN} 与冻融循环次数 N 的关系可以用下面的方程表示。

$$P_N = 96.299e^{-0.004N}, \quad R^2 = 0.9435 \tag{7-14}$$

$$f_{tN} = 2.7466e^{-0.014N}, \quad R^2 = 0.9666 \tag{7-15}$$

$$f_{cN} = 47.181e^{-0.008N}, \quad R^2 = 0.9644 \tag{7-16}$$

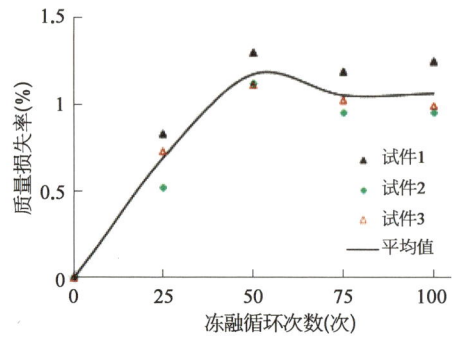

图 7-37 质量损失率与冻融次数关系曲线

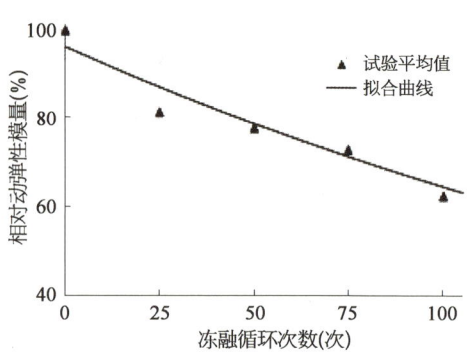

图 7-38 动弹性模量与冻融次数关系曲线

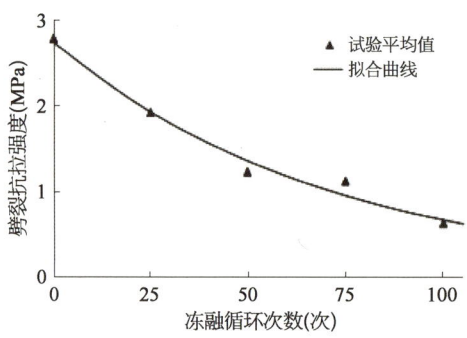

图 7-39 劈裂抗拉强度与冻融循环次数关系曲线

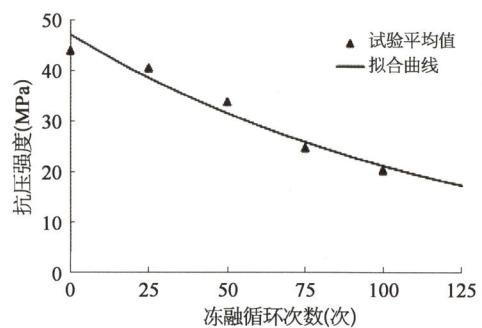

图 7-40 抗压强度与冻融循环次数关系曲线

4) 现场环境下衬砌混凝土的劣化规律

姜路岭隧道二衬表面不铺设保温板时,空气温度的正负温变化直接作用在二衬混凝土上,1 年时间内二衬混凝土经历约 8 次等效室内冻融循环。

t 年后,二衬混凝土经历 $8t$ 次等效室内冻融循环,由式(7-14)～式(7-16)得到混凝土相对动弹性模量 P_t、劈裂抗拉强度 f_{tt}、抗压强度 f_{ct} 随时间 t 的劣化规律。

$$P_t = 96.299 e^{-0.004 \times 8t} = 96.299 e^{-0.032t} \tag{7-17}$$

$$f_{tt} = 2.7466 e^{-0.014 \times 8t} = 2.7466 e^{-0.112t} \tag{7-18}$$

$$f_{ct} = 47.181 e^{-0.008 \times 8t} = 47.181 e^{-0.064t} \tag{7-19}$$

5) 冻融循环作用下结构安全性响应

采用大型有限元软件 ANSYS 作为冻融循环条件下围岩变形和结构响应的热力耦合计算分析工具,有限元模型和施加的边界条件如图 7-41 所示。

冻融循环作用将导致隧道衬砌和围岩劣化,对隧道结构受力和安全系数影响较大。隧道运营 15 年后,多年冻土段隧道拱顶衬砌结构安全系数已降至 2 以下,边墙衬砌和拱脚衬

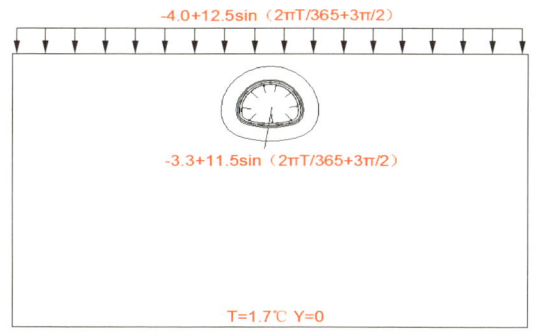 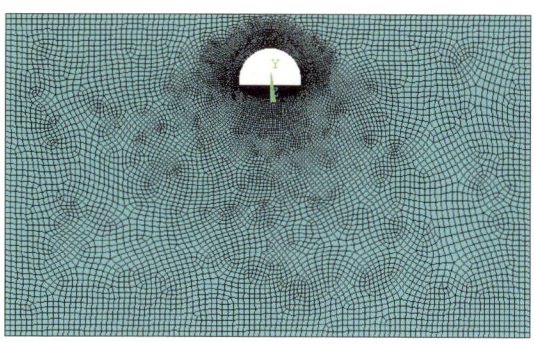

图 7-41 多年冻土段有限元计算模型

砌安全系数也有小于 2 的趋势;20 年后,拱脚处衬砌结构安全系数降至 2 以下,小于《公路隧道设计规范》规定的钢筋混凝土结构的安全系数 2。当在多年冻土段衬砌表面铺设一层 5 cm 厚保温层时,隧道运营 100 年后,衬砌各位置处安全系数仍大于 2,且基本稳定,说明衬砌能够满足承载要求。

第8章

高速公路建设环境保护技术

8.1 高海拔高寒地区线形工程叠加对生态环境的影响规律

8.1.1 线形工程叠加对野生动物的影响

1) 线形工程叠加对迁徙物种(藏羚)的影响

通过三年野外现场调查和红外相机监测,阐明了青藏工程走廊典型野生动物的时空分布特征。结果表明,青藏工程走廊常见的哺乳动物有 18 种,包括国家 I 级保护动物 5 种,国家 II 级保护动物 5 种,其中藏羚种群数量显著高于其他种群,鉴于其季节性长距离迁徙的习性,是拟建青藏高速公路需要保护的重点物种之一。

线形工程叠加对藏羚的迁徙廊道造成压缩,对其产生阻隔、回避等影响。结果表明,在青藏铁路建设之前,藏羚迁徙廊道位于楚玛尔河两侧 20 km 范围内,即青藏公路 K2974～K3000 路段;青藏铁路修建期间,迁徙廊道压缩到楚玛尔河大桥至五道梁之间 10 km 范围内,即青藏公路 K2980～K3000 路段;青藏铁路建成后,藏羚的迁徙廊道进一步压缩至青藏铁路五北大桥附近不足 1 km 的范围。藏羚对公路交通有明显的回避反应,平均回避距离为 265.58 m±11.07 m,迁徙季节(8月)和非迁徙季节(12月)其回避距离差异性不显著。监测

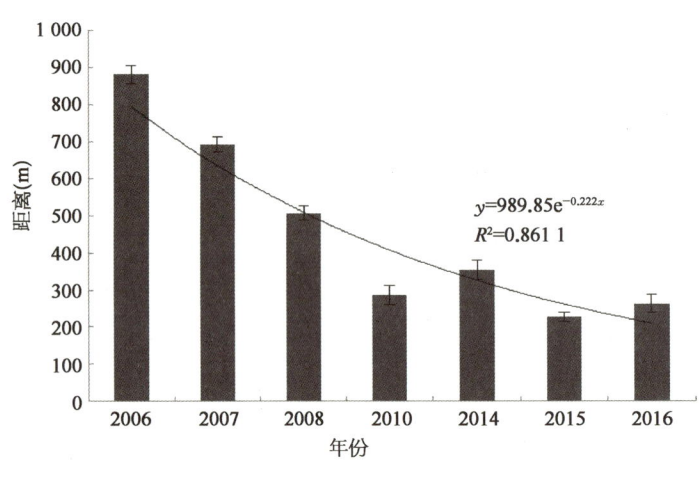

图 8-1 不同年份藏羚回避距离的对比

数据显示,2006 年以来,藏羚对青藏公路的回避距离呈减小趋势(图 8-1),表明其对公路交通和人类活动有一定的适应性。

2) 线形工程叠加对其他典型物种的影响

青藏铁路、青藏公路等线形工程没有对野牦牛、藏野驴和藏原羚等物种造成叠加影响。

野牦牛、藏野驴和藏原羚对青藏公路的回避距离依次递减(图 8-2 和图 8-3),近 10 年来,藏野驴和藏原羚对青藏公路的回避距离有减小的趋势,表明这些物种对公路交通有着适应性;公路交通会对野生动物造成致死影响,K2900～K3000 是交通致死多发路段。

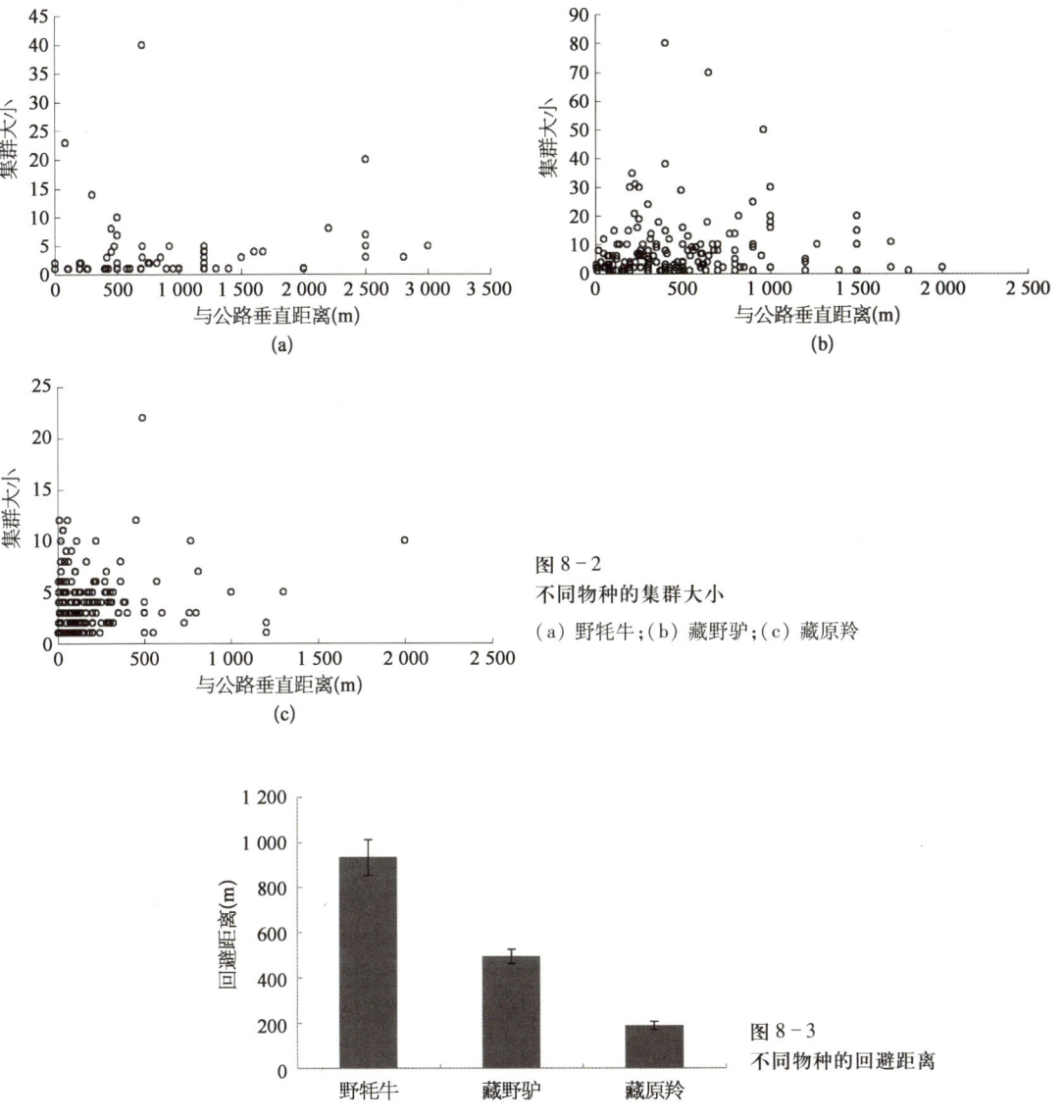

图 8-2
不同物种的集群大小
（a）野牦牛；（b）藏野驴；（c）藏原羚

图 8-3
不同物种的回避距离

8.1.2 青藏工程走廊交通基础设施建设对植被的影响

线形工程项目建设会对沿线一定范围内的植被造成损失或破坏。研究结果表明,公路两侧 50~100 m 范围内,工程建设会导致沿线植被群落结构和种类成分趋于简单化,生物量及群落中优势种的比重明显下降,群落中湿生、中生植物明显减少,中旱生、旱生植物种类有所增加,并逐渐向旱生化发展等。

青藏公路沿线植被被破坏后可以逐步"自然恢复",但由于地处高海拔高寒区域,受低温、干旱的限制,植被一旦被破坏,恢复十分困难,恢复过程十分缓慢。多数路段的公路边坡在建成 6~8 年后才有少量植物开始出苗、生长,植物覆盖率不足 3%,而且分布不均,生物量少。

现场观测数据和遥感解译结果表明,青藏工程走廊内线形工程建设,从区域尺度来看对植被影响较小。植被指数主要受生长季温度、降水、地温等环境因子影响,其年际变化规律与气候因子变化趋势一致。工程建设期,工程活动破坏沿线地表植被,会对区域植被指数造成轻度影响,但与未扰动区相比差异不显著,如图8-4所示。

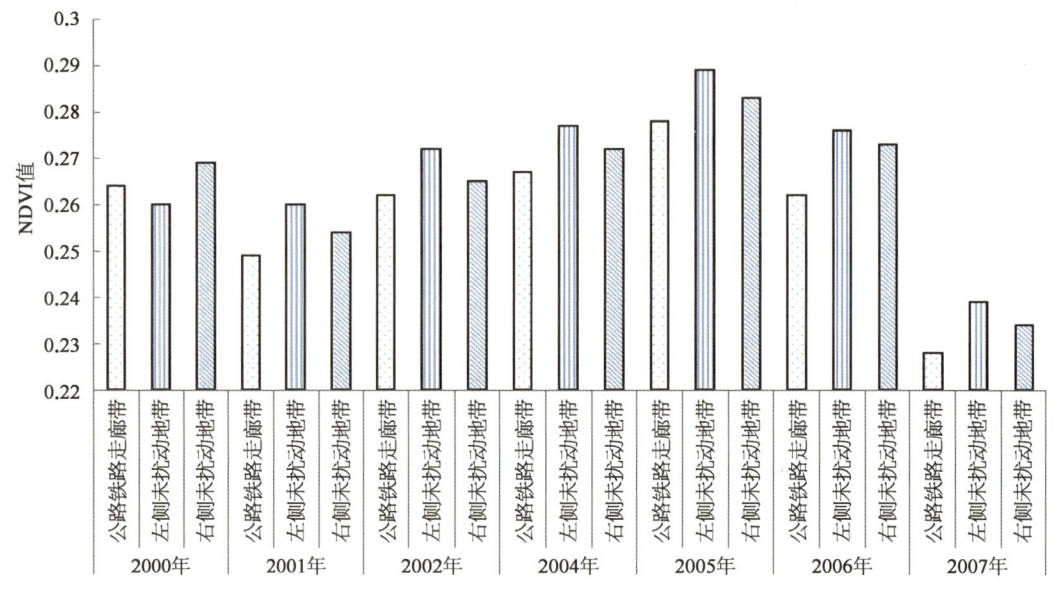

图8-4 工程走廊带与未扰动区NDVI均值对比

8.1.3 青藏工程走廊土壤侵蚀强度及公路边坡产流产沙规律

1) 青藏工程走廊土壤侵蚀强度特征

结合GIS利用RUSLE模型,对青藏工程走廊的土壤侵蚀状况进行了分析和制图,如图8-5所示。

青藏工程走廊土壤侵蚀强度以微度和轻度为主,占比约为60%;中度以下的侵蚀类型占78.94%,集中在高平原地带;强烈以上的侵蚀区域主要集中于唐古拉山两侧及河谷峡谷地带,以及格尔木、拉萨等人为活动较多的地带,占21%。

2) 青藏高原地区公路裸露边坡产流产沙规律

模拟降水试验结果表明,高海拔高寒地区公路裸露坡面径流量随降雨冲刷历时的延长而增大,其变化程度与冲刷流量呈显著的正相关;裸坡对低强度降雨具有一定的接纳能力,冲刷流量影响坡面产流时间。裸坡产沙量与放水流量呈正比,坡面产沙波动呈现多峰多谷的特点。裸坡的产沙量与径流量之间的倍率关系无显著的相关性,随着冲刷历时的延长,坡面侵蚀含沙量逐渐减小,如图8-6和图8-7所示。青藏工程走廊公路边坡抗蚀性普遍较差。

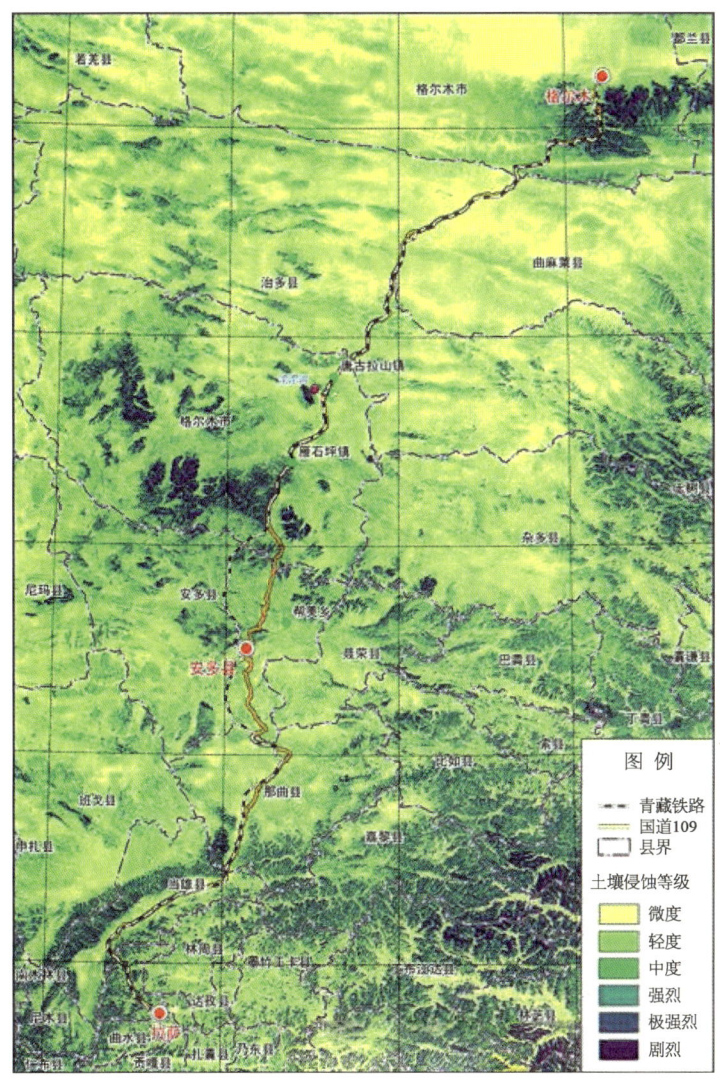

图 8-5　青藏工程走廊土壤侵蚀强度分级图

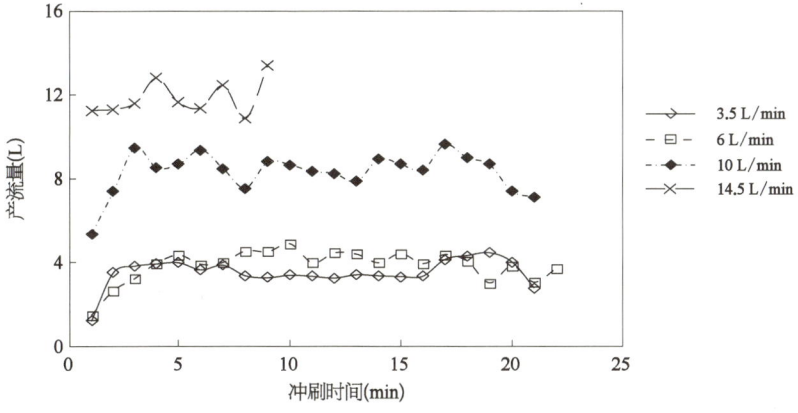

图 8-6　不同冲刷流量下产流量随时间的变化曲线

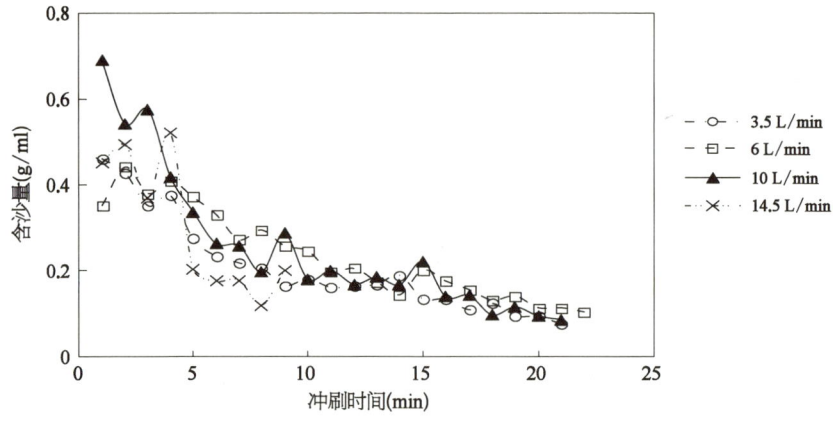

图 8-7 不同冲刷流量下含沙量随时间的变化曲线

3) 坡面水土流失预测

坡面流量强度与覆盖度及产沙的关系,利用冲刷数据拟合土壤流失方程来表示。为了检验方程的有效性,在方程拟合时随机选择三分之二的样本开展数值模拟,其余三分之一用于评估拟合方程的有效性。

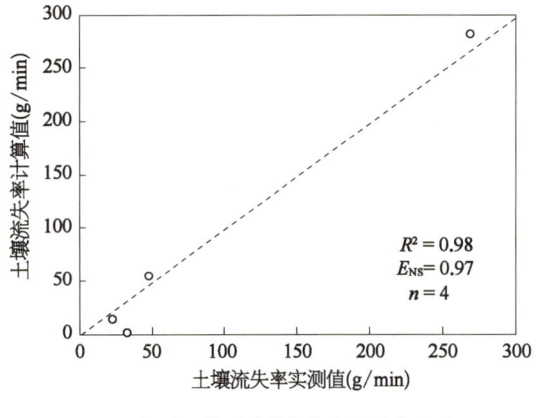

图 8-8 模型计算值与实测值的关系

基于现场调查的 12 组数据,依托 MATLAB 建模,建立了边坡侵蚀预报模型

$$S = 64.400(1 - C)^{6.457} I^{1.378}$$

式中:S 为土壤流失率(g/min);C 为边坡覆盖度(%);I 为放水流量(L/min)。

随机选取 4 组数据验证,R^2 和 E_{NS} 值分别为 0.98 和 0.97,模型精度很好,表明拟合方程能够有效地开展本区域水土流失预报(图 8-8)。

8.2 野生动物保护技术

8.2.1 主要保护目标

青藏工程走廊沿线区域发现哺乳类动物 18 种,包括国家 I 级和 II 级保护动物各 5 种。其中,藏羚、藏原羚、藏野驴和野牦牛等大中型哺乳动物较为敏感,这些动物分布范围广,具有随季节变化从低海拔向高海拔或从高海拔向低海拔进行取食、迁移和繁殖等特点,迁移途中需经过青藏工程走廊。尤以藏羚长距离、季节性迁徙习性最为典型,每年5—6月上迁,7—8月回迁。

每年迁徙期,藏羚主要从青藏公路K2994~K2999处穿越,交通致死时有发生;线形工程对藏羚产生了显著的叠加影响;青藏铁路的建设与运营,藏羚迁徙廊道不断被压缩;藏羚对公路交通有回避效应,平均回避距离为265.58 m±11.07 m。

调研发现,藏野驴、藏原羚、棕熊和野牦牛也都发生过公路交通致死事件;藏野驴、藏原羚和野牦牛对公路交通也存在回避效应,其平均回避距离分别为494.19 m±30.22 m、188.21 m±17.11 m和932.96 m±77.97 m。

综上所述,认为藏羚、藏野驴、藏原羚、野牦牛和棕熊等大中型哺乳动物是拟建青藏高速公路需要重点保护的主要野生动物物种。特别是由于藏羚的迁徙特性,每年需要往返穿越青藏工程走廊,是野生动物保护的关键物种。

8.2.2 野生动物保护关键路段

综合考虑藏羚的集中分布区域、藏羚迁徙的主要廊道、公路交通引起藏羚致死的高发路段、青藏铁路已设的动物通道位置等因素,识别出拟建青藏高速公路藏羚保护的关键路段是青藏公路K2980~K3000(楚玛尔河大桥—五道梁)区段。

综合考虑其他典型野生动物的集中分布区域、公路交通引起野生动物致死的高发路段、青藏铁路设置的动物通道位置等因素,识别出拟建青藏高速公路野牦牛等其他典型动物保护的关键路段是K2870~K3200。

8.2.3 迁徙物种藏羚保护技术

8.2.3.1 关键路段路线布设与横断面形式

1) 路线布设

拟建青藏高速公路藏羚迁徙关键路段线位选择,是从源头上缓解公路交通对藏羚迁徙干扰的重要措施。通过专家咨询、走访调研和现场勘查,针对藏羚迁徙的关键路段,研究提出拟建高速公路的路线布设方案如图8-9所示,即推荐高速公路线位沿着青藏公路楚玛尔河大桥的可可西里保护区一侧上行14 km,然后跨河进入五道梁。

该线位具有如下优点:① 高速公路与公路、铁路的间距达到1~5 km,可为藏羚迁徙创造一个缓冲地带和安全岛,满足藏羚对公路交通回避距离的需求;② 拟建青藏高速公路与青藏铁路、公路之间起伏的山丘、河滩等,可为藏羚迁徙提供隐蔽场所;③ 缓冲地带位于河滩两侧,栖息地质量高,便于藏羚饮水、觅食,是理想的迁徙廊道;④ 一旦高速公路建成通车,在高速公路分流作用下,现有青藏公路车流量将大幅减少,有可能使得位于藏羚迁徙廊道范围内的青藏公路楚玛尔河两侧K2980~K3000约20 km路段,所对应的青藏铁路楚玛尔河大桥等5座桥梁的140多个桥孔,成为藏羚迁徙的潜在通道,从而改变目前藏羚基本上都在五北大桥穿越青藏铁路的窘境。

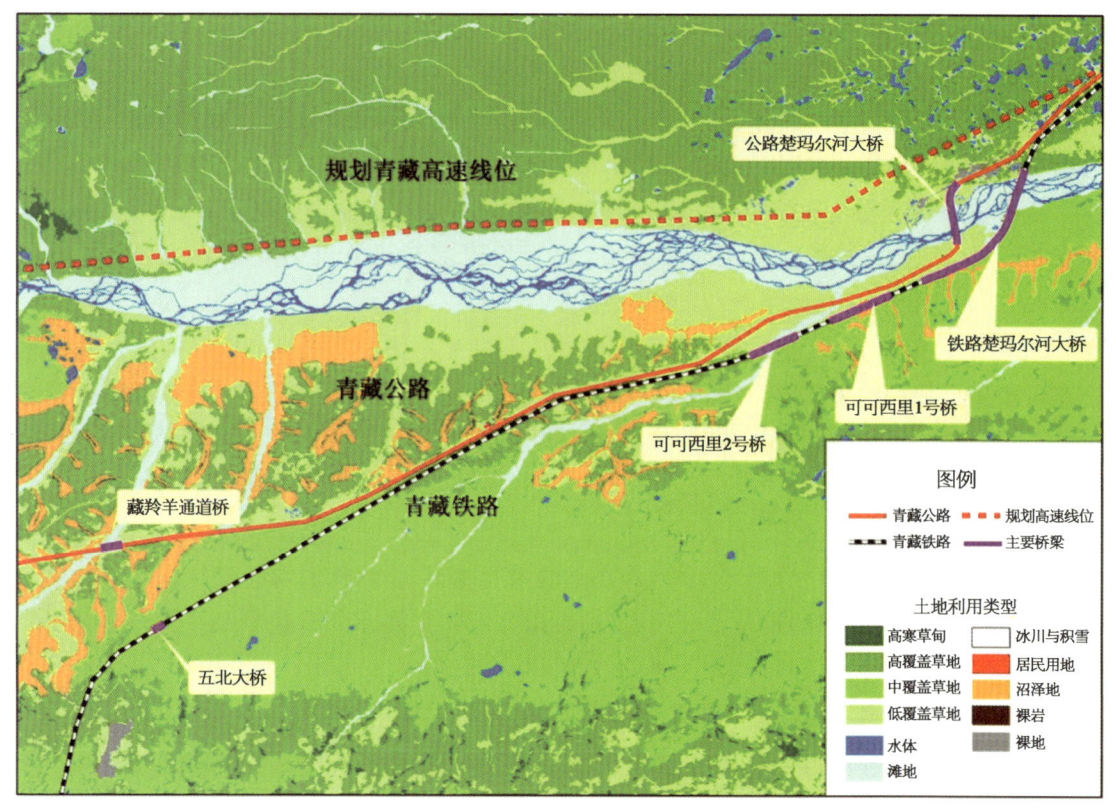

图 8-9 藏羚迁徙路段(K2980~K3000)高速公路布线示意图

除上述关键路段外,拟建青藏高速公路的其他路段,从减小栖息地破碎化的角度,建议公路线位尽量靠近现有青藏公路和(或)青藏铁路,并在青藏铁路动物通道的相应位置设置动物通道。

2) 横断面形式

拟建青藏高速公路的路基形式,将在 26 m 的整体式路基和 2 条 13 m 的分离式路基之间进行选择。整体式路基的通道白天光线比分离式路基要少,但分离式路基开阔的中央分隔带一般交通噪声干扰较大。若目标物种是夜行性物种,对白天光线没有特别要求,那么整体式路基可能更好;若目标物种是昼行性物种,对白天光线有要求,那么分离式路基更好。青藏工程走廊保护的主要目标物种是藏羚、藏野驴、藏原羚等大型哺乳动物,大多属于昼行性物种,因此在藏羚保护的关键路段推荐分离式路基。

为了尽量减少分离式路基对藏羚迁徙造成双重阻隔,避免造成野生动物栖息地的破碎化,在满足冻土保护要求的前提下,中央分隔带宽度不宜过大。同时,还应采取其他辅助措施降低噪声干扰(如在动物通道路段安装声屏障、铺设降噪路面、设置限速禁鸣标志等)、配套隔离栅(避免野生动物进入中央分隔带),在动物通道内设置引导措施,以最大限度减少公路运营对野生动物使用通道的负面影响。

8.2.3.2 藏羚通道设置

1) 藏羚通道设置位置及类型

在藏羚迁徙廊道,即青藏公路 K2980~K3000 路段,青藏高速公路应设置上跨式动物通道或下穿式动物通道,最大限度地降低高速公路对藏羚的阻隔影响。

根据现场调查结果,藏羚主要在青藏公路的 K2994~K2999 穿越。为此,推荐拟建青藏高速公路设置两处野生动物上跨式通道(明洞),分别位于楚玛尔河大桥与五道梁之间的 2995+450 和 2999+100,通道宽度分别为 300 m 和 500 m,参照北美景观桥建设经验(至少 100 m),可以满足藏羚迁徙需要。

2) 适用于藏羚种群大规模迁徙的桥梁通道

青藏铁路建成后,藏羚种群大规模迁徙的通道主要是青藏铁路五北大桥。该桥长 210 m、宽 6 m、高 6.5~8.5 m,桥孔跨径为 30 m,开阔率(通道高度×宽度/长度)为 262.5。

模拟分离式路基的一幅,在青藏公路 K2998 处建设了一座藏羚通道桥,桥面宽度 10 m,全长 306 m(15 跨,每跨 20 m),桥下高度 3~6 m,开阔率为 129。2016 年 8 月 2 日—10 月 14 日,采用 15 台红外相机监测藏羚利用情况。监测发现,桥梁的高度对藏羚穿越有影响,高度为 5~6 m 的桥孔利用率(41.67%)显著高于高度为 3~4 m(9.72%)和 4~5 m(16.67%)的桥孔,且大种群的藏羚多数利用 5~6 m 高的桥孔穿越(图 8-10 和图 8-11)。

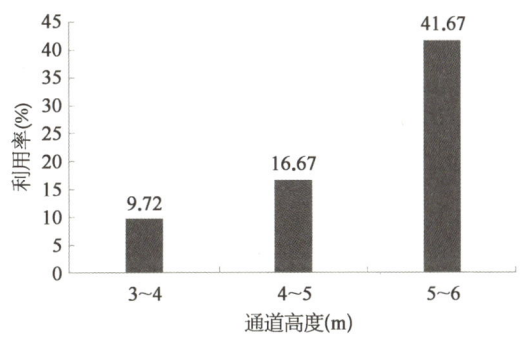

图 8-10 藏羚利用率与通道桥不同高度桥孔的关系

图 8-11 藏羚正常穿越青藏公路桥梁(10 m 宽、5~6 m 高)的阴影区

综合分析藏羚大规模种群迁徙利用青藏公路桥梁和青藏铁路桥梁穿越的情况,认为高度不低于 5 m、开阔率不低于 129 的桥梁通道可以满足藏羚大规模迁徙的需要。

3) 适用于藏羚穿越的桥涵通道

对青藏铁路的 11 个涵洞、14 座小桥跟踪监测(桥梁累积监测时间为 2 452 d、涵洞累积监测时间为 3 242 d),结果表明,藏羚对桥梁通道的利用率显著高于涵洞通道(桥梁 13.59±6.08,涵洞 0.47±0.19;Mann – Whitney U 检验,$Z = -2.799, p = 0.005$)(图 8 – 12),穿越率随着通道宽度的增加而增加(藏羚:$r = 0.538, p < 0.01$),随着通道长度的增加而减少(藏羚:$r = -0.478, p < 0.05$),通道利用率与开阔率、通道宽度呈正相关(图 8 – 13)。

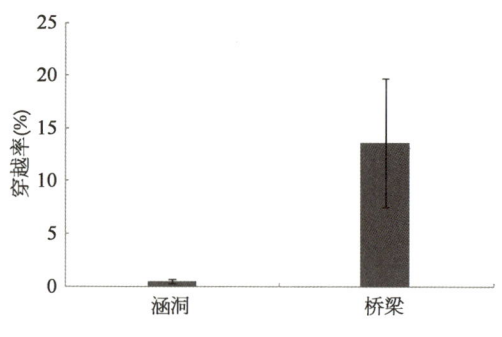

图 8 – 12 藏羚对小桥和涵洞通道的偏好

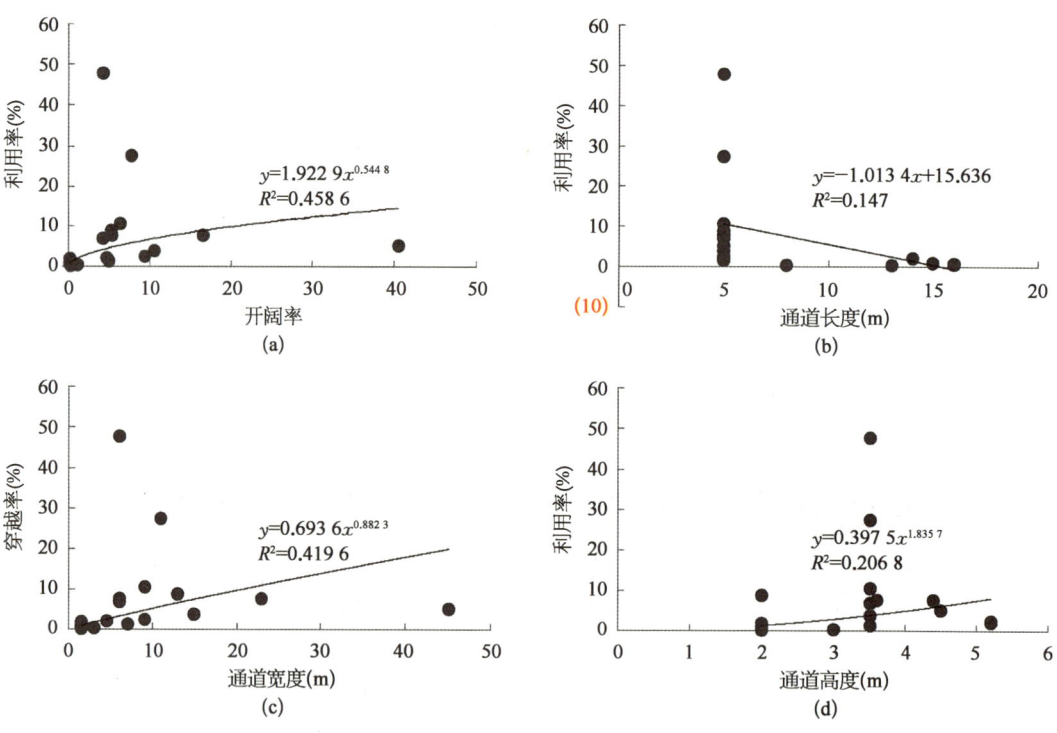

图 8 – 13 藏羚利用通道与通道设计参数的关系
(a) 通道开阔率;(b) 通道长度;(c) 通道宽度;(d) 通道高度

藏羚通道利用率与通道到公路的距离呈显著正相关($r = 0.709, p < 0.01$),显示藏羚偏好远离公路的通道穿越青藏铁路。

基于以上研究,提出藏羚通道推荐尺寸,即通道开阔率不小于 4.2、宽度不小于 6 m,高度不低于 3.5 m。

4）配套设施

（1）警示标志。在 K2980～K3000 藏羚迁徙通道路段设置禁鸣、减速、注意野生动物等标志牌，提示过往司乘人员不要惊扰野生动物。

（2）限速装置。建议在 K2980～K3000 路段设置电子限速装置，有效控制车辆超速，降低交通噪声，减少交通噪声对野生动物活动的干扰。

（3）声屏障。建议在 K2980～K3000 路段，在高速公路下穿式通道两侧设置声屏障。一方面将车辆噪声对穿越通道的藏羚影响降到最小，另一方面降低车辆灯光对夜间利用通道的野生动物的影响。

（4）地形营造。建议在 K2980～K3000 路段，结合地形特征，利用土堆等自然地物营造波浪状起伏地形，便于藏羚迁徙过程中减小视觉干扰，寻找隐蔽和休息场所。

（5）植被恢复。K2980～K3000 路段，将通道周边的扰动区域进行植被恢复，尽量恢复至扰动之前的植被覆盖度。

（6）人工水体。K2980～K3000 路段，在高速公路通道附近，结合低洼地形，设置小型人工水体，可起到吸引野生动物活动的作用，提高野生动物通道利用率。

（7）红外监测。待野生动物通道施工完毕，立即开展监测，评价野生动物利用率，通过评价不断优化设计方案，总结动物通道建设成效和经验。

8.2.4 其他典型野生动物的通道设置技术

1）动物通道设置位置及类型

在藏原羚、藏野驴和野牦牛保护的关键路段，采取上跨式野生动物通道和下穿式野生动物通道相结合的方式，为野生动物预留通道。

推荐在青藏高速公路 K2870～K3200 路段设置 2 处上跨式通道，分别位于昆仑山隧道 K2884+750 和风火山隧道 K3066+830，通道宽度分别是 3 220 m 和 2 480 m，参照北美景观桥推荐宽度（至少 100 m），两处隧道通道可以满足藏野驴等典型动物穿越的需要。

2）下穿式通道设置技术

监测结果表明，藏原羚、藏野驴和野牦牛对桥梁的利用率显著高于涵洞（图 8-14），研究建立了 3 个典型物种通道利用穿越率预测模型（表 8-1）。

总体看来，通道特征因子对 3 个物种的模型影响最大。

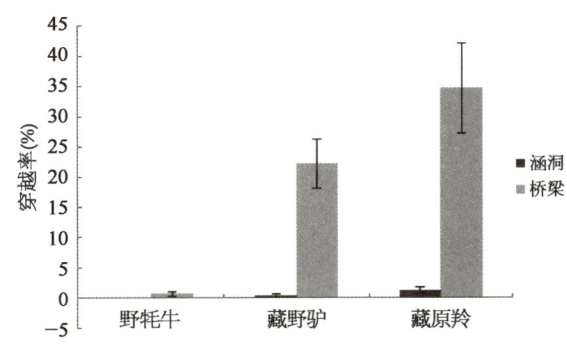

图 8-14 3 种典型动物的通道选择性

表8-1 部分物种穿越率的预测模型

物 种	变 量	B	Std Error	P 值	D
野牦牛	Constant 高度 与公路距离	-0.998 0.303 0.001	0.310 0.088 0.000	0.004 0.002 0.022	0.472
藏野驴	Constant 长度	24.891 -1.297	4.813 0.405	0.000 0.004	0.308
藏原羚	Constant 宽度 与公路距离	3.344 2.582 0.000	6.536 0.804 0.000	0.614 0.004 0.046	0.309

对于藏原羚,推荐通道开阔率不小于4.2,宽度不小于6 m,高度不低于4 m(表8-2)。

表8-2 高速公路有蹄类动物通道尺寸推荐值

种 类	开阔率	长	宽	高	其 他
藏野驴	≥4.2	10 m 可以利用	≥3 m	≥2.5 m	
藏原羚	≥4.2	30 m 也有利用,但尽量短	≥6 m	≥4 m	
野牦牛	—	—	—	—	样本少

8.2.5 公路大中型哺乳动物通道监测与评价

监测发现,藏野驴等野生动物存在尝试穿越通道又返回的情况,以往在通道一端安装相机进行通道有效性监测评价的方法,不能全面合理地评价动物通道的实际利用率。

研究提出一种以尝试穿越率和实际穿越率来判断通道有效性的野生动物通道红外相机监测与评价方法。主要流程包括:选择拟监测的公路大中型哺乳动物通道,确定拟监测的目标物种,红外相机设置指标的选取(数量、位置、高度、角度、参数、时间等),筛选独立照片,计算尝试穿越率和实际穿越率,评价动物通道的效率等(图8-15)。在青藏铁路K2991+500处涵洞通道的应用结果表明,针对藏野驴穿越情况,该监测评价方法提高了统计精度16.7%。

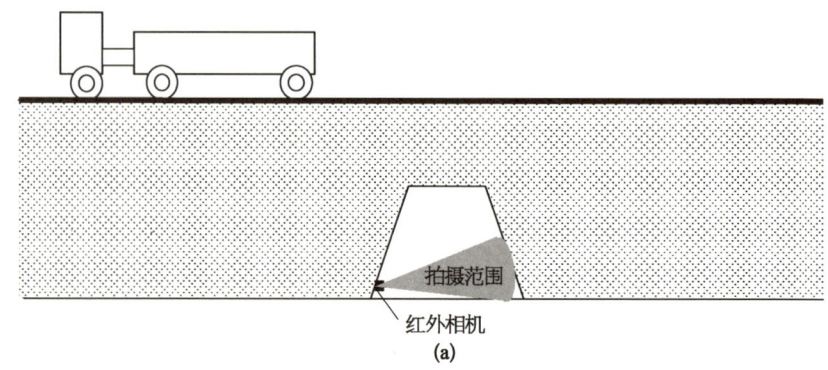

(a)

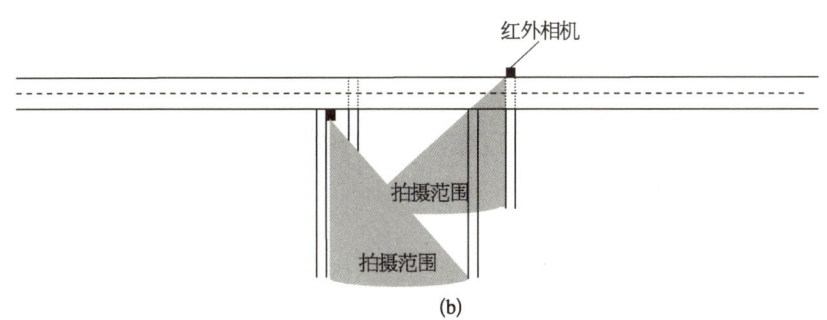

图 8-15 野生动物通道监测红外相机镜头设置角度示意图
(a)涵洞动物通道;(b)桥梁动物通道

8.3 水土保持与生态恢复技术

8.3.1 青藏工程走廊水土保持区划

结合侵蚀类型和强度,研究提出了青藏工程走廊水土保持区划(图 8-16)。划分为六个水土流失防治区,包括柴达木盆地荒漠风水强烈侵蚀区、楚玛尔河高平原水力微度侵蚀区、唐北盆地风力冻融轻度中度侵蚀区、唐古拉山系风力水力冻融复合强烈侵蚀区、羌塘藏北高原水力冻融轻度侵蚀区、高山河谷水力强烈侵蚀区。基于水土保持功能定位等,细分为 23 个二级分区,并提出了相应的边坡水土保持对策,包括公路边坡几何形态、路基排水、边坡防护的对策。

8.3.2 青藏工程走廊植被可恢复性区划

提出基于环境因子的分区与基于植被因子的校核相结合,进行植被可恢复性评价的方法。该评价方法的流程如下:

(1)首先提取评价区主要环境因子(>10℃积温、干燥度等),在 GIS 软件中针对公路两侧各 5 km 范围提取环境因子数据,将数据标准化,并对指标赋以权重后进行综合评价,采用自然分界法将植被可恢复性由低及高进行等级划分,分为 1~5 级。

(2)以植被类型与植被覆盖度图形为基础,在 GIS 软件中针对公路两侧各 5 km 范围提取植被因子数据(植被覆盖度),并据此由低至高将植被等级划分为 1~5 级。

植被覆盖度等级划分依据:由区域 NDVI 数据反演生成。

(3)将植被因子分级与环境因子分级结果进行比较,针对植被因子分级与环境因子分级级差较大的区域,开展实地调查,调查生境类型、植物种类、生长状况、土壤水分、小地形等因子,通过对地形起伏度、土壤水分、坡度、海拔、地形湿润指数、年均温、生长季均温、生长季

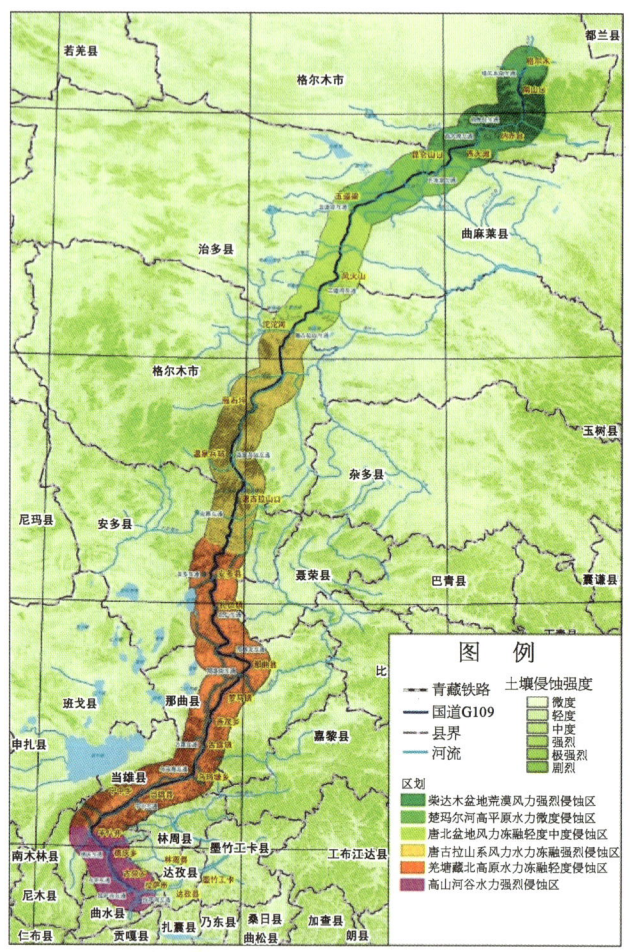

图 8-16 青藏工程走廊带水土保持区划图

月降水量、年降水量等环境因子的复核,明确造成两种评分方法差异的原因,并进行修正。

如图 8-17 所示,青藏工程走廊植被可恢复性由低到高分为 5 个等级:

K2740~K2860 段,植被可恢复性等级为 1 级,基本不具备植被恢复的条件,建议施工时尽量减少植被破坏,边坡防护等尽量采取工程措施,以减少风蚀水蚀。

K2950~K3000、K3100~K3200 段,植被可恢复性等级为 2 级,植被恢复难度大,但局部路段因地形、小气候等原因可恢复植被,若开展植被恢复工作,需要充分考虑局地环境条件并采取相应的技术对策。

K2860~K2950、K3000~K3100,植被可恢复性等级为 3 级,植被可恢复,但局部路段因地形、小气候等原因难以恢复,在开展植被恢复工作时,应因地制宜采取适宜的植被恢复方法,确保植被恢复效果。

K3200~K3400、K3700 至终点段,植被可恢复性等级为 4 级,沿线植被以草甸草原为主,宜采取草皮保护与利用的方式,尽量保护原生植被并回铺到工程扰动区域,或采取撒播草籽、客土喷播等措施进行植被恢复。

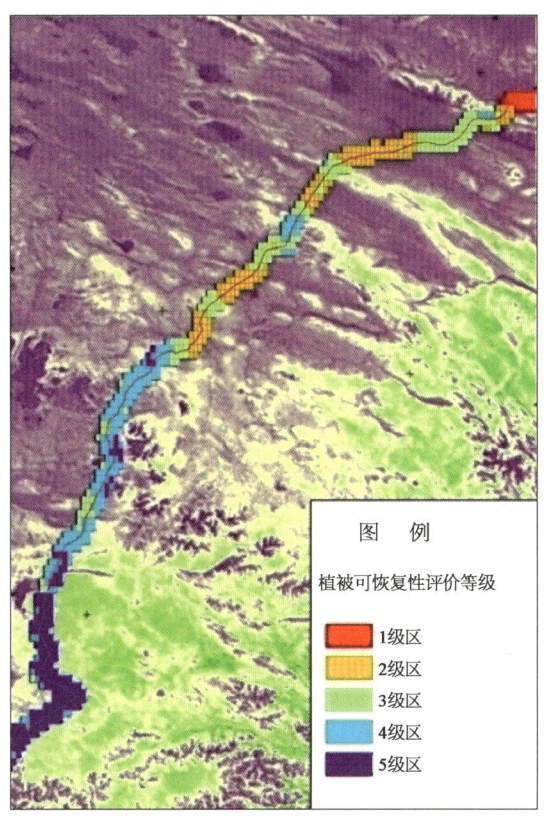

图 8-17 青藏工程走廊植被可恢复性等级区划图

K3400~K3700 段,植被可恢复性等级为 5 级,植被易于恢复,沿线植被类型以高寒蒿草群落为主,可因地制宜采取铺设草皮块、草皮块扩繁、撒播草籽等植被恢复措施。

8.3.3 植被保护与水土保持技术

8.3.3.1 植被与表土保护技术

研究了公路沿线植被与表土的保护价值与区段差异,进行了植被等级与表土保护等级划分,提出了植被与表土的协同保护技术。植被与表土保护等级划分如下:

(1)一级区。植被可恢复性等级 4 级与 5 级区高寒草甸植被,以及高山垫状矮半灌木、温带山地矮禾草、矮半灌木草原等植被类型,草皮起挖性能较好的植被覆盖度大于 40% 的 2、3 级高寒草原区,划定为植被保护一级区;植被可恢复性等级 4 级与 5 级区内高寒草甸壤土、农田壤土,pH 值≥8.5 或全盐量≥0.3% 的草原壤土区,划定为表土保护一级区。

(2)二级区。4、5 级区内灌木、半灌木荒漠植被,2、3 级植被覆盖度小于 40% 的草原植被,划定为植被保护二级区;对 2 级与 3 级草原段落壤土,pH 值<8.5 及全盐量<0.3% 的区域,草甸草原中的黏土、砂土等需要改良利用表土,综合土壤种子库保护价值的植被覆盖度判定高低,划定为表土保护二级区。

(3) 三级区。对于农业作物、盐壳、流动沙丘、裸露戈壁、裸露石山、高山碎石、倒石碓和高寒荒漠冰川雪被,基本上没有草皮与表土保护的可能,划定为三级区。

草皮堆放储存工艺对比试验结果表明,覆盖遮阳网比覆盖塑料布效果好,次年植被返青覆盖率较高,更有利于草皮的成活,如图 8-18 所示。起挖 5 d、40 d、310 d 后回铺草皮块,草皮的成活覆盖度分别为 78.8%、60.1%、42.1%,可以根据堆放时间间隔设计不同的堆放工艺,具体如图 8-19 所示。

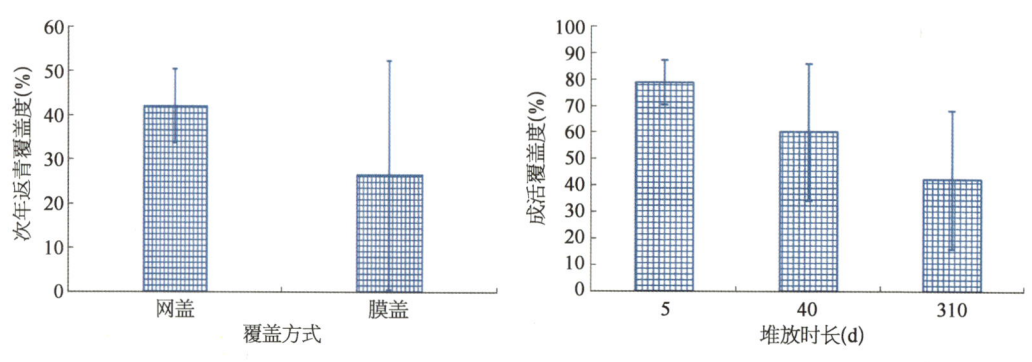

图 8-18　不同覆盖措施下返青覆盖度　　　图 8-19　不同堆放时间成活草皮的覆盖度

对于即起即用或 1 个月内利用的草皮,推荐集中成堆堆放;起挖后 3 个月内利用的,推荐分层堆放;起挖后 3~6 个月利用的,建议利用骨架支撑堆放;起挖后 6 个月以后利用的,建议采用植草空心砖堆放,利用空心砖填入散土并栽植草皮块,再将植草空心砖搭建成支撑骨架进行堆放;对于草土混合层,全部采用集中成堆堆放。

从土壤种子库保护价值来看,高盖度草原表土种子库丰富,应重点保护,针茅草地、盐碱草地、碱滩土壤中种子数量依次降低,如图 8-20 与图 8-21 所示。

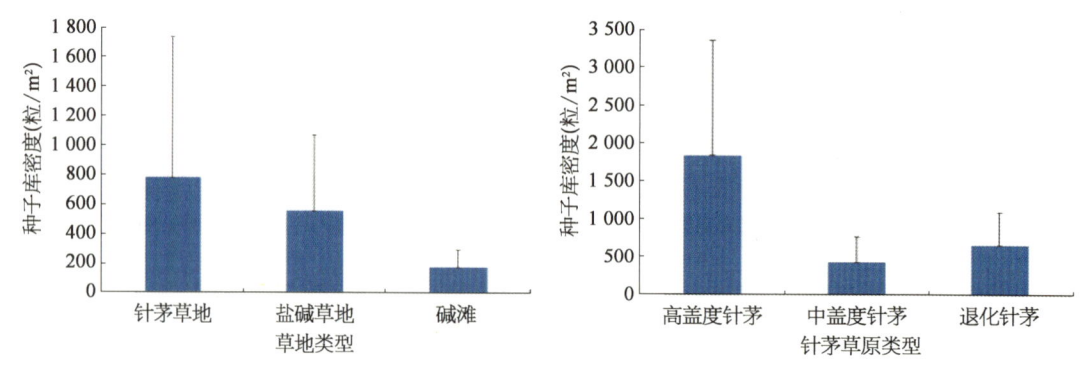

图 8-20　不同草地类型表土种子库密度　　　图 8-21　不同质量针茅草原表土种子库密度

表土种子库集中于表层 5 cm 内,且以多年生植物种子为主,0~5 cm 深度范围内的表土中种子数量占总数的 85.4%,而 0~10 cm 深度范围内的表土中种子占到总数的 91.6%。春季土壤种子库萌发种类、数量要大大高于秋季土壤,高盖度草地与中盖度草地,春季表土中种子数量较秋季表土分别高出 51.4% 与 208.3%,如图 8-22 与图 8-23 所示。

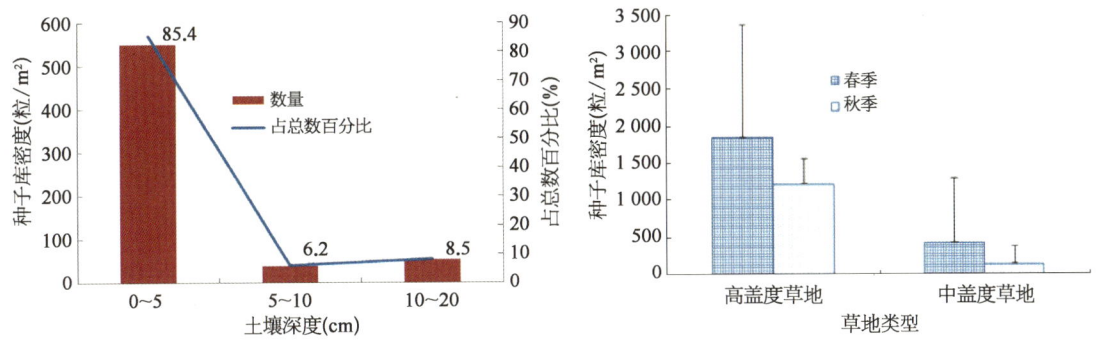

图 8-22 不同深度表土种子库密度   图 8-23 不同季节表土种子库密度

从表土保护价值来看,公路沿线自然表土普遍较好,壤土类占主体,土壤养分有机质含量较高,有机质含量在 16.3~109 g/kg,均具有保护价值,但不同类草地有较大差别,部分区段土壤盐渍化突出,如图 8-24 所示。

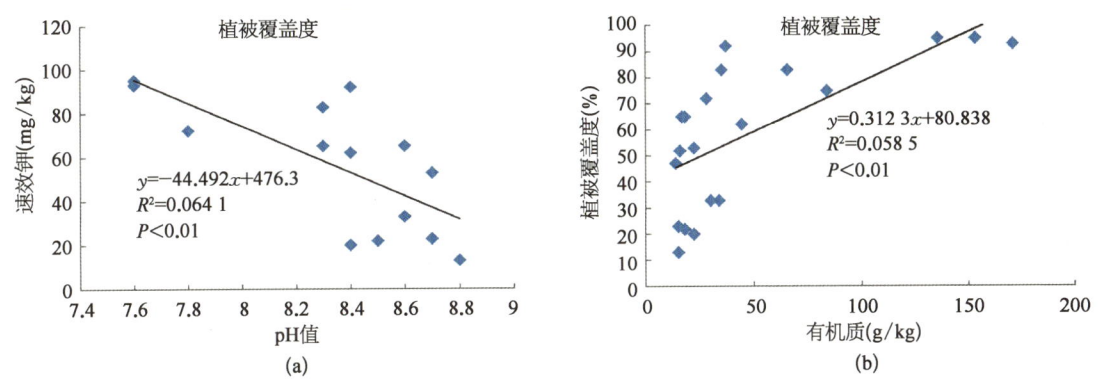

图 8-24 公路沿线土壤 pH 及有机质与植被覆盖度的关系
(a) 土壤 pH 与植被覆盖度的关系;(b) 土壤有机质与植被覆盖度的关系

提出了保护与利用相统一、植被与表土相结合、剥离工艺与植被覆盖度相一致三方面的协同保护对策,提出了不同区域结合形式的植被与表土保护剥离方案,见表 8-3。

表 8-3　不同区域结合形式的植被与表土保护剥离方案

结 合 形 式	表土一级区	表土二级区	表土三级区
植被一级区	分层剥离、尽量厚	分层剥离、适当厚	草皮剥离、土壤不剥离
植被二级区	分层剥离、尽量厚	分层剥离、适当厚	草皮剥离、土壤不剥离
植被三级区	混合剥离、尽量厚	混合剥离、适当厚	草皮、土壤均不剥离

8.3.3.2　植被恢复改良技术

1) 植被恢复技术跟踪评价

在青藏高原高寒区,由于自然气候环境条件恶劣,边坡土质差,单纯靠自然恢复手段无法有效恢复自然植被,在有条件的区域必须采用人工恢复手段。在自然恢复情形下,前两年边坡覆盖度为零,没有任何植物;经 5~8 年演替之后,坡面能够达到 2.7% 的覆盖度,经过 13~14 年,仅能达到 6.6% 的覆盖度。人工恢复各种处理的初期、中期与长期的平均覆盖度为 16.5%~23.5%,基本可以达到当地自然植被覆盖度的 50%。经过 5~8 年的人工植被群落地上及地下生物量平均达到 580.5 g/m^2,为自然植被生物量 1 611.8 g/m^2 的 36%,如图 8 - 25 所示。

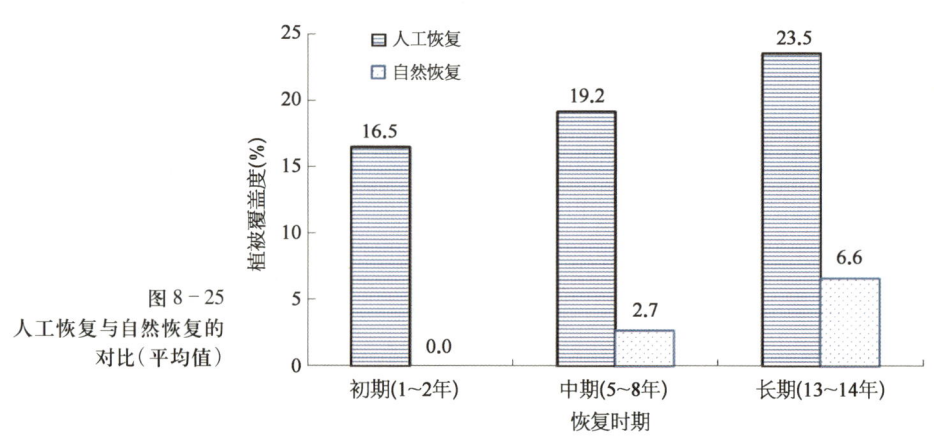

图 8 - 25 人工恢复与自然恢复的对比(平均值)

客土喷播建植的植被群落在建植初期、中期及长期群落盖度较为稳定,且远远优于未进行客土改良的普通喷播,客土喷播有利于建成稳定的植被(图 8 - 26)。

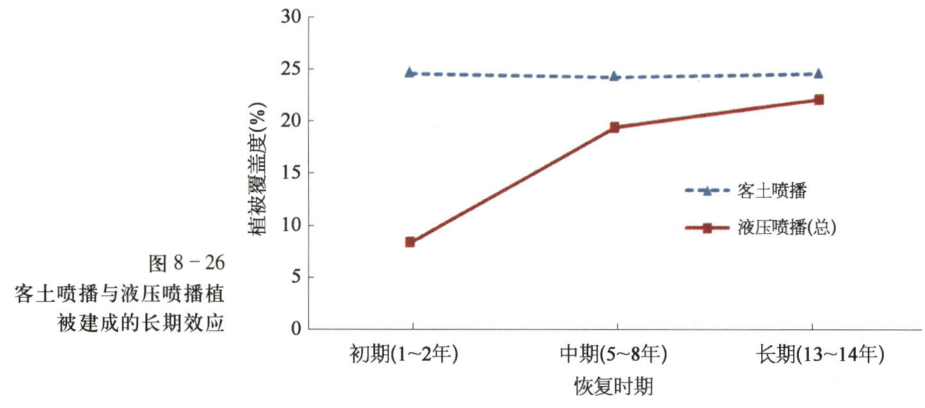

图 8 - 26 客土喷播与液压喷播植被建成的长期效应

土工格室可防止植被层受牲畜采食干扰,植物生长效果好(图 8 - 27)。

2) 利用菌剂促进自然恢复

室内试验结果表明,四种微生物菌剂均可显著促进植物生长,菌剂对植物具有选择性。与对照组(CK)相比,施用微生物菌剂显著提高了星星草、披碱草、中华羊茅的株高($P <$ 0.05)(图 8 - 28),增幅分别为 38.0%~73.5%、32.4%~58.9%、63.5%~98.7%,微生物菌剂对中华羊茅的株高促进作用最大。对星星草的株高促进作用明显的是 GC 菌和 PGPR 菌,其

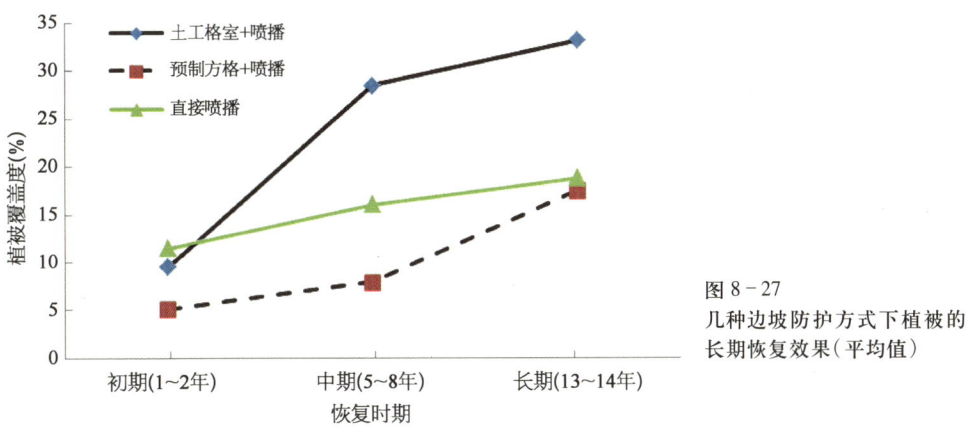

图 8-27 几种边坡防护方式下植被的长期恢复效果（平均值）

次为 GM 菌。对披碱草而言，与对照组相比，GC、PGPR、GM 菌均显著提高了其株高，而三者之间的差异不显著（$P>0.05$）。与对照组相比，GM 菌和 PGPR 菌对中华羊茅的株高促进效果显著高于 GC 菌和 GE 菌（$P<0.05$），但是 GM 菌和 PGPR 菌、GC 菌和 GE 菌之间的差异并不显著（$P>0.05$）。

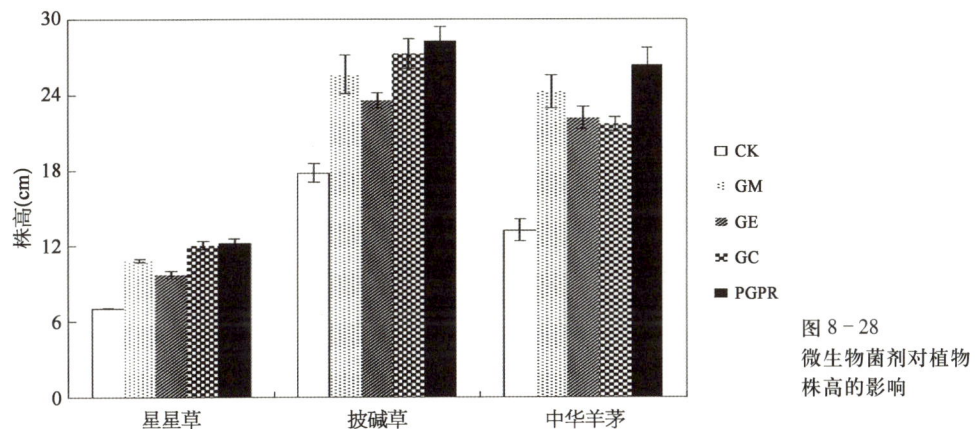

图 8-28 微生物菌剂对植物株高的影响

与对照组相比，四种菌剂均显著提高了星星草、披碱草、中华羊茅地上、地下及总生物量（表 8-4）。

表 8-4 微生物菌剂对植物地上、地下生物量以及总生物量的影响

植物种类	AMF 处理	地上生物量(g)	地下生物量(g)	总生物量(g)	菌根效应(%)
星星草	GM	2.35±0.15a	1.14±0.08a	3.49±0.23a	57.7±10.6a
	GE	2.14±0.30ab	0.95±0.09bc	2.82±0.30bc	27.7±13.0b
	GC	2.32±0.26a	1.11±0.09ab	3.43±0.35ab	55.4±15.8ab
	PGPR	1.77±0.19b	0.94±0.06c	2.72±0.25c	23.0±11.0b
	CK	1.42±0.0836c	0.79±0.05d	2.21±0.08d	—

(续表)

植物种类	AMF 处理	地上生物量(g)	地下生物量(g)	总生物量(g)	菌根效应(%)
披碱草	GM	2.23±0.26a	1.09±0.05a	3.31±0.18a	78.9±11.7a
	GE	2.23±0.18a	1.03±0.06a	3.26±0.21a	76.2±13.5ab
	GC	1.81±0.34a	0.93±0.17a	2.74±0.51ab	48.1±7.5b
	PGPR	2.18±0.19a	1.09±0.08a	3.27±0.27a	76.8±10.1b
	CK	1.23±0.31b	0.62±0.15b	1.85±0.47b	—
中华羊茅	GM	1.42±0.16a	0.72±0.08a	2.14±0.24a	61.8±18.6ab
	GE	1.28±0.06a	0.64±0.03a	1.93±0.10a	45.1±7.3a
	GC	1.20±0.22a	0.68±0.13a	1.89±0.43a	42.1±10.1ab
	PGPR	1.59±0.17a	0.79±0.09a	2.38±0.26a	79.2±19.4b
	CK	0.89±0.02b	0.44±0.06b	1.33±0.18b	—

注：a、b、c、d 均为进行数据分析的差异性分析结果，P 为显著性区间。

微生物菌剂处理后地上生物量与对照组相比分别增加了 24.7%~65.5%、47.1%~81.3%、34.8%~78.7%，差异显著($P<0.05$)。GM、GC 和 GE 菌对星星草地上生物量的促进作用显著高于 PGPR 菌($P<0.05$)，但是三者之间差异不显著($P>0.05$)。与对照组相比，四种菌剂均显著提高了披碱草和中华羊茅的地下生物量($P<0.05$)，但各处理间差异不显著($P>0.05$)，其中 GM 菌与 PGPR 菌表现最好，与对照组相比增幅达 63.6%~79.5%。虽然四种菌剂显著提高了披碱草和中华羊茅的地上、地下生物量，但是四种菌剂之间差异不显著($P>0.05$)。

现场试验结果表明，生物菌剂可在高寒气候条件下促进植物生长。施用菌剂之后，星星草、披碱草和中华羊茅的株高增幅分别为 9.5%~24.8%、18.7%~71.9%、7.7%~16.0%(表 8-5)，微生物菌剂对披碱草的株高促进作用最大。微生物菌剂对星星草的株高促进作用最为明显的是 GC 菌，其次为 GE 菌。对披碱草、中华羊茅的株高促进作用最为明显的也是 GC 菌。微生物菌剂对星星草的盖度影响最大的是 GC 菌，其次为 GM 菌。对披碱草、中华羊茅的盖度影响最大的是 GM 菌。

表 8-5 微生物菌剂对植物生长影响的野外观测数据表

植物种类	菌种	株高(cm)	增长率(%)	盖度(%)	增长率(%)
星星草	CK	7.62±0.54	—	20.0±0.6	—
	GM	8.35±0.83	9.5	40.0±8.1	100
	GE	8.72±0.63	14.4	35.0±8.0	75
	GC	9.51±1.17	24.8	73.3±3.3	266.5
披碱草	CK	7.03±0.62	—	46.7±9.3	—
	GM	9.39±0.63	33.6	70.0±8.1	48.9
	GE	8.35±0.64	18.7	50.0±0.1	7.1
	GC	12.09±1.23	71.9	50.0±10.0	7.1

(续表)

植物种类	菌种	株高(cm)	增长率(%)	盖度(%)	增长率(%)
中华羊茅	CK	7.67±0.76	—	50.0±11.5	—
	GM	8.26±0.51	7.7	66.7±3.3	33.4
	GE	8.81±0.48	14.8	50.0±5.7	0
	GC	8.90±1.2	16.0	63.3±8.8	26.6

室内外试验结果表明,三种丛枝菌根真菌均能促进星星草、披碱草、中华羊茅生长。究其原因,主要是因为菌剂促进了植物对土壤中N、P、K等营养元素的吸收,增强了植物的抗逆性。

与对照组相比,GM、GE、GC、PGPR菌使星星草的N总量增加了107.0%、69.4%、123.4%和43.9%,P总量增加了156.2%、53.5%、109.1%和44.9%,K总量增加了84.3%、52.9%、78.9%和32.4%,促进作用显著($P<0.05$)。披碱草和中华羊茅与星星草呈现出相似的规律,接种菌剂均显著促进了植物N、P、K总量的增加,GM菌的促进作用最佳(表8-6)。

表8-6 微生物菌剂对植物地上部分N、P、K总量的影响

植物种类	菌 种	N		P		K	
		总量(μg/盆)	增长率(%)	总量(μg/盆)	增长率(%)	总量(μg/盆)	增长率(%)
星星草	CK	19.7±2.0	—	19.1±1.7	—	91.2±7.3	—
	GM	40.8±3.0	107.0	49.0±3.1	156.2	168.0±12.2	84.3
	GE	33.4±6.8	69.4	29.4±3.6	53.5	139.4±19.8	52.9
	GC	44.0±4.2	123.4	40.0±9.6	109.1	163.0±17.4	78.9
	PGPR	28.4±2.9	43.9	27.7±2.8	44.9	120.7±13.1	32.4
披碱草	CK	9.9±2.6	—	12.1±3.8	—	81.4±20.7	—
	GM	27.8±1.8	180.4	40.6±2.8	234.7	167.76±10.9	106.1
	GE	25.7±2.1	159.6	30.3±3.5	149.9	151.98±13.1	86.7
	GC	19.1±3.4	92.6	26.1±4.6	114.9	130.36±24.6	60.2
	PGPR	22.2±2.1	123.7	26.0±1.9	114.3	157.14±15.1	93.1
中华羊茅	CK	9.5±1.4	—	11.0±1.5	—	50.0±7.4	—
	GM	20.9±2.7	119.2	27.6±3.2	149.9	101.4±11.9	102.7
	GE	12.6±1.5	32.3	17.0±1.1	53.8	73.1±7.5	46.2
	GC	17.3±4.6	80.9	18.8±5.4	70.5	85.6±22.1	71.2
	PGPR	16.2±1.8	69.4	29.2±4.2	165.0	109.5±11.8	119.0

3) 土壤种子库利用

试验结果表明,若采用纯表土完全依靠自然恢复,植被恢复进程极为缓慢。植被建植一年后纯表土建植边坡植被覆盖度几乎为零,只有零星的植物种类萌发,由于覆盖差,边坡受降雨与路面径流冲刷严重,如图8-29所示。

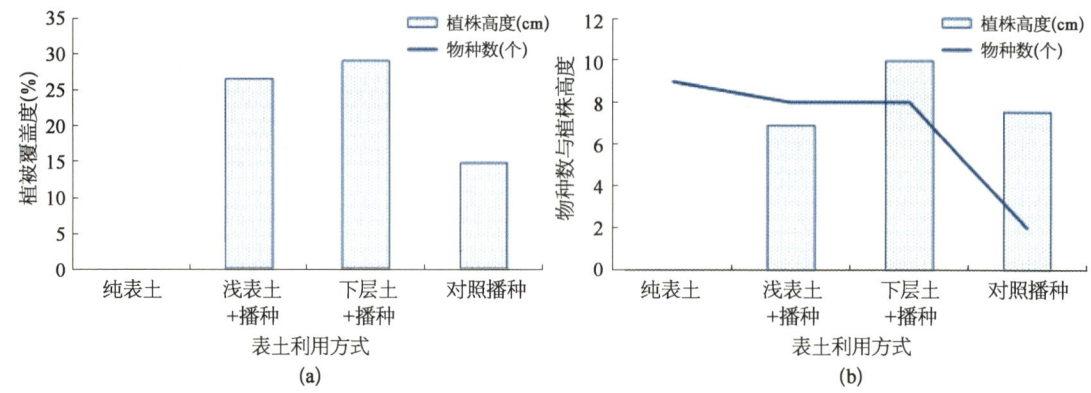

图 8-29 不同表土利用技术效果
(a) 不同表土利用植被建植覆盖度；(b) 不同表土利用植株高度与萌发物种数

土壤种子库的利用需与播种技术、坡面水土保持工程技术相结合，既可以提高植被恢复效果，又有利于恢复至自然群落。浅表土+播种方式，植被建植质量优于没采用表土的对照播种，植被覆盖度与植株高度均有相对优势，说明表土促进了植物生长与建坪效应；从各处理萌发的植物种类来看，纯表土、浅表土+播种和对照，小区植物种数分别为9、8和2种，添加表土促进了棒锤草、蒿类、藏荠、棘豆、黄花鸢尾、甘肃马先蒿、披碱草等乡土植物种类的萌发，利用表土可以大大提高边坡群落的物种多样性。

4) 植物纤维毯覆盖

不同覆盖措施，建植植被1年后的植被覆盖度与草层高度如图8-30所示。从图中可知，植物纤维毯对提高植被覆盖度较为有效，而覆盖砾石有利于植物长高。

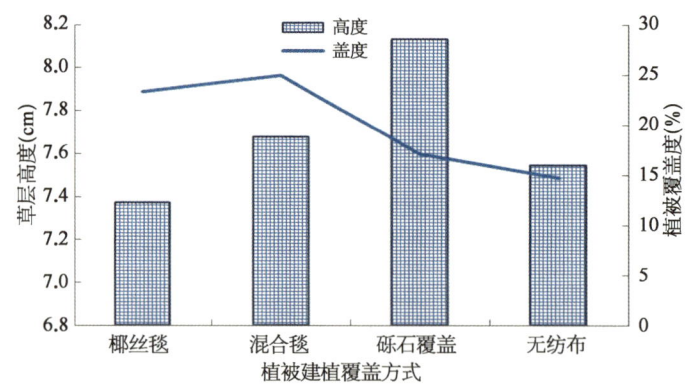

图 8-30 不同植被建植覆盖方式下草层高度与植被覆盖度

针对植被恢复较为困难的玛多县路段，在共玉公路开展了该技术应用示范，结果表明，生长条件较好（低矮、土质、有汇水）的坡面及路侧边沟等地恢复效果较好，而在条件恶劣坡面（高陡、岩石上边坡）恢复较差，采用植物纤维毯建植植被平均覆盖度为30.7%，与同地段自然植被覆盖度（47.3%）相比，恢复度约为65%，如图8-31所示。

(a) (b)

图 8-31 K456~K457 段植物纤维毯植被恢复技术示范

(a) 植物纤维毯恢复效果；(b) 植物纤维毯恢复效果(生态边沟)

8.3.3.3 边坡综合防护技术

1) 草皮骨架边坡植草综合防护技术

草皮骨架边坡植草综合防护技术是以块状草皮为骨架构建坡面防护与绿化的技术，其在骨架间填充公路建设时剥离保存的表土并播种，在草皮铺植与播种后辅以覆盖措施，该技术结合了框架防护的减水减沙能力、草皮根系的固持土壤效果、覆盖措施的保温和促进发芽功能，在植被生长初期能有效控制边坡土壤流失，涵养水分，为植被的生长、发芽、定根提供良好的条件，缩短边坡植被的生长时间(图 8-32)。

图 8-32 草皮骨架边坡植草综合生态防护技术施工示意图

草皮骨架防护下促进植被生长效应显著。不同铺植与覆盖处理方式下成活草皮覆盖度、高度、地上与地下生物量分别如图 8-33~图 8-35 所示，草皮块间种子繁殖覆盖度如图 8-36 所示。从铺植一年后成活草皮覆盖度来看，草皮骨架+盖纤维毯覆盖度值最高，达到 95%，其次为散块铺植+盖无纺布 79.3%，满铺草皮为 78.7%。在草皮骨架+盖纤维毯会促进草皮块地上部分的生长,其地上植被高度达到 2.5 cm,地上生物量达到 218.8 g/m²,而散块铺植地上植被高度 1.3 cm,地上生物量 59.7 g/m²,满铺式草皮块地上植被高度 1.2 cm,地上生物量为 19.9 g/m²,可见不同铺植与覆盖方式对草皮块地上部分的促进生长的效果不一,草皮骨架+盖纤维毯可显著促进地上部分的生长,草块生长高度较其他处理高出近 1 倍,生物量达到 4~10 倍。从地下生物量数据来看,以格框草块下值最高,6 525.4 g/m²,满铺草块其次,为 4 814.4 g/m²,而散块铺植最低为 4 237.5 g/m²。

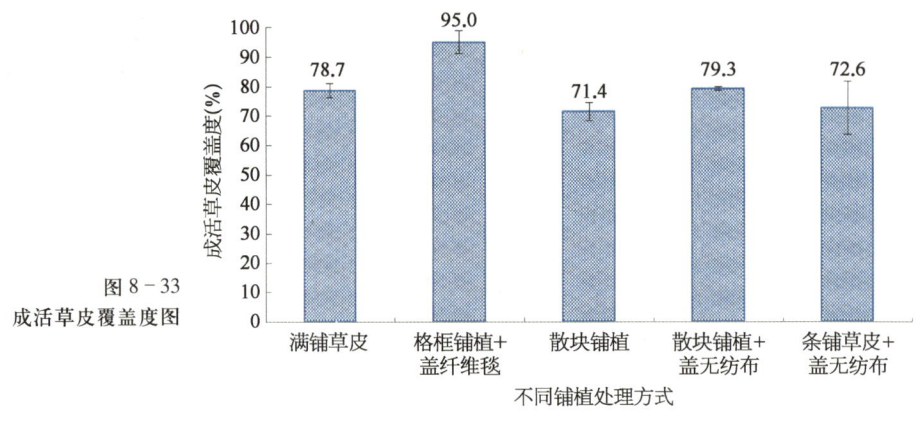

图 8-33 成活草皮覆盖度图

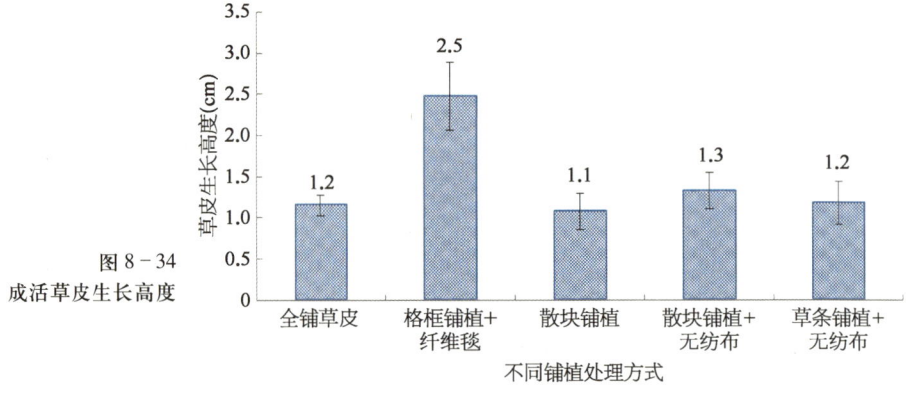

图 8-34 成活草皮生长高度

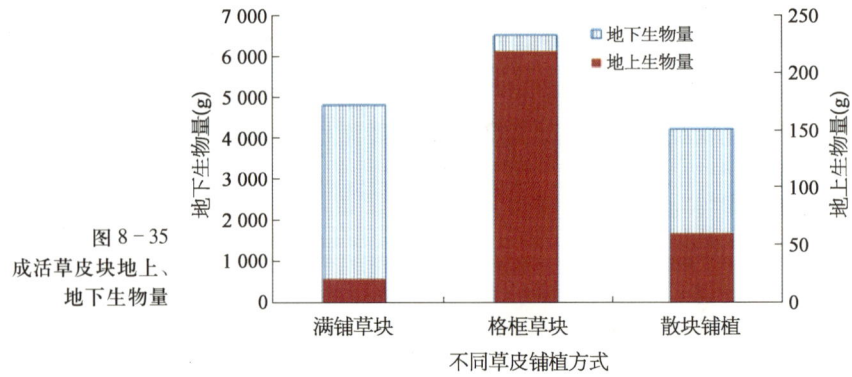

图 8-35 成活草皮块地上、地下生物量

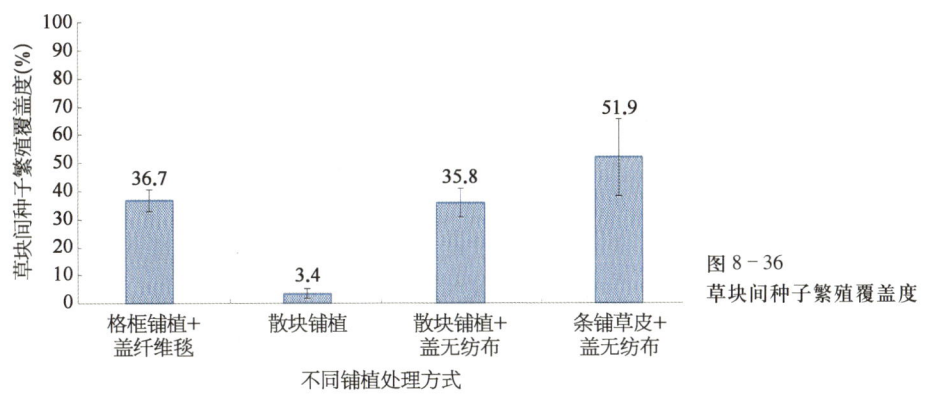

图 8-36 草块间种子繁殖覆盖度

在散块铺植下,覆盖无纺布较无覆盖措施的成活率高出7.9%。从草皮生长高度与结构来看,格框铺植+纤维毯覆盖下草块生长高度较其他处理高出近1倍,且草皮群落中火绒草覆盖度占比达到40%,蒿草占微弱优势,而其他草皮群落中仍是蒿草占绝对优势,火绒草占比不足10%。可见,覆盖可减少太阳辐射量,刺激草皮的生长,并改变群落结构,提高杂类草的比例,提高草皮的成活率。

草皮骨架防护下,之所以植被生长好,与其土壤保湿效果好有关。其在整个观测季土壤水分含量最高,平均土壤水分达到14.09%;而满铺草块土壤水分为8.76%,散铺草块为9.85%,如图8-37所示。这一方面是因为位于等高线的草条带可拦截地表径流,增加地表入渗;另一方面是因为覆盖会对地表形成遮阳效应,减少回铺草皮及填充土壤的水分蒸发。草皮骨架+播种+纤维毯覆盖,有利于降低土壤温度,从而有利于冻土保护。草皮骨架、满铺草块、散铺草块三种铺植方式在观测季中土壤温度依次为3.49℃、5.59℃、4.66℃。方差分析表明,不同草皮铺植与覆盖方式对土壤温度效应差异较大,达到极显著水平($P<0.01$)。草皮骨架+播种+纤维毯覆盖,其土壤温度较满铺草块低2.1℃(图8-38)。

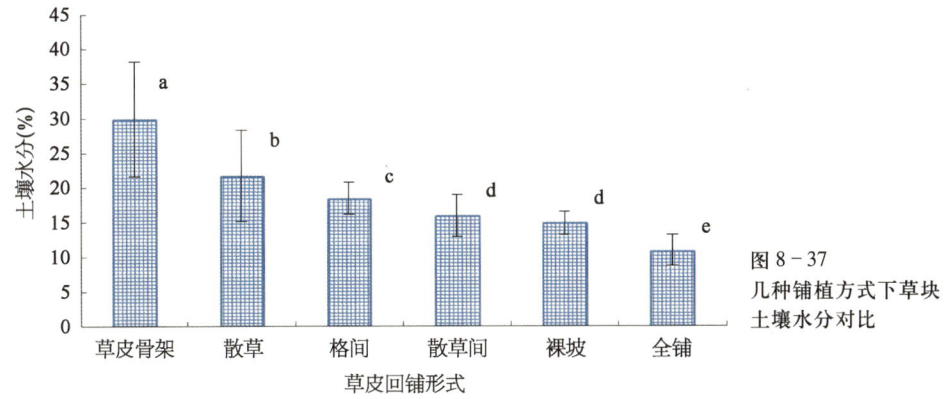

图 8-37 几种铺植方式下草块土壤水分对比

从水土流失治理来看,采用草皮骨架植草护坡的平均减蚀率达到了93.6%,边坡防护效果非常明显。

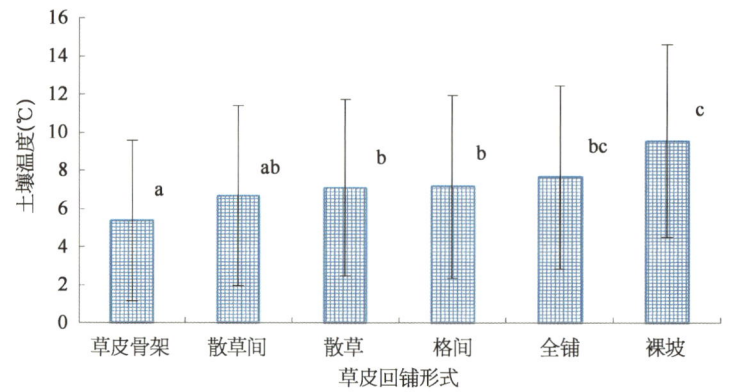

图 8-38 几种铺植方式下草块土壤温度对比

2）土壤种子库+三维网植草综合防护技术

研究表明，三维网植草防护可大大改善坡面的防护效益，并能改善土壤种子库单独建坪早期面临的水土流失问题，是适合青藏高原区的一种良好技术。产沙量的大小可以有效地衡量公路坡面土壤侵蚀控制效果，对比不同放水流量下的坡面产流量，随着坡面覆盖度的增加，放水流量为 8 L/min 时的产沙是 3 L/min 时的 0.7~3.0 倍。而对比不同覆盖度的产沙，当覆盖度从裸露增加到 37% 时，土壤流失量在 3 L/min 和 8 L/min 时分别减少了 92.6% 和 95.4%，当覆盖度从 37% 增加到 74% 时，土壤流失量在 3 L/min 和 8 L/min 时分别减少了 13.8% 和 41.5%。

分析不同流量不同覆盖度坡面的产沙规律（图 8-39）可以看出，不同冲刷流量下，都表现出含沙量随冲刷时间的延长逐渐递减，最后达到稳定。相对于裸坡而言，具有植被覆盖的坡面产沙随冲刷历时不但产沙量波动幅度较小且产沙量也较小。裸坡产沙是覆盖度为 37% 和 74% 时的 9 和 13 倍，这也表明三维网植被的存在可以明显减小产沙量。结果表明，以披碱草生长的三维网护坡措施，当坡面植被覆盖度达到 37%，坡面水土流失控制率可达 92% 以上，原因在于植被在减沙过程中具有非常重要的作用，是控制土壤侵蚀和边坡稳定的重要手段。

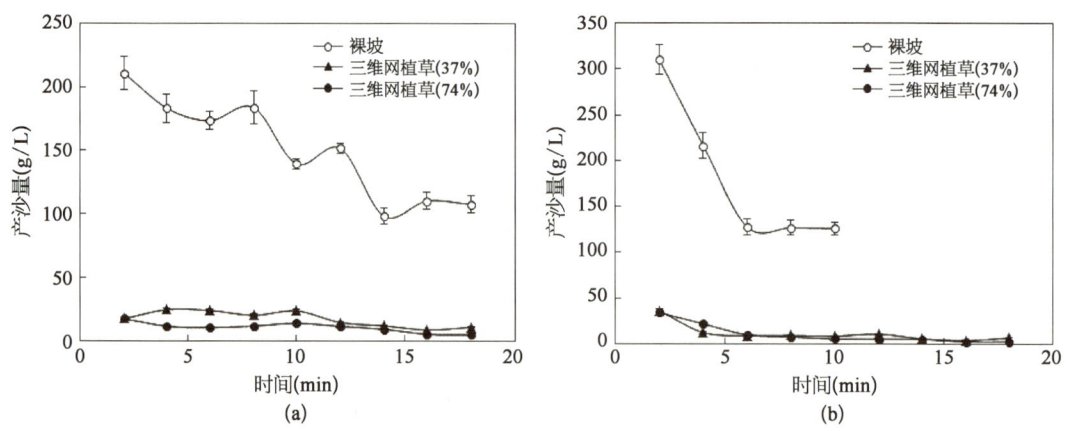

图 8-39 三维网植草护坡措施坡面产沙历时变化特征
（a）放水流量 3 L/min；（b）放水流量 8 L/min

从三维网植草与草皮骨架防护的水土保持效益对比来看,在 3 L/min 放水流量条件下,草皮骨架护坡和三维网护坡与裸坡相比,平均减少坡面产沙分别达到 45%、54%,仍是该区域控制水土流失的一项好技术,如图 8-40 所示。当放水流量增加到 8 L/min 时,铺草皮护坡和三维网护坡与裸坡相比,平均减少坡面产沙 97% 和 97%。草皮骨架植草防护措施对坡面减沙具有良好的拦截和减沙作用。

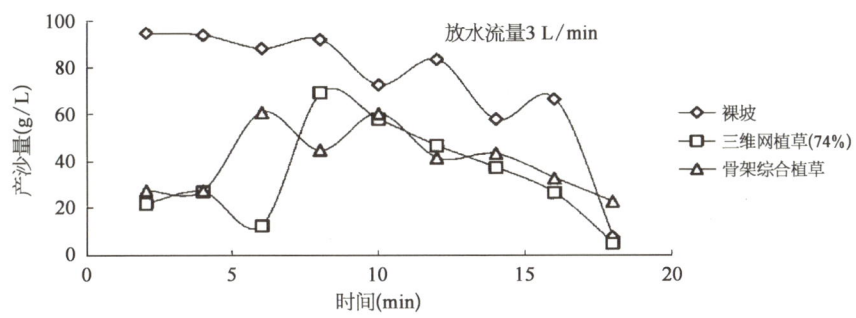

图 8-40 草皮骨架综合防护与植草措施坡面冲刷下产沙过程对比

三维网植草与土壤种子库应用及相关覆盖措施相结合可弥补利用种子库植被建植的缺陷,取得了良好的生态环境效益。依托共玉公路开展的 18 个应用点的调查研究表明,该技术实施后 2~3 年间植被覆盖度为 38.4%,为同路段自然植被覆盖度(64.1%)的 60%,提高了坡面的景观性能(图 8-41)。

(a)　　　　　　　　　　　　　　　(b)

图 8-41 表土保护/种子库利用与水土保持的结合示范(三维网植草)
(a) K535+500~K603 段落应用技术;(b) K726 段落综合应用种子库+播种技术

在与青藏工程走廊沱沱河一带相似程度很高、环境条件比较恶劣的玛多县境 K385~K457 段落,人工恢复植被覆盖度为 30.7%,恢复到周围自然植被覆盖度(47.25%)的 65.0%。治理当年,三维网植草平均减蚀率达到了 88.63%,取得了较好的边坡防护效果。

3) 铺草皮防护技术

研究表明,根据草皮铺设部位,铺草皮防护技术可比三维网植草技术优或差,在中下部铺草皮水土保持效果更好。3 L/min 流量条件下,不同防护措施下,当冲刷进行到 10~12 min 时,产流基本稳定,稳定状况下径流分别为 2.16 L/min(A)、1.62 L/min(B)、1.32 L/min(C)、1.85 L/min(D)、1.55 L/min(E),依次变化为:A>D>B>E>C;但在 8 L/min 流量条件下,不同防护措施下,当冲刷进行到 8~10 min 时,产流基本稳定,稳定状况下径流分别为 6.56 L/min(A)、5.28 L/min(B)、3.44 L/min(C)、4.65 L/min(D)、3.91 L/min(E),依次变化为:A>B>D>E>C;8 L/min 流量下产流稳定时间较 3 L/min 提前了 16.7%~20%,如图 8-42 所示。

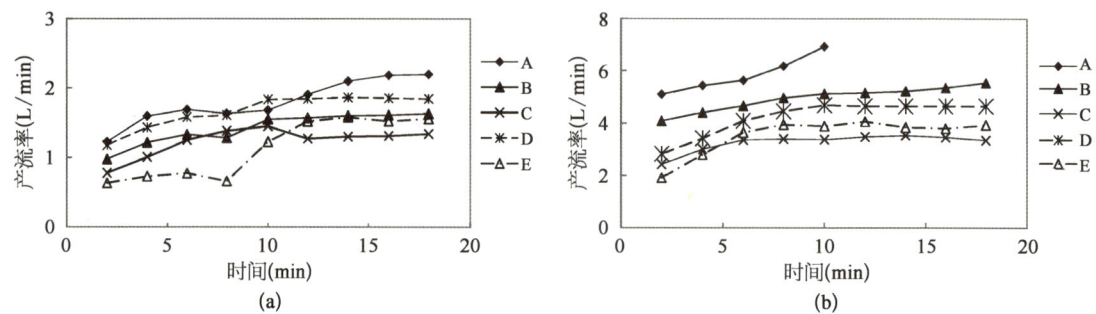

图 8-42 不同防护措施及流量条件下产流过程
(a) 放水流量 3 L/min;(b) 放水流量 8 L/min
A—裸坡;B—上部铺草皮;C—中部铺草皮;D—三维网护坡(覆盖度 37%);E—三维网护坡(74%)

中部铺草皮的拦沙效果要好于上部铺草皮,草坡位于坡中下部时,可拦截坡面泥沙的范围也大,减土效果更明显,如图 8-43 所示。

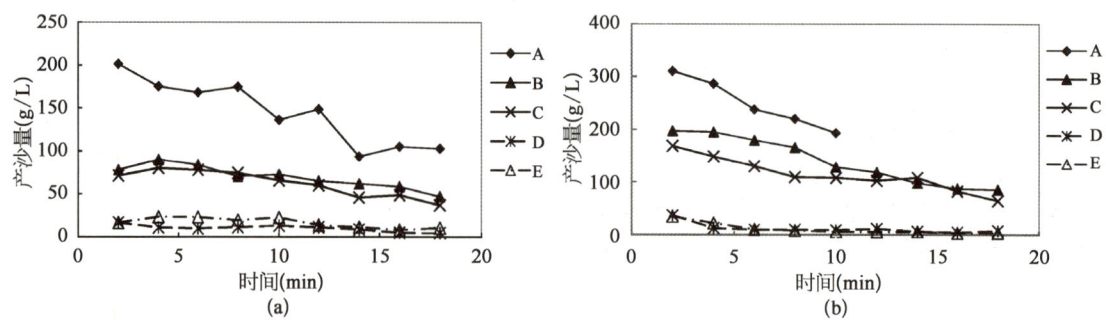

图 8-43 不同防护措施及流量条件下产沙过程
(a) 放水流量 3 L/min;(b) 放水流量 8 L/min
A—裸坡;B—上部铺草皮;C—中部铺草皮;D—三维网护坡(覆盖度 37%);E—三维网护坡(74%)

结合公路路基、取弃土场地的施工,在共玉公路全线应用草皮剥离保护与回铺技术,除极少数坡面外,在公路路堤边坡铺植草皮大多取得了成功,如图 8-44 所示。

调查结果表明,铺植草皮措施成活植被覆盖度为 59.4%,约为自然植被覆盖度(80%)的 75%。治理当年,铺草皮护坡的平均减蚀率达到了 89.10%,有效控制了水土流失。

图 8-44 草皮保护与铺植技术应用
(a) K711 段草皮扩繁与播种结合技术;(b) K685 段路堤边坡全铺草皮技术应用

8.3.4 水环境保护

8.3.4.1 水环境敏感路段识别与对策

1) 水环境保护关键路段

综合考虑水体功能区划和保护目标等因素,拟建青藏高速公路水环境保护的关键路段包括:以跨越及伴行的形式通过格尔木河、昆仑河、楚玛尔河、雅玛尔河、沱沱河、通天河和布曲河等路段,穿越可可西里国家级自然保护区、三江源国家级自然保护区、格拉丹东保护区和色林错黑颈鹤自然保护区等路段,以及跨越古露湿地、阿热湿地和杭措湿地等路段。

2) 水环境敏感路段保护对策

针对水环境敏感保护路段,提出对应的水环境保护措施。

(1) 跨越及伴行Ⅱ类及以上水体的路段。

① 针对跨河桥梁段,加高防撞护栏,加强防护护栏等级,设置桥面径流集中收集系统,对桥面径流和危险化学品泄漏事故进行收集和应急处理。

② 针对伴河路基段,设置生态排水沟,对其路面径流进行处理。

(2) 自然保护区。

① 公路选线时对自然保护区尽量避绕,不能通过自然保护区的核心区和缓冲区,在自然保护区保护路段设置警示标志牌。

② 设计时应遵循《公路环境保护设计规范》(JTG B04—2010)中相关规定"公路中心线距省级以上自然保护区边缘宜不小于 100 m"。

③ 由于工程条件限制,公路不得不穿越自然保护区的实验区时,应征得相关部门的同

意,在施工期和运营期施工污水和路面径流应经过处理达到污染物排放标准和满足国家及地方规定的情况下进行排放。

(3)湿地。

① 选线时应明确不穿越并尽量远离。

② 防止因分隔湿地而造成水流阻隔、干枯,沿溪线尽量采用桥梁形式不改变水流方向,不压缩过水断面,不堵塞、阻隔水流。

③ 高速公路在湿地路段的施工过程中,不得扰动路线附近的湿地保护区,防止湿地水域面积萎缩和湿地生物多样性衰退。

④ 湿地保护区路段设置相应的隔离设施(如隔离栅、防落网等),并对跨越湿地保护区的桥梁设置桥面径流收集处理设施,避免桥(路)面径流对湿地环境的影响。对于未采用以桥代路方式通过的湿地保护区路段,为防止因交通事故等原因对湿地保护区造成的影响,建议在保护区路段设置重力式挡土墙或加筋挡墙。

8.3.4.2 路面径流处理

1) 路面径流污染特征

对青藏公路和共玉公路典型路段路面径流和地表水水质监测结果分析表明,青藏工程走廊内地表水水质总体较好,既有公路对地表水环境质量影响较小。路面径流中,SS含量较高,共玉公路路面径流SS含量为171~234 mg/L,青藏公路路面径流SS含量为198.3~2 100 mg/L,其含量超过《污水综合排放标准》(GB 8978—2002)中一级标准(70 mg/L),从路面径流SS对地表水的影响而言,工程走廊范围降水较少,公路路面SS随降水以径流形式进入沿线水体较少,总体而言对沿线水体水质的影响甚微;但是按照相关法律法规要求,当高速公路线路涉及Ⅰ、Ⅱ类水体时需要对路面径流中SS进行处理。

2) 多功能生态排水沟技术

综合考虑植物层对路面径流的净化功能和临时储水养护植被的需要,研发了适用于高海拔高寒地区公路集成储水与沉淀处理功能的生态排水沟技术。

(1)结构断面。多功能生态排水沟结构断面为圆弧形沟体,沟体内侧壁平铺一层防渗层,其上设置为生态渗水层,采用人工铺草皮或人工植草结构;沟体正下方平行布设排水管,沟底所铺装的防渗层上开有多个渗水孔,排水管采用金属波纹管;与波纹管连接部位采用箅子和吸水棉条进行填充以保证上下流水畅通。多功能生态排水沟结构断面形式如图8-45所示。

(2)结构类型。在选择渗水层结构时,可结合植被类型和材料来源确定上部采用的结构形式,在高寒草原地区可采用三维网植草或植物椰丝毯,在高寒草甸地区且不破坏公路红线外草皮的地区可采用人工移植草皮或人工植草。

(3)应用成效及机理分析。在共玉公路高海拔高寒区段K570+400~K574+600,建设生

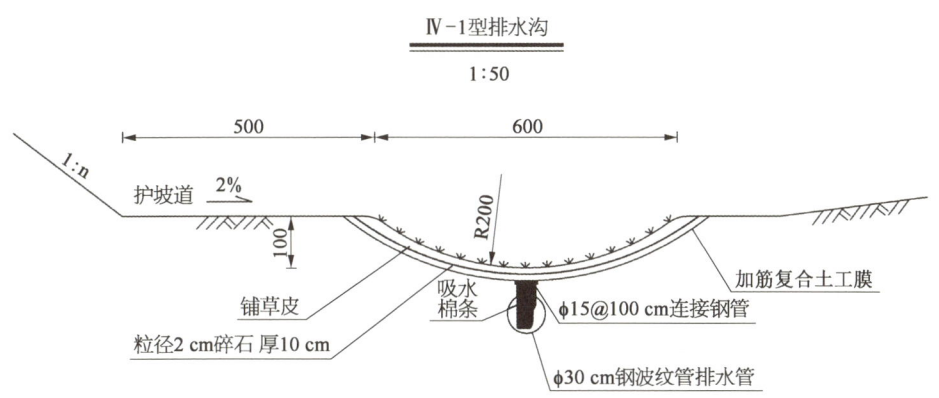

图 8-45 多功能生态排水沟结构断面示意图

态排水沟约 8 km。监测结果表明,多功能生态排水沟使得路面径流 SS 含量降低 70% 以上。同时,生态排水沟上部结构中的植物措施能促进雨水排放和增加径流滞留下渗,起到雨水的暂时收集与存储功能,既能满足道路排水,又与整个公路及周边环境相协调。应用效果及污染物去除率如图 8-46 及图 8-47 所示。

图 8-46 生态排水沟示范

多功能生态排水沟去除 SS 的机理是:利用地表密植的植物在径流输送过程中减小径流流速,通过沉淀、过滤、吸附和生物吸收等作用将 SS 从径流中分离出来,从而改善径流水质,达到保护受纳水体的目的。

与传统圬工排水沟相比,多功能生态排水沟具有良好的社会、环境、经济效益:① 既能满足公路排水的基本要求,也符合公路安全性的要求,植被与周围景观相协调,能提高道路品质,使人心情舒畅,具有明显的社会效益;② 既能保护和恢复部分生态系统,又能降低交通

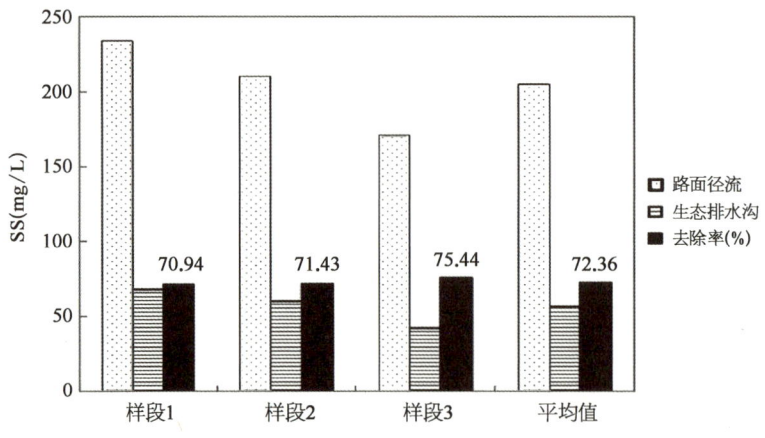

图 8-47 多功能生态排水沟 SS 去除率分析对比

运输带来的环境污染,具有良好的环境效益;③ 生态排水沟有利于降低材料费用,降低施工成本,节约投资;同时,植被抗冻耐久性能好,能避免圬工排水沟冻融破坏等问题,减少工程维护费用,经济效益显著。

第9章

工程构筑物状态监测与病害预警技术

9.1 低温环境下公路构筑物状态监测先进传感技术

高海拔高寒地区低温、缺氧。青藏高原年均气温 0℃ 以下,极端低温为 $-45 \sim -36℃$。在低温环境下,光纤中的受激布里渊散射相互作用减弱、布里渊信号的强度下降,因此会导致测量距离缩短。单纯通过提高泵浦光脉冲功率的方式来提高信号强度会导致非线性效应,如自相位调制,因此无法进一步提高传感距离。此外,布里渊光纤传感器可以测量传感光纤所受的温度和应变变化,因此存在温度和应变的交叉串扰问题,也就是传感器无法分辨温度和应变变化产生的信号。在对桥梁、隧道、路基路面进行应变监测的同时,就必须考虑温度补偿技术以消除温度分布不均匀和随时间变化引入的测量误差。提出了基于差分脉冲对技术的高性能布里渊光纤传感技术,以此技术为理论基础研发适用于低温环境的新型布里渊传感仪,采用第三方测试对研发的传感仪进行了低温测试和指标验证;并解决了分布式布里渊光纤应用于冻土公路路基中的温度精度、与土体的协同变形及测量误差等问题。

9.1.1 低温环境下的布里渊传感技术

基于差分脉冲对技术的高性能布里渊光纤传感技术的特点在于传感系统的空间分辨率不再由单一脉冲光的宽度决定,而是由两束脉冲光的宽度之差决定,因此可以使用两束宽脉冲同时获得长距离、高空间分辨率和高测试精度。低温环境下会降低布里渊信号的强度,进而降低传感系统的传感距离、空间分辨率和测试精度。使用差分脉冲对技术可以有效解决这一问题,因此可以作为仪器研发的理论基础。

传统布里渊分布式光纤传感系统为了提高空间分辨率必须使用窄脉冲,窄脉冲虽然能提高空间分辨率,但增益谱会出现严重展宽,导致布里渊频移拟合精度降低,进而导致测量温度分辨率和应变分辨率降低。另外对于长距离分布式光纤传感系统,光纤的固有损耗(0.2 dB/km)和能量转移使得泵浦光经过较长光纤后强度衰减很大,在光纤尾端得到的信号信噪比降低,导致布里渊频移测量精度降低,即温度分辨率和应变分辨率降低。

为了突破光纤中声子寿命对传统分布式布里渊光纤传感系统空间分辨率的限制,同时避免采用窄脉冲引起的精度下降问题,采用差分脉冲对技术有效提高了测量空间分辨率和测量精度。差分脉冲对技术原理如图 9-1 所示。

设计的布里渊传感系统原始信号信噪比高,非常适合使用差分脉冲对技术,因为差分脉冲对技术使用的差分处理以及信号平均都以牺牲信噪比为代价提高空间分辨率。但差分脉冲对技术可以有效避免使用窄脉冲造成增益谱展宽和信噪比下降的问题,提高空间分辨率的同时保证测量信号的质量。

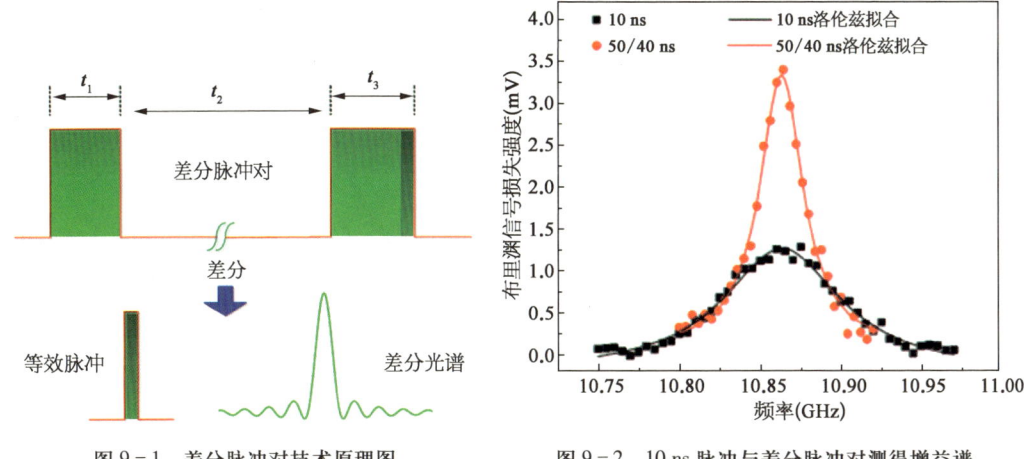

图 9-1 差分脉冲对技术原理图　　图 9-2 10 ns 脉冲与差分脉冲对测得增益谱

图 9-2 显示的是 10 ns 窄脉冲与差分脉冲对(50 ns 和 40 ns)测得布里渊增益谱,可以看出使用 10 ns 脉冲比差分脉冲对测得的增益谱更宽,且信噪比更低,说明使用差分脉冲对技术可以显著提高系统的测量精度,同时可以进一步提高系统的空间分辨率,因此非常适用于低温下的长距离、高空间分辨率分布式光纤传感。

根据差分脉冲对布里渊分布式光纤传感技术原理,在实验室搭建了低温分布式布里渊光纤传感系统(DPP-BOTDA),如图 9-3 所示。

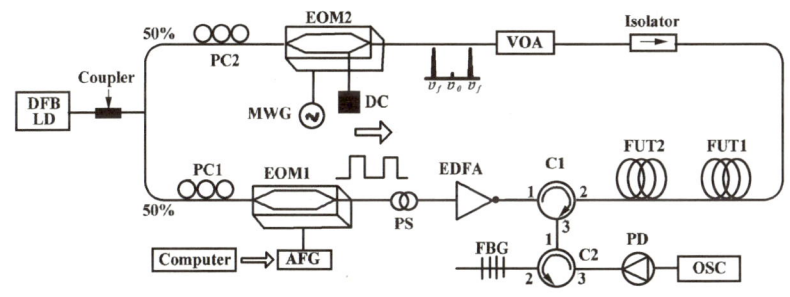

图 9-3 DPP-BOTDA 实验装置图

DFB-LD—分布反馈式激光器;Coupler—耦合器;PC—偏振控制器;EOM—电光调制器;AFG—任意函数发生器;
MWG—微波源;DC—直流电源;PS—扰偏器;EDFA—掺铒光纤放大器;C—环形器;VOA—光学衰减器;
Isolator—光学隔离器;FUT—待测光纤;FBG—光纤布拉格光栅;PD—光电探测器;OSC—示波器

以 50 km 传感为例,光纤尾端布里渊频移以及布里渊增益谱如图 9-4 所示。

由图 9-4a 可知,光纤 BFS 曲线的上升沿 2 m,表明差分脉冲对技术可以较好地实现 2 m 空间分辨率,两端光纤的不同波形主要是由于信噪比略低拟合导致的。

图 9-4b 中黑色曲线为室温下光纤的 BGS,蓝色曲线为高温炉内光纤的 BGS,可以看出,室温下的光纤 BGS 的 SNR 要高于加热时光纤的 SNR。蓝色的 BGS 存在两个峰值,第一个的峰值与室温下的光纤 BGS 的峰值相同,这主要是由于电光调制器在调制泵浦脉冲光时残留的连续光导致的,在实际测量中可以将其排除掉;第二个峰值的受热光纤的 BGS,其布里渊

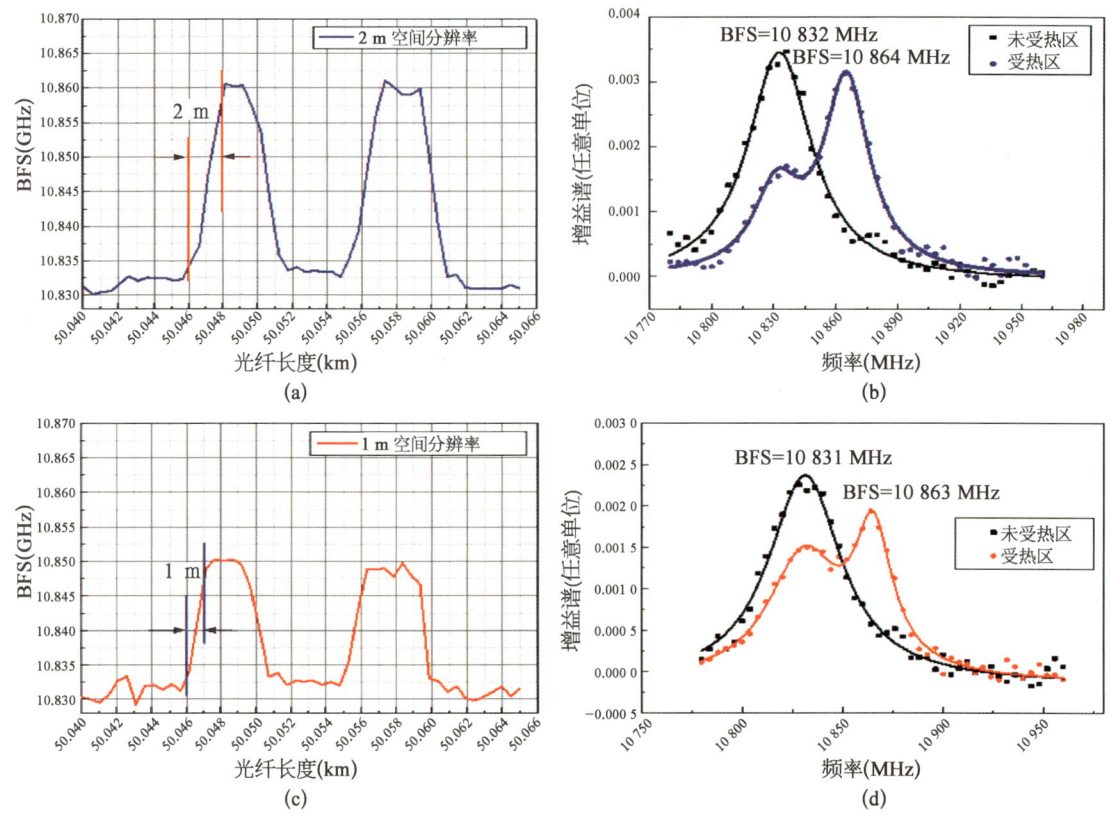

图 9-4 光纤尾端布里渊频移以及布里渊增益谱
(a) 脉冲对为 120/100 ns 时的布里渊频移；(b) 脉冲对为 120/100 ns 时，传感光纤受热区和未受热区布里渊增益谱；(c) 脉冲对为 110/100 ns 时，传感光纤的布里渊频移；(d) 脉冲对为 110/100 ns 时，传感光纤受热区和未受热区布里渊增益谱

频移为 10 864 MHz，光纤布里渊频移从室温 29℃下的 10 832 MHz 上升到高温度内 60℃下的 10 864 MHz，对应温度系数约为 1.03 MHz/℃。

110/100 ns 布里渊频移如图 9-4c 所示，光纤 BFS 上升沿为 1 m，对应 1 m 空间分辨率，这与理论符合较好。未受热部分光纤的布里渊频移为 10 830 MHz 左右，与 120/100 ns 情况下的布里渊频移基本一致；然而受热部分光纤的布里渊频移为 10 850 MHz，较 120/100 ns 情况下光纤的布里渊频移减小了 10 MHz 左右。这主要由于拟合时产生的误差所导致的。

如图 9-4d 所示，与图 9-4b 相同，红色曲线为加热光纤的布里渊增益谱，仍存在两个峰值。随着脉冲对差值的减小，差分信号的信噪比逐渐降低，导致泵浦脉冲光中直流连续光分量所产生的布里渊增益谱在整体中所占比重逐渐增加，这也是图 9-4c 中布里渊频移拟合出现较大偏差的主要原因。泵浦脉冲为 120/100 ns 时，传感光纤 BGS 的线宽为 38 MHz，BFS 为 10 832 MHz，测量标准误差为 0.283 MHz，对应 0.283℃温度和 5.903 με 应变不确定度；泵浦脉冲为 110/100 ns 时，传感光纤 BGS 的线宽 FWHM 为 44 MHz，测量标准误差为 0.319 MHz，对应 0.319℃温度和 6.552 με 应变不确定度。随着差分脉冲对间隔的缩小，DPP-BOTDA 技术的空间分辨率逐渐提高；所获得的布里渊增益谱信噪比逐渐降低，探测精度逐渐下降。说明空间分辨率越高，信噪比越低，测量精度越低。

实际测量结果表明，DPP-BOTDA 测量技术在空间分辨率和测量精度之间存在交换关系。也就是说，空间分辨率越高，测量精度越低；反之，测量精度越高，分辨率越低。经试验研究，实现了 50 km 传感距离、1 m 空间分辨率、0.319℃测温精度和 6.552 $\mu\varepsilon$ 应变传感精度，可以弥补中长距离传感范围的空白。此外，还实现了长度为 100 km 的光纤传感，为长距离路基工程监测提供了良好的技术支撑。

9.1.2 适用于低温环境的新型布里渊传感仪系统

在低温条件下布里渊长距离分布式光纤传感技术的理论与试验研究基础上，自主研发了适用于高海拔多年冻土区监测的低温分布式布里渊光纤传感系统。布里渊分布式光纤解调系统的仪器化是分布式光纤传感技术迈向工程应用的巨大推动力，为使用和推广分布式光纤传感技术带来极大便利。

1）关键技术

分布式光纤传感技术的仪器化面临着关键技术难题，包括高消光比泵浦脉冲产生技术和光信号非线性效应控制技术。

（1）高消光比泵浦脉冲产生技术。在分布式布里渊光纤传感中，根据泵浦脉冲对连续探测光放大的先后顺序确定光纤的位置。长距离传感中，要求泵浦脉冲能够传输很长的距离并且能量变化不大，这就要求泵浦脉冲具有较高的消光比。采用高消光比电光调制器结合偏置电压控制器产生 40 dB 消光比的泵浦脉冲。

（2）光信号非线性效应控制技术。长距离 BOTDA 系统中包含一个高峰值功率的泵浦脉冲和一个低功率的连续探测光，与功率有关的克尔效应（包括自相位调制和交叉相位调制等非线性效应）会降低传感系统的性能和减小系统的传感距离。系统地研究了克尔效应和光纤色散等非线性效应对长距离分布式光纤传感的影响。试验中研究了一段 20 km 单模光纤，入射 50 ns 脉宽的方波脉冲峰值功率为 700 mW，测得三维布里渊增益谱如图 9-5 所示。

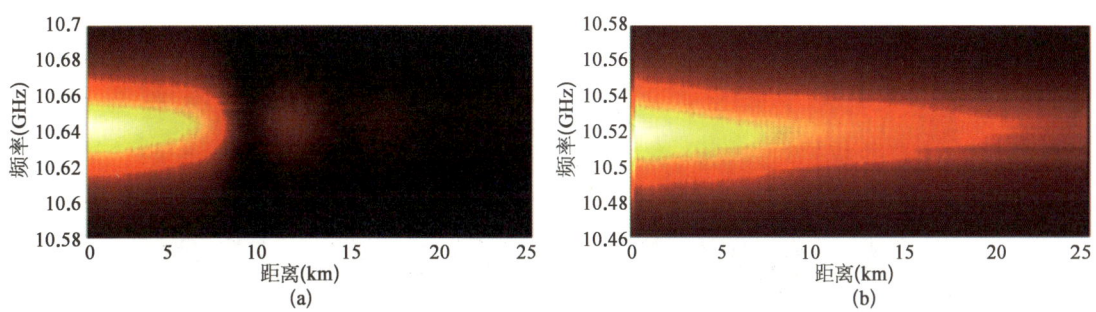

图 9-5　峰值功率为 700 mW 方波脉冲测得 20 km 单模光纤三维布里渊增益谱
（a）正色散光纤；(b) 负色散光纤

试验结果表明(图9-5),在正色散光纤中调制不稳定现象在8 km处就出现,随后布里渊信号很快消失,系统测量长度仅为8 km。在负色散光纤中调制不稳定现象在整个20 km范围内都不明显,系统测量长度可以达到20 km。以上结果表明使用负色散光纤可以克服调制不稳定效应,从而使系统能够实现超长距离分布式光纤传感。

综合对自相位调制和调制不稳定效应的研究结果,得出在长距离分布式光纤传感中,只要严格控制各入射光的功率和选择合适的光纤,就能使系统的测量精度和测量长度满足需求,以上结论为优化超长距离光纤传感系统提供了可靠的依据。

2) 系统设计与研发

低温分布式布里渊光纤传感系统的硬件结构如图9-6所示。

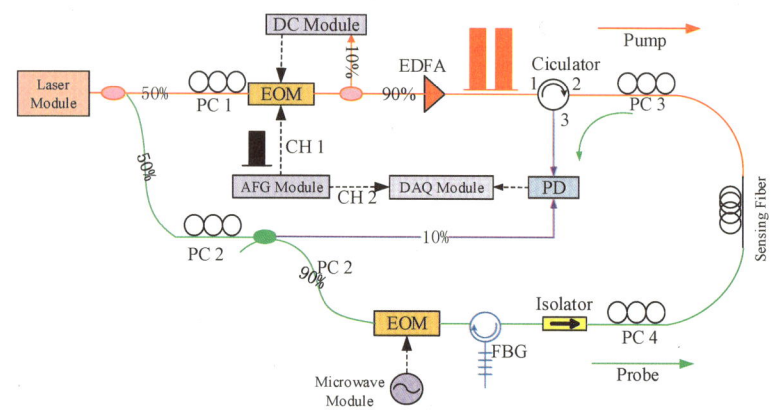

图9-6 DPP-BOTDA测试系统结构

PC—偏振控制器;EOM—电光调制器;DC—直流电源;AFG—任意函数发生器;EDFA—掺铒光纤放大器;PD—光电探测器

按照图9-6的硬件系统结构设计,将主要光学器件模块化,分别为光源模块、放大器模块、微波源模块、电光调制器模块和数据采集模块。各模块经过重新整合集成,使其满足仪器装配和集成化的需求,如图9-7所示。然后根据各模块的几何尺寸和硬件系统结构中的具体位置对各模块空间布置进行三维模拟和优化,设计得到的工程样机模块优化布置如图9-8所示。依照设计对各模块进行装配,装配过程如图9-9所示,各模块之间的连接线排

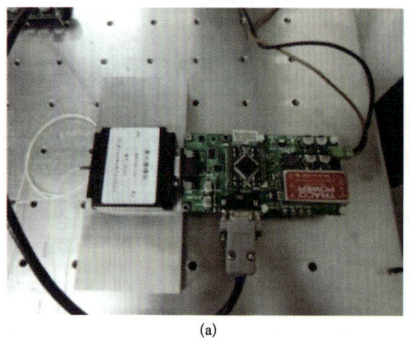

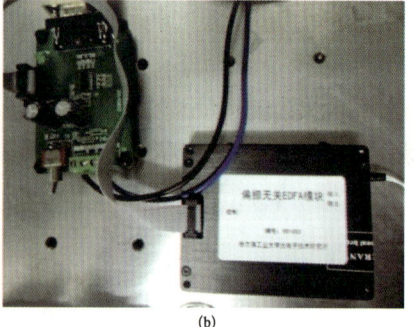

(a)   (b)

图 9-7 布里渊分布式光纤传感仪器关键模块

(a) 光源模块;(b) 放大器模块;(c) 微波源模块;(d) 电光调制器模块

布经过优化设计并固定,以满足仪器稳定性与耐久性的要求。最终得到低温分布式布里渊光纤传感系统样机如图 9-10 所示。

该低温分布式布里渊光纤传感系统具有全触摸显示屏,人机交互方便直接,同时具备国际领先的性能指标,可以实现传感距离 100 km 下的 2 m 空间分辨率,且具备 5 με 的应变测试精度和 1℃的温度测试精度。详细仪器性能指标见表 9-1。

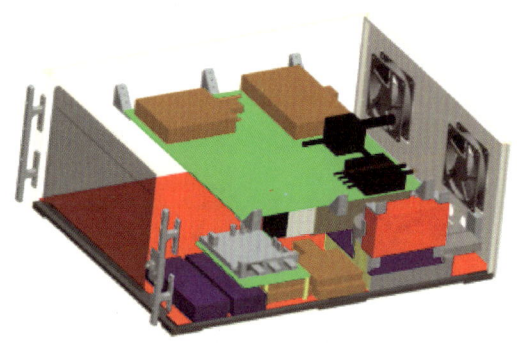

图 9-8 模块三维模拟优化布置

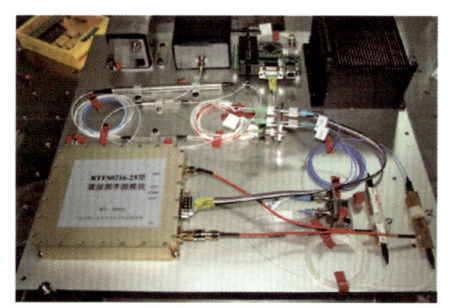 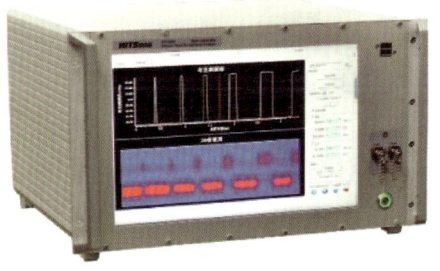

图 9-9 仪器装配示意图　　图 9-10 装配完成的工程样机

表 9-1 低温分布式布里渊光纤传感系统性能

项　目	参　数	项　目	参　数
功能	温度和应变	空间分辨率	2 m
工作波长	1 550 nm	传感距离	100 km
频率范围	10~13 GHz	测量精度	1℃/5 με
频率步长	1 MHz(最小)	测量时间	3~60 s
采样间隔	1 cm(最小)	传感光纤类型	SM/PM Fiber
应变范围	−30 000~30 000 με	接头型号	FC/APC

3）传感仪低温测试与性能指标验证

为检验低温分布式布里渊光纤传感系统针对高原环境测试的性能指标，进行了严格的性能指标测试。测试内容主要包括四个部分：空间分辨率测试、传感长度测试、传感精度测试和工作温度测试。

图9-11所示为应变空间分辨率测试结果，测试结果显示应变过渡区域包含五点，两点之间的间隔为0.5 m，即采样空间分辨率为0.5 m，在2 m之内的应变过渡情况可以由分布式光纤传感系统成功测量，证明该套系统具备2 m空间分辨率测量能力。

低温分布式布里渊光纤传感系统的传感长度测试结果如图9-12所示。由拟合得到的布里渊频移结果可见，分布式光纤传感系统可以成功测量长度103 km的传感光纤布里渊频移。

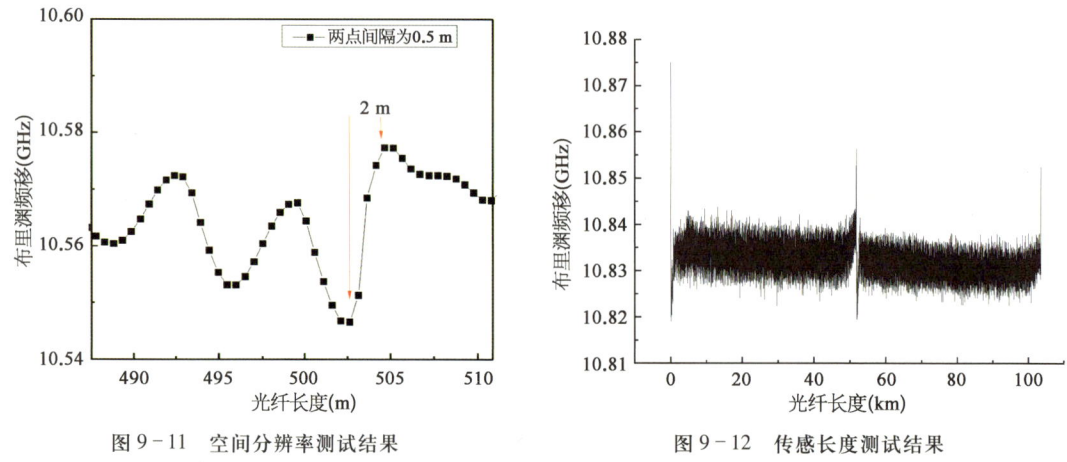

图9-11 空间分辨率测试结果　　　　　图9-12 传感长度测试结果

布里渊增益谱的拟合结果如图9-13所示，拟合误差为0.26 MHz，使用拟合误差乘以应变灵敏系数 $C_B^\varepsilon = 0.048\ 2\ \text{MHz}/\mu\varepsilon$，得到该套系统的应变测试精度为5.41 $\mu\varepsilon$。

布里渊频移与光纤温度之间的关系如图9-14所示，可见在-50~60℃范围内，该系统测得光纤布里渊频移与温度之间变化的线性关系良好，结合布里渊增益信号的特征，可以验证该系统工作温度满足-45~60℃的要求。

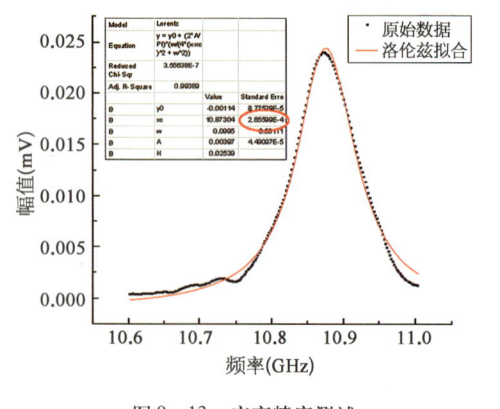 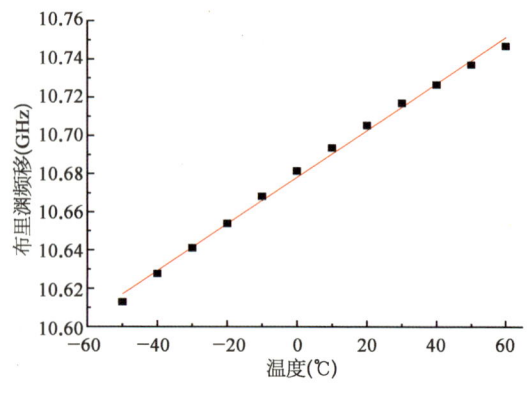

图9-13 应变精度测试　　　　　　　　图9-14 工作温度测试

9.1.3 分布式布里渊光纤应用于冻土公路路基的关键问题

1) 冻土中埋入式光纤光栅传感器匹配刚度问题

对于结构长期监测,特别是埋入式的监测方式,传感器本身与被测结构之间的应变传递机理是必须要考虑的问题,这对于还原结构的真实温度和应变信息、排除传感器自身变化的干扰、确保光纤传感器与被测结构之间的刚度相匹配具有重要的意义。光纤光栅传感器一般由光栅、涂覆层和封装材料层(GFRP 层)组成,如图 9-15 所示。

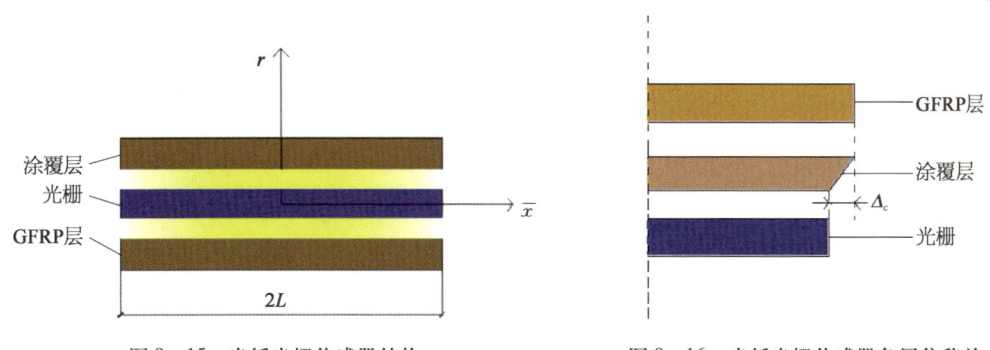

图 9-15 光纤光栅传感器结构　　图 9-16 光纤光栅传感器各层位移关系

光纤光栅感应被测结构的应变需要经历涂覆层传递应变到光栅的过程。即使在封装良好、各层界面黏结良好的条件下,由于光栅、涂覆层和封装材料层的材料属性不同,在应变传递过程中也有光栅的应变和被测结构的应变存在一定差距的现象,如图 9-16 所示。通过对光纤光栅传感器的应变传递过程进行分析,光栅处的应变和封装材料的应变存在一定的差别,修正系数为

$$\kappa = \frac{\varepsilon_{b(\bar{x})}}{\varepsilon_{f(0)}} = 1 - \frac{\mathrm{sh}(\lambda \bar{x})}{\mathrm{sh}(\lambda l_f)} \tag{9-1}$$

式中:$\varepsilon_{b(\bar{x})}$ 为传感光纤的应变;$\varepsilon_{f(0)}$ 为传感光纤封装层的应变;l_f 为一半光纤光栅长度。

2) 分布式光纤传感测量误差修正方法

对于使用分布式光纤传感技术进行应变和温度的分布式测量,不准确性一般来源于两个方面:一方面是测试设备本身精度和空间分辨率的局限,可以采用改进的光纤传感技术,配合更加合理的光路设计与信号质量控制,以获得更优更好的传感性能;另一方面则来自测试对象本身应变或者温度的不均匀性。根据分布式布里渊光纤传感技术的原理,在空间分辨率范围内,当被测应变或温度分布绝对均匀时,测试结果是最准确的。但实际结果的应变或温度分布很少绝对均匀,特别是应变分布,在结构应力集中或者复杂应力区域,应变分布常常具有很大的不均匀性。在空间分辨率内应变分布的不均匀将导致布里渊增益谱的展宽,所测得的布里渊增益谱的中心频移也会因此而产生误差,导致应变测试结果的不准确。

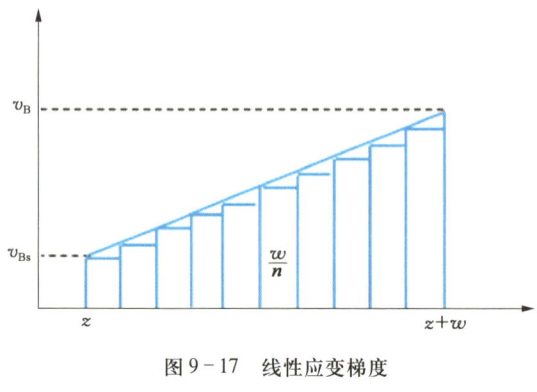

图 9-17 线性应变梯度

解决这个问题就要从数据分析的角度,通过研究应变不均匀性与布里渊增益谱展宽特性,寻找提高测试精度的方法。针对线性应变梯度误差问题,提出了布里渊频移谱宽补偿方法,有效地提高了测试精度。

在空间分辨率内应变分布的不均匀将导致布里渊增益谱的展宽,产生测量误差,导致应变测试结果的不准确。对于在空间分辨率内呈线性的应变分布情况(图 9-17),通过离散化再累加求和的方法进行求解,并认为在各自离散段内应变分布为均匀分布,获得线性应变梯度的布里渊增益谱理论解公式,即

$$G = \frac{I_{cw}(z)}{I_{cw}(z+w)}$$
$$= \exp(-\alpha w)\exp\left(\sum_{i=1}^{n} \frac{\kappa_i}{\alpha}\exp(\beta_i)\left\{\frac{\exp(-\beta_i x_{i+1})}{x_{i+1}} - \frac{\exp(-\beta_i x_i)}{x_i} + \beta_i[E_i(\beta_i x_i) - E_i(\beta_i x_{i+1})]\right\}\right)$$
(9-2)

式中:$I_{cw}(z)$ 为探测光在 z 位置的强度;α 为激光传播的衰减系数;w 为空间分辨率长度;κ_i 为第 i 段布里渊增益信号强度,$\kappa_i = g_i I_p(0)$;$I_p(0)$ 为初始泵浦脉冲光强度;g_i 为第 i 段布里渊增益系数;$E_i(\beta_i x_i)$ 为 $\beta_i x_i$ 的指数积分。

$$\beta_i = g_i I_{cw}(L) \frac{\exp(-\alpha L)}{\alpha}, \quad i = 1, 2, \cdots, n \tag{9-3}$$

式中:β_i 为第 i 段探测光强度;L 为传感光纤总长度。

在式(9-1)的基础上,保持 z 处布里渊频移固定不变,通过改变 $z+w$ 处布里渊频移 n_B 来改变应变梯度,可以获得不同应变梯度对应的布里渊增益谱特征,发现布里渊增益谱中心频移变化量与布里渊增益谱展宽量之间接近相等(图 9-18)。因此,利用布里渊增益谱展宽的结果可以修正布里渊增益谱频移的误差,即应变测量的误差。

选择在某风机叶片中典型的非均匀应变分布及传感光纤测试结果(图 9-19),由测

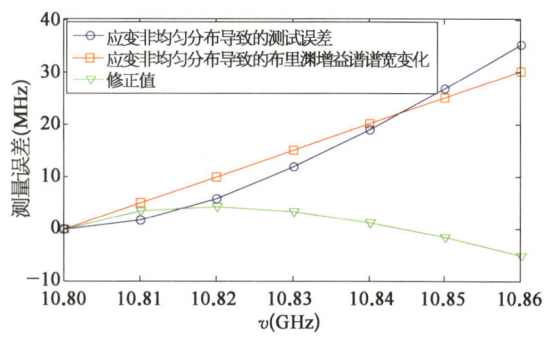

图 9-18 应变梯度引起的布里渊增益谱
测量误差和谱宽增加量

试结果可见,原始应变分布存在明显不均匀性,而分布式传感光纤传感系统直接测试结果存在一定误差。对图9-19中线性应变梯度区域(虚线区域)使用布里渊增益谱展宽特性测量误差修正方法进行误差修正,得到的结果如图9-20所示。通过使用误差修正方法,测试结果明显接近于真实结果,证明了误差修正方法的有效性。

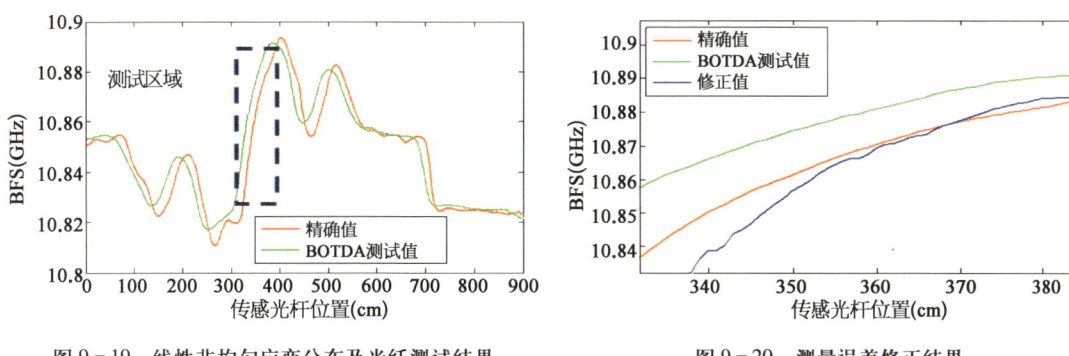

图9-19 线性非均匀应变分布及光纤测试结果　　图9-20 测量误差修正结果

3) 基于分布式布里渊光纤的高精度温度传感网

分布式布里渊光纤传感技术具有大范围温度监测的能力,但分布式布里渊光纤传感系统的缺点在于温度传感精度不高,一般在0.1~1℃。准分布式光纤光栅传感技术的特点在于温度传感精度高,可以达到0.01℃,依靠单点串联与复用的方式可以实现准分布测量,并且借助光纤传感极低的传输损耗,可以实现极低损耗的长距离覆盖。提出的高精度分布式光纤测温系统如图9-21所示。

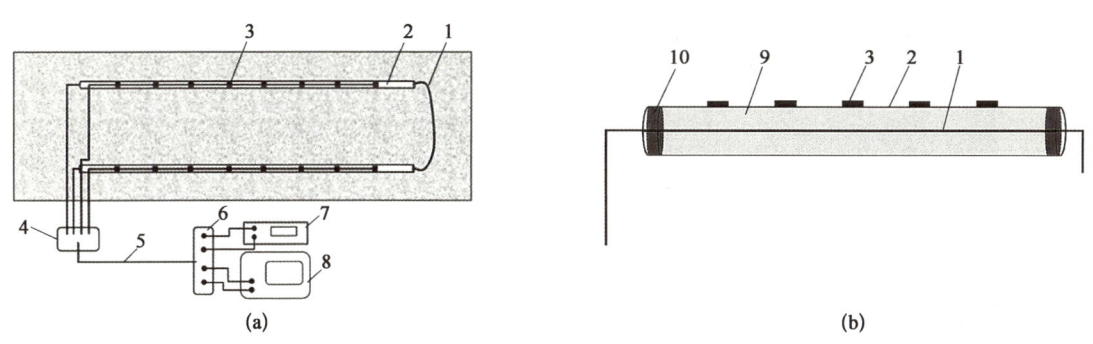

图9-21 分布式光纤测温系统
(a) 系统组成示意图;(b) 温度传感光纤布设局部示意图
1—分布式温度传感光纤;2—测温钢管;3—光纤光栅温度传感器;4—光纤熔接保护盒;5—多芯光缆;
6—光纤通道扩展架;7—光纤光栅解调仪;8—布里渊分布式光纤温度解调仪;9—原位土壤;10—橡胶塞

结合分布式光纤温度传感技术与准分布式光纤光栅传感技术的各自优势,可以构建出适用于高海拔多年冻土区公路的大范围高精度温度监测网络,获得温度场分布的同时为应变测量提供温度补偿。

该系统可以实现长度100 km范围、精度0.1℃的全分布路基温度场监测,传感光纤具有良好的耐久性和稳定性,并且光纤本身布里渊频移的温度敏感特性是确定关系,因此可以实现对温度的绝对测量,不存在温度漂移和失真的问题。

4) 定点光纤布设方法

提出了定点光纤布设方法,设计布设了横向定点光纤,即传感光纤每间隔一定距离设置定点,定点与定点之间光纤与保护套管处于松弛状态,通过比较定点光纤两次测试结果可以观察出冻融循环所引起的沉降变化。

定点分布式光纤路基沉降测试原理如图9-22所示,设冻融病害导致2号定点位置处路基沉降,引发2号定点下沉。这将导致1-2定点之间和2-3定点之间的光纤应变增加。设沉降量为H,节点间距为L,则沉降后L增加为$L_c=\sqrt{H^2+L^2}$,对应光纤1-2和2-3段的应变变化量为

$$\varepsilon = (L_c - L)/L \tag{9-4}$$

则通过测试分布式光纤1-2和2-3段的应变值ε,且L已知,可求出L_c,进而可以求出定点位置沉降量H,即

$$H = L\sqrt{\varepsilon^2 + 2\varepsilon} \tag{9-5}$$

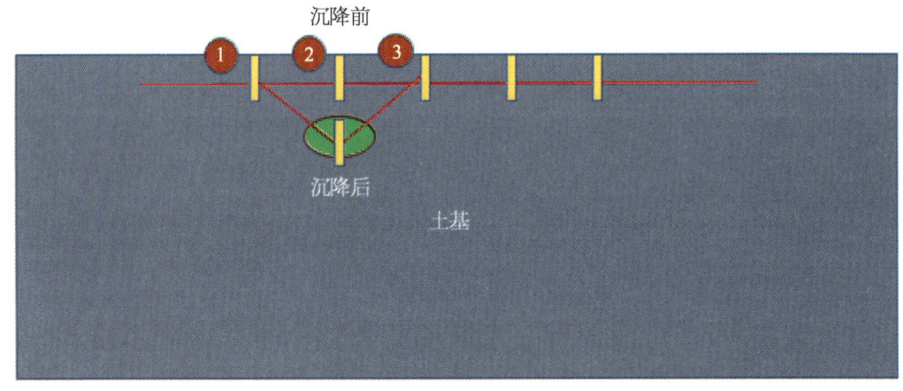

图9-22 沉降计算原理

9.1.4 高海拔多年冻土区公路路基沉降分布式光纤监测

以共玉公路花石峡段和野牛沟段作为试验段,验证了基于分布式光纤传感技术的高海拔多年冻土区公路路基沉降监测方法。

1) 冻土路基分布式光纤监测布设方案

花石峡试验段为宽幅路基,双向六车道设计,路基宽度为24.5 m,试验段长度为100 m,采用纵横向交错布设的方式,在纵向布设4根分布式传感光纤,用于定性监测沉降区域位置

及沉降程度,横向布设4根分布式传感光纤,用于定量监测沉降深度。每一根传感光纤都形成独立的回路,彼此并列连接,在终端通过多芯光缆与监控中心连接。为了校准温度场,在横向传感光纤特定位置布设光纤光栅温度传感器用于校准分布式传感光纤温度场,获取温度分布信息。具体布设方案如图9-23所示。

野牛沟试验段为单向四车道的设计,路基宽度为12.25 m,试验段长度为100 m,采用与花石峡段类似的布设方法,采用纵向3根传感光纤,横向4根传感光纤的设计,具体布设方案如图9-24所示。

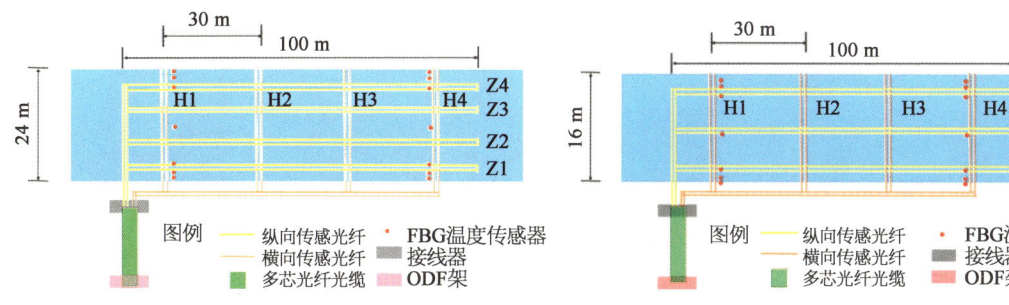

图9-23 花石峡段分布式光纤监测布设方案　　图9-24 野牛沟段分布式光纤监测布设方案

2) 测试结果

(1) 冻土路基地温监测结果。于2016年5月和9月两次对试验段光纤传感器进行了数据采集。花石峡Z1光纤路基横向温度变化测试结果如图9-25所示。以9:07时刻测试结果为基准线,图9-25表示了15:24时刻相对于9:07时刻的温度变化。图中横坐标为沿路基宽度方向的位置,纵坐标为路基宽度方向各位置的温度变化。在路基的25 m宽度范围内,温度呈不均匀分布,波动范围在2℃

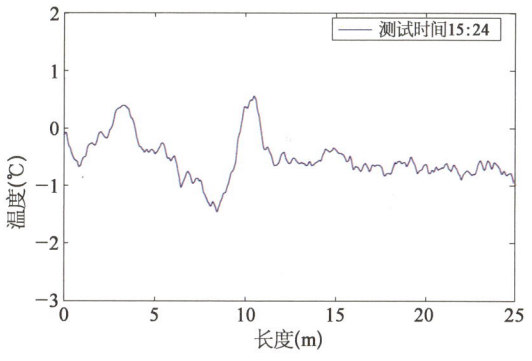

图9-25 Z1光纤路基横向温度变化

以内。15:24时刻相对于9:07时刻的温度整体降低,且在Z1传感光纤所在的车道范围内,路基平均温度降低了0.5℃。

(2) 冻土路基变形监测结果。以花石峡试验段H1传感光纤为例,介绍沉降监测定点传感光纤典型信号特征及数据处理方法。H1传感光纤5月24日和9月28日两次测试结果如图9-26a所示。

由于试验段刚刚建成,车流量很少,两次测试时间又相隔较近,因此在此试验段并没有明显沉降发生,两次测试结果十分相似。图中每个峰值分别代表各定点之间光纤的应变所对应的布里渊频移,可见定点间光纤初始布里渊频移并不均匀,但是所有布里渊频移所对应的应变值均为正应变(10.78 GHz对应0应变),因此定点间光纤处于受拉状态,满足设计

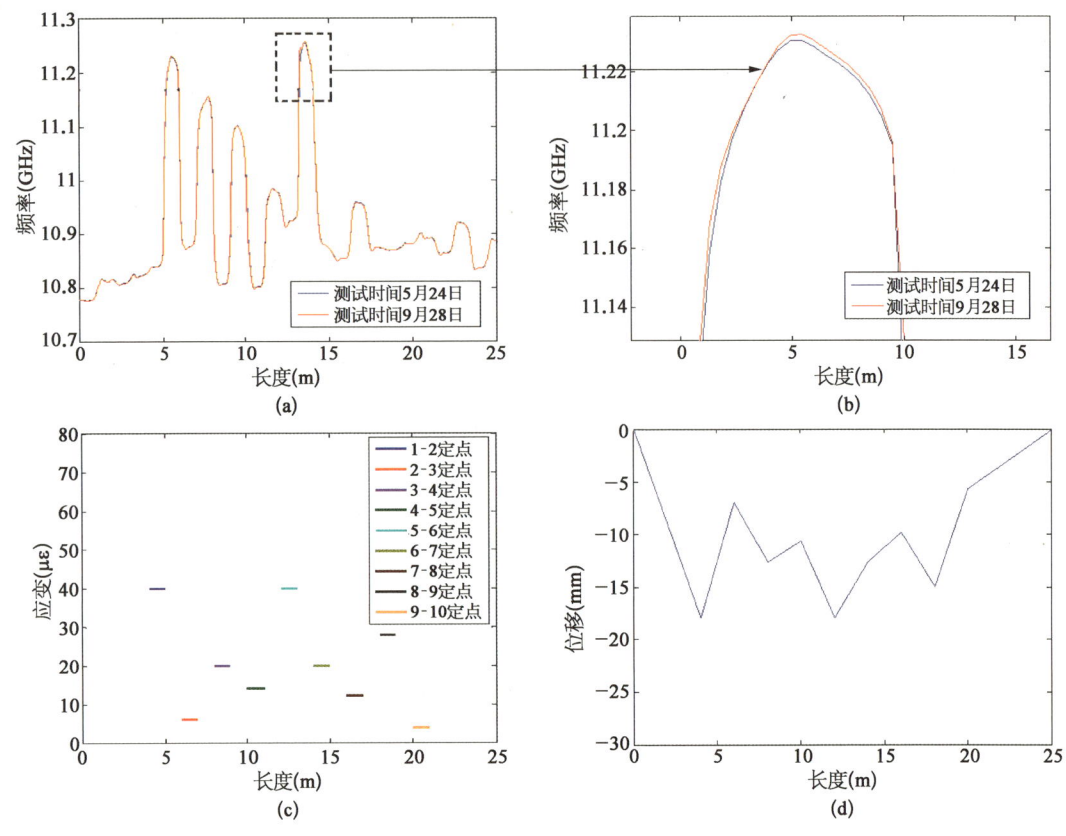

图 9-26 花石峡 H1 传感光纤沉降测试结果
(a) H1 光纤全长测试结果;(b) H1 光纤 2-2 定点间布里渊频移变化;
(c) H1 光纤全部定点应变测试结果;(d) H1 光纤截面变形曲线

要求。定点间传感光纤布里渊频移测试结果如图 9-26b 所示,可见定点间应变存在微小变化,各定点间的光纤应变变化如图 9-26c 所示,并得到 H1 光纤截面变形曲线如图 9-26d 所示。

9.2 基于监测数据的公路工程构筑物状态评价与预警技术

9.2.1 冻土路基状态评价与预警技术

多年冻土地区公路病害机理复杂,关于多年冻土区路基路面灾变预警相关研究较少,仍是冻土工程界的难题。目前主要采用有限元数值计算模型,模型参数获取困难,计算过程复杂,实用性不够,难以有效推广。在研究开发适用于高海拔高寒地区公路监测的先进传感技术基础上，基于现场变形病害资料，针对多年冻土区公路路基状态评价及病害预警的关键技术开展研究。

9.2.1.1 基于冻土路基病害危险源的冻土路基状态评价

1）冻土路基病害危险源的定义

"危险源"一词是系统安全学科中的基本术语，其定义目前在学术界的供述和表达并未统一。《职业健康安全管理体系要求》(GB/T 28001—2011)中危险源的定义为"可能导致伤害或疾病、财产损失、工作环境破坏或这些情况组合的根源或状态"。

"路基病害"是一个描述路基工程状态的词汇，表示对道路运营产生不利影响，其表现形式在不同的地域具有多样性，冻土路基病害指在多年冻土地区发生的路基病害。冻土路基病害可分为融沉、纵裂、路基边坡滑塌、翻浆、涎流冰等，这些病害会对道路正常的安全运营能力产生严重的影响，同时极易导致道路交通安全事故的发生。定义"冻土路基病害危险源"为：多年冻土地区路基及其邻近范围内可能导致伤害、财产缺失、环境破坏或者这些情况组合的地质作用（现象）。

2）冻土路基病害危险源的分类

危险源理论中将危险源划分为第一类危险源（或根源危险源）和第二类危险源（或状态危险源），这与辩证法中的内外因论是一致的。将第一类冻土路基病害危险源描述为"影响冻土路基稳定性的内因，包括冻土地温、冻土含冰量等"；将第二类冻土路基病害危险源描述为"影响冻土路基病害的外因，包括人工开挖、公路修筑导致的冻土层状态变化等"。

3）基于冻土路基病害危险源的冻土路基稳定性评价指标

（1）基于第一类冻土路基病害危险源的评价指标。

① 冻土年平均地温。由于多年冻土对温度变化的敏感性和热不稳定性，冻土年平均地温对多年冻土路基的稳定性有较大的影响。根据现有研究成果，可通过对冻土年平均地温分区，对所在区域冻土路基的稳定性进行定性评价。综合现有成果，根据冻土年平均地温，把多年冻土地区划分为四个地温分区，具体见表9-2。

表9-2 冻土年平均地温分区

地 温 分 区	低温稳定多年冻土地区	低温亚稳定多年冻土地区	高温不稳定多年冻土地区	高温极不稳定多年冻土地区
冻土年平均地温(℃)	≤-3.0	-3.0~-1.5	-1.5~-0.5	≥-0.5
稳定状态评价	稳定	较稳定	不稳定	极不稳定

② 多年冻土含冰量。多年冻土含冰量是评价多年冻土融化时的一个非常重要的指标。多年冻土含冰量与土体的组合关系构成了冻土的冷生构造，也决定了冻土的融化压缩沉降

量。结合《冻土工程地质勘察规范》(GB/T 50324—2014),根据多年冻土融化后对冻土路基稳定性的影响划分为四个等级,具体见表9-3。

表9-3 多年冻土含冰类型对冻土稳定性影响分级

冻土类型		少冰冻土	多冰冻土	富冰冻土	饱冰冻土	含土冰层
融沉评价	名称	Ⅰ不融沉	Ⅱ弱融沉	Ⅲ融沉	Ⅳ强融沉	Ⅴ融陷
	融沉系数 A_0	≤1	$1≤A_0<3$	$3≤A_0<10$	$10≤A_0<25$	≥25
融化对路基稳定影响		影响很小,路基稳定	影响较小,路基较稳定	影响较大,路基不稳定	影响很大,路基极不稳定	

③ 年平均气温。路基路面结构直接暴露在大气中,直接承受自然因素的影响。在诸多自然环境因素中,年平均气温是一个很重要的因素,它不仅包含了纬度和海拔的地带性影响,也是局地小气候,如降水、蒸发、云量及风等影响的综合指标。

(2)基于第二类冻土路基病害危险源的评价指标。表征路基变形状态的指标为路基变形量,路基的变形形式主要有融沉和冻胀两种,但在多年冻土地区公路路基的融沉量往往大于冻胀量,在路基变形中融沉变形起着更为重要的作用。

综合上述已有研究成果,结合青藏公路、G214公路变形监测和病害调研结果,总结提出冻土路基稳定性变形分级标准,见表9-4。

表9-4 冻土路基稳定性评价变形指标分级

路基稳定状态		稳定	较稳定	不稳定	极不稳定
变形指标(cm)	总变形量 ST	ST<S0	S0≤ST<S1		ST≥S1
	年均变形量 SA	SA<1	1≤SA<3	3≤SA<5	SA≥5

注:根据已有研究成果和现场监测数据分析结果,一般情况下 S0 取 15 cm,S1 取 30 cm。

4)基于冻土路基病害危险源的冻土路基稳定性评价

应用层次分析法将多年冻土路基稳定状态评价体系划分为三个层次:① 目标层——多年冻土路基稳定状态评价;② 准则层——自然环境、冻土特征和路基变形;③ 因素层——若干具体影响因素。因此多年冻土路基稳定状态评价体系可用一个由目标层、准则层和因素层组成的层次结构体系来表示,具体如图9-27所示。

确定评价集 $V = \{v_1, v_2, v_3, \cdots, v_m\}$,分为4级,分别为稳定、较稳定、不稳定和极不稳定。

由于多年冻土地区路基稳定评价没有相应的统一评价标准,根据吴紫汪和章金钊等在青藏公路常年观测研究的结果与青藏铁路、柴木铁路相关研究报告及文献,并结合现场的调查和研究,将多年冻土地区路基稳定性分成四个等级确定评价集,具体分级见表9-5和表9-6。

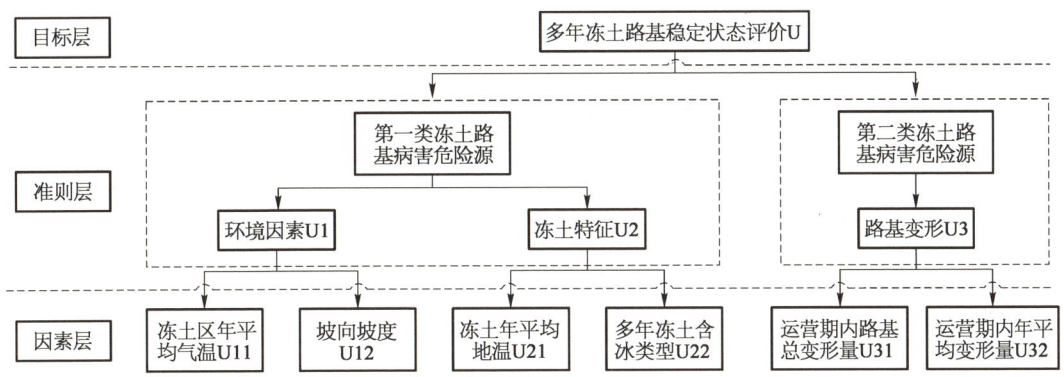

图 9-27 多年冻土地区路基稳定性评价指标体系

表 9-5 第一类病害危险源评价指标的分级标准

危险源因子	稳定(Ⅰ)	较稳定(Ⅱ)	不稳定(Ⅲ)	极不稳定(Ⅳ)
冻土年平均气温(℃)	≤-4.5	-3.5~-4.5	-3.0~-3.5	≥-3.0
坡向坡度	基本不影响	有影响	很大影响	强烈影响
冻土年平均地温(℃)	≤-3.0	-3.0~-1.5	-1.5~-0.5	≥-0.5
冻土含冰类型	S	D	F	B、H

表 9-6 第二类病害危险源评价指标的分级标准

危险源因子	稳定(Ⅰ)	较稳定(Ⅱ)	不稳定(Ⅲ)	极不稳定(Ⅳ)
路基总变形量(cm)	<15	<15	15~30	≥30
路基年均变形量(cm)	<1	1~3	3~5	≥5

选取 2016 年刚建成通车的共玉(结古)公路开展路基稳定评价和评价结果现场验证。

(1)路基稳定评价结果。依托共玉(结古)公路工程建设的试验与示范工程,选取典型路基基于沿线多年冻土地质资料分析气温、地温、变形监测结果(2015—2016 年),对其冻土路基稳定状况进行评价,评价结果见表 9-7。并通过现场调查结果对模糊综合评价结果进行进一步验证。

表 9-7 单因素冻土路基稳定模糊评价结果

| 共玉(结古)公路 | 第一类冻土路基病害危险源 | | | | 第二类冻土路基病害危险源 | | 综合评价 |
| | 自然环境 | | 冻土特征 | | 路基变形 | | |
	年平均气温	坡向坡度	冻土年平均地温	冻土含冰量	路基总变形	路基年均变形	
K568+245	Ⅱ	Ⅱ	Ⅲ	Ⅳ	Ⅰ	Ⅰ	Ⅱ
K568+265	Ⅱ	Ⅰ	Ⅲ	Ⅳ	Ⅰ	Ⅰ	Ⅱ
K569+555	Ⅱ	Ⅱ	Ⅱ	Ⅲ	Ⅰ	Ⅰ	Ⅱ

(续表)

共玉(结古)公路	第一类冻土路基病害危险源				第二类冻土路基病害危险源		综合评价
	自然环境		冻土特征		路基变形		
	年平均气温	坡向坡度	冻土年平均地温	冻土含冰量	路基总变形	路基年均变形	
K569+575	Ⅱ	Ⅰ	Ⅲ	Ⅲ	Ⅰ	Ⅰ	Ⅱ
K570+260	Ⅱ	Ⅱ	Ⅲ	Ⅲ	Ⅰ	Ⅰ	Ⅱ
K572+210	Ⅱ	Ⅰ	Ⅲ	Ⅳ	Ⅰ	Ⅰ	Ⅱ

（2）评价结果现场验证。由于依托共玉(结古)公路工程建设的试验与示范工程刚刚通车1年,运营时间较短,路基整体稳定状况良好,现场调查结果并不能很好地体现和验证基于模糊综合评价得到的结果,现场调查结果与综合评价结果对比情况见表9-8。结果表明,采用上述评价指标,基于模糊综合评价方法的评价结果与实际情况基本相符。

表9-8 评价结果与现场调查结果的对比

共玉(结古)公路	综合评价结果	2016年8月现场调查结果	对比结果
K568+245	较稳定(Ⅱ)	路基沉降变形量0.43 cm,路基稳定,路况良好(块石+通风板路基)	基本相符
K568+265	较稳定(Ⅱ)	路基沉降变形量0.78 cm,路基稳定,路况良好(普通路基)	基本相符
K569+555	较稳定(Ⅱ)	路基沉降变形量0.86 cm,路基稳定,路况良好(块石+通风板路基)	基本相符
K569+575	较稳定(Ⅱ)	路基沉降变形量0.98 cm,路基稳定,路况良好(块石+通风板路基)	基本相符
K570+260	较稳定(Ⅱ)	路基沉降变形量0.29 cm,路基稳定,路况良好(弥散式通风管路基)	基本相符
K572+210	较稳定(Ⅱ)	路基沉降变形量0.21 cm,路基稳定,路况良好(热棒-XPS板复合路基)	基本相符

9.2.1.2 基于冻土路基病害危险源理论的冻土路基病害预警

1) 基于病害危险源的冻土条件指标

（1）基于第一类冻土路基病害危险源的冻土条件预警指标(冻土地温)。从地温监测方面而言,结合"高海拔高寒地区高速公路建设技术"中"课题三"中关于宽幅冻土路基的研究成果,建议采用表9-9的地温监测警示方案。

表9-9 冻土地温预警方案

路基类型	冻土地温状态(℃)	冻土稳定性
整体式路基	TCP≤-1.8	稳定
	TCP>-1.8	不稳定

(续表)

路基类型	冻土地温状态(℃)	冻土稳定性
分离式路基	TCP≤-1.5	稳定
	TCP>-1.5	不稳定

（2）基于第二类冻土路基病害危险源的冻土条件指标(融化夹层状态)。土的相对含水量和土的类型、密实度等都是影响土基强度的重要因素,对于容易发育高含冰量冻土层的黏性土,随其含水量的不同,分别处于固态、半固态、可塑及流动状态,其界限含水量分别为缩限、塑限和液限。

借鉴《建筑地基基础设计规范》(GB 50007—2011),根据黏性土液性指数划分软硬状态来表征冻土融化夹层的稳定性状态,建立冻土融化夹层湿度的监测警示方案,见表9-10。

表9-10 基于液性指数的冻土路基融化夹层稳定性分级

项 目	可 塑	软 塑	流 塑
液性指数	$0.25<I_L\leq 0.75$	$0.75<I_L\leq 1.0$	$I_L\geq 1.0$
融化夹层失稳程度	轻	中	重

融化夹层含水率可通过埋设于冻土上限附近的土壤水分传感器获取,土层液限和塑限可通过前期地勘资料获取,进而可以计算得到融化夹层的液性指数。

2) 基于冻土路基病害程度的路基本体指标

为了评价多年冻土路基差异沉降病害的状态和程度,可以采用"发生超标差异沉降区域内的沉降量"与"监测路段总体沉降量"的比值来描述冻土路段内差异沉降的病害程度。根据上述比值的含义,提出病害状态指数(embankment disease index, EDI)来描述冻土路基的病害程度。

EDI指数的定义：冻土路基监测范围内差异沉降超标区域的沉降量之和与监测区域内总沉降量的比值,$EDI \in [0, 1]$。

$$EDI = \frac{\sum S_i}{\sum S_A} \quad (9-6)$$

式中：S_i为发生超标差异沉降区域内的沉降量；S_A为监测路段内总体沉降量。

EDI指数越大,表明监测区域内冻土路基病害程度越剧烈；当EDI=1时,表明监测区域内所有冻土路基均已发生超标差异沉降病害。

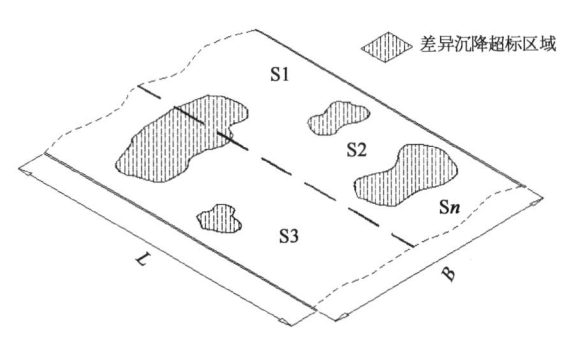

图9-28 冻土路基差异沉降图示

3) 基于类生物学特征的冻土路基病害预测模型

自然界的生物生长过程通常表现为慢—快—慢的特征，通常曲线形态呈S形（图9-29），总体可分为三个阶段，分别为初始增长阶段、指数增长阶段及稳定增长阶段。选取青藏公路沿线三个代表性路段，分析其超过10年的冻土路基差异沉降监测数据，发现其差异沉降病害程度的年平均EDI曲线呈现明显的S形生物生长曲线特征（图9-30）。

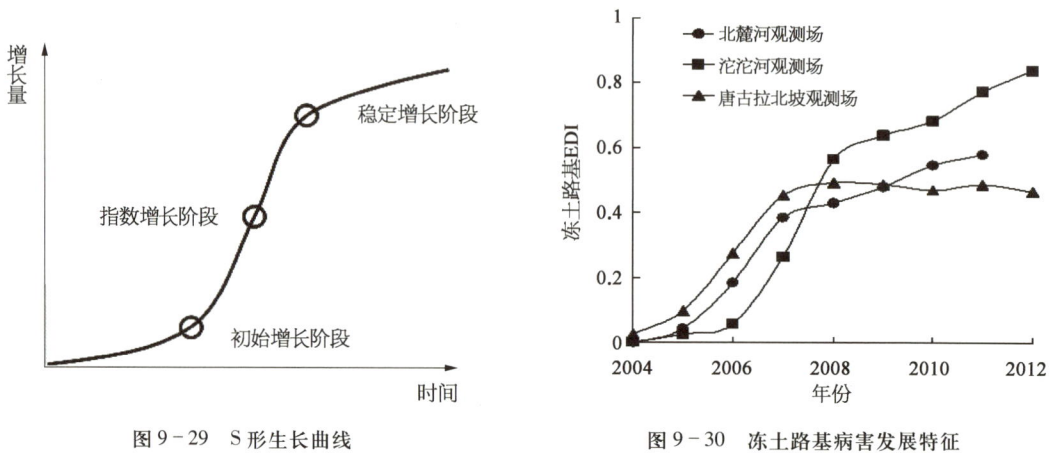

图9-29　S形生长曲线　　　　图9-30　冻土路基病害发展特征

因此可根据描述生物生长过程的Richards方程定义冻土路基病害状态预测方程，即

$$EDI = D_s(1 - Ce^{-st})^{1/(1-m)} \tag{9-7}$$

式中：D_s 为评价路段最大病害状态比例（$D_s \in [0,1]$）；C 为场地初始状态参数，对于 $t=0$ 时刻，$C=1$；s 为初始沉降速度参数；m 为异速增长参数。

4) 基于冻土路基病害发展特征的病害预警分级及预警示例

冻土路基病害预警的目的，一方面是从预警指标中体现出冻土路基差异沉降病害的程度，另一方面是对冻土路基病害发展过程中的三个不同阶段进行提前警示。由于各场地间病害发展过程有差异性，因此预警指标的分级应能同时体现病害程度和发展时间两方面。

对青藏公路沿线差异沉降观测场的EDI发展阶段表明，冻土路基病害发展在第二阶段指数发展阶段迅速增加，如在沱沱河监测场中，在8年监测期内，第二阶段指数发展阶段病害增长程度占总病害程度的60%，增长区间为[0.057,0.56]；而在楚玛尔河监测场中，第二阶段指数发展阶段病害增长程度占总病害程度的68%，增长区间为[0.13,0.81]。上述结果表明，冻土路基病害主要形成于第二阶段的指数增长期内，因此第二阶段指数增长期是重点预警区间。

表9-11列出了不同高含冰量区监测场冻土路基病害指数增长阶段的增长区间，以下监测场地冻土类型均为高含冰量冻土。由表9-11可以看出，冻土路基的病害在指数增长阶段迅速暴发，进入指数增长阶段前的EDI在0.1左右，指数增长阶段末期EDI在0.5~0.8。

表 9-11　冻土路基病害指数增长阶段的增长区间

序号	场地名称	桩号	冻土类型	指数阶段增长病害区间
1	楚玛尔河观测场	K2939+185	饱冰、含土冰层	[0.13,0.81]
2	北麓河观测场	K3057+195	富冰、饱冰	[0.05,0.8]
3	沱沱河观测场	K3136+540	富冰、饱冰	[0.06,0.56]
4	唐古拉北坡观测场	K3312+000	富冰、饱冰	[0.10,0.45]

考虑到不同区域冻土路基病害发展过程的差异性,同时考虑预警指标需要表征冻土路基差异沉降病害的程度,建议采用表 9-12 的预警分级策略。表中,Ⅲ级预警表示冻土路基处于病害初始增长阶段,病害程度低;Ⅱ级预警表示冻土路基进入指数增长阶段,在此期间冻土路基病害将迅速增长,病害程度也将持续增大;Ⅰ级预警表示冻土路基进入严重病害阶段,冻土路基差异沉降病害严重,冻土路基病害增长速度相对变缓。

表 9-12　冻土路基病害预警分级表

项　目	Ⅲ级(蓝色)	Ⅱ级(黄色)	Ⅰ级(红色)
EDI	0<EDI<0.1	0.1≤EDI<0.7	EDI≥0.7

采用上述冻土路基病害分级策略,以青藏公路沱沱河路段监测数据为例,通过计算冻土路基 EDI,可得到冻土路基病害预警图(图 9-31)。

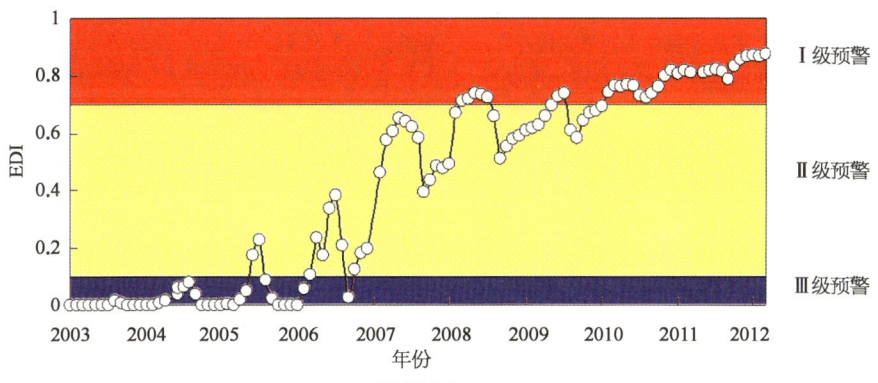

图 9-31　青藏公路沱沱河地区冻土路基病害预警示例

9.2.2　桥梁状态评价与病害预警技术

多年冻土区气候严寒,其地表活动层随着季节变化而融化和冻结,地表以下为常年处于冻结状态的冻土层。在这样的地质条件下修筑桥梁,会使原有的地表热平衡条件及生态环境遭到破坏。冻胀、融沉、裂缝是多年冻土区桥梁结构最常见的病害,路基桥涵等线下工程构筑物一旦发生病害,轻则影响行车舒适,重则导致行车不安全。在运营阶段,改变了建桥地段地表的热平衡条件,地基多年冻土产生衰退和融化。桥梁工程施工过程中热量传入大,会引起地基冻土融化下沉,造成桥墩、桥台短期内产生沉降,使桥上部结构变形;当多年冻土地基含冰量大,且多年冻土温度较高时,在恒载作用下,地基产生蠕变而沉降,引起结构物长期下沉。

1) 基于公路桥梁技术状况评定标准的冻土区梁桥安全评定

《公路桥梁技术状况评定标准》(JTG/T H21—2011)按照"全面、实用"原则,广泛调研了国内外大量有关桥梁技术状况评定文献资料,对国内外公路桥梁评定的实践经验进行消化吸收,在《公路桥涵养护规范》(JTG H11—2004)的基础上,形成了新的标准。

根据冻土区梁桥的调查和分析结果,冻土区梁桥由于可能面临更严重的桩基冻拔或沉降问题,有可能导致铰缝在桥面主要承重构件出现问题之前产生开裂,从而使梁桥处于单板受力状态,进一步严重危害梁桥的上部承重结构。因此,应补充简支梁(板)桥裂缝评定标准,见表9-13。

表9-13 梁(板)桥裂缝评定标准

标 度	评 定 标 准
1	完好
2	主梁(板)横向连接处的接缝出现少量轻微纵向裂缝,裂缝宽度未超限
3	主梁(板)横向连接处的接缝出现较多轻微裂缝,裂缝宽度未超限;靠近裂缝一端的混凝土盖梁出现轻微纵向裂缝
4	主梁(板)横向连接处的接缝出现较多裂缝,裂缝长度与宽度均超限;裂缝附近主梁也出现轻微横向裂缝;靠近裂缝一端的混凝土盖梁上下均出现较多纵向裂缝
5	主梁(板)横向连接处的接缝出现严重裂缝,裂缝大多贯通,裂缝长度与宽度均超限;裂缝附近主梁也出现较多横向裂缝;靠近裂缝一端的混凝土盖梁上下均出现较多纵向裂缝与竖向裂缝

此外,普通梁式桥技术状况评价中,有下列情况,整座桥应评为5类桥:

(1) 上部结构有落梁;或有梁、板断裂现象。

(2) 梁式桥上部承重构件控制截面出现全截面开裂;或组合结构上部承重构件结合面开裂贯通,造成组合截面组合作用严重降低。

(3) 梁式桥上部承重构件有严重的异常位移,存在失稳现象。

(4) 结构出现明显的永久变形,变形大于规范值。

(5) 关键部位混凝土出现压碎或杆件失稳倾向,或桥面板出现严重塌陷。

针对冻土区梁桥技术状况评价,补充下列情况时,整座桥应评为5类桥:梁式桥上部承重主梁或板结构的横向连接出现严重开裂,裂缝长且贯通,造成梁桥结构单板受力。

2) 基于监测信息的冻土区梁桥结构安全评定方法

基于桥梁结构健康监测和相关的检测信息,建立基于结构健康监测数据的荷载与环境作用模型,并利用监测数据修正结构有限元模型及结构抗力模型;对未监测的环境变量或结构耐久性损伤变量,则采用耐久性理论进一步修正结构有限元模型及结构抗力模型。对安装了传感器的位置,可直接利用监测数据建立结构响应模型;对未安装传感器的位置,可将监测的环境和荷载作用于修正结构有限元模型、计算结构响应并建立其模型,亦可基于监测数据和修正结构有限元模型,采用状态估计法估计未安装传感器位置的结构响应并建立其模型;将结构监测或计算的多种荷载效应进行荷载效应组合。最后,根据结构抗力衰减模型和结构荷载效应,可计算桥梁结构关键构件和系统的可靠度指标。具体流程如图9-32所示。

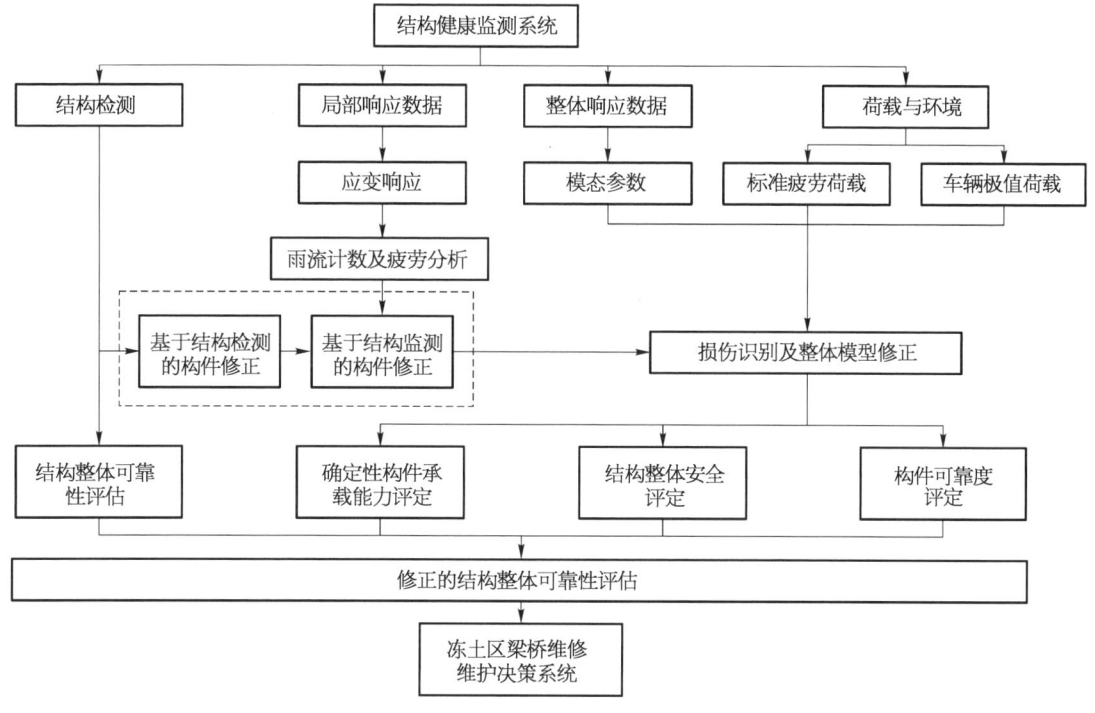

图9-32 基于健康监测系统的桥梁安全评定

基于监测信息的结构安全评定主要基于三个方面的数据分析结果,即荷载与环境监测数据分析、结构整体响应监测数据分析和结构局部响应监测数据分析。在上述数据分析结果的基础上,提出了黄色预警和红色预警两级安全预警方法。对于桥梁的状态评价,提出了安全一级评估和安全二级评估两级安全评估方法。其中安全一级评估报告包括桥梁及安全监测系统基本信息、评估项目、一级评估判定状态异常的界限值、评估结果以及报告异常状态的监测仪器编号、位置、数量和建议等。安全二级评估基于数据分析、安全一级评估和专项检查结果进行结构损伤识别与模型修正,然后基于修正有限元模型进行结构重分析和极限承载力分析,再确定结构安全状态等级。相关研究成果已经形成规范条文——《公路桥梁结构安全监测系统技术规程》(JT/T 1037—2016)。

3) 桥梁结构安全预警

安全预警设黄色和红色两级:
(1) 黄色预警,提醒桥梁管养单位应对环境、荷载、结构整体或局部响应加强关注,并进行跟踪观察。

（2）红色预警,警示桥梁管养单位应对环境、荷载与结构响应连续密切关注,查明报警原因,采取适当检查、应急管理措施以确保桥梁结构安全运营,并应及时进行结构安全评估。

实时预警的各类监测变量预警值设定宜符合下列规定：

（1）当车辆总重或轴重大于1.5倍设计车辆荷载时,进行黄色预警;大于2.0倍设计车辆荷载时,进行红色预警。

（2）当最大平均风速大于0.8倍设计风速时,进行黄色预警;大于设计风速时,进行红色预警。

（3）当最高温度、最低温度、最大温差和最大温度梯度大于设计值时,进行黄色预警。

（4）当水平地震动加速度峰值大于设计 E1 地震作用加速度峰值时,进行黄色预警;大于设计 E2 地震作用加速度峰值时,进行红色预警。

（5）当位移或变形大于0.8倍设计值时,进行黄色预警;大于设计值或一个月内发现10次以上黄色预警时,进行红色预警。

（6）当监测点处钢筋发生腐蚀时,进行红色预警。

（7）当桩基沉降大于0.8倍设计值时,进行黄色预警;大于设计值时,进行红色预警。

安全预警内容应包括：预警级别、报警传感器编号和位置、报警监测值和预警值。

9.2.3　隧道状态评价与病害预警技术

1）多年冻土隧道施工期热力耦合的弹塑性分析模型

考虑岩体的各向异性冻胀特性,以及衬砌结构的强度损伤,建立了多年冻土隧道在周期温度边界条件下的热力耦合有限元模型,分析了冻胀条件下隧道衬砌结构在运营期内的位移和应变响应(图9-33)。通过该模型计算的瞬态分析,可以获取多年冻土隧道施工阶段和运营期衬砌结构和围岩的位移、应力、应变响应,为隧道结构的安全评价和病害的预警预报提供技术支撑。

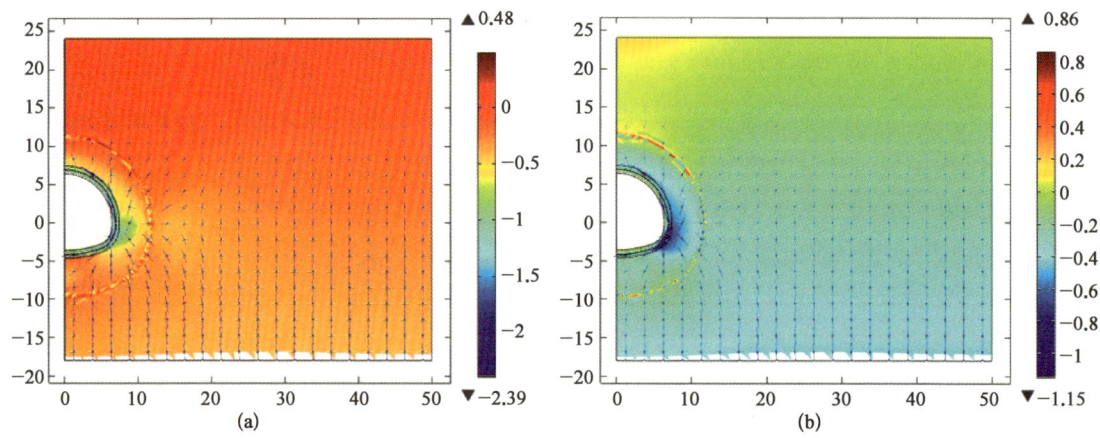

图9-33　冻胀荷载作用下隧道的衬砌和围岩的应力分布(单位：MPa)
(a)最大主应力分布;(b)最小主应力分布

2) 基于《公路隧道养护技术规范》的多年冻土区隧道结构状态评价

《公路隧道养护技术规范》(JTG H12—2015)中对公路隧道土建隧道结构状况的总体评价分为五个类别,依次为完好状态、轻微破损、中等破损、严重破损和危险状态。在公路隧道结构状态评定过程中,除了规范中规定的7条外,多年冻土区隧道出现以下情况时,可将其技术状况评定为五类隧道:① 隧道衬砌、路面出现冰柱,且呈现逐渐增多的趋势;② 隧道洞口边坡坡顶出现裂缝,且逐日增大,呈现融化滑塌的趋势。

3) 基于层次分析法的多年冻土区隧道结构状态评价

(1) 隧道结构状态评价指标。结构状态评价指标是定量研究多年冻土区公路隧道结构状态的基础,选取的指标是否恰当,将直接影响最终的评价结果是否合理、可靠。因此,在综合分析国内外隧道病害资料和权衡各方面影响因素的基础上,采用层次分析法的思想将多年冻土区公路隧道结构状态评价指标体系分为三层,分别为目标层、准则层和指标层。综上,多年冻土区隧道结构状态评价指标体系如图9-34所示。

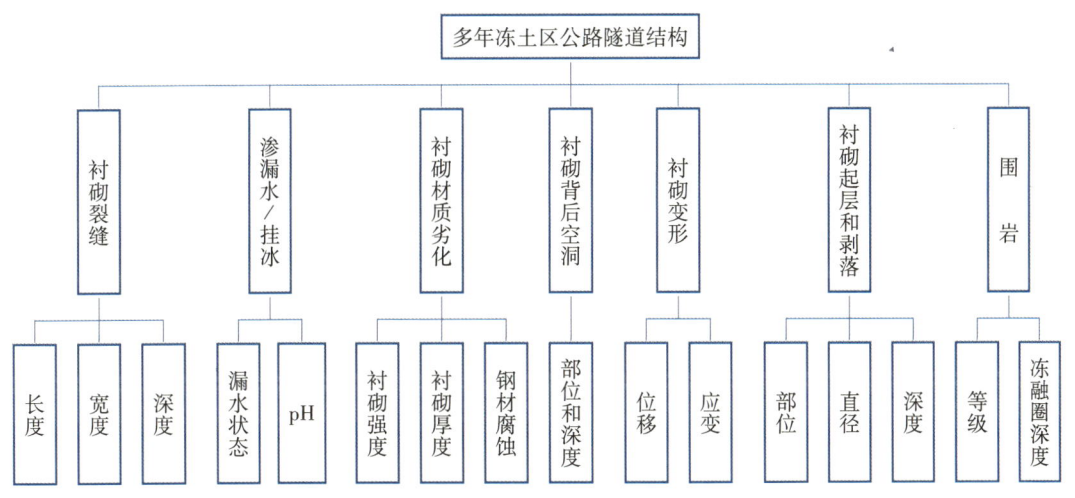

图9-34 多年冻土区隧道结构状态评价指标体系

(2) 公路隧道结构状况等级。为了与现行的《公路隧道养护技术规范》相对应,对公路隧道健康等级采用五级划分法,多年冻土区公路隧道结构状况等级见表9-14。

表9-14 多年冻土区公路隧道结构状况等级及描述

等级	评定标准
Ⅰ	结构无破损,现阶段对行人、行车不会有影响
Ⅱ	结构存在轻微破损,现阶段对行人、行车不会有影响,但应进行监视
Ⅲ	结构存在破坏,可能危及行人、行车安全,应准备采取对策措施
Ⅳ	结构存在较严重破坏,将会危及行人、行车安全,应尽早采取对策措施
Ⅴ	结构存在严重破坏,已危及行人、行车安全,必须立即采取紧急对策措施

（3）指标的权重。采用乘标法，并参考《公路隧道健康诊断的应用技术研究》(2006)确定各指标的权重，见表9-15。

表9-15　多年冻土区隧道评价体系中准则和指标权重

准则名称	准则权重	指标名称	准则权重
衬砌裂缝	0.225	长度	0.365
		宽度	0.365
		深度	0.270
渗漏水/挂冰	0.150	漏水状态	0.575
		pH	0.425
衬砌材质劣化	0.175	衬砌强度	0.404
		衬砌厚度	0.298
		钢材腐蚀	0.298
衬砌背后空洞	0.100	部位和深度	1.000
衬砌变形	0.200	位移	0.500
		应变	0.500
衬砌起层和剥落	0.050	部位	0.333
		直径	0.333
		深度	0.333
围岩	0.100	等级	0.575
		冻融圈深度	0.425

（4）公路隧道结构状态的模糊评价模型。由于隧道结构状态综合诊断指标体系是一个三层的指标体系，因此采用两级模糊综合评价模型。多级模糊综合评价是从最低层开始逐层向上做出综合评价，直至最高的目标层得到原问题的综合评价结果。从指标层因素出发，先对准则层各因素进行一级模糊综合评价，再对目标层进行二级模糊综合评价，最终得到表9-16所列公路隧道健康等级。

表9-16　多年冻土区隧道结构状况评价等级划分标准

等级	指标	等级	指标
Ⅰ	$5.0 \geqslant F > 4.5$	Ⅳ	$2.5 \geqslant F > 1.5$
Ⅱ	$4.5 \geqslant F > 3.5$	Ⅴ	$1.5 \geqslant F > 1.0$
Ⅲ	$3.5 \geqslant F > 2.5$		

4）多年冻土区隧道病害预警标准

在多年冻土地区隧道结构的稳定性评价中，直接且易测的变形量为位移和衬砌表面应变。利用研制的分布式布里渊传感器，可以容易得到衬砌表面任一点的应变水平和位移量。

因此,在参考前人研究成果的基础上,制定了基于多年冻土隧道结构实时响应(位移和应变水平)的病害预警标准,见表9-17。

表9-17 多年冻土隧道病害预警标准

预警等级	洞顶环向位移	衬砌内表面环向应变	预 警 措 施
I	$U_V \geq \dfrac{2}{3} U_L$	$\varepsilon_t \geq \dfrac{2}{3} \varepsilon_{tL}$	停止运营,采取工程加固措施
II	$\dfrac{1}{3} U_L < U_V \leq \dfrac{2}{3} U_L$ 且 $U_V' > 0$	$\dfrac{1}{3} \varepsilon_{tL} < \varepsilon_t \leq \dfrac{2}{3} \varepsilon_{tL}$ 且 $\varepsilon_t' > 0$	采取措施,加强监测
III	$U_V \leq \dfrac{1}{3} U_L$	$\varepsilon_t \leq \dfrac{1}{3} \varepsilon_{tL}$	正常运营

注:1. U_V 为隧道洞顶二衬内表面(环向)的监测竖向变形;U_V' 为隧道洞顶二衬内表面(环向)的监测竖向变形速率;U_L 为隧道洞顶二衬内表面(环向)的极限竖向变形。
2. ε_t 为隧道衬砌内表面(环向)的监测应变;ε_t' 为隧道衬砌内表面(环向)的监测应变速率;ε_{tL} 为隧道衬砌内表面(环向)的极限应变。

5) 基于热力耦合作用下隧道结构数值响应的病害预警

采用数值模拟手段,考虑正交各向异性冻胀荷载作用,以共玉公路姜路岭隧道为模拟对象,建立了冻土隧道热力耦合数值计算模型。冻胀荷载作用下隧道衬砌和围岩的位移分布如图9-35所示。

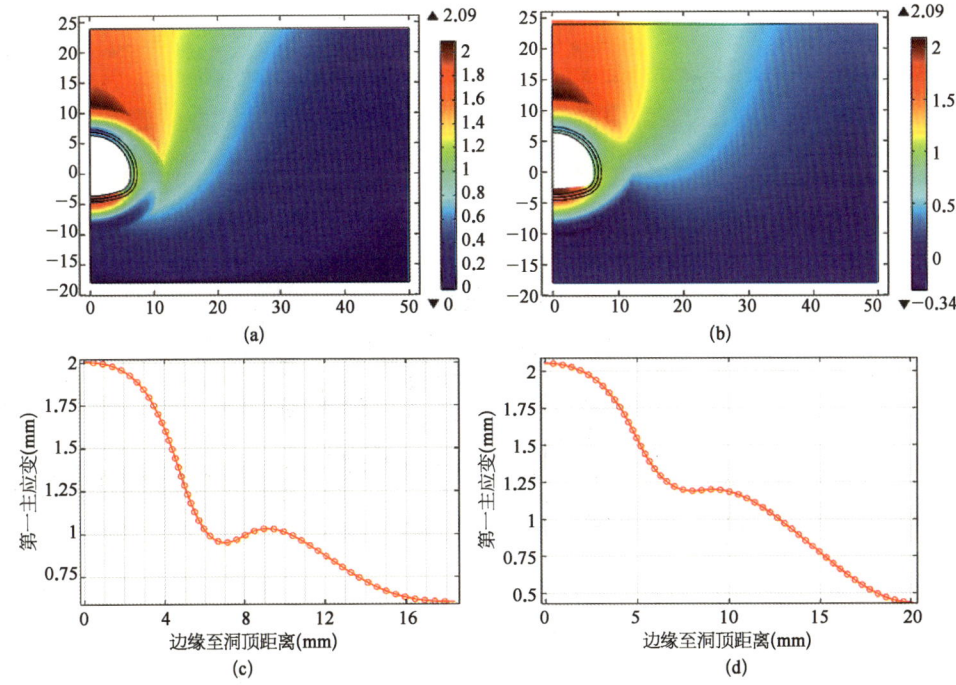

图9-35 冻胀荷载作用下隧道的衬砌和围岩的位移分布
(a)总位移;(b)竖向位移;(c)二衬内表面环向位移分布;(d)一衬内表面环向位移分布

由图可以看出：

（1）隧道围岩的冻胀位移以竖向位移为主，最大位移分别出现在隧道顶部的循环冻结范围之外，以及隧道底部。

（2）由于隧道一定范围内围岩冻结后，其模量和强度增加，使得隧道围岩附近的变形量较小，隧道顶部地面的隆起变形约为 2 mm。

（3）对比一衬内表面和二衬内表面环向方向的位移可以看出，两者总的位移量差距较小，且都表现为在隧道底部最大，即在冻胀荷载作用，隧道呈现出明显的底部隆起现象。

9.3 多年冻土区公路工程构筑物运行状态监测及病害预警系统

9.3.1 基于压缩感知的快速移动无线传感检测技术

针对地广人稀地区监测数据采集的难题，提出高速公路快速移动无线感知检测技术。该技术能够很好地弥补有线传感系统的不足，方便灵活地应用于高速公路状态监测与数据采集。但是与传统的有线传感器数据传输模式相比，无线传感器的数据传输模式存在数据丢失现象。如何恢复丢失的数据是一个不可回避并亟待解决的问题。

1) 无线传感网络丢失数据恢复

设计了两种不同工况的实验（直线车道和圆形转盘车道）进行无线传输数据丢失测试，研究基站快速移动状态下无线传输的数据丢失与基站移动速度的相关关系。实验采用的无线传感器系统如图 9-36 所示。

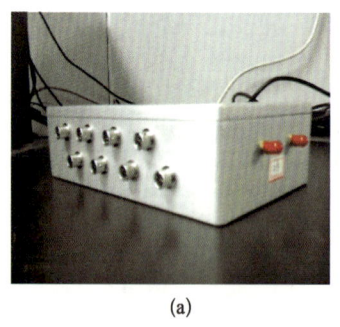
(a)
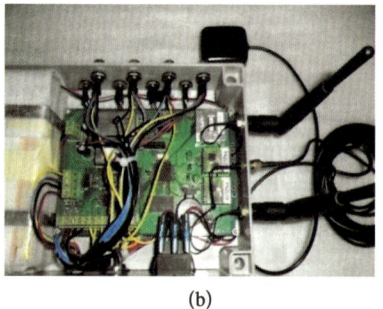
(b)
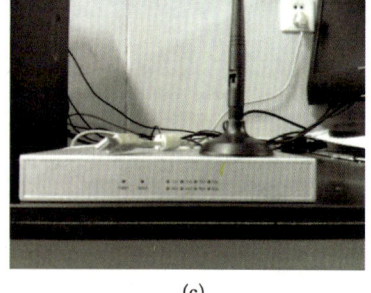
(c)

图 9-36 无线传感器系统
（a）无线节点；（b）无线节点内部电路；（c）基站

无线传输存在两种不同的方法，即传统的数据无线传输和基于压缩感知理论的数据无线传输。前者在无线传输过程中的数据丢失不可恢复，后者则可以采用基于压缩感知理论的数据丢失恢复方法进行重构恢复。两种不同的数据无线传输形式如图9-37所示。

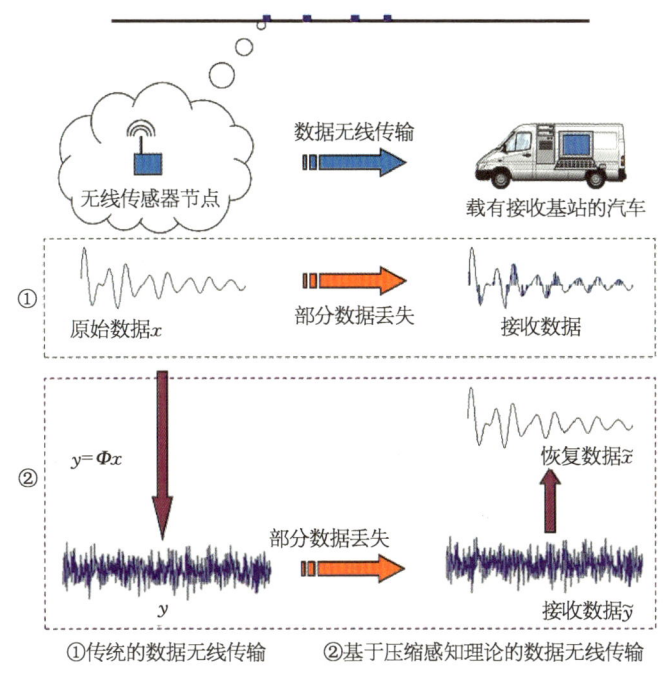

图9-37 两种不同的数据无线传输方法

基于压缩传感的数据丢失恢复方法流程总结如下：

（1）先将原始信号 x 进行线性映射变换 $y = \Phi x$，其中 x 是静止状态采集数据，Φ 是随机采样矩阵，Φ 矩阵元素 $\phi_{i,j}$ 均是满足均值为0，方差为 $1/m$ 的高斯随机分布数；或为满足独立同分布的 $\phi_{i,j}$ 为服从对称伯努利分布的随机数。测量矩阵 Φ 采用的是对称伯努利分布随机数矩阵，测量数据 y 与 x 的维数相同，这一步得到的数据是无线节点发射的测量数据。

（2）无线传输，即将测量数据 y 模拟传输至无线移动基站。

（3）对上述数据 y 人为地将一部分数据丢失，丢失的部分与前面各个速度状态下的丢包率、丢包位置相对应，则 y 中会出现 n_1 个数据点丢失，这样就得到了模拟基站接收的测量数据 $\hat{y}$，相当于得到压缩传感中的压缩采样数据。

（4）根据不同速度状态下的数据丢包规律和丢包率，将测量矩阵 Φ 去除 n_1 行数据，去除的行数和向量 y 丢失数据是相对应的，则得到矩阵 $\hat{\Phi}$，这一步相当于得到压缩传感中的测量矩阵。

（5）将 x 以一组基矩阵表示，即式(9-8)，当然必须保证，x 在该 Ψ 域上是稀疏的，也就是采样数据的稀疏变换，采用一组小波基。

$$x = \Psi \alpha \tag{9-8}$$

（6）系数 α 可以通过求解优化问题[式(9-9)，ε 是测量误差限]，采用 l_1 范数最小优化方法进行计算。

$$\hat{\alpha} = \mathrm{argmin} \| \alpha \|_1 \text{ 且 } \| \hat{\boldsymbol{\Phi}}\boldsymbol{\Psi} - y \| \leqslant \varepsilon \qquad (9-9)$$

(7) 由式(9-10)计算得到重构数据。

$$\hat{x} = \boldsymbol{\Psi}\alpha \qquad (9-10)$$

丢失数据恢复算法的流程可以用图 9-38 表示。

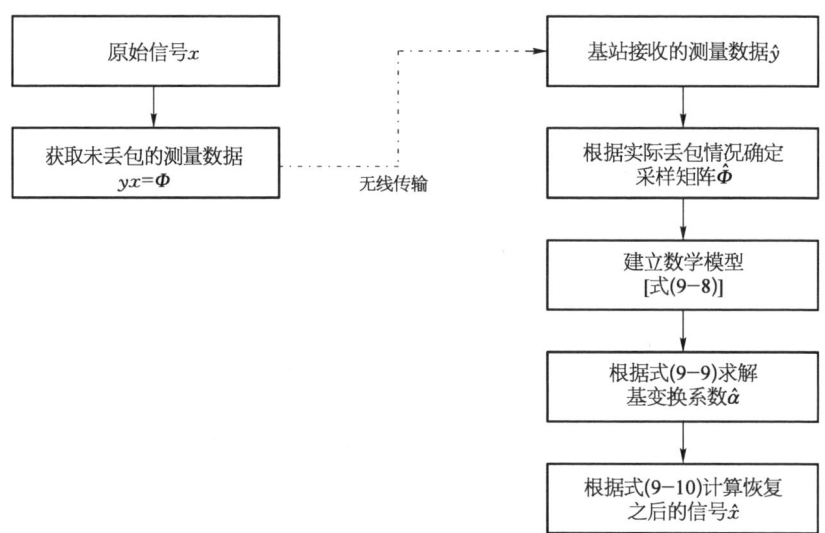

图 9-38　丢失数据恢复算法流程

2) 快速移动无线传输数据丢失恢复算例

以速度为 30 km/h,数据丢包率为 7.67% 的采样数据详细说明基于压缩感知理论的数据丢失恢复方法的具体实现过程。

图 9-39a 是无线传感器采集的原始加速度数据 x ($1\times2\,435$)。首先通过 MATLAB 计算软件产生 $2\,435\times2\,435$ 维的 Haar 小波基基矩阵 $\boldsymbol{\Psi}$,然后得到在 Haar 小波基下的分解系数 α,如图 9-39b 所示。其次通过对称伯努利分布产生伯努利随机矩阵 $\boldsymbol{\Phi}$,利用 $y = \boldsymbol{\Phi}x$ 将原始信号 x 在无线传感节点转换成测量数据 y,如图 9-39c 所示。

然后将 y 从无线节点发射出来,无线传输中必然存在数据丢失,则可移动基站接收到丢包测量数据 $\hat{y}$,这一步就是根据实际测试的无线传输丢包情况人为地去除测量数据 y 丢失的点,以及得到相应的采样矩阵 $\hat{\boldsymbol{\Phi}}$,如图 9-39d 所示为可移动基站接收的测量数据 $\hat{y}$。再根据测量数据 $\hat{y}$、采样矩阵 $\hat{\boldsymbol{\Phi}}$、基矩阵 $\boldsymbol{\Psi}$,通过 l_1 最小范数优化方法计算出重构系数 $\hat{\alpha}$,如图 9-39e 所示,且重构小波系数与原始小波系数对比如图 9-39f 示。

最后根据公式 $\hat{x} = \boldsymbol{\Psi}\hat{\alpha}$ 计算出重构信号,图 9-39g、h 所示分别是重构数据与原始数据在时域和频域上的对比。完成上述步骤后,重构信号在时域与频域上的误差分别是 14.01% 和 9.63%。

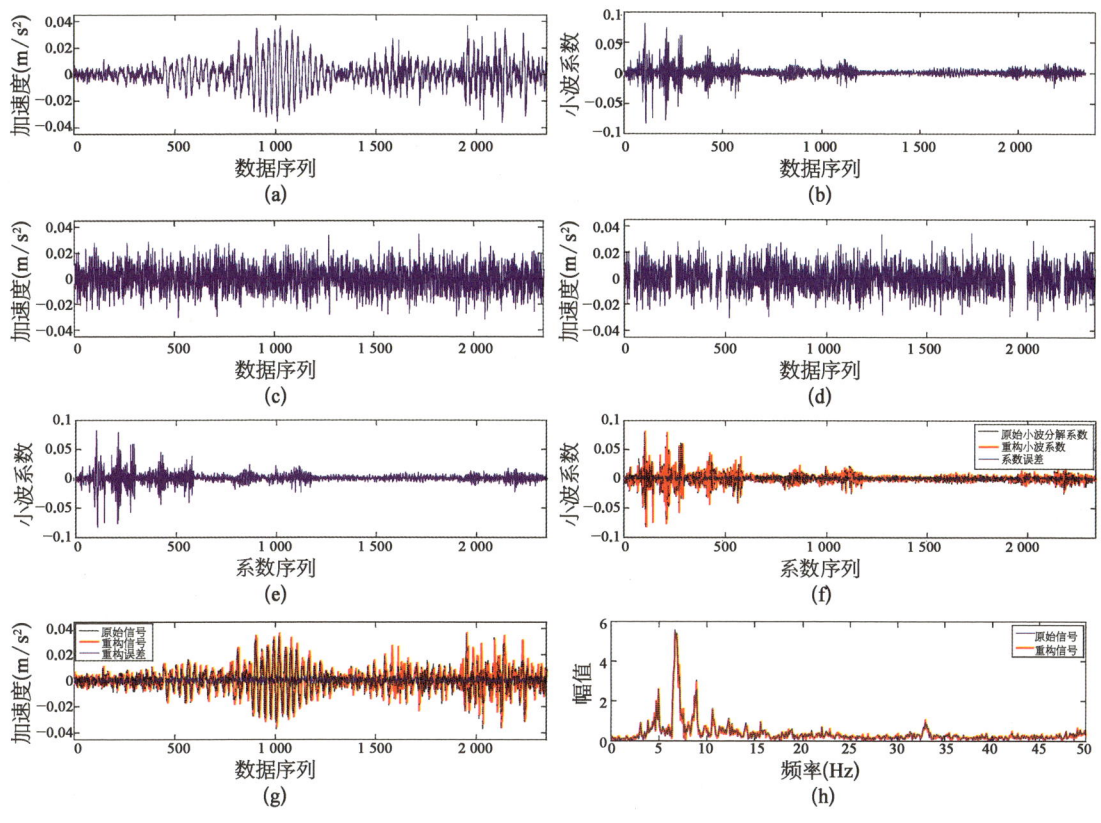

图 9-39 数据丢包率 7.67%(速度 30 km/h)情况下数据重构过程

(a)原始采样加速度信号;(b)原始信号的小波分解系数;(c)无线节点转换的测量数据;
(d)无线基站接收的已丢包测量数据;(e)重构的小波系数;(f)重构小波系数与原始小波系数对比;
(g)原始信号与重构信号时域对比;(h)原始信号与重构信号频域对比

对于其他三种数据丢包形式,同样采用压缩感知数据恢复重构方法进行恢复重构,丢失数据恢复效果较好,即使在移动速度 50 km/h、丢包率达到 15.20% 情况下,仍然可以较好地恢复丢失数据且重构误差较小。三种丢包情况的重构信号在时域和频域上的误差统计结果见表 9-18。

表 9-18 不同丢包率(速度)时时域、频域误差统计

项 目	2.63%(20 km/h)	7.67%(30 km/h)	10.00%(40 km/h)	15.20%(50 km/h)
时域误差(%)	7.57	14.01	15.77	16.83
频域误差(%)	5.33	9.63	11.24	11.48

9.3.2 监测系统与平台构建

1)有线与无线传感器网络

冻土区青藏公路状态监测的传感器分布零散,距离较远,如采用有线的方式进行数据传输,虽然数据的可靠性和实时性很好,便于设备的监控,但其投资成本和运行成本很高,覆盖

范围有限且不便于维护,因此无法全部采用有线的方式进行数据传输。常用的其他远距离无线传输方式(如无线收发电台、电话线传输等)也存在投资成本高、数据不可靠、数据处理复杂、数据传输量小等不足。

提出了适应局部区域的综合数据传输方案,即在有 GPRS 信号覆盖的区域优先采用集成 DTU 的数据采集与控制设备直接将传感器信号转换为数字信号,通过 GPRS 网络传输至远程服务器。在 GPRS 信号未覆盖的区域,先通过现场数据采集基站将传感器信号转换为数字信号,通过单模光纤传输系统传输至有 GPRS 信号覆盖的本地服务器,然后通过 GPRS 网络传输至远程服务器。对不方便铺设光纤的区域,可先通过短距离无线传输方式,如 Wi-Fi 传输、微波传输等,将数字信号传输至本地服务器,然后进一步上传到远程服务器上,如图 9-40 所示。

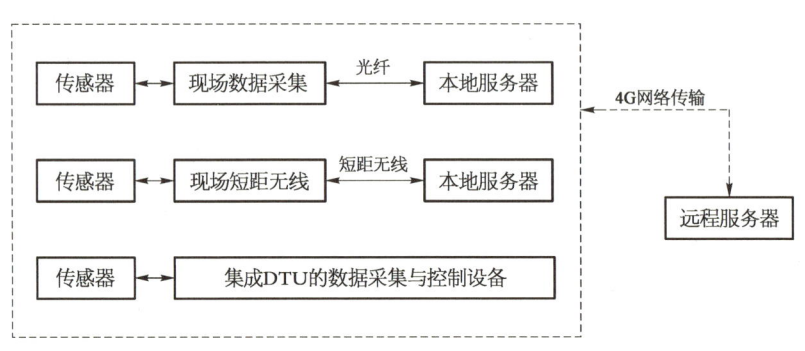

图 9-40 远距离综合数据传输方案

2) 多传感器数据采集

大量的传感器数据采集往往存在传感器信号类型较多、采样时间不同步、采样频率不一致等问题。为了解决以上问题,图 9-41 给出了针对不同类型传感器的数据采集系统的框图和较常用总线方案,可以根据实际传感器类型和信号频率特征等指标选用不同性能和功能的信号条理设备、数据采集设备和总线方案。

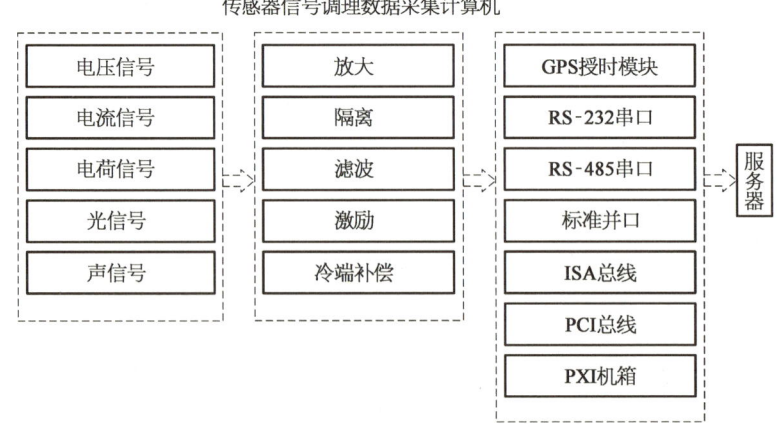

图 9-41 传感器数据采集方案

3) 健康监测系统软件集成

（1）公路工程构筑物健康监测系统及其功能分析。公路工程构筑物健康监测系统包括传感器子系统，数据采集与处理及传输子系统，损伤识别、模型修正和安全评定子系统，数据管理子系统（图9-42）。健康监测系统传感器子系统为硬件系统，主要感知公路工程构筑物结构的信息，并以电、光、声、热等物理量的形式输出，该子系统是健康监测系统最前端和最基础的子系统。

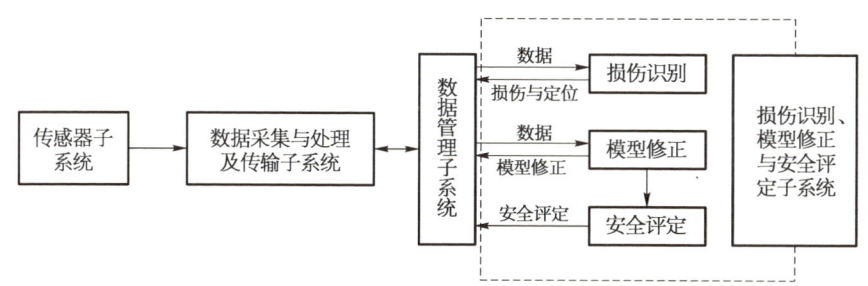

图9-42 健康监测系统各子系统之间的关系与流程

（2）健康监测系统软件集成方案。系统集成的原则为：模块化、开放性、可扩充性、可靠性、容错性和易操作性。系统集成的目标为：① 对系统中的各子系统进行统一控制和管理，并提供用户界面，使系统在用户界面上方便地进行操作；② 采用开放的数据结构，共享信息资源。系统集成提供一个开放的平台，建立统一的数据库，使各子系统可以自由选择所需数据，充分发挥各子系统的功能，提高系统的运行效率。

公路工程构筑物健康监测系统集成模式应选择基于网络平台的Browser/Server模式（B/S模式）。该模式是基于网络技术发展起来的一种新的应用模式，其设计思想是将服务放到服务器去执行，客户机通过浏览器及网络TCP/IP协议族和超文本传输协议HTML的支持，使客户机可通过局域网或互联网得到所需内容。

（3）系统集成方案的软件实现。公路工程构筑物健康监测系统的特点为：监测信息连续变化、数据显示与安全评定的实时性要求高、数据量大，并且要求所有传感器的历史数据都完整保存以供相关人员离线分析。因此，整个系统中心数据库应由高性能的数据库系统构成，记录并管理公路工程构筑物结构服役状态的监测数据和历史档案。数据库功能如图9-43所示。

（4）基于网络的集成技术。基于网络的健康监测系统集成是指通过网络对健康监测系统现场的全部或部分模块、信息进行设置、查询等操作。在公路工程构筑物健康监测系统中，有以下四方面的内容可以实现远程网络管理：① 传感器信息显示及其硬件设置；② 中心数据库的数据查询；③ 专家网络安全评价系统；④ 与其他异构数据库的接口。全部集成系统如图9-44所示。

（5）监控系统的构建。监测系统由点、线结合的无线传输网络，数据采集传输模块，实时在线的GPRS网络，终端监测中心四个部分构成，具有组网简单、迅速、灵活的特点（图9-45）。

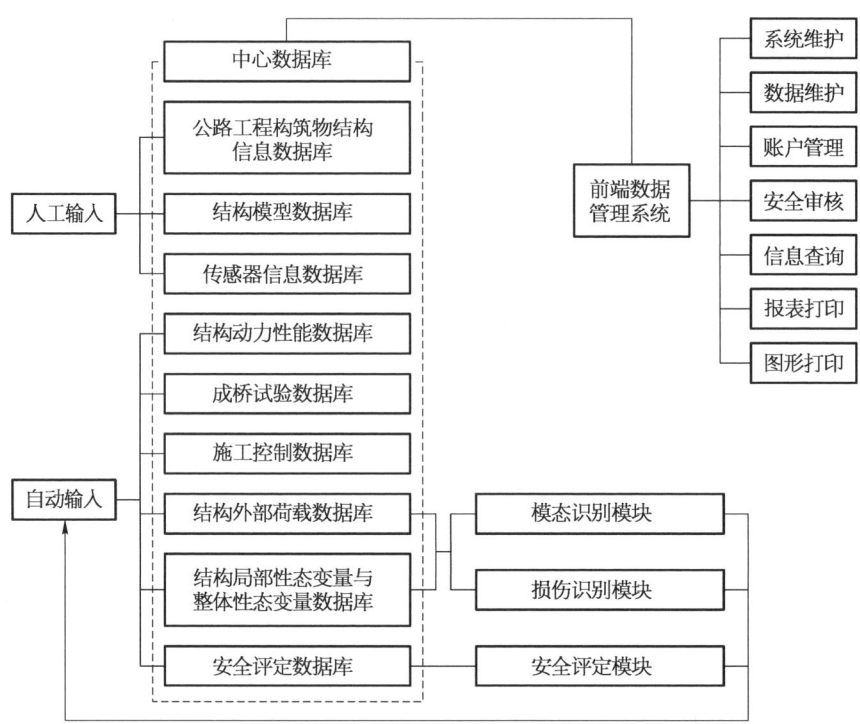

图 9-43　公路工程构筑物健康监测系统数据库结构和功能图

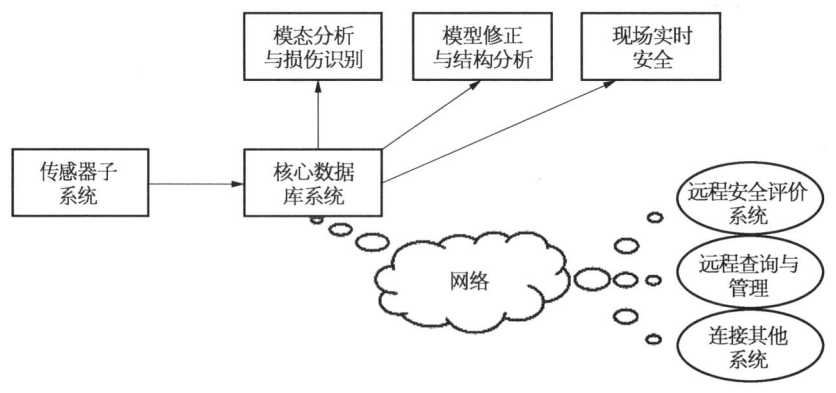

图 9-44　软件集成系统

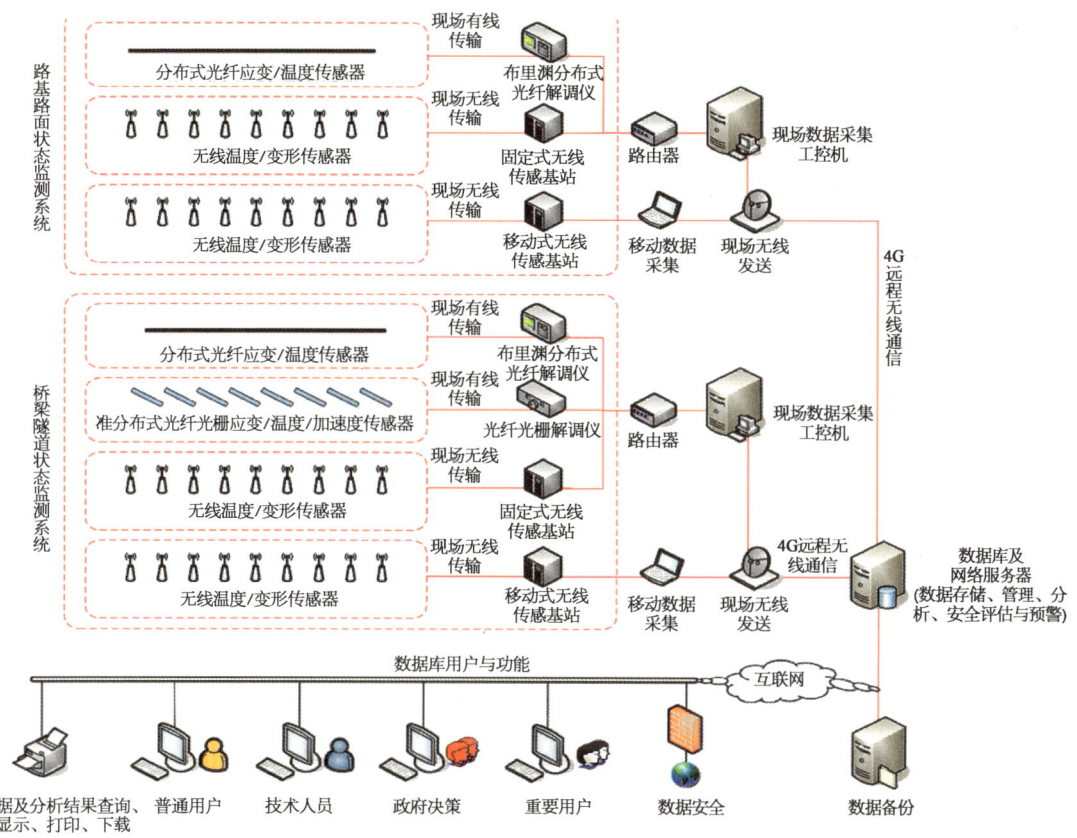

图 9-45 总体方案图

野外布设的各类传感器采集原始数据通过无线传感器网络传送至中控室,在中控室内对原始采集数据进行转换与解译,最终通过 GPRS 无线传输网络传送至终端监测中心。科研人员可以通过终端监控系统对现场布设的传感器工作情况进行了解,对各类观测数据进行分析。基于研究成果对多年冻土区公路工程构筑物监测系统进行了设计,总体方案如图 9-45 所示。

根据前述的系统集成方法结合上述网络服务器的安装与设置,对集成系统进行了具体实施。图 9-46 给出了网络数据平台页面,包括常规介绍页面、数据实时显示和数据查询页面。

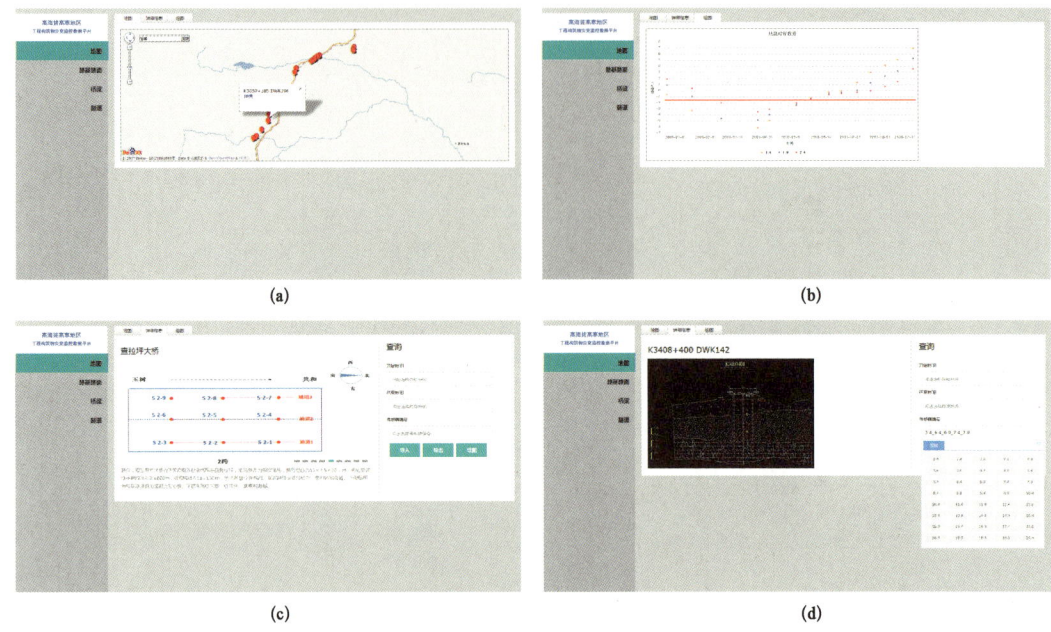

图 9-46　网络数据平台页面

（a）常规介绍页面；(b) 数据实时显示；(c) 桥梁监测数据查询页面；(d) 冻土路基监测数据查询页面

第10章

青藏高速公路建设

2004年《国家高速公路网规划》已经将北京至拉萨高速公路(京藏高速公路)作为唯一的进藏高速公路纳入国家"7918高速公路网",并位列7条首都放射线之一。2013年印发的《国家公路网规划(2013—2030年)》中,京藏高速公路继续被纳入国家"71118高速公路网"。随着京藏高速公路北京—格尔木段的陆续建成,以及国家"一带一路"倡议、"治国必治边、治边先稳藏"战略思想的提出,格尔木—拉萨段青藏高速公路的建设日益迫切。

青藏高速公路地处青藏高原腹地,特殊的地理与气候环境使得工程建设必须面对多年冻土、高寒缺氧和生态脆弱三大世界性难题。青藏高速公路研究必须重点围绕如何减少多年冻土对公路从设计、施工、运营到养护全寿命周期的影响而展开。

10.1 技 术 标 准

10.1.1 公路的功能与等级

1)公路的功能

青藏高速公路位于青藏通道内,作为国家高速公路规划网中京藏高速公路的重要组成部分,是内地连接西藏的主通道,有利于更好地实现人员和物资的高效率运输;是青藏高原上的交通大动脉,有利于密切青海和西藏两大省区的联系;是社会发展、民族团结的生命线,有利于维护社会稳定;是我国重要的国防公路,有利于建设国家安全屏障。

根据《公路工程技术标准》(JTG B01—2014)中关于"主要干线公路的功能"的定义,结合青藏高速公路在路网中的地位和作用、国防战备需要、对区域经济发展的带动以及社会经济平衡发展等分析,确定青藏高速公路是国家公路网的主骨架,全国性跨省综合运输大通道,服务于首都、区域中心、省会、军事战略要地等节点之间的便捷连接通道。因此青藏高速公路担负着主要干线公路的功能。

2)公路的等级

根据《公路工程技术标准》规定,主要干线公路应选用高速公路等级。同时,青藏高速公路沿线虽然海拔较高,但绝大部分路段地形开阔、平坦,具有高速公路的建设条件。其交通量预测结果表明,各路段远景设计年限交通量均大于15 000 pcu/d,满足高速公路标准的交通量要求。因此,从功能定位、地形条件、交通量需求等分析,青藏高速公路应按高速公路标准进行建设。

10.1.2 设计速度的确定

1)从公路功能与等级分析

青藏高速公路作为国家主干线公路,是我国青藏高原连接内陆省市、具有国防军事战略意义的重要通道,需要体现公路快捷、高效等特点,其设计速度应不小于 100 km/h。

2) 从考虑地形、地质等条件的线形指标分析

青藏高速公路沿线地形平坦,高原台地地貌对路线布设影响小,沿线强风路段、垭口路段及多年冻土分布等气候、地质条件,是设计速度选择的重要考虑因素。作者课题组运用分层目标法在 1∶5 万数字化地形图上进行了青藏高速公路新建方案的线位布设,线形指标表明:全线平曲线最小半径为 700 m 的路段有 1 处,最小半径 800~900 m 的路段有 8 处;全线纵坡大于 3% 的有 4 处,其中有 1 处最大纵坡为 4%。即全线平、纵面指标均能满足设计速度 100~120 km/h 的要求。

3) 从考虑海拔影响、典型车辆的运行速度分析

研究结论表明:海拔对小客车的影响较小,对载重货车、铰接列车等大型车辆的影响较大。以大型车为主的路段需考虑纵坡折减值,具体见表 10-1。

表 10-1 不同海拔下纵坡折减值

项 目	3 500~4 500 m	4 500~5 500 m	5 500 m 以上
纵坡折减(%)	1.0	1.5	2.0

青藏公路近年来的交通量及其交通组成调查表明,青藏公路上的主导车型是中小客车和特大货车(即铰接列车),其占所有车型的绝对数比例分别为 49.42% 和 20.55%,折算数比例分别为 27.07% 和 43.17%,且只有这两种车型的数量呈现持续增长。因此,青藏高速公路在考虑海拔影响的情况下,设计速度为 120 km/h 时,载重货车的最低容许速度为 60 km/h;设计速度为 100 km/h 时,载重货车的最低容许速度为 50 km/h,以此核查各路段能满足的最低容许速度,来确定沿线能采用的对应设计速度,得到设计速度划分路段,见表 10-2。

表 10-2 根据运行速度得到的青藏高速设计速度路段划分表

路 段	长度(km)	海拔(m)	纵坡(%)	载重货车运行速度(km/h)	设计速度(km/h)
K2751+000~K2839+540	88.540	2 900~3 700	3	60~75	120
K2839+540~K2893+500	53.96	3 700~4 700	3~4	50~75	100
K2893+500~K3044+250	150.75	4 500~4 750	3	60~75	120
K3044+250~K3067+650	23.4	4 500~4 900	3	50~75	100
K3067+650~K3152+000	84.35	4 500~4 900	3	60~75	120
K3152+000~K3164+500	12.5	4 500~4 700	3	50~75	100
K3164+500~K3434+500	270	4 500~5 000	3~4	60~75	120
K3434+500~K3525+260	90.76	4 600~4 800	3~4	50~75	100
K3525+260~K3746+300	221.04	4 500~4 700	3	60~75	120
K3746+300~K3867+369	121.069	3 600~4 500	3~4	50~75	100

4）结论

综合以上分析，结合青藏高速公路交通组成及互通立交布设位置，推荐青藏高速公路设计速度分段见表 10-3 和图 10-1。

表 10-3 青藏高速公路设计速度分段表

路 段	设计速度（km/h）	起始桩号	终止桩号	里程长度（km）
格尔木—纳赤台	120	K2751+000	K2822+300	71.3
纳赤台—不冻泉	100	K2822+300	K2916+500	94.17
不冻泉—雁石坪	120	K2916+500	K3233+200	319.17
雁石坪—温泉兵站	100	K3233+200	K3289+500	56.3
温泉兵站—安多	120	K3289+500	K3423+500	134
安多—那曲北	100	K3423+500	K3524+480	100.98
那曲北—羊八井	120	K3524+480	K3782+300	257.82
羊八井—拉萨	100	K3782+300	K3867+369	85.069

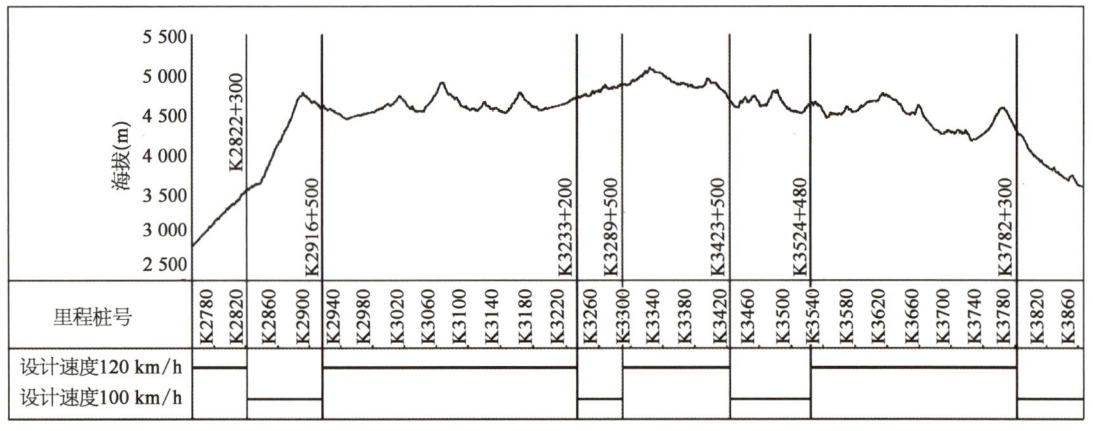

图 10-1 青藏高速公路设计速度分段示意图

10.1.3 横断面形式与宽度

根据交通量预测结果和服务水平分析，青藏高速公路全线均采用四车道高速公路标准。考虑到青藏高速公路有 541 km 位于多年冻土区，在横断面形式选择中主要考虑多年冻土路基和非多年冻土路基的物理特性影响。通过数值计算，对比整体式路基与分离式路基热效应发现，典型条件下与整体式路基相比，分离式路基最大融化深度抬升了 3%，冻土年平均地温不变，基底总吸热量可减小 41%，冻土融化潜热量减少 64%，热融蚀敏感系数减小 40%，见表 10-4。

表10-4　整体式和分离式路基热特征指标对比

指　标	最大融化深度（m）	冻土年平均地温（℃）	基底总吸热量（MJ）	冻土融化潜热量（MJ）	热融蚀敏感系数
整幅路基	-3.71	-0.67	3 551	2 713	0.769
分幅路基	-3.61	-0.67	2 112	981	0.464

青藏工程走廊带保护的主要目标物种是藏羚羊、藏野驴、藏原羚等大型哺乳动物,大多属于昼行性物种,且集中分布区域位于多年冻土路段。与整体式路基相比,分离式路基动物通道白天光线更好,更有利于野生动物穿越。从保护藏羚羊等野生动物的角度,推荐分离式路基。

因此,青藏高速公路在多年冻土区推荐采用分离式路基横断面形式;非多年冻土区推荐采用整体式路基横断面形式,桥隧过渡等路段也可采用分离式断面。

通过对120 km/h和100 km/h设计速度的非多年冻土区以及多年冻土区的路基横断面组成宽度综合分析,得到青藏高速公路不同设计速度下横断面形式与各指标宽度,见表10-5。

表10-5　不同设计速度下横断面组成宽度推荐值

设计速度(km/h)	120			100		
路基形式	非多年冻土区		多年冻土区	非多年冻土区		多年冻土区
	整体式	分离式	分离式	整体式	分离式	分离式
行车道宽度(m)	3.75	3.75	3.75	3.75	3.75	3.75
中间带(m)	3.5	—	—	3.5	—	—
左侧路缘带宽度(m)	0.75	0.75	0.75	0.75	0.75	0.75
右侧硬路肩宽度(m)	3.0	3.0	3.0	3.0	3.0	3.0
左侧硬路肩宽度(m)	—	1.25	1.25	—	1.00	1.00
土路肩宽度(m)	0.75	0.75	0.75	0.75	0.75	0.75
横断面总宽度(m)	26	2×13.25	2×13.25	26	2×13.00	2×13.00

10.1.4　互通式立交间距及沿线设施配置

1) 立交间距

青藏高速公路大部分路段人烟稀少、路网稀疏。研究推荐互通式立交平均间距不宜大于50 km;超过时,应设置与主线立体分离的"U形转弯"设施。

青藏高速公路全线拟布设互通立交24处,其中预留互通立交5处,互通立交设置平均间距为48.4 km,最大间距为89.52 km,最小间距为13.489 km。在互通间距超过50 km时,利用既有的主线桥梁设置"U形转弯"12处。

2）沿线设施配置

根据全线交通量增长及路段服务水平评价，青藏高速公路需要配备相应的技术先进、功能齐全、安全耐用的交通安全设施、管理设施和服务设施等。

（1）交通安全设施。应配置标志、标线、视线诱导标、隔离栅、防护网、防眩板、护栏、防撞设施等。位于风、雪、沙、坠石等危及公路交通安全的路段，应设置防风栅、防雪（沙）栅、防落网、积雪标杆等交通安全设施。

（2）管理设施。全线设置一个管理总处，即拉萨管理总处；设置7处管理处，分别是纳赤台管理处、五道梁管理处、雁石坪管理处、安多管理处、那曲管理处、当雄管理处、拉萨管理处。拉萨管理总处为总管理中心，与拉萨管理处合建，管理全线其他管理处。

（3）服务设施。全线共设置9处服务区，分别为纳赤台服务区、五道梁服务区、沱沱河服务区、雁石坪服务区、安多服务区、那曲服务区、纳龙服务区、念青唐古拉山服务区、古荣服务区；设置7处停车区，分别为南山口停车区、不冻泉停车区、风火山停车区、扎仁停车区、香茂停车区、当雄停车区、羊八井停车区。另外设置唐古拉山观景台1处。

10.1.5　青藏高速技术标准

综上所述，根据《公路工程技术标准》的有关规定，青藏高速公路推荐技术标准见表10-6。

表10-6　青藏高速公路推荐技术标准表

路　　段	路段长度(km)	设计速度(km/h)	车道数	路基宽度(m)
格尔木—纳赤台	71.3	120	4	26(13.25)
纳赤台—不冻泉	94.166	100	4	26(13)
不冻泉—雁石坪	319.171	120	4	分离式13.25
雁石坪—温泉兵站	56.3	100	4	分离式13
温泉兵站—安多	134	120	4	26(13.25)
安多—那曲北	100.98	100	4	26(13)
那曲北—羊八井	257.82	120	4	26(13.25)
羊八井—拉萨	85.069	100	4	26(13)
共计	1 118.806			

注：括号内为分离式路基宽度。

由表10-6可见，设计速度为120 km/h的段落共计782.291 km，占比69.92%；设计速度为100 km/h的段落共计336.515 km，占比30.08%。青藏高速公路采用的主要技术指标见表10-7。

表 10-7　青藏高速公路主要技术指标

项　目		主线技术指标		备　注
公路等级		高速公路		
设计速度(km/h)		120	100	
车道数		4	4	
标准路基宽度(m)		26.0(2×13.25)	26.0(2×13.0)	整体式(分离式)
中央分隔带宽度(m)		2.0	2.0	
行车道宽度(m)		2×3.75	2×3.75	
硬路肩宽度(m)		3.0	3.0	
土路肩(m)		0.75	0.75	
平曲线极限最小半径(m)		650	400	
平曲线一般最小半径(m)		1 000	700	
不设超高平曲线最小半径(m)		5 500	4 000	
最大纵坡(%)		3	4	考虑海拔折减
最小坡长(m)		300	250	
凸型竖曲线一般最小半径(m)		17 000	10 000	
凹型竖曲线一般最小半径(m)		6 000	4 500	
停车视距(m)		210	160	
汽车荷载等级		公路-Ⅰ级		
互通间距(km)		50		
服务区间距(km)	海拔<4 000 m	100~120		
	海拔>4 000 m	80~100		
生命保障设施间距(km)		300		
监控设施等级		A级		

10.2　建设条件

10.2.1　区域自然环境

1) 气象

青藏高速公路地处青藏高原腹地,具有独特的冰缘干旱气候特征,随海拔增高而呈现明显的气候垂直分带性。总体上,沿线跨越了三个较大的自然气候区,即昆仑山以北干旱气候区、昆仑山至唐古拉山间的高原干旱气候区和唐古拉山以南高原亚干旱气候区。沿线气候多变,寒冷干旱,四季不明,空气稀薄,气压低,一年内冻结期长达 7~8 个月(每年 9 月—次年 4、5 月)。高原上各气象站资料显示,沿线年平均气温 -6.9~7.4℃;7 月气温最高,平均 6.5~8.1℃;1 月(有时 12 月)气温最低,平均 -14.5~-17.4℃。沿线蒸发量远大于降雨量,高山地区降水以雪、霰、冰雹为主,广阔的高平原上则以降雨为主,60%~90% 的降水在正温季节,冬季少雪,除个别的高山地区外,雪盖一般不稳定且厚度小。风向以西北、西风为主,大风(≥8 级)多集中于 10 月—次年 4 月。沿线大气透明度好,日照时数一般为 2 600~3 000 h/年,太阳辐射量大,高原上 5 000 m 以下地区辐射平衡年总量介于 60~80 kal/(cm^2·年),是全国辐射量最大的地区。

2) 水文

青藏高速公路沿线河流众多,地表水系十分发育。依照水系流域划分,从北到南沿线依次经过柴达木内流区、羌塘高原内流区、长江流域、长江上游内流区、怒江—萨尔温江流域和雅鲁藏布江—恒河流域。沿线经过的较大的河流有:格尔木河、秀水河、楚玛尔河、沱沱河、通天河、布曲河、扎加藏布河、那曲河、母各曲、桑曲、当曲、乌鲁龙曲、热振藏布、澎波河、堆龙曲、拉萨河等。与此同时,沿线还发育有大量的热融湖塘、积水坑、沼泽洼地等,地表水十分丰富。

3) 地形地貌

青藏高速公路沿线地貌按照宏观区域形态划分,可分为柴达木盆地和青藏高原两大地貌。

青藏高速公路格尔木—南山口路段位于柴达木盆地南部边缘,沿线地形平坦,地势开阔,地势向北倾斜,地表植被稀疏,呈戈壁荒漠景观,海拔 2 800~3 000 m。

青藏高速公路其余路段均位于青藏高原腹地,由北向南依次穿越东昆仑山系、长江源头残山高平原、唐古拉山及念青唐古拉山山系四个地貌区。沿线大部分路段海拔在 4 500 m 以上,总体地势起伏不大,地形较开阔平缓,但昆仑山、风火山、开心岭、头二九山、唐古拉山等越岭段地势变化较剧烈,昆仑山峡谷和雁石坪峡谷等个别沟谷狭窄弯曲、两侧山坡陡峻。

4) 生态环境

受地形、气候影响,水分强烈差异分布,青藏高速公路沿线的植被具有明显的纬向地带分布规律。随着高原水热条件的差异,沿线自北向南整体上形成了由高寒荒漠、高寒干旱草原向高寒草甸过渡的高寒生态景观。区域内生长着低矮的针刺状蒿草类植物,植物返青生长期短(一般为 5—9 月),植被覆盖度低。

青藏工程走廊常见的哺乳动物有 18 种,包括国家 I 级保护动物 5 种,国家 II 级保护动物 5 种。珍稀濒危野生动物集中分布区域是青藏公路 K2870~K3200。沿线动物群落基本上属于高山动物群,自北向南依次为柴达木盆地的温带高原荒漠动物群、高山寒漠动物区和高山草甸草原动物群,区内藏羚羊、野驴、狼、野牦牛、黑颈鹤等动物极为珍稀,均属国家保护动物。高原动物活动范围大,不同季节间觅食、饮水、繁殖等都需要进行大规模、长距离的迁移。

尤其是青藏高原多年冻土区,海拔高,空气稀薄,气候寒冷、干旱,动植物种类少、生长期短、生物量低、生物链简单,生态系统中物质循环和能量的转换过程缓慢,致使区域生态环境十分脆弱。区域内多年冻土与动植物群落经过长期演化逐渐形成一种相对平衡的状态,但这种状态极不稳定,任何自然因素、人为因素的变化都会对冻土环境乃至整个生态环境产生影响。

10.2.2 地质条件

1)地层岩性

青藏高速公路沿线地层发育较为复杂,分属冈底斯地层区的班戈-八宿地层分区、隆格尔-南木林地层分区、拉萨-察隅地层分区,地层出露主要有前寒武系、奥陶系、石炭系、二叠系、三叠系、侏罗系、白垩系、古近系、新近系及第四系。

2)地质构造

青藏高速公路工程走廊内地质构造较为活跃,沿线通过较多活动断裂区域,由北向南分布有昆仑山活动断裂系、可可西里活动断裂系、风火山活动断裂系、乌丽活动断裂系、通天河活动断裂系、温泉盆西边界活动断裂系、安多—错那湖活动断裂系、崩错活动断裂带、古露—桑雄盆西边界活动断裂系、当雄—羊八井活动断裂系10条活动断裂。

3)地震活动

青藏高速公路区域内新构造运动强烈,主要表现为第四系沉积盆地、隆起带、坳陷带和新构造的发育,并伴有较为强烈的地震和地热活动。根据《中国地震动参数区划图》(GB 18306—2015),青藏高速公路沿线为高烈度区,其抗震设防烈度为Ⅶ~Ⅸ度,基本地震动峰值加速度值为$0.10g$~$0.40g$。全线抗震设防烈度Ⅶ度区共计333.537 km,Ⅷ度区共计625.269 km,Ⅸ度区共计160 km。

10.2.3 水文地质

青藏高速公路沿线多年冻土分布广泛,构成了区域内复杂的水文地质条件。总体上区内地下水大体上可以分为两类:季节冻土区地下水和多年冻土区地下水。季节冻土区地下水可以分为第四纪松散沉积岩孔隙水和前第四纪基岩裂隙及孔隙裂隙水,主要分布在格尔木—西大滩、安多—拉萨的季节冻土区。多年冻土区地下水可以分为冻结层上水、冻结层下水和融区水,主要分布在西大滩—安多的多年冻土区。

10.2.4 多年冻土工程地质评价

青藏工程走廊广泛分布着多年冻土及其相伴的多年冻土冷生现象。青藏高速公路全长 1 118.806 km,其中穿越多年冻土区的路段长 541 km,占总里程的 48.4%。多年冻土作为含冰的特殊岩土,强烈受到气温、地形、植被、水文等外界条件的影响,具有空间分异性、工程不稳定性、环境敏感性等特点,严重威胁工程构筑物稳定性。因此,对多年冻土分布特征、发育特征、工程地质特性等的勘察与判别,成为多年冻土区高速公路工程设计及建设的基础和关键。

10.2.4.1 多年冻土综合勘察技术

作者课题组综合运用遥感技术、地球物理勘探方法、多年冻土环境监测等手段,进行了多年冻土工程地质特性的勘察与判别。

遥感技术可快速从宏观上掌握多年冻土的总体分布和发育规律。通过遥感影像上的特征判别,可准确地调查热融湖塘、冻土沼泽湿地、冻胀丘、冰锥、涎流冰等各类不良地质现象的分布和发育特征。此外,采用多期、多源遥感数据可为青藏高速公路积雪病害辨识提供有效的手段。

地球物理勘探方法可通过与钻探的结合揭示连续地层剖面特征,同时具有轻便、连续、效率高的特点,主要包括高密度电法、地质雷达法、地震折射法、地震映像法、瑞雷面波法。通过分析不同参数对冻土电阻率、介电常数、弹性波速等的影响,用于多年冻土冻融边界、冻土上限、冻土类别、冻土病害等的勘察和判别。

多年冻土环境监测对多年冻土工程地质性质变化判别具有重要的作用。作者课题组建成了完备的青藏工程走廊冻土环境监测体系,从监测要素、覆盖范围以及密度均超过已有监测体系,包括 136 个环境地温监测孔,密度达到 1 孔/5 km,覆盖青藏公路和青藏铁路两个走廊带,可监测天然条件下多年冻土地基浅层地温、深层地温。5 座全自动气象站,包括 1 台涡动相关系统,可用于监测工程走廊带气温、降雨、辐射、蒸发等多种要素。3 个水热综合观测场,用于观测青藏铁路、青藏公路、输油管线和通信光缆之间的水热影响。3 个长期地球物探观测断面,用于观测多年冻土地基长期电学特性规律,可为该地区地球物理勘探解译提供依据。

此外,作者课题组还创新了多年冻土工程地质勘察新技术:研发了一种多年冻土新型取土器,结构简单,操作灵活,对原状土的扰动较小,能保持土样原状性,便于后续使用,且方便携带和野外使用;根据现场旁压试验结果,统计得到了多年冻土区地基的基本力学参数建议值,创新了旁压试验在多年冻土区的应用及推广。

10.2.4.2 多年冻土分布与发育特征

1) 多年冻土分布特征

多年冻土分布格局在受海拔和纬度的控制下,也受到辐射、河流、构造、植被、地形、岩性等局地因素的影响,分布较为复杂,其总体分布格局如下:

(1) 西大滩断陷盆地内,多年冻土分布于昆仑山北坡山麓,受冰川融水的影响,多年冻土被分割为条带状,空间上冻土与融区相间分布。冻土层厚 5~20 m。

(2) 自昆仑山口向南进入昆仑山中高山区、楚玛尔河高平原、可可西里山区、北麓河盆地、风火山区、尺曲谷地至乌丽盆地全段内多年冻土主要为大片连续多年冻土。高纬度、高海拔、低气温是形成多年冻土的主要因素。区内多年冻土广泛分布,多年冻土层厚 10~120 m。局部地段河流和湖塘的影响分布岛状融区或条带状融区。

(3) 自乌丽山区,沱沱河盆地至开心岭山区,全段内多年冻土与融区相间分布。因该段海拔相对较低,地表植被稀疏,水体分布较多,且卵石、碎石、角砾、圆砾等渗透性较好的粗颗粒土较为发育,不利于多年冻土的发育。因此,路线通过地区以融区为主。该岛状多年冻土层厚一般为 10~30 m。

(4) 通天河盆地内主要为大片连续多年冻土,该段内主要为粉质黏土、粉土等细颗粒土,有利于多年冻土发育,一般多年冻土层厚可达 20~40 m,但在通天河、布曲河流域广泛分布有条带状河流融区。拟建路线多数路段沿河流布设,位于河流融区内。

(5) 布曲河谷地及温泉断陷盆地内由于受布曲河河流及构造作用影响,多年冻土与融区相间分布,沿路线里程长度相当。此外,该段内地层以卵石土、圆砾土及风化层为主,不利于多年冻土发育。多年冻土层厚 5~40 m。

(6) 唐古拉山区为大片连续多年冻土,但路线走行于布曲河上游两岸阶地及漫滩,受河流融区影响,路线经过处多年冻土为融区所分隔,呈断续分布。多年冻土层厚 10~120 m。

(7) 唐古拉山间盆地为大片连续多年冻土,局部分布岛状融区,融区沿路线仅长 5.4 km。多年冻土层厚 50~120 m。

(8) 扎加藏布曲谷地—安多谷地段主要为大片连续多年冻土及岛状多年冻土,扎加藏布曲上游大片连续多年冻土受河流融区影响。沿路线呈断续分布状,安多谷地内由于靠近青藏高原多年冻土南界,主要表现为岛状多年冻土。此段内虽然海拔高程为 4 800~5 000 m,但因纬度低,年平均气温高,所以岛状多年冻土发育,且多年冻土层厚变小,一般为 10~40 m。

2) 多年冻土发育特征

青藏高速公路沿线多年冻土上限的总体发育情况见表 10-8。

表 10-8 青藏高速公路沿线多年冻土上限特征

序 号	地 貌 单 元	上 限 深 度(m)
1	西大滩断陷谷地	2.8~3.5
2	昆仑山区	1.5~2.5
3	楚玛尔河高平原	2.0~5.0
4	可可西里山区	2.0~3.0
5	北麓河盆地	2.0~3.0
6	风火山区	1.0~2.5

(续表)

序 号	地 貌 单 元	上 限 深 度（m）
7	尺曲谷地	2.0~4.0
8	乌丽盆地	2.5~3.0
9	乌丽山区	2.0~3.0
10	沱沱河盆地	2.0~4.0
11	开心岭山区	1.5~2.5
12	通天河盆地	1.5~3.0
13	布曲河谷地	2.0~5.0
14	温泉断陷盆地	2.0~3.0
15	唐古拉山区及山间盆地	1.5~3.5

青藏高速公路沿线各类型多年冻土分布长度和特征见表10-9和图10-2。

表10-9 青藏高速公路沿线多年冻土含冰量分布表

多年冻土含冰类型	分布长度（km）	占多年冻土比例（%）
少冰-多冰冻土	163.995	41.04
多冰-富冰冻土	5.275	1.32
富冰-饱冰冻土	80.388	20.12
饱冰-含土冰层	149.912	37.52

青藏高速公路沿线多年冻土地温的分布情况见表10-10和图10-3。

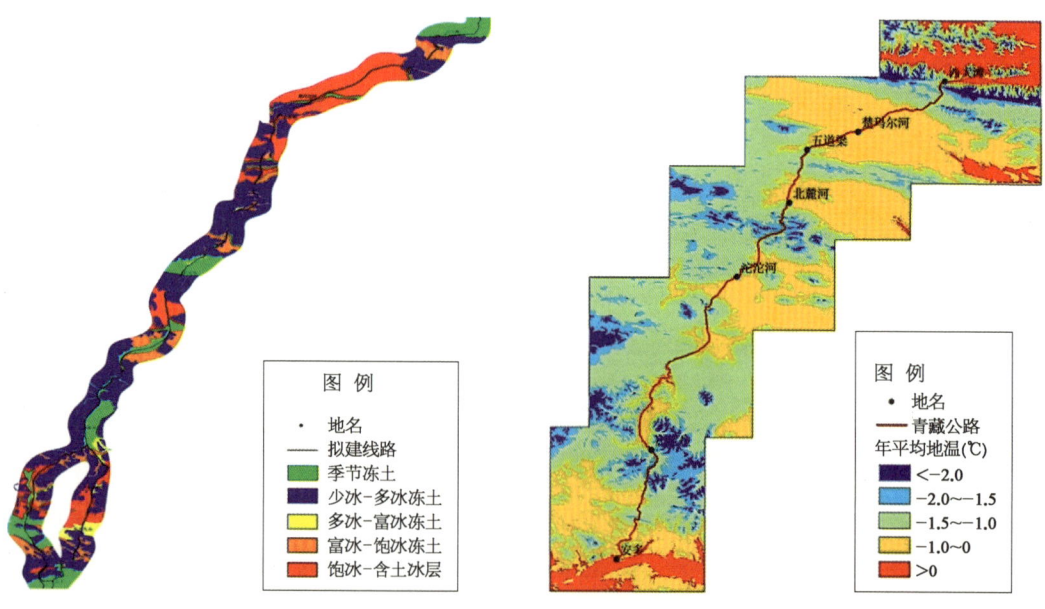

图10-2 青藏高速公路沿线多年冻土含冰量分布图　　图10-3 青藏高速公路沿线多年冻土地温分布图

表 10-10　青藏高速公路沿线多年冻土地温分布表

多年冻土地温类型	分布长度(km)	占多年冻土比例(%)
低温稳定型多年冻土	34.725	8.69
低温基本稳定多年冻土	99.245	24.84
高温不稳定多年冻土	116.695	29.21
高温极不稳定多年冻土	148.905	37.27

综合多年冻土含冰类型和地温类型,其分布情况见表 10-11。

表 10-11　青藏高速公路沿线多年冻土发育特征表

冻 土 类 型	沿线分布长度(km)	比例(%)
低温低含冰量冻土区段	34.000	8.51
高温低含冰量冻土区段	99.970	25.02
低温高含冰量冻土区段	129.995	32.53
高温高含冰量冻土区段	135.605	33.94

青藏工程走廊内多年冻土总体分布与发育特征见表 10-12。

10.2.4.3　多年冻土工程地质评价

为了更好地表达多年冻土工程地质勘察成果,使其能够服务于多年冻土地区的道路工程设计,必须进行有效的工程地质评价。对多年冻土工程地质条件而言,其影响因素较多,为了能够反映各影响因素共同作用的结果,纳入对工程影响突出的指标,利用工程监测数据,采用灰色关联度法开展青藏工程走廊多年冻土工程地质评价。考虑到当前所获取的监测资料,选取的多年冻土工程地质评价的指标主要有原天然上限处的年平均温度、含冰量、外部环境、天然上限深度以及高含冰层相对原天然上限埋藏深度五个方面。

利用实际青藏公路监测场地路基变形数据建立评价模型,计算所得关联度与路基稳定状态所对应的关系,得到工程地质评价结果(表 10-13)。评价规则如下:

(1)当评价为良好时,工后道路沉降变形较小,对于该类多年冻土区域,可采用一般的工程措施进行处置。

(2)当评价为一般时,工后道路沉降变形较大,对于该类多年冻土区域,需要采用结合多年冻土的特征采取保证多年冻土热稳定性的工程措施进行处置。

(3)当评价为差时,工后道路沉降变形大,对于该类多年冻土区域,需要采用强措施来保证工程稳定性。

表 10-12 青藏高速公路沿线多年冻土分布与发育特征一览表

区名	主要地质、地貌条件	年平均气温(℃)	多年冻土类型	冻土类型(长度,比例)	季节活动层冻胀类别	天然上限(m)	年平均地温(℃)	地温类型(长度,比例)
西大滩连续多年冻土区	属东昆仑断陷谷地的西段,滩地海拔4 100~4 500m,由砂砾、碎石层组成	-2.0~-3.0	多年冻与融区间隔分布	少冰-多冻土	不冻胀	2.7~5.0	-0.11	高温极不稳定(23 135m,55.64%)
昆仑山连续多年冻土区	海拔4 700m以上,在5 100m以上的山峰发育着现代冰川,山坡以上广泛分布残坡积粉土,昆仑山垭口盆地有厚达百余米的第四系湖相粉质黏土	-5.0~-5.7	连续多年冻土,有局部融区	少冰-多冰冻土(25 035m,60.21%) 富冰-饱冰冻土(12 763m,30.70%) 饱冰-含土冰层(3 782m,9.09%)	不冻胀-强冻胀	-1.3~-5.0	-1.81~-2.91 -0.56~-0.96 -0.11	低温稳定(20 495m,15.65%) 高温不稳定(15 435m,37.12%) 高温极不稳定(3 010m,7.24%)
长江河源高平原连续多年冻土区 平原谷地亚区	海拔在4 500~4 900m,自北而南依次为楚玛尔河高平原、沱沱河盆地、通天河盆地、乌丽盆地、温泉断陷盆地等,地形起伏不大,上覆岩性主要为冲洪积粉土、粉质黏土、砂卵石、碎石等,下伏岩性主要为砂岩及泥岩,局部发育水草沼泽地	-4.2~-5.4	以连续为主,有局部融区	少冰-多冻土(55 140m,32.41%) 富冰-富冰冻土(2 210m,1.30%) 富冰-饱冰冻土(19 795m,11.63%) 饱冰-含土冰层(92 995m,54.66%)	不冻胀-特强冻胀	-1.8~-4.5 局部达12.5m	-1.02~-1.38 -0.60~-0.95 -0.05~-0.35	低温基本稳定(36 450m,27.38%) 高温不稳定(38 600m,29.48%) 高温极不稳定(71 855m,54.87%)
长江河源高平原连续多年冻土区 低山丘陵亚区	为西东走向的丘陵山地,海拔4 900~5 100m,开心岭、乌丽岭等山峰,风火山,相对高差小于300m,地表岩性为碎石、角砾、砂、粉土、粉质黏土等	低于-5.0	连续多年冻土	少冰-多冻土(61 150m,65.11%) 富冰-饱冰冻土(18 635m,19.84%) 饱冰-含土冰层(14 130m,15.05%)	不冻胀-特强冻胀	-1.7~-4.5	-2.15~-3.15 -1.06~-1.97 -0.60~-0.96 -0.02~-0.37	低温稳定(11 590m,8.71%) 低温基本稳定(36 450m,27.38%) 高温不稳定(62 660m,47.08%) 高温极不稳定(22 405m,16.83%)
唐古拉山及山间盆地连续多年冻土区	山脉呈NWW-NSS走向,山峰海拔在6 000m以上,现代冰川主要分布在水岭附近,海拔5 800m以上山峰周围。基岩为侏罗系砂岩、页岩、灰岩,北麓沼泽化湿地发育,南麓地表干燥,植被稀疏	-5.2~-5.7	以连续为主,有局部融区	少冰-多冰冻土(21 590m,30.18%) 多冰-富冰冻土(3 065m,4.28%) 富冰-饱冰冻土(29 195m,40.82%) 饱冰-含土冰层(17 680m,24.72%)	不冻胀-冻胀	-1.5~-4.2	-3.37 -1.02~-1.79 -0.01~-0.40	低温稳定(6 580m,7.09%) 低温基本稳定(35 720m,38.47%) 高温极不稳定(50 555m,54.44%)

表 10-13　青藏高速公路多年冻土工程地质评价表

多年冻土工程地质评价	分布长度(km)	占多年冻土比例(%)	备　注
良好	163.995	41.04	低含冰量多年冻土
一般	99.970	25.02	低温高含冰量多年冻土
差	135.605	33.94	高温高含冰量多年冻土

由表 10-13 可见，整个青藏工程走廊多年冻土工程地质性质较差，青藏高速公路需要采取有效的冻土工程措施。具体按地貌单元分布情况见表 10-14。

表 10-14　分地貌单元统计多年冻土工程地质评价表

地貌单元	多年冻土工程地质评价	分布长度(km)	占多年冻土比例(%)	备　注
西大滩断陷谷地	良好	1.080	100.00	低含冰量多年冻土
昆仑山中高山区	良好	25.035	60.21	低含冰量多年冻土
	一般	15.925	38.30	低温高含冰量多年冻土
	差	0.620	1.49	高温高含冰量多年冻土
楚玛尔河高平原区	一般	9.860	15.98	低温高含冰量多年冻土
	差	51.825	84.02	高温高含冰量多年冻土
五道梁低高山—可可西里山区	良好	32.860	63.08	低含冰量多年冻土
	一般	12.845	24.66	低温高含冰量多年冻土
	差	6.39	12.27	高温高含冰量多年冻土
北麓河盆地	良好	8.110	47.12	低含冰量多年冻土
	差	9.100	52.88	高温高含冰量多年冻土
风火山山区	良好	14.440	52.8	低含冰量多年冻土
	一般	12.910	47.2	低温高含冰量多年冻土
乌丽盆地	良好	19.985	63.54	低含冰量多年冻土
	一般	3.255	10.35	低温高含冰量多年冻土
	差	8.215	26.12	高温高含冰量多年冻土
乌丽山区	良好	8.605	93.28	低含冰量多年冻土
	差	0.620	6.72	高温高含冰量多年冻土
沱沱河盆地	良好	7.225	85.91	低含冰量多年冻土
	差	1.185	14.09	高温高含冰量多年冻土
开心岭山区	良好	5.245	100	低含冰量多年冻土
通天河盆地	一般	5.235	27.29	低温高含冰量多年冻土
	差	13.950	72.71	高温高含冰量多年冻土
布曲河谷地	良好	17.440	75.03	低含冰量多年冻土
	差	5.805	24.97	高温高含冰量多年冻土

(续表)

地貌单元	多年冻土工程地质评价	分布长度(km)	占多年冻土比例(%)	备注
温泉断陷盆地	良好	2.470	27.32	低含冰量多年冻土
	一般	1.470	16.26	低温高含冰量多年冻土
	差	5.100	56.42	高温高含冰量多年冻土
唐古拉山山区及山间盆地	良好	21.590	23.25	低含冰量多年冻土
	一般	38.470	41.43	低温高含冰量多年冻土
	差	32.795	35.32	高温高含冰量多年冻土

由表10-14可见,中高山及低山丘陵区工程地质条件大部分为"良好"及"一般",平原、盆地及谷地工程地质条件多为"差",影响因素主要有以下几方面:

(1) 随着海拔的升高,多年冻土的温度逐渐降低。

(2) 在平缓的盆地和山前斜坡地带水分补给条件良好,往往分布有含冰量较高的多年冻土,而地形较陡的地段则多年冻土含冰量较低。

(3) 平原及盆地多为较大的河流流经区及湖塘发育区,其分布区域一般情况下多年冻土年平均地温较高。

(4) 平原及盆地植被较发育,植被能够起到显著的降温作用,有利于形成高含冰量冻土。

(5) 中高山及低山丘陵区岩性多为基岩,因其结构致密,多以裂隙冰的形式存在,少数仅形成少冰或多冰冻土,含冰量低;而平原及盆地区岩性多为第四系松散堆积物,易于形成高含冰量冻土。

10.2.5 多年冻土区青藏工程走廊工程容量评价

在青藏高速公路狭长的工程走廊带内,有着青藏公路、青藏铁路、格拉成品油管道、兰西拉光缆通信工程和高压输变电工程五大线形工程。高速公路建设时,不可避免地会与这些既有工程产生干扰,并与多年冻土环境产生耦合效应,对工程建设产生极大的不利影响。针对分布五大线形工程的复杂青藏工程走廊,作者课题组首次构建了以工程热扰动、冻土工程地质条件、生态环境及自然灾害为影响要素的工程容量三级评价体系,阐释了工程活动与冻土环境的耦合作用机理,提出了青藏工程走廊工程容量区划,建立了新建青藏高速公路与其他设施间的最小距离标准。

1) 青藏工程走廊构筑物群相互热干扰

作者课题组通过对青藏工程走廊内青藏公路、青藏铁路、格拉成品油管道、兰西拉光缆通信工程、高压输变电工程等已建工程热影响状况分析,采用有限元-无限元耦合、路基温度场数值计算模型,对工程热影响范围进行评价与划分,结果表明:在青藏工程走廊修建高速公路,当青藏高速公路布设在靠近青藏铁路一侧时,整体式建设模式下,其不产生相互热干扰的横向安全距离是 80 m,分离式建设模式下,横向安全距离需要 125 m;当青藏高速公路布设在靠近青藏公路一侧时,整体式建设模式下,其不产生相互热干扰的横向安全距离是 90 m,分离式建设模式下,横向安全距离需要 135 m。分离式比整体式在横向方向上多出的 45 m,是保证分离式两幅路基不会产生相互热干扰的距离。当青藏高速公路布设在青藏公路与青藏铁路之间时,整体式建设模式下,为了不产生相互热干扰,三条道路之间至少需相距 120 m;分离式建设模式下,该距离需要达到 165 m。

2) 青藏工程走廊工程容量评价

影响青藏高速公路建设的因素很多,考虑各类因素对工程建设影响的重要性及优先顺序,将诸多因素分为三大类:① 已建工程热影响类;② 冻土地质、地形地貌、冻融灾害类;③ 自然环境保护及风沙灾害类。据此分类,提出了青藏工程走廊"工程容量"三级评价方法。

基于层次分析法综合评价,根据易建程度,将整个青藏工程走廊分为高、中、低、差四个等级的易建区。高易建区意味着工程建设难度低,差易建区意味着工程建设难度高。研究结果表明:① 高易建区:20.3%,南北界的融区、唐古拉垭口南北侧低温、低含冰量多年冻土区;② 中易建区:27.1%,楚玛尔河西侧、沱沱河南侧等;③ 低易建区:45.1%,五道梁东侧、北麓河大部分区域;④ 差易建区:7.5%,沱沱河东西侧、开心岭一带。

10.2.6　不良地质与其他特殊性岩土

青藏高速公路沿线不良地质主要为泥石流、崩塌、滑坡、强震区、沼泽湿地、人工洞穴、涎流冰、积雪及风积沙,以及多年冻土区特殊的热融湖塘、热融滑坍、冻胀丘及冰锥等。

青藏工程走廊带内冻土极其发育,属于全球典型高海拔多年冻土发育区域。除此之外,还发育有膨胀土、软弱土、盐渍土等特殊性土。其中膨胀土主要分布在红梁河、北麓河附近山区一带,属于弱膨胀性土;软弱土发育在山前缓坡及地势低洼路段,夏季呈饱水状态,具有极高的压缩性,冬季冻结过程具有很强的冻胀性;土壤盐渍化现象主要出现在邻近湖泊区域,与走廊内湖泊大多为咸水湖有较大关系。

10.2.7　筑路材料及运输条件

1) 筑路材料

(1) 石料。青藏高速公路全线 1 118.806 km,里程长,建设规模大,桥隧等工程量大,石料需求量大。根据调查,沿线能满足工程需要的石料分布及平均运距见表 10-15 和表 10-16。

表 10-15 满足工程需要的石料分布段落表

起止桩号	位置	主要岩性
K2757+000~K2784+800	左右两侧各 0.5~2.0 km	花岗岩
K2845+000~K2850+000	路线左右两侧各 3.5~4.0 km	花岗岩
K2859+000~K2884+000	左侧 0.5~4.0 km	灰岩
K2874+000~K2884+000	右侧 2.0~3.0 km	花岗岩
K2906+400~K2908+600	右侧	板岩
K3012+900~K3016+300	右侧	板岩
K3436+500~K3461+000	左右两侧	花岗岩
K3467+000~K3474+000	左右两侧	片麻岩
K3474+000~K3490+200	左右两侧	大理岩
K3598+000~K3609+000	左侧 3.0~6.5 km	花岗岩
K3598+000~K3609+000	右侧 4.0 km	花岗岩
K3743+000~K3759+000	左侧 2.0~3.0 km	闪长岩、花岗岩
K3710+000~K3780+000	右侧 6.5~9.0 km	花岗岩
K3780+000~K3792+000	左右两侧	花岗岩
K3819+000~K3824+000	右侧 0.5~2.0 km	安山岩、安山质凝灰岩
K3824+000~K3841+300	右侧 0.1~1.0 km	闪长岩、花岗岩
K3824+000~K3841+300	左侧 1.6~2.6 km	闪长岩、花岗岩
K3847+500~K3849+800	隧道穿过	闪长岩
K3841+300~K3849+800	左侧 3.5~6.0 km	闪长岩、花岗岩

表 10-16 石料平均运距表

段落	区间	长度(km)	运距(km)		
			片块石	碎石	路面上面层碎石
格尔木—西大滩	K2751+000~K2853+000	102	12	12	20
西大滩—安多	K2853+000~K3436+000	583	110	85	130
安多—那曲	K3436+000~K3524+482	88.482	15	15	25
那曲—拉萨	K3524+482~K3867+369	342.887	15	15	25

（2）砂及砂砾。沿线主要大型河流流域均分布有大量的砂、砂砾料,储量丰富,主要以中粗砂为主,含少量泥质,可筛选各种规格的砂砾石,提供全线用砂、砂砾及填筑路基材料。但多年冻土发育段,为保护多年冻土以免诱发次生灾害,开采砂、砂砾时须远离路线并集中采取,因此该段上路运距较远,其余段落上路距离较近(表 10-17)。

表 10-17　砂及砂砾料平均运距表

段　落	区　间	长度(km)	运距(km)
格尔木—西大滩	K2751+000~K2853+000	102	8
西大滩—安多	K2853+000~K3436+000	583	15
安多—那曲	K3436+000~K3524+482	88.482	30
那曲—拉萨	K3524+482~K3867+369	342.887	8

(3) 碎石土。全线碎石土料场主要分布于山前斜坡,碎块石主要岩性为砂岩及花岗岩,分选性差,多为坡洪积及冰水堆积物,开采运输方便,上路运距较近。考虑到环境保护的要求,宜集中弃取土,故全线平均运距约为 10 km。

(4) 其他材料。水泥、沥青、钢材、木材、石灰等材料主要由市场供应。

(5) 工程及生活用水。沿线的三岔河、秀水河、楚玛尔河、沱沱河、通天河、布曲河、那曲河、堆龙曲、拉萨河等部分较大支沟均为常年流水,水量丰富、水质纯净,对混凝土一般呈微腐蚀性,可作为工程及生活用水,能够满足施工阶段的使用,总平均运距 50 km。沿路线两侧湖塘水均为咸水,不可作为工程及生活用水。

(6) 电力。路线基本沿青藏公路及青藏铁路布设,走廊带内分布有高压和低压输电工程,沿线乡镇基本均有供电,可作为施工用电,总体上,全线供电均较方便。

2) 运输条件

区域内有公路、铁路及航空运输。公路以国道 G109、G317、G318 以及省道 S308(青海省)、省道 202(西藏自治区)为骨架,地方县乡道路基本沿国道、省道放射分布;铁路为青藏铁路,连接格尔木和拉萨;航空为拉萨贡嘎机场和格尔木机场。总体而言,区内交通运输以铁路和公路为主,基本能够满足区域与外界的联系,运输条件较好。

10.3　建设方案与投资规模

10.3.1　青藏高速公路建设方案分析比选

根据《国家公路网规划(2013—2030 年)》,青藏高速公路的路线总体走向大体与青藏公路(G109 线)及青藏铁路一致,沿线城镇稀少,路网稀疏,交通量小,地形条件相对较好。青藏高速公路建设首先需考虑新建方案和沿青藏公路的改扩建方案两种建设方案的选取问题。

1) 新建方案

新建方案即青藏高速公路沿青藏公路或青藏铁路一侧的适当位置,采用整体式路基形式或分离式路基形式新建一条高速公路。既有的青藏公路继续保留,对于局部干扰青藏公路的路段,需要进行改建恢复,确保其仍发挥国道功能,方便非机动车、摩托车、行人等各类地方交通出行。

2) 改扩建方案

改扩建方案即青藏高速公路利用青藏公路的线位资源,将其从现有的二级公路标准改扩建为高速公路标准。根据前述青藏公路的道路现状及工程走廊现状,改扩建方案可采用整体式改扩建和分离式改扩建两种模式。整体式改扩建模式是综合考虑旧路现状、地形、地质、冻土及干扰工程等条件,分段采用两侧加宽或单侧加宽的方式,将青藏公路改造成整体式路基形式的高速公路。分离式改扩建模式是将青藏公路进行升级改造作为高速公路的半幅,在青藏公路一侧的适当位置新建高速公路的另外半幅,共同组合成分离式路基形式的高速公路。

这两种模式在将既有的青藏公路改扩建为高速公路后,高速公路将实施封闭式管理,沿线的非机动车、农用车、摩托车及行人等将无法利用高速公路通行,必须沿高速公路新建一条开放式的道路,以满足上述交通需求。同时,根据《国家公路网规划》,青藏公路属于国道网,青藏高速公路属于国高网,分属于两种不同的公路网体系,它们的功能定位及服务对象均不相同。将现有的青藏公路改扩建为国家高速公路后,必须要新建一条公路,发挥国道的服务功能,并将其恢复为 G109 国道编号。因此,青藏高速公路采用改扩建方案后,必须新建一条新的国道,总体走向与既有的青藏公路基本一致,原则上沿高速公路布设兼具施工辅道的功能,其技术标准宜和既有青藏公路的技术标准保持一致,基本为二级公路标准。

3) 新建方案与改扩建方案的比选

根据具体特点,对于选择新建方案还是选择改扩建方案,需要从多方面分析两种建设方式的优缺点,分析这两种建设方式对既有交通、生态环境及冻土的影响,最终综合比选确定。详见表 10-18。

表 10-18 青藏高速公路新建方案与改扩建方案比选表

比选项	新建方案	改扩建方案	推荐
平纵面线形指标	平曲线最小半径 700 m 有 1 处,800~900 m 半径有 8 处;最大纵坡 4%有 1 处,3%~4%的纵坡有 3 处。平纵面指标全部满足设计速度 100 km/h 或 120 km/h 的要求	既有青藏公路全线不满足设计速度 100 km/h 要求的平曲线半径<500 m 有 494 处,占全线交点数的 44.8%;不满足 120 km/h 要求的平曲线半径<810 m 有 822 处,占全线交点数的 74.6%;纵坡大于 4%的占 6.2%。既有青藏公路平纵面指标低,采用改扩建方案时,迁就旧路线形,则改建后线形指标低;提高改建的线形指标,则会大幅降低旧路利用率	新建方案:线形指标高、平纵配合好,更能满足青藏高速公路功能,有利于行车的安全性和舒适性

（续表）

比选项	新建方案	改扩建方案	推荐
多年冻土的处置	新建方案可根据沿线冻土类型及分布情况,灵活布线,尽量绕避不良地质路段。依托前期科研成果,积累了较为成熟的冻土处置技术,完全能够科学、合理、灵活、有效地处理沿线的冻土地质带来的工程建设问题	根据既有青藏公路的历史病害调查资料、冻土地质资料、整治改建历史、病害现状等数据进行综合评价,得出：既有青藏公路冻土病害严重,在满足高速公路线形指标的条件下,有33%的路段不能被利用,有49%的路段虽然能被利用,但必须采取冻土处置措施,处理难度大、效果差,旧路的可利用程度及经济性较低	新建方案：冻土路基处理更加灵活、有效,处置技术也更加成熟
与既有工程的干扰	狭长的青藏工程走廊内除了青藏公路,还有青藏铁路、格拉成品油管道、兰西拉光缆通信工程、高压输变电工程等既有工程。新建方案可以灵活选择线位,合理避让,减少干扰。特别在多年冻土区,可运用工程容量的研究成果,保证与既有工程的安全距离,减少横向热干扰,降低冻土危害	既有工程多数集中在青藏公路两侧。采用改扩建方案,将对路侧既有的工程产生极大的干扰,不但造成大量的工程拆迁,更会在多年冻土区引起工程群之间的相互热干扰,加剧下伏多年冻土的升温、退化,引发严重的冻土工程病害	新建方案：可灵活布线,合理避让,与既有工程干扰小
保护生态环境	青藏工程走廊穿越可可西里自然保护区和三江源自然保护区,环保要求更高。新建方案在穿越自然保护区时,可根据野生动物的迁徙特性,科学、合理地设置各种形式和规模的桥涵等动物通道,保障野生动物迁徙路径的畅通,降低公路建设给生态环境带来的不利影响	既有的青藏公路是开放式公路,路基低,动物从公路路面横向穿越,动物通道很少。采用改扩建方案需封闭道路,阻碍动物穿行。现有的路基高度很难增设动物通道,若抬高路基高度设置动物通道,则会降低旧路利用率	新建方案：更有利于保护生态环境
与既有交通流的干扰	新建方案与既有交通的干扰有：施工车辆增多造成的交通干扰；与既有道路交叉或局部改移旧路产生的交通干扰。这类交通干扰是不可避免的,是可控、可承受的	改扩建方案对青藏公路上既有的交通流干扰严重,必须进行交通组织设计和交通安全设计,保障青藏公路上进出藏交通运输的通畅	新建方案：与既有交通流干扰较小
与过境城镇的干扰	新建方案在城镇过境段,均需结合城镇总体规划布线,在解决城镇交通出行的同时,又能给城镇发展留足空间	城镇顺着青藏公路两侧建设、发展,将青藏公路升级改建成高速公路,必将增加建筑拆迁,同时高速公路的封闭也会对城镇形成空间分隔和交通阻断,严重影响城镇发展和地方交通出行	新建方案：与城镇规划相结合,有利于城镇发展
局部地形复杂路段	新建方案可以根据地形选线的原则,辅以桥梁、隧道等工程措施进行合理绕避	改扩建方案突出存在线形指标差、既有工程干扰严重等问题	新建方案：布线灵活,有利于提高公路服务水平

从表10-18可见,青藏高速公路采用新建方案,有利于根据道路功能及技术标准,合理选用技术指标,保持线形的连续、均衡,确保行车安全、舒适；有利于根据冻土分布及不良地质情况,遵循地质选线的原则,灵活布设线位,降低冻土危害；有利于根据既有工程的情况,按照工程容量的研究成果,布设线位,尽量减少工程间的热干扰,保护冻土；有利于根据沿线

生态特性,遵循生态选线的原则,合理布设野生动物通道,保护生态环境;有利于根据沿线地形条件,遵循地形选线的原则,辅以桥梁、隧道等工程措施,改善公路线形,提升公路服务水平。而青藏高速公路采用改扩建方案,对青藏公路沿线现有的交通流干扰严重。同时,由于青藏公路冻土路基病害段落较长、程度严重、处理困难,加上受现有线形指标过低的限制,升级改造成高速公路标准的实际利用率较低,再加上需要新建一条二级公路标准的辅道以恢复G109国道,青藏高速公路改扩建方案在总的工程规模方面并没有很大的优势。因此,推荐采用新建方案。

10.3.2　青藏高速公路新建方案线位布局

1) 多年冻土区选线方法及原则

青藏高速公路穿越多年冻土区的541 km路段,是整个工程设计和建设的难点和重点。受多年冻土环境的影响,多年冻土区高速公路线位布局考虑的因素更加复杂、敏感,必须从设计、施工、运营到养护的全寿命周期进行总体把控,重点围绕如何减少多年冻土对公路建设和运行的影响而展开。

作者课题组在考虑多年冻土区路线选择与冻土之间相互影响的基础上,以保护冻土理念为主线,结合多尺度效应理论,提出了多年冻土区路线选择的分层目标法并建立了理论模型,由粗到细、由面到带、再由带到线确定多年冻土区公路路线。

青藏高速公路多年冻土区的线位布局主要受冻土地质、既有工程热干扰、高原生态环境和地形地貌等因素的影响。这些因素之间相互制约,依存在多年冻土环境中,极其敏感、复杂。因此,青藏高速公路在多年冻土区的线位布局,除了需遵循一般地区的选线原则外,尤其要针对这些冻土环境中的影响因素,采取特殊的选线原则:

(1) 保护多年冻土,尽量采用填方路基,避免挖方路堑。
(2) 降低冻土危害,尽量选择融区或低含冰量的区域布线。
(3) 考虑工程容量,合理控制与既有工程之间的安全距离,减少相互热干扰。
(4) 保护生态环境,尽量沿青藏公路或青藏铁路走廊布线,避免对高原生态环境的双重切割影响。
(5) 设置动物通道,保证野生动物的迁徙路径,减少影响。
(6) 顺应地形地貌,尽量在地势高、干燥、向阳地带布线。

2) 路线方案概况

作者课题组对青藏高速公路路线方案的研究范围是从格尔木至拉萨的整个区域,其中包括既有的青藏公路走廊、青藏铁路走廊和新的路线走廊研究。并以研究区域的1∶1万、1∶5万、1∶10万的地形图和区域地质图等资料为基础,结合该区域最新的影像图,进行了详细的路线方案布设。

青藏高速公路推荐方案全长1 118.806 km,其中穿越多年冻土区的路段长541 km。全线比较方案研究总里程为 1 758.341 km,其中对 5 个路段提出了走廊比选,布设了 7 个走廊比较方案(表 10-19);对 12 个路段提出了局部比选,布设了 31 个局部比较方案(表 10-20)。所有路线方案总计 2 877.147 km。

表 10-19　走廊方案布设表

路　段	推荐方案	比较方案	备注
昆仑桥—西大滩	K2804+012~K2862+313	B1K2804+012~B1K2859+882	定性比较
温泉兵站—安多	K3297+583~K3435+700	B9K3297+583~B9K3433+319	同深度比较
错那湖段	K3436+000~K3498+801	B12K3436+000~B12K3499+020	同深度比较
那曲过境段	K3479+300~K3551+000	B14K3479+300~B14K3559+825	同深度比较
当雄—拉萨	K3724+589~K3867+369	AK3724+589~AK3832+820	同深度比较
		TK3751+988~TK3863+360	定性比较
		RK3653+612~RK3766+230	定性比较

表 10-20　局部方案布设表

路　段	推荐方案	比较方案	备注
格尔木—西大滩	K2751+000~K2774+847	B0K2751+000~B0K2776+192	定量比较
	K2784+600~K2791+973	B0-1K2784+600~B0-1K2791+636	定量比较
	K2812+020~K2826+000	B0-2K2812+020~B0-2K2826+334	定量比较
	K2837+000~K2857+100	B2K2837+000~B2K2857+046	同深度比较
西大滩—不冻泉	K2853+000~K2921+700	B3K2853+000~B3K2917+327	同深度比较
		B4K2857+500~B4K2884+113	定性比较
楚玛尔河—秀水河	K2979+683~K3000+818	B4-1K2979+683~B4-1K3001+881	定性比较
秀水河—雅玛尔河	K3030+637~K3087+766	B5K3030+637~B5K3086+519	同深度比较
		B5-1K3059+878~B5-1K3072+611	同深度比较
		B6K3059+761~B6K3083+014	定量比较
雅玛尔河—沱沱河	K3082+000~K3143+552	B7K3082+000~B7K3141+887	同深度比较
开心岭—温泉兵站	K3178+156~K3297+583	B8K3178+156~B8K3256+055	定量比较
		B8-1K3253+335~B8-1K3296+149	同深度比较
温泉兵站—安多	K3297+583~K3435+700	B9-2K3361+390~B9-2K3384+003	定量比较
		B9-3K3387+608~B9-3K3400+254	定量比较
		B9-4K3405+421~B9-4K3428+249	定性比较
		B10K3400+275~B10K3444+767	同深度比较
安多—那曲	K3421+000~K3457+632	B11K3421+000~B11K3451+134	定量比较
	K3467+383~K3481+699	B12-1K3467+383~B12-1K3481+696	定量比较
	K3495+712~K3519+000	B13K3495+712~B13K3514+495	定量比较

(续表)

路　　段	推 荐 方 案	比 较 方 案	备　注
那曲过境段	K3502+564～K3567+139	B15K3502+564～B15K3547+435	定量比较
	K3522+000～K3542+939	B16K3522+000～B16K3551+757	定量比较
罗玛—乌玛塘	K3569+000～K3606+178	B17K3569+000～B17K3603+523	同深度比较
乌玛塘—当雄	K3668+000～K3709+077	BK3668+000～BK3702+877	定量比较
	K3663+646～K3709+077	CK3663+646～CK3702+299	定量比较
当雄—拉萨	K3750+393～K3810+702	LK3750+393～LK3790+241	定量比较
	K3788+763～K3797+338	MK3788+763～MK3797+196	定量比较
	K3845+705～K3867+369	GK3845+705～GK3858+644	定性比较
	K3845+705～K3867+369	HK3845+705～HK3865+172	定性比较
	K3853+698～K3867+369	QK3853+000～QK3865+812	定量比较
	A线走廊局部方案	JK3724+312～JK3840+553	定性比较

10.3.3　多年冻土区典型路段线位布局

10.3.3.1　西大滩—不冻泉段线位布局

西大滩—不冻泉段针对昆仑山峡谷的越岭方案提出了 K 线和 B3 线两个方案，如图 10-4 所示。

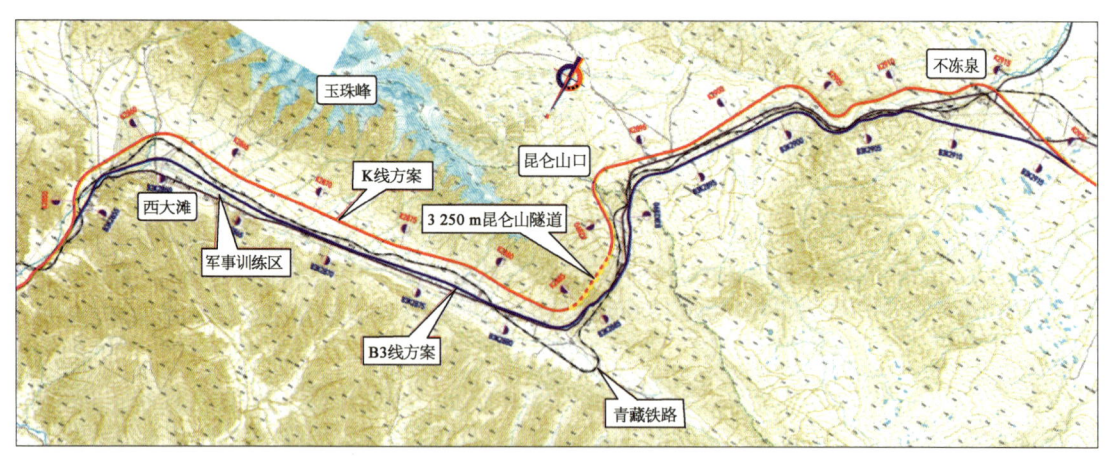

图 10-4　西大滩—不冻泉段路线方案图

1）主要控制因素

本段路线由西大滩穿越昆仑山峡谷至不冻泉，从海拔 4 000 m 爬升至 4 785 m，海拔变化集中在狭窄弯曲的昆仑山峡谷段，该段的越岭方案是线位布局的难点。西大滩附近是多年冻土区的北界位置，冻土类型复杂多变，并且存在多处泥石流；同时，段落内干扰工程密集，主要有青藏铁路、青藏公路、格拉输油管线、电力通信线等，在青藏公路两侧还有部队的军事训练基地，均影响路线布设。

本段布线走廊较为狭窄，遵循走廊内工程容量的要求，合理控制青藏高速公路与既有工程之间的安全间距，减少热干扰，是本段线位布局考虑的主要控制因素。

2）K 线与 B3 线方案比选

根据以上分析的主要控制因素，对路线方案进行综合比选，见表 10-21。

表 10-21　K 线与 B3 线方案比选表

比选项	K 线方案	B3 线方案	优 选
多年冻土	穿越多年冻土里程共计 44.27 km，其中低含冰量段落为 26.115 km，高含冰量段落为 18.155 km	穿越多年冻土里程共计 38.497 km，其中低含冰量段落为 21.06 km，高含冰量段落为 17.437 km。冻土危害较小	B3 线：冻土危害较小
与既有工程干扰	路线沿青藏铁路一侧布线段长 38 km，最小间距 190 m，大于工程容量要求的 125 m 安全距离（分离式路基）；沿青藏公路一侧布线段长 30.7 km，最小间距 220 m，大于工程容量要求的 135 m 安全距离（分离式路基）。全段与既有工程无明显热干扰。路线仅在不冻泉与青藏铁路和青藏公路各交叉一次，与铁路为下穿铁路桥的方式，交通干扰小	路线沿青藏铁路与青藏公路之间布线段长 26 km，最小间距 75 m，不满足工程容量要求而存在热干扰的路段有约 3 km；沿青藏公路一侧布线段长 11.7 km，与青藏公路有交织布线的情况，存在热干扰的路段约 2 km；沿青藏铁路一侧布线段长 26.6 km，最小间距 70 m，存在热干扰的路段约 0.6 km。全段存在热干扰的路段共计约 5.6 km。路线与青藏铁路交叉 3 次，在昆仑山峡谷以高架桥方式上跨青藏公路布线，交通干扰极大	K 线：干扰小
保护生态环境	与青藏公路、青藏铁路距离较远，对野生动物穿行影响较小	与青藏公路、青藏铁路距离较近，对野生动物产生视觉叠加效应，不利动物穿行	K 线：环保效果好
行车安全性	以隧道方式穿越昆仑山峡谷，不受冰冻积雪影响，且平均纵坡为 1.5%/4.43 km，坡度较缓，行车较安全	采用明线，受冰冻积雪的影响大，平均纵坡为 3.36%/3.9 km，坡度较大，行车安全性相对较差	K 线：行车安全性好
分层目标法评分	28.07	35.43	K 线：风险小
工程投资规模	77.86 亿元	73.07 亿元	B3 线：低 4.79 亿元
综合比选结论		推荐 K 线方案	

K 线和 B3 线方案的工程规模比较详见表 10-22。

表 10-22　K 线与 B3 线工程规模比较表

序号	工　程　项　目		K 线	B3 线
1	路线长度（km）		68.7	64.327
2	路基土石方数量（万 m³）	填方	557.1	616.3
		挖方	136.7	156.1
3	防护排水（万 m³）		46.0	38.6

(续表)

序号	工程项目	K 线	B3 线
4	冻土路基处理工程数量(万 m³)	174.2	97.7
5	路面(1 000 m²)	922.75	775.53
6	桥梁长度(m/座)	26 184/54	31 326/76
7	涵洞(道)	131	107
8	隧道长度(m/座)	3 250/1	—
9	互通式立交(处)	2	2
10	通道(道)	61	25
11	桥隧比例(%)	42.8	48.6
12	建安费(亿元)	77.86	73.07
13	平均每千米建安费(万元)	11 334	11 359

3) 推荐意见

综上所述，K 线方案遵循多年冻土区工程容量的原则，与五大线形工程之间满足最小安全距离的要求，相互之间无明显热干扰。K 线设置了一处 3 250 m 的特长隧道穿越昆仑山峡谷，虽然工程规模略大，但极大地改善了路线纵坡，也有利于应对冰雪灾害天气，交通运营安全性高。同时，与青藏公路、青藏铁路之间的大间距也有利于野生动物的穿越，环保效果更好。因此，暂推荐 K 线方案。

10.3.3.2 秀水河—雅玛尔河段线位布局

秀水河—雅玛尔河段需翻越风火山，地形条件复杂，共布设了 K 线、B5 线、B5-1 线和 B6 线四个方案。其中 B5-1 线是 K 线的风火山局部比较方案，B6 线是 B5 线的风火山局部比较方案，K 线与 B5 线是全段比较方案，如图 10-5 和图 10-6 所示。

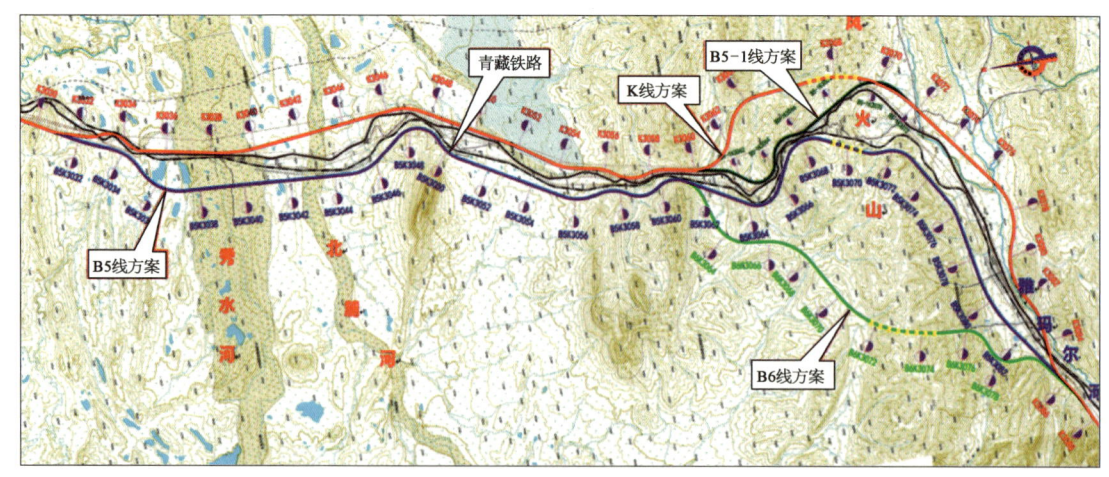

图 10-5 秀水河—雅玛尔河段路线方案图

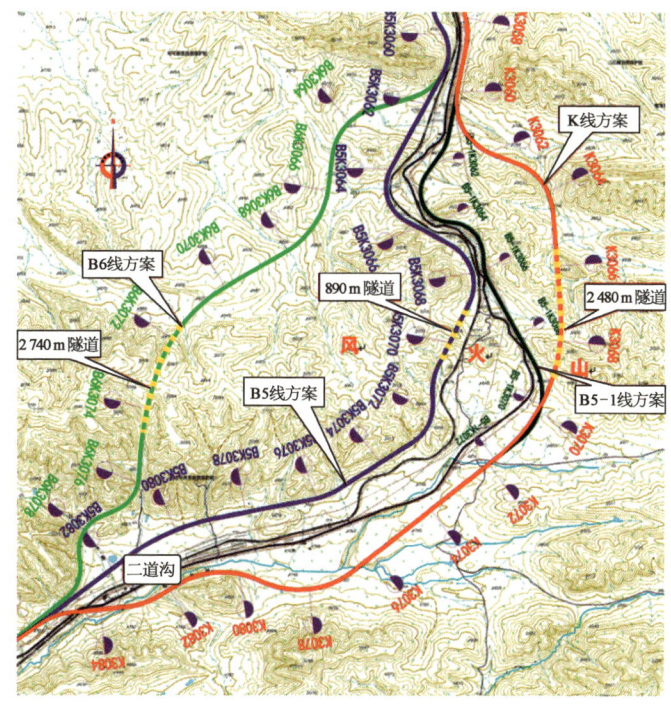

图 10-6 风火山局部路线方案图

1) 主要控制因素

秀水河—雅玛尔河段需翻越风火山,地形条件较差,线位最高海拔 4 948 m,冬季积雪严重,风火山越岭方案是全段线位布局的难点。风火山越岭路段狭窄、弯曲,青藏铁路、输油管道、电力通信线等既有工程集中,遵循走廊内工程容量的要求,合理控制青藏高速公路与既有工程之间的安全间距,减少热干扰,是布线时考虑的主要控制因素。同时,段落内冻土类型复杂,有融区、少冰冻土、多冰冻土、富冰-饱冰冻土、饱冰-含土冰层等,综合考虑多年冻土分布情况,降低冻土危害,也是布线考虑的主要控制因素。

2) B5 线与 B6 线局部方案比选

秀水河—雅玛尔河段位于可可西里和三江源自然保护区。B5 线与 B6 线两个方案均采用隧道方案穿越风火山,综合比选见表 10-23。

表 10-23 B5 线与 B6 线方案比选表

比选项	B5 线方案	B6 线方案	优 选
保护生态环境	沿青藏铁路右侧布线,属于既有的工程走廊带内,避免对保护区环境产生新的破坏带,有利于环保	距离青藏铁路较远,最大距离约 7.6 km,对保护区环境产生新的破坏带,对生态环境破坏严重	B5 线:更有利于环保
与既有工程干扰	部分路段位于青藏铁路上方坡面,施工期对铁路运营有一定的交通干扰	远离青藏铁路,不存在干扰	B6 线:没有干扰

（续表）

比选项	B5 线方案	B6 线方案	优 选
工程规模	长 26.758 km,设置桥梁 14 372 m/28 座,隧道 890 m/1 座。冻土隧道短,施工难度小	长 23.253 km,设置桥梁 6 970 m/7 座,隧道 2 740 m/1 座	B5 线:工程规模略大,但施工难度小
综合比选结论		推荐 B5 线方案	

由表 10-23 可见,B5 线与 B6 线相比,B6 线虽然工程规模略小,但对自然保护区的环境破坏严重,同时,冻土隧道长,施工难度大。因此不再对 B6 线进行深入研究。

3) **K 线与 B5-1 线局部方案比选**

K 线方案以隧道方式穿越风火山,B5-1 线方案以明线方式翻越风火山,两者比选见表 10-24。

表 10-24 K 线与 B5-1 线方案比选表

比选项	K 线方案	B5-1 线方案	优 选
线形指标	最小平曲线半径为 1 500 m;在风火山北段和南段的平均纵坡分别为 2.01%/10.49 km 和 2.55%/4.96 km	最小平曲线半径为 800 m,小于 1 500 m 的平曲线共有 4 处;在风火山北段和南段的平均纵坡分别为 2.25%/7.85 km 和 2.58%/5.96 km	K 线:线形指标高
冰雪灾害	风火山路段易发生冰雪灾害。采用隧道方案,最高海拔 4 920 m,海拔在 4 900 m 以上的明线长 450 m,受冰雪影响小	采用明线方式翻越风火山,且在阴坡面,最高海拔 4 948 m,海拔在 4 900 m 以上的明线长度为 2.7 km,受冰雪影响大	K 线:受冰雪影响小
多年冻土	少冰-多冰冻土段长 7.487 km,富冰-饱冰冻土段长 5.035 km。经过的低含冰量冻土段较长,冻土危害较小	沿线少冰-多冰冻土段长 5.693 km,富冰-饱冰冻土段长 7.040 km。经过的高含冰量冻土段较长,冻土危害较大;且存在 1.1 km 连续挖方段,不利于保护冻土	K 线:冻土危害小
与既有工程干扰	布设在青藏公路左侧山沟,沿线无其他设施,与青藏公路最小间距 190 m,大于工程容量要求的 135 m 安全距离(分离式路基),与既有工程无明显热干扰	沿青藏公路一侧布线,最小间距 60 m,不满足工程容量要求而存在热干扰的路段有约 0.7 km。沿线既有设施较多,与输油管线及电力通信线多次交叉,拆迁量大;局部路段对青藏公路有改移,存在较严重的交通干扰	K 线:无干扰
分层目标法评分	39.85	53.59	K 线:风险小
工程投资规模	20.68 亿元	16.59 亿元	B5-1 线低 4.09 亿元
综合比选结论		推荐 K 线方案	

K 线和 B5-1 线方案的工程规模比较详见表 10-25。

表10-25　K线与B5-1线工程规模比较表

序号	工程项目		K线	B5-1线
1	路线长度(km)		12.500	12.734
2	路基土石方数量(万 m³)	填方	6.0	36.2
		挖方	79.6	154.0
3	防护排水(万 m³)		12.0	11.0
4	冻土路基处理工程数量(万 m³)		12.4	18.7
5	路面(1 000 m²)		51.98	101.15
6	桥梁长度(m/座)		7 760/5	8 336/8
7	涵洞(道)		6	12
8	隧道长度(m/座)		2 480/1	—
9	互通式立交(处)		—	—
10	通道(道)		—	2
11	桥隧比例(%)		81.9	65.4
12	建安费(亿元)		20.68	16.59
13	平均每千米建安费(万元)		16 548	13 026

由表10-24、表10-25可见,K线与B5-1线两个局部方案相比,K线方案虽然工程规模较大,但是其遵循了多年冻土区工程容量的原则,与既有工程之间满足最小安全距离的要求,相互之间无明显热干扰。且路线经过的高含冰量冻土段较短,冻土危害较小。同时,K线方案线形指标高,受冰雪灾害影响小,有利于行车安全和舒适。故推荐采用K线方案。

4) K线与B5线方案比选

K线方案布设在青藏公路左侧,B5线方案布设在青藏铁路右侧,两者比选见表10-26。

表10-26　K线与B5线方案比选表

比选项	K线方案	B5线方案	优选
多年冻土	穿越多年冻土段落共计57.364 km,其中高含冰量冻土段23.055 km,冻土危害较大。全段冻土挖方段落长2.1 km,相对较短	穿越多年冻土段落共计54.437 km,其中高含冰量冻土段12.66 km,冻土危害较小。但是,全段冻土挖方段落长5.7 km,相对较长,不利于保护冻土	K线:更有利于保护冻土
与既有工程干扰	布线时遵循工程容量的原则,与既有工程保持安全距离,无横向热干扰;风火山段避开狭窄的沟谷地形,距青藏公路较远,沿线无干扰设施	布设在青藏铁路右侧,满足工程容量要求,无热干扰。有6处距离铁路较近,且路线位于铁路上方的坡面上,施工期易对铁路运营造成影响,交通干扰严重	K线:无干扰
保护生态环境	路线与青藏铁路分列青藏公路两侧,两条封闭的构筑物带之间距离较远,对野生动物的穿行和分布等活动影响较小	路线沿青藏铁路一侧布线,两条封闭的构筑物带之间距离较近,对野生动物形成视觉叠加效应,对其穿行和分布等活动影响较大,不利于环保	K线:更有利于环保

(续表)

比 选 项	K 线 方 案	B5 线 方 案	优 选
分层目标法评分	38.74	39.26	K 线：风险小
工程投资规模	74.17 亿元	71.86 亿元	B5 线：低 2.31 亿元
综合比选结论		推荐 K 线方案	

K 线和 B5 线方案的工程规模比较详见表 10-27。

表 10-27 K 线与 B5 线工程规模比较表

序号	工 程 项 目		K 线	B5 线
1	路线长度(km)		57.129	55.882
2	路基土石方数量(万 m³)	填方	466.1	197.0
		挖方	195.1	403.8
3	防护排水(万 m³)		51.8	44.2
4	冻土路基处理工程数量(万 m³)		341.0	201.6
5	路面(1 000 m²)		648.45	557.13
6	桥梁长度(m/座)		27 055/31	31 330/50
7	涵洞(道)		70	68
8	隧道长度(m/座)		2 480/1	890/1
9	互通式立交(处)		—	—
10	通道(道)		20	3
11	桥隧比例(%)		51.6	58.0
12	建安费(亿元)		74.17	71.86
13	平均每千米建安费(万元)		12 983	12 859

5）推荐意见

综上所述，K 线方案满足工程容量要求，无工程热干扰及交通干扰；冻土挖方段落短，更有利于保护冻土；风火山段设置一处 2 480 m 长隧道，虽然工程规模略大，冻土隧道施工较难，但改善了高速公路的线形指标，同时越岭段受冰雪灾害影响的段落短，极大地提高了行车的安全性和舒适性。因此，暂推荐 K 线方案。

10.3.3.3 温泉兵站—安多段线位布局

温泉兵站—安多段为唐古拉山越岭段，受地形控制，布设了 K 线和 B9 线两条大走廊方案。其中，K 线沿青藏铁路的走廊布设，B9 线沿青藏公路的走廊布线，如图 10-7 所示。

1）主要控制因素

本路段为青藏公路走廊与青藏铁路走廊两条走廊方案比选，运用分层目标选线法对路

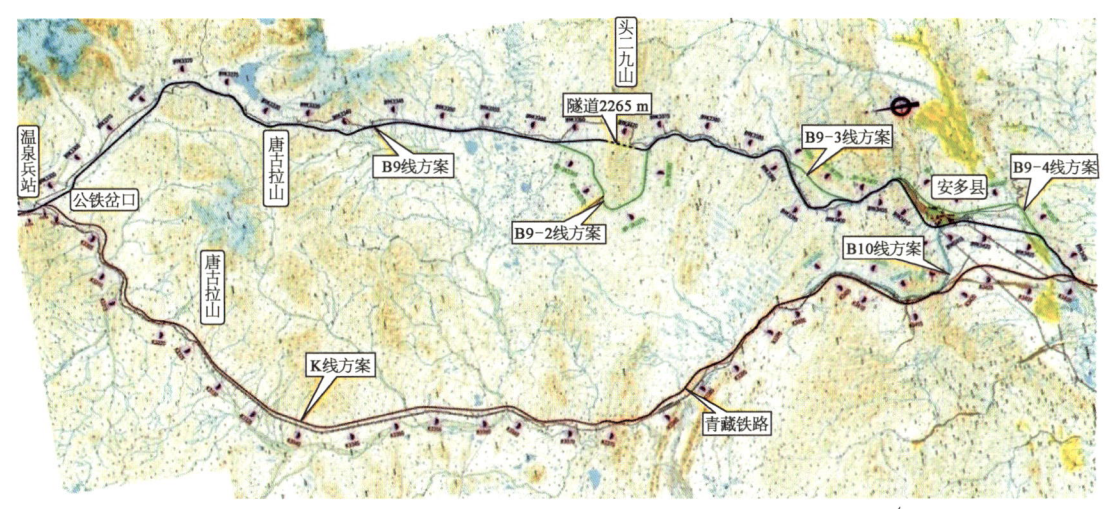

图 10-7 温泉兵站—安多段路线方案图

线方案进行分析、布设。在走廊带选择层,考虑的主要因素有:① 线位靠近安多县城,考虑地方社会、经济发展因素;② 路线需翻越唐古拉山,地形、地质条件较复杂,线位最高海拔为 5 248 m,冬季积雪严重,需考虑沿线宏观的地形地貌及地质因素。在基本线位层,考虑的主要因素有:① 对地形地貌及地质灾害进一步细化的因素;② 沿线冻土类型复杂多变,有融区、少冰冻土、多冰冻土、富冰-饱冰冻土、饱冰-含土冰层等,需考虑冻土分布、冻土地温等因素;③ 局部地形狭窄路段,青藏公路、青藏铁路、输油管道、电力通信等既有工程集中,需考虑工程容量的因素。在最终线位层,主要考虑对各种影响因素的细化以及约束条件的强化。

2) K 线与 B9 线方案比选

根据以上分析的主要控制因素,对路线方案进行综合比选,见表 10-28。

表 10-28 K 线与 B9 线方案比选表

比选项	K 线方案	B9 线方案	优选
服务社会、经济	路线与安青线相交设置的安青立交距离岗尼乡仅 20 km,有利于岗尼乡及安青线沿线其他乡镇的对外交通出行,对促进地方社会、经济发展起到了极大的推动作用	沿青藏公路布设,沿线无乡镇,对地方经济发展的带动性较差	K 线:有利于服务地方社会、经济
地形条件	沿线地势起伏相对较小,沿线地貌主要由河谷平原和丘陵组成,线位翻越唐古拉山的最高海拔为 5 095 m	沿线地势起伏相对较大,沿线地貌复杂多变,由丘陵、河谷平原、山地组成,线位翻越唐古拉山的最高海拔为 5 248 m	K 线:地形条件相对较好
地质条件	仅经过零散的热融湖塘区,在安多县西侧、无人区沟口左侧存在一处不稳定边坡	沿线经过约 8 km 的热融湖塘区,地质条件较差	K 线:地质条件相对较好

(续表)

比选项	K 线方案	B9 线方案	优选
多年冻土	经过多年冻土段共计 94.325 km,其中高含冰量段共计 69.67 km	经过多年冻土段共计 94.96 km,其中高含冰量段共计 54.075 km	B9 线:冻土危害较小
与既有工程干扰	沿铁路走廊布线,管线等设施少,大部分地势开阔,布线自由,与既有工程干扰明显较小	沿公路走廊布线,输油管线、电力通信线集中分布在走廊内。局部沟谷狭窄弯曲的路段,布线受限较大,与既有工程具有一定的干扰	K 线:干扰小
线形指标	沿线地势开阔,起伏小,道路平纵断面指标相对较高,沿线没有长大纵坡	沿线地势起伏大,局部沟谷弯曲狭窄,平纵面指标相对较低。有 2 处长大纵坡,一处位于唐古拉山下坡方向,平均纵坡为 2.96%/6.89 km;另一处位于头二九山下坡方向,平均纵坡为 2.71%/5.72 km	K 线:线形指标较好
冰雪灾害	走廊内平均积雪天数为 34 d	走廊在翻越唐古拉山段,由于线位海拔高,平均积雪天数达到 80 d	K 线:冰雪灾害较小
分层目标法评分	36.84	37.29	K 线:风险小
工程投资规模	219.18 亿元	215.79 亿元	B9 线:低 3.39 亿元
综合比选结论		推荐 K 线方案	

K 线和 B9 线方案的工程规模比较详见表 10-29。

表 10-29 K 线与 B9 线工程规模比较表

序号	工程项目		K 线走廊	B9 线走廊
1	路线长度(km)		138.417	136.395
2	路基土石方数量(万 m³)	填方	1026.1	725.9
		挖方	323.5	586.5
3	防护排水(万 m³)		98.6	119.8
4	冻土路基处理工程数量(万 m³)		701.5	376.8
5	路面(1 000 m²)		1 980.64	1 908.22
6	桥梁长度(m/座)		53 374/105	49 937/95
7	涵洞(道)		236	223
8	隧道长度(m/座)		—	2 265/1
9	互通式立交(处)		2	2
10	通道(道)		74	87
11	桥隧比例(%)		38.5	38.2
12	总造价(亿元)		219.18	215.79
13	平均每千米造价(万元)		15 835	15 821

3) 推荐意见

综上所述,K 线沿青藏铁路走廊布设,对地方经济社会带动大;沿线大部分路段地势开阔,布线条件较好,线形指标优,加上冬季积雪时间较短,行车安全性高;另外,K 线还具有与既有工程干扰小等优点。因此,暂推荐 K 线方案。

10.3.4 多年冻土路段处理方案

青藏高速公路经过 541.3 km 连续多年冻土区,其中少冰-多冰冻土段长 163.995 km,多冰-富冰冻土段长 5.275 km,富冰-饱冰冻土段长 80.388 km,饱冰-含土冰层冻土段长 149.912 km,融区长 141.73 km。多年冻土路段的处理方案是青藏高速公路建设的重点。

根据"路堤合理结构与旱桥选择原则",可依据风险预控的基本原则,将青藏工程走廊内冻土区公路工程风险划分为低风险(Ⅰ级)、一般风险(Ⅱ级)、中等风险(Ⅲ级)、重大风险(Ⅳ级)和特别重大风险(Ⅴ级)五个等级。对Ⅰ级风险区域修筑高速公路的一般原则为普通填土路基即可通过;Ⅱ级区域一般原则为填土路基同时考虑特殊路基通过;Ⅲ级区域一般原则为特殊路基通过;Ⅳ级区域一般原则为特殊路基通过且同时考虑以旱桥通过;Ⅴ级区域一般原则为必须以旱桥通过。

10.3.4.1 旱桥方案

对青藏工程走廊带多年冻土区沿线风险特征进行统计,得到结果见表 10-30。

表 10-30 工程风险等级长度统计

多年冻土区段	风险等级				
	Ⅰ级	Ⅱ级	Ⅲ级	Ⅳ级	Ⅴ级
总计区段长度(km)	9.8	55.7	95.2	85.2	124.6
风险等级比例(%)	2.65	15.03	25.70	23.00	33.63

根据表中结果,青藏高速公路将Ⅴ级区域采用旱桥方案通过,共计 124.6 km,主要分布区段见表 10-31。

表 10-31 旱桥方案路段统计

多年冻土区段	路段长度(km)
清水河、楚玛尔河平原区	58.1
北麓河、秀水河盆地区域	16.3
乌丽盆地	4.3
沱沱河盆地	8
通天河盆地	2
布曲河谷	2.8
头二九、安多	16.1

10.3.4.2 路基方案

根据工程风险等级,青藏高速公路对采用路基方案通过的路段,主要处理原则及方案如下:

1) 少冰、多冰冻土路段

对于少冰、多冰多年冻土,由于多年冻土层含冰量较小,多年冻土层冻胀融沉变形对路基变形的影响较小,一般采用填土路基,路基高度按1.8 m控制。

(1) 当路基填筑高度$h \leqslant 1.8$ m或挖方时,路床下或原地表下0.8 m范围内换填砂砾处理,换填底部设置隔水土工布,换填使用的砂砾材料颗粒组成应满足垫层材料的要求,宜粗不宜细。当挖方段遇基岩裸露时,按季节冻土处理,可不进行换填。

(2) 当路基填筑高度$h > 1.8$ m时,不清表,直接填筑60 cm砂砾(沼泽湿地路段填筑80 cm砂砾),冲击碾压25遍以上,后按一般填土路基填筑。路基填土应采用粗颗粒土、砂砾土填筑,路基填土中粉、黏粒含量要求小于12%。

(3) 当路基填筑高度$h > 8$ m时,可认为是高填方路基,除在基底处理完成时进行冲击碾压外,路基每填筑3 m高时,增加冲击碾压补强,冲击碾压采用三边压路机,行驶速度不低于12 km/h,冲击碾压25遍以上。

局部工程地质条件极差的高温冻土路段,设置热棒提高路基稳定性。

2) 富冰、饱冰冻土路段

对于富冰、饱冰冻土路段,一般采用控制融化的设计原则,避免对多年冻土造成大的扰动,路基高度按2.3 m控制。

(1) 当路基填筑高度$h \leqslant 2.3$ m或挖方时,除路床或地表进行超挖换填处理,低填路基除路面结构层外全部用砂砾石填筑外,采用热棒+XPS板复合路基。其中热棒采用冷凝段长8 m、蒸发段长3 m的L形热棒,埋设间距小于3 m。XPS板埋深为路床下0.5 m,XPS板厚度不小于6 cm,当埋设两层XPS板时,上下层必须错缝布设。

(2) 当路基填筑高度2.3 m$< h \leqslant 3$ m时,采用通风管路基。通风管采用C20水泥混凝土预制,管节钢筋采用Φ8 Ⅰ级钢筋。通风管选用内径50 cm,壁厚5 cm。通风管纵向设计间距为2 m,设计通风管埋设于地表以上1 m处。通风管下部填料为石碴,管上和管间填料为砂砾。

(3) 当路基填筑高度$h > 3$ m且冻土地温低于-0.5℃时,采用1.5 m厚片块石路基。片、块石粒径取20~40 cm,最小边长宜大于20 cm,最大边长小于40 cm,长细比小于3,片块石强度大于30 MPa,片块石必须采用新鲜、无风化的石料。当路基存在明显的阴阳坡效应或路基高度大于7 m时,坡脚设置单侧热棒或双侧热棒。其中热棒采用冷凝段长8 m、蒸发段长3 m的L形热棒,埋设间距小于3 m。

(4) 当路基填筑高度 $h>3$ m 且冻土地温不低于 -0.5 ℃ 时,或通过极差冻土工程地质段时,采用片块石+通风板复合式路基或片块石+通风管复合式路基。当路基存在明显的阴阳坡效应或路基高度大于 7 m 时,坡脚设置单侧热棒或双侧热棒。其中热棒采用冷凝段长 8 m、蒸发段长 3 m 的 L 形热棒,埋设间距小于 3 m。

(5) 当路基填筑高度 $h>8$ m 时,可认为是高填方路基,除在基底处理完成时进行冲击碾压外,在片块石+通风板复合式路基、片块石+通风管复合式路基、片块石路基等特殊路基施工完成时和路基每填筑 3 m 高时,增加冲击碾压补强,并在路基两侧坡脚设置双侧热棒。

当路基基底平均处理宽度大于 40 m 时,局部工程地质条件极差的高温冻土路段,设置强制弥散式通风路基。

3) 含土冰层路段

对于含土冰层路段,根据冻土地质状况选择方案,路基高度按 3 m 控制。

(1) 当路基填筑高度 $h\leqslant2.3$ m 时(挖方、低填浅挖、低填-填方段),采用热棒+XPS 板复合路基。

(2) 当路基填筑高度 2.3 m$<h\leqslant3$ m 时,采用通风管路基。通风管采用 C20 水泥混凝土预制,管节钢筋采用 Φ8 Ⅰ 级钢筋。通风管选用内径 50 cm,壁厚 5 cm。通风管纵向设计间距为 2 m,设计通风管埋设于地表以上 1 m 处。通风管下部填料为石碴,管上和管间填料为砂砾。局部冻土工程地质条件极差的高温冻土区设置单向导热板路基。

(3) 当路基填筑高度 $h>3$ m 且冻土地温低于 -0.5 ℃ 时,采用片块石+通风板复合式路基或片块石+通风管复合式路基。当路基存在明显的阴阳坡效应或路基高度大于 7 m 时,坡脚设置单侧热棒或双侧热棒。

(4) 当路基填筑高度 $h>3$ m 且冻土地温不低于 -0.5 ℃ 时,或通过极差冻土工程地质段时,采用以桥代路的方案处理。

根据以上处理原则,青藏高速公路多年冻土路段路堤方案布设有:填土路基 208 334 m(含融区),XPS 板路基 5 100 m,填土+热棒路基 3 360 m,热棒+XPS 板路基 7 020 m,通风管路基 6 610 m,片块石路基 15 040 m,片块石+通风管路基 68 666 m,片块石+通风板路基 19 866 m,片块石+通风管+坡脚热棒路基 10 940 m,单向导热路面+片块石路基 5 060 m,强制弥散式通风管路基 2 660 m,共计 352 656 m。

10.3.5 工程规模及造价

青藏高速公路工程规模及造价详见表 10-32。

表 10-32　青藏高速公路主要工程规模表

序号	工程项目		数量
1	路线长度(km)		1 118.806
2	公路用地(亩)		112 428
3	路基土石方数量(万 m^3)	填方	10 447.1
		挖方	2 316.7
4	防护(万 m^3)		771.4
5	路面(1 000 m^2)		16 683
6	冻土路基处理工程数量(万 m^3)		2 670.3
7	桥梁长度(m/座)		356 663/682
8	涵洞(道)		2 191
9	隧道长度(m/座)		30 086/11
10	互通式立交(处)		24
11	通道(道)		897
12	桥隧比例(%)		34.5
13	投资估算(亿元)		1 497.281
14	平均每千米造价(万元)		13 382.85

10.4　健康保障与环境保护

10.4.1　健康保障

青藏高速公路绝大部分路段海拔在 4 000 m 以上,最高海拔大于 5 000 m,氧分压为 13.0~11.3 kPa,比平原区降低 38%~47%,年平均气温-2~6℃,最低达-41℃,全年有 5 个月出现 6 级以上大风,最大风力达 9 级,紫外线辐射较海平面增加 2.5 倍。资料显示,青藏铁路施工期职工一般发病率比平原地区高 14.5 倍,危重病人发病率是平原地区的 75.6 倍,且 95% 都是高原肺水肿、脑水肿和严重高原反应的病人。因此,应合理设置青藏高速公路健康保障体系,为青藏高速公路施工期的施工人员及运营期的管理人员、驾乘人员提供健康保障。

在建设期,应制定严格的健康保障制度和完善的健康保障措施,以格尔木、拉萨、那曲当地的医院为依托,建立三级医疗机构。第一级为格尔木、拉萨、那曲医院,第二级为建设单位和各承包商工地医院,第三级为各施工单位项目部的卫生所、保健所,各施工单位项目部卫生所配备高压氧舱,各重要工点建设制氧站。同时,要加强急性高原病的监控,重点解决好缺氧问题，建立健全的医疗联动体系。

在运营期，沿线服务区、停车区、观景区等所有站区应建设医疗服务站，配置呼吸机、急救药箱、便携式吸氧机及发放预防性药物。沿线大型服务区设置高原医院，配置完善的医疗服务设施。同时，建立健全医疗联动体系。

10.4.2 环境保护

10.4.2.1 工程实施对环境的影响

公路作为自然环境与社会环境的一部分，在公路施工期间和通车运营期间，不可避免地会对经过区域的自然环境和社会环境产生影响。

青藏高速公路的修筑可能对自然环境产生的影响主要有：

（1）青藏高速公路建设直接占地破坏自然植被，同时被破坏的植被其恢复极为困难，植被的破坏与冻土的扰动又相互作用，加之由于气候温度的变化，容易出现植被大范围退化、地表植被群落和物种发生改变、土壤沙化。但青藏高速公路建设期破坏地表植被等工程活动以及植被恢复工程措施也会对狭长区域内的植被造成一定影响，但这种影响期较短。

（2）青藏高速公路建设对动物的影响主要包括：对藏羚迁徙的阻隔影响、交通致死、栖息地破碎化等。

（3）青藏高速公路路基建设会对公路两侧水系连通性有所影响，改变路侧上下游土壤含水量，青藏高速公路因工程走廊范围降水较少，公路路面 SS 随降水以径流形式进入沿线水体较少，总体而言对沿线水体水质的影响甚微。公路建设过程中产生噪声、振动、废气、废渣等污染源，对沿线的大气、土壤、居民环境等产生影响。

（4）公路建设占用土地资源，改变原有土地的利用方式，同时也会造成公路范围局部地区一定的水土流失。

青藏高速公路的修筑可能对社会环境产生的影响主要有：

（1）对沿线地区造成分隔，对高速公路两侧居民过往通行带来不便，对他们的正常生活、生产活动及相互联系产生一定影响。

（2）施工活动、工程征地及拆迁对当地的农牧业生产、居民生活造成一定的短期影响。

（3）高速公路建成以后，会对沿线区域交通状况、经济发展、国防建设、民族团结等带来积极的影响。

10.4.2.2 环境监测

青藏高速公路穿越可可西里、三江源国家级自然保护区，沿线野生动植物资源、水资源丰富。项目建设所在的青藏高原是南亚、东南亚地区的"江河源"和"生态源"，还是中国乃至东半球气候的"启动器"和"调节区"，对于我国生态安全具有独特而重要的作用。统筹开展青藏高速公路建设期和运营期的环境监测，对青藏高原脆弱生态系统功能的保护与恢复、改善意义重大,影响深远。

环境监测包括环境保护监测和水土保持监测。环境保护监测的内容为:空气污染监测、水体污染监测、土壤污染监测、生物监测、生态监测、物理污染监测等。水土保持监测的内容为:项目区水土保持生态环境变化监测、项目区水土流失动态状况监测、项目区水土流失防治措施效果监测等。

1) 青藏高速公路施工期重点监测

施工期环境保护监测的重点是各环境敏感区。施工期各种施工机械具有高噪声、无规则的特点,对周围环境产生一定的影响,特别是工程量相对大而集中的路段。因此,应加强监测,合理安排施工时间,根据实际情况因地制宜地采取临时降噪措施等加以缓解。同时,在施工期,扬尘和沥青烟气对沿线的空气质量会产生一定影响,应根据实际情况加强监测,通过采取洒水抑尘和合理选择施工场地位置,将影响减到最小。还需考虑突发性污染事故对局部地区的严重污染。

施工期水土保持监测的重点包括:① 主体工程水土保持:全面掌握主体工程的水土保持工程施工进展情况,裸露面暴露时间;② 施工期临时防护措施:主要是检查路堑天沟,排水沟及路基两侧的临时排水沟及沉淀池,临时挡渣墙,桥梁下构施工的临时措施等;③ 弃渣场水土保持:掌握工程全线弃渣场的整体情况,排水系统和沉淀池的布设,防止出现水土流失隐患;④ 施工场地水土保持:主要是考察施工场地硬化状况,是否存在表土剥离,异地存放,养分涵养等防护措施是否到位。

2) 青藏高速公路营运期重点监测

营运期环境保护监测的重点是附属设施污水排放情况以及交通噪声污染情况。

营运期水土保持监测的重点是经常性检查公路沿线护坡及水土保持工程情况,特别在雨季,发现问题应及时处理。加强对水土流失状况的监测,及时采取有效的防治措施,争取在最短时间内使地表植被得到恢复,使工程施工导致的水土流失尽快恢复到施工前的水平。

3) 监测成果及监测报告制度

每次监测结束后,需进行一次资料整理及归档,编制监测简报,内容包括监测时间、地点、监测项目和方法、监测成果以及存在的问题和防治的建议等。监测成果内容包括:地表水现状、地下水现状、噪声污染现状、扰动土地面积、植被占压面积、阶段治理成果、水土流失灾害事件和主要水土保持措施的建设情况等。

监测报告应逐级上报。建设单位应在施工期每季度一次、营运期每半年一次向自治区/省环保厅、自治区/省交通厅提交环境监测报告。

10.4.2.3 减缓环境影响对策

青藏高速公路建设必须将环保理念贯穿于公路的全寿命周期。为减缓工程建设对周边环境的不良影响,必须从规划设计阶段开始,直至施工、运营和养护,分阶段采取有效措施,做到以防为主,防治结合,改善工程对环境的不良影响。

在环境保护方面,作者课题组阐明了青藏工程走廊线形工程叠加对沿线生态环境的影响规律,取得了野生动物保护技术、植被保护与水土保持技术等一系列研究成果,可运用于青藏高速公路建设环境保护。

1) 野生动物保护技术

青藏高速公路沿线野生动物的主要保护目标为藏羚、藏野驴、藏原羚、野牦牛等大中型哺乳动物,一般可采用设置上跨式动物通道或下穿式动物通道,最大限度地降低高速公路对野生动物的阻隔影响。

根据现场调查结果,藏羚主要在青藏公路的 K2994~K2999 穿越。为此,青藏高速公路设置两处野生动物上跨式通道(明洞),分别位于楚玛尔河大桥与五道梁之间的 K2995+450 和 K2999+100,通道宽度分别为 500 m 和 300 m。而对于藏羚大规模种群迁徙利用桥梁穿越的情况,研究认为,桥梁高度应不低于 5 m、开阔率不低于 129。

在藏原羚、藏野驴和野牦牛保护的关键路段,青藏高速公路在 K2870~K3200 设置两处上跨式通道,分别位于 K2884+750 昆仑山隧道和 K3066+830 风火山隧道,通道宽度分别是 3 220 m 和 2 480 m。

全线共设置桥式动物通道 133 座,共计 98 726 m,主要采用 30 m、40 m 两种跨径形式。

2) 植被保护与水土保持技术

作者课题组研究了青藏高速公路沿线植被与表土的保护价值与区段差异,进行了植被等级与表土保护等级划分,提出了植被与表土的协同保护技术。综合应用微生物菌剂、种子库利用、植物纤维毯覆盖路堉等措施的植被恢复改良技术,以及"草皮框格+播种+纤维毯覆盖"等综合防护技术,可有效促进植物生长和自然恢复,并提高坡面的景观性能。

此外,综合考虑植物层对路面径流的净化功能和临时储水养护植被的需要,研发了适用于高海拔高寒地区公路集成储水与沉淀处理功能的生态排水沟技术。监测结果表明,多功能生态排水沟,能使路面径流 SS 含量降低 70% 以上。同时,生态排水沟上部结构中的植物措施能促进雨水排放和增加径流滞留下渗,起到雨水的暂时收集与存储功能,既能满足道路排水,又与整个公路及周边环境相协调。

第11章

共玉、花大公路示范工程建设

为解决多年冻土区因"宽、厚、黑"等而引发的一系列问题,必须依托现有工程对各相关成果进行试验示范,通过工程验证及时发现工程处治方案的优缺点,进而优化改进,总结提炼出适合青藏高速公路的合理技术与建设方案。青藏公路刚结束新一期的整治改建工程,不具备进行试验示范的工程条件,因此,根据该项目需要及高原多年冻土区现有工程进展情况,选取适当路段布设试验示范工程。

11.1 示范工程概况

11.1.1 示范工程选择原则

青藏工程走廊以连续多年冻土为主,病害主要发生在高含冰量多年冻土区,病害类型为路基的融沉、变形、横向及纵向裂缝,试验示范路段宜选择在连续的高冰量多年冻土区,使其具有代表性和典型性。青藏工程走廊位于青藏高原的高平原之上,地势平坦,地形开阔,试验示范路段也应选择相似地形路段,并且选择整体式路基及分离式路基分别进行示范。

11.1.2 依托工程简介

根据示范工程选择原则,综合考虑现有在建公路的工程情况、多年冻土及地形地貌条件,分别选择共玉公路、花大公路为合适的试验示范工程路段。

1) 共玉公路工程概况

共玉(结古)公路是国道 214 线在青海境内的重要路段,是青海省规划的"三纵、四横、十联线"(简称"3410")高速公路网中的南北纵 2 线(共和—多普玛)的重要组成部分,同时也是玉树地震灾后恢复重建总体规划中提出构建"一纵一横两联"生命线公路通道中"一纵"(国道 214 线共和—多普玛段)的重要组成部分。项目起点位于海南藏族自治州共和县,与正在实施的京藏高速公路共和—茶卡公路段相接,沿线经果洛藏族自治州,终点至玉树藏族自治州结古镇,与国道 214 线的结古—巴塘段公路衔接,是省会西宁与玉树州的唯一便捷通道。

共玉公路鄂拉山—清水河段分布多年冻土,属青藏高原多年冻土区,处于青藏高原多年冻土带边缘,是中、低纬度地带高海拔高温不稳定退化性多年冻土区,冻土年平均地温基本在 $-0.1 \sim -1.8$ ℃。共玉(结古)公路多年冻土分布见表 11-1。

表 11-1　共玉公路多年冻土分布

分布段落	少冰、多冰冻土区 (km)	富冰、饱冰冻土区 (km)	含土冰层冻土区 (km)	小计 (km)
鄂拉山—玛多段	65.222	57.615	0.990	123.827
玛多—清水河段	67.163	36.910	5.418	109.491
合计	132.385	94.525	6.408	233.318

2）花大公路工程概况

花大公路（花石峡—大武公路）属规划中西部区域经济大通道（库尔勒—成都）的一部分。西部区域经济大通道库尔勒—成都公路是连接新疆、青海、四川三大省区的主要大通道，是贯穿吐鲁番盆地、柴达木盆地、四川盆地的重要经济干线公路。

花大公路所在区域多年冻土属青藏高原多年冻土区，地处青藏高原多年冻土边缘地带，是中、低纬度地带高海拔高温不稳定退化性多年冻土，多年冻土分布见表 11-2，冻土年平均地温基本在 -0.04~-0.5℃。

表 11-2　花大公路多年冻土分布

少冰、多冰冻土区(km)	富冰、饱冰冻土区(km)	含土冰层冻土区(km)	合计(km)
11.205	2.13	1.37	14.705

11.1.3　主要示范内容

1）分离式路基试验示范

将共玉公路 K566+400~K574+460 路基宽度由原来的 10 m 加宽为 12.25 m，进行高速公路分离式路基、路面结构示范。具体示范段落及结构见表 11-3 及表 11-4。

表 11-3　共玉公路分离式路基示范内容

序号	结构名称	示范桩号	长度(m)	备注
1	通风板+片块石复合路基	K567+250~K568+250	1 000	应用示范
		K569+320~K569+560	240	
2	强制弥散式通风路基	K570+220~K570+380	160	试验验证
3	通风管路基	K570+380~K571+550	1 170	应用示范
4	热棒+XPS 板路基	K572+150~K572+380	230	试验验证
		K572+550~K572+730	180	
		K573+080~K573+350	270	
5	片块石路基	K573+630~K574+460	830	应用示范
6	单向导热路面+片块石路基	K566+400~K566+940	540	应用示范

表11-4 共玉公路路面结构示范内容

桩　号	长度(m)	路面结构
K566+400~K566+960	560	单向导热路面
K566+960~K570+000	3 040	结构二
K570+000~K572+380	2 380	结构三
K572+380~K574+460	2 080	结构四

2) 整体式路基试验示范

将花大公路 K1+409~K7+640 段路基宽度由原来的 19 m 加宽为 24.5 m,进行高速公路整体式路基应用示范,具体段落及结构见表 11-5。

表11-5 花大公路路面结构示范内容

桩　号	长度(m)	结构形式
K001+409~K002+615	1 206	结构一
K002+615~K003+880	1 265	结构二
K003+880~K005+220	1 340	结构三
K005+220~K006+560	1 340	结构四
K006+560~K007+640	1 080	结构五

3) 共玉公路查拉坪特大桥试验示范

查拉坪特大桥桩号为 K574+611.95~K575+720.07,跨径组合为 $11\times(5\times20)$ m,全长 1 100 m,与路线前进方向右偏角为 90°,上部结构为先张法预应力混凝土空心板。下部采用柱式墩、柱式台、摩擦桩基础。主要试验示范内容有:高海拔高寒地区混凝土材料强度形成过程和耐久性,高原多年冻土地区大尺度桥梁灾变机理及控制技术。

4) 花大公路雪山一号隧道试验示范

雪山一号隧道全长 4 570 m,单洞净宽 10.25 m,净高 7.15 m,海拔 4 468 m,是目前在建的世界海拔最高的公路隧道。多年冻土年平均地温为 -0.1 ℃,属高温极不稳定型多年冻土。主要示范内容有:多年冻土隧道新型防冻融结构体系、穿越局部多年冻土隧道的防排水系统、多年冻土边仰坡热融滑塌防控技术。

5) 环境保护示范

依托共玉公路 K255+000~K764+000 段(约 519 km),进行植被恢复与水土保持技术集成应用示范。示范内容包括:草皮保护与利用、植物纤维毯植草、三维网植草、草皮骨架植草和多功能生态排水沟等。

依托青藏公路 K2997+807~K2998+113 段,进行野生动物保护技术应用示范。示范内容是新建 1 座藏羚迁徙通道桥。

6) 交通安全示范

选择花大公路进行限速设施、低风载交通标志结构、交通诱导标志等交通安全标志标牌的示范,同时还在该路段进行公路安全性评价的测试与检验。

7) 监测示范

针对多年冻土地基、路基路面应力变形,路基路面温度场、热流场,桥隧结构物位移应变等众多元素进行动态监测。根据监测方案共设置监控室 10 个,其中共玉公路 6 个,花大公路 4 个。

11.2 示范工程组织与实施

11.2.1 线性指标示范

1) 共玉公路

(1) 平纵面主要技术指标。综合平、纵、横设计指标几经优化,平纵组合良好,所采用各项技术标准均符合《公路工程技术标准》(JTG B01—2003)的有关规定要求。科研试验示范段总里程 8.06 km,设计速度为 80 km/h。

纵断面设计综合考虑地形、地物、平纵配合、桥涵构造物等,共设变坡点 20 个。

结合项目沿线的地形地貌特点,合理均衡采用各种指标,平面上共设平曲线 7 个,平曲线长度 3.316 km,平曲线占路线总长 41.136%,平均每公里交点为 0.868 个(表 11-6);纵面上共设 20 个变坡点,平均每千米 2.357 个,最大纵坡 4.98%/1 处(表 11-7)。

表 11-6 试验示范段平曲线半径分布表

序号	平曲线半径(m)	超高	处	长度(m)	比例(%)
1	250 ≤ R < 400	6%	0	0	—
2	400 ≤ R < 600	5%	1	496.258	6.157
3	600 ≤ R < 890	4%	4	1 535.999	19.057
4	890 ≤ R < 1 380	3%	2	1 283.332	15.922

(续表)

序号	平曲线半径(m)	超高	处	长度(m)	比例(%)
5	1 380 ≤ R < 2 500	2%	0	—	—
6	R ≥ 2 500	不设超高	0	—	—
合计			7	3 315.589	41.136

表11-7 试验示范段纵坡及竖曲线分布表

序号	纵坡	处	长度(m)	比例(%)
1	0.3% ≤ i < 1%	3	1 145	14.206
2	1% ≤ i < 2%	6	2 290	28.412
3	2% ≤ i < 3%	5	1 400	17.370
4	3% ≤ i < 4%	1	350	4.342
5	4% ≤ i < 5%	5	2 875	35.700
合计		20	8 060	

（2）横断面布设形式。路基横断面充分考虑高海拔高寒地区高速公路特点，按照分离式路基宽度12.25 m进行布设，行车道、路缘带及硬路肩设2%横坡，土路肩设4%横坡。断面形式如图11-1所示。

2）花大公路

花大公路试验示范段原路基宽度为19 m，变更后试验示范段路基宽度为24.5 m。其中，中央分隔带由原0.5 m变更为2 m，硬路肩由原0.5 m变更为2.5 m，行车道、土路肩宽度保持不变。路基横断面各部分宽度详见表11-8，路基标准横断面如图11-2所示。

表11-8 路基宽度及横断面要素表

设计速度(km/h)	路基形式	路基宽度(m)	行车道(m)	中间带宽度(m)		路肩宽度(m)	
				中央分隔带	左侧路缘带	路缘带	土路肩
80	整体式	24.5	2×2×3.75	0.5	2×0.5	2×0.5	2×0.75

11.2.2 路基处治技术示范

1）片块石路基施工技术

（1）备料（图11-3）。采取小洞室爆破方案，通过合理选择爆破施工的各项技术参数，取得良好的爆破效果，对片块石粒径进行初步控制。采用振动喂料机筛选石料，合理配置生产机具，加快片块石的筛分选料速度。

（2）填筑（图11-4）。底垫层检测合格后，将满足粒径及强度的片块石一次倾填至预留高度（设计高度+预留压实沉降量）。预留压实沉降量应根据不同的材料性质通过现场压实试验确定。

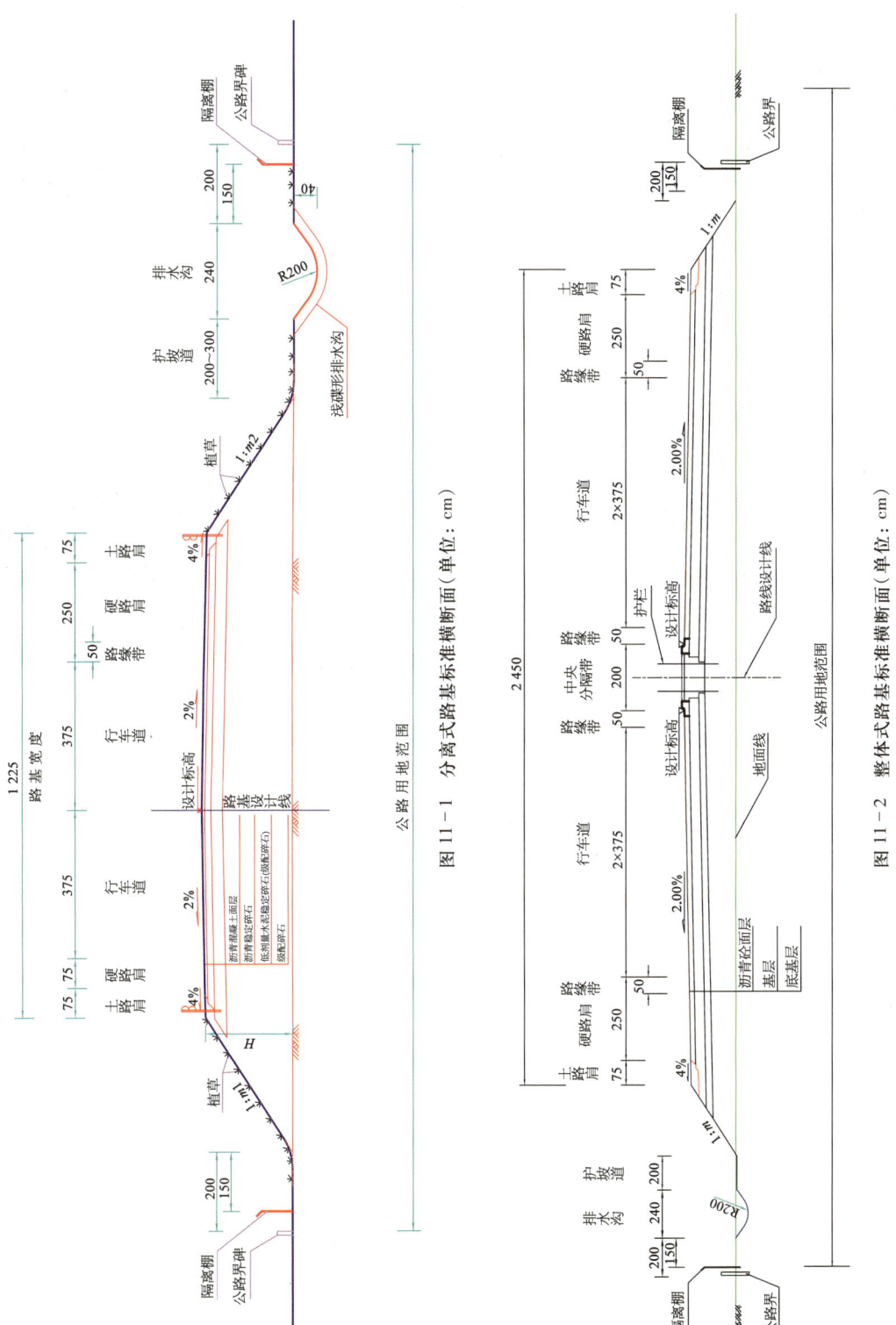

图 11-1 分离式路基标准横断面（单位：cm）

图 11-2 整体式路基标准横断面（单位：cm）

(a)　　　　　　　　　　　　　　　　(b)

图 11-3　片块石料生产准备

(a) 破碎;(b) 筛分台

(a)　　　　　　　　　　　　　　　　(b)

图 11-4　片块石路基填筑

(a) 片块石填筑;(b) 片块石路基边坡整修

(3) 整平。利用破碎锤(可由挖掘机改装)对超粒径的片块石进行破碎和大体整平,表面用小石块找平,粒径控制在 5~10 cm,找平后不得有明显可见的较大孔隙。

(4) 碾压。采用重型光轮压路机(25 t 以上)先静压 2 遍,然后强振碾压 6~8 遍。压路机的线压力应与片块石的极限抗压强度匹配,避免造成石料破碎而破坏骨架结构。

(5) 填筑碎石封层及冲击碾压(图 11-5)。碎石封层施工前,先在片块石两侧边坡铺设彩条布,在片块石上全宽范围内填筑碎石,碎石粒径 5~10 cm,并按照要求在碎石层上铺设透水土工布。

(6) 铺设砂砾垫层及土工格栅。砂砾垫层采用中粗砂,施工前应对中粗砂的外观筛分分析、细度模数、含泥量等进行检验,符合要求后方可施工,砂砾垫层的填筑方法与碎石层相同,砂砾垫层施工并检验合格后,在上部铺设土工格栅,加强片块石路基的整体稳定性。

2) XPS 板路基施工工艺

(1) 下承层的检验及压实。对 XPS 板路基的下承层进行整修,使平整度、压实度和弯沉达到设计要求,如图 11-6 和图 11-7 所示。

图 11-5　碎石整平层施工
(a) 碎石封层填筑；(b) 冲击碾压

图 11-6　压实度检测　　　　　　　图 11-7　弯沉检测

（2）铺设 XPS 板。路基中个别部位出现明显的不平整时，用提前备好的细中砂人工找平，如图 11-8 所示。将满足要求的定制 XPS 隔热材料依据设计搭接方式进行铺设。当铺设两层板材时，上下两层板错缝铺设，如图 11-9 所示。

图 11-8　人工找平　　　　　　　　图 11-9　铺筑 XPS 板

（3）板上卸料。层上填料及压实考虑到强度问题,施工机械不能直接碾压 XPS 隔热板,用自卸汽车将上层填料运抵铺设段的一端卸料,由铲车将填料按照预留压实厚度向前将过剩的填料推运,依次类推,完成板材上填料的铺筑工作,如图 11-10 所示。

(a)

(b)

图 11-10 层上填料施工
(a) XPS 板上卸料;(b) XPS 板上部填料推运

（4）XPS 板上填料整平与压实。用平地机整平,压路机压实。层上填料要达到最小压实层厚度方能进行压实作业,层上压实度要满足计要求。

3）热棒路基施工工艺

（1）测量放线。根据热棒的设计位置和间距用全站仪进行放样定位,并用白灰标示每根热棒的钻孔点位。若设计为双侧热棒时,路基两侧热棒应错位布设。

（2）钻机定位(图 11-11)。根据热棒外径、埋深等选择合适的钻机。一般采用较简单的地锚固定法,在地层较复杂,特别难钻,钻机震撼较大的情况下,必须采用钢绳固定或支架支撑。

（3）钻孔(图 11-12)。根据钻机的种类选择合适的钻头及钻进方式。在易塌孔地层中,简便易行有利于保护冻土的护壁方法是:钻进中,向孔内投入泥球,用合金钻头搅拌涂沫孔壁,以达到保护钻孔,防止钻孔坍塌的目的。

（4）成孔检查。对钻好的孔位、孔径、孔深进行检查,检查合格后方可进行下一道工序。钻孔施工完成后,应及时起吊热棒,进行热棒安装。如不能安装,则应采取临时措施保护钻孔,防止孔内落入杂物等。

（5）热棒吊装(图 11-13)。吊装热棒时,利用热棒顶部端盖的环形槽作为受力点进行系吊,根据热棒的长度,采取必要的防护措施,防止因设备的摇摆而发生危险。要求吊车吊臂有效起吊高度需超出热棒长度 1 m。

（6）回填(图 11-14)。热棒吊装置入孔后,先进行导正纠偏。用砂土回填热棒与孔之间的间隙,要求回填密实。

图 11-11 钻机定位

图 11-12 热棒路基钻孔

图 11-13 热棒吊装

图 11-14 热棒导正纠偏

4) 通风管路基施工工艺

(1) 管底基础处理、验收。通风管以下路堤必须按设计要求整平、压实,平整度和压实度应达到路基顶面交验标准,并设置 0.5%~1% 的双向人字横坡。

(2) 测量放线。在基础表面恢复路中线,并根据通风管的设计位置和高程测量确定每道通风管吊装位置,并以白灰线标示。

(3) 吊装及安装。通风管采用装载机吊装、人工配合安装的方式进行。每段通风管小管口一端必须与相邻大管口一端搭接,搭接长度不小于 5 cm。采用 M10 砂浆对相邻通风管连接处进行勾缝处理,如图 11-15 和图 11-16 所示。

(4) 管间回填压实。为保证纵向通风管管间能够回填、压实,回填材料必须采用砂砾,并采用液压高速夯实机进行压实,如图 11-17 所示。

(5) 通风管上部填筑。填料应采用自卸汽车运输,使用推土机初平、平地机终平,通风管两端伸出路堤长度应满足设计要求,通风管两端必须取齐,如图 11-18 所示。

图 11-15　通风管吊装

图 11-16　通风管安装

(a)

(b)

图 11-17　通风管管间回填、压实
(a) 通风管管间砂砾回填；(b) 液压高速夯实机

图 11-18　通风管上部填筑

5) 片块石+通风板路基施工工艺

（1）路基放样、整修。恢复路基中桩、边桩,测量路基高程,整修路基,为确保通风板铺设的平顺性和平整度,以及横向内部管道畅通,不设路拱横坡。

（2）铺设薄膜。路基顶面为通风板的底板,为确保混凝土强度形成所需水分不散失,在现浇混凝土板的底部铺设一层高强隔水薄膜,如图11-19所示。

（3）安装模板。侧模板采用钢模板,根据设计图纸尺寸加工制作,为防止模板变形,还应加装限位装置。侧模板安装完成后应对其内部尺寸、底部是否托空进行检查,如图11-20所示。

（4）制作、放置钢筋笼。钢筋网制作、绑扎应在钢筋加工区进行,钢筋的尺寸、间距、数量应符合设计要求,要求绑扎牢固,无脱筋,如图11-21和图11-22所示。

图11-19 铺设薄膜

图11-20 模板安装及检查

图11-21 钢筋笼加工

图11-22 钢筋笼放置

（5）敷设PVC管。通风管内部设置直径20 cm的高强PVC管(图11-23),以达到横向通风的目的。PVC管长度应保证能顺利穿过两侧横向端模板、钢筋笼。

（6）混凝土浇筑。浇筑采用赶浆法,从模板一端开始浇筑,向另一端推进,浇筑与振捣必须紧密配合,不得触动钢筋及PVC管,如图11-24所示。确保混凝土不出现空洞、蜂窝、麻面。

（7）养生及脱模。养生应采用土工膜和草帘子覆盖养生(图11-25),养生周期不少于15 d,洒水每天不少于2次。

图 11-23 PVC 管敷设

图 11-24 混凝土浇筑及振捣

图 11-25 通风板养生

6) 强制弥散式通风路基施工工艺

(1) 原材料准备。风机、主风管、弥散管、管件等材料设备入场时，应检查生产许可证、产品合格证等证明资料，按规定进行取样、检验和试验或委外送检。

(2) 下承层准备、测量放线。为确保通风管铺设的平顺性，路基不设路拱横坡。现场检测路基平整度、压实度和弯沉值等项目，铺设 10 cm 厚中粗砂垫层，最大粒径不超过 0.5 cm。

(3) 铺设通风管。将高强 PVC 管按照设计图纸和要求铺设，相同管径的弥散管采用直接管件连接，不同管径的采用减缩管件连接，通风管与延长管采用三通接头连接，如图 11-26 和图 11-27 所示。

图 11-26 弥散管连接

图 11-27 主风管安装

(4) 通风管检查。通风管铺设完成后，应对其平面位置、管件连接处的密封性进行检查，保证通风管平面位置准确，连接处连接密实不漏气，如图 11-28 所示。

(5) 上部填料填筑(图 11-29)。填筑采用递推卸料法，填料选用过筛后(筛孔应小于 0.5 cm)的中粗砂，一方面保证管间压实，另一方面避免个别粒径较大的颗粒压破通风管。

(6) 碾压。推土机粗平后的路基采用平地机精平，并用重型振动压路机碾压，如图 11-30 所示。

(7) 风机、供电、温控设备安装。风机(图 11-31)、供电、温控安装工作应在路基边坡防护工程、路基排水施工完成后进行，采用现浇混凝土制作，确保基础牢靠，并防止地表水的干扰。

图 11-28　主风管检查

图 11-29　上部砂砾填筑

图 11-30　碾压完成

图 11-31　风机系统安装

7) 单向导热路面施工工艺

(1) 施工准备。针对所处区域的气候特点，温度控制、漂珠掺量和碾压质量控制是保证 ATB-25 基层、沥青面层施工质量的重要环节，如图 11-32 和图 11-33 所示。

(2) 透层油施工。彻底扫除底基层表面的松散颗粒和尘土，不留任何浮灰等松动的材料，采用沥青洒布机路面全宽范围喷洒透层油，以保证层间结合良好。

图 11-32 集料准备

图 11-33 漂珠检验

(3) 测定基准线。准备好底基层后进行测量放样,标出沥青混合料松铺厚度,并放出引导摊铺机运行走向和标高的控制基准线。

(4) 拌制。控制沥青和集料的加热温度以及混合料的出厂温度,漂珠通过拌和楼窗口人工定量投放(图 11-34)。拌和后的沥青混合料均匀一致,无花白、离析和结团成块现象。

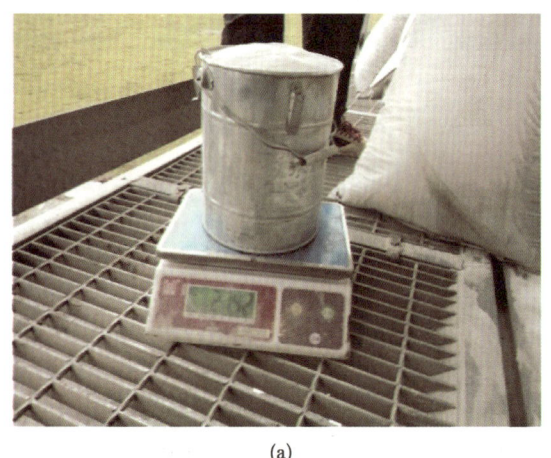

(a)

(b)

图 11-34 漂珠掺加
(a) 称量;(b) 掺加

(5) 运输。沥青混合料采用自卸车运输,运输过程采用防水篷布覆盖整个运料斗。在摊铺机前形成供料车流,并应尽量减少等待时间,保证摊铺温度。

(6) 摊铺。采用自动找平装置的沥青摊铺机铺筑,分两幅摊铺(图 11-35),摊铺温度控制在 130℃,及时用直尺检查松铺厚度,温度计检查摊铺温度。

(7) 碾压。初压采用钢轮压路机静压 2~3 遍,碾压速度 2~3 km/h,碾压时应先消除纵向裂缝,然后从断面低的一侧向高的一侧碾压,如图 11-36 所示。

(a)   (b)

图 11-35 沥青混合料摊铺

(a) ATB-25 基层摊铺；(b) 面层摊铺

(a)   (b)

图 11-36 沥青混合料碾压

(a) ATB-25 上基层碾压；(b) 面层层碾压

复压采用振动压路机振动碾压 3~5 遍，碾压速度控制在 4~5 km/h。终压紧跟复压进行，采用胶轮压路机静压两遍，碾压速度控制在 2.5~3.5 km/h。

(8) 检测验收。路面施工完成后应进行现场压实度、平整度和弯沉检测，并进行钻芯取样（图 11-37）。

11.2.3 路面结构选型示范

1) 共玉公路

依托共玉公路 K566+960~K574+460 段

图 11-37 钻芯取样

进行了3种路面结构试验示范,总长7.5 km,具体段落和结构见表11-9和表11-10。

表11-9　共玉公路路面试验示范段落

桩　　号	长度(m)	结构形式
K566+960~K570+000	3 040	结构二
K570+000~K572+380	2 380	结构三
K572+380~K574+460	2 080	结构四
合　　计	7 500	

表11-10　共玉公路典型路面结构

位置	方案	多年冻土区		
		结构二	结构三	结构四
面层		4 cmAC-13 C(SBS改性) 5 cmAC-20 C	4 cmAC-13 C(SBS改性) 5 cmAC-20 C	4 cmAC-13 C(SBS改性) 5 cmAC-20 C
基层		18 cm沥青碎石(ATB-25) 18 cm 2%水泥稳定碎石	18 cm沥青碎石(ATB-25) 18 cm级配碎石	2 cm沥青碎石(ATB-25) 6 cmAC-20 18 cm级配碎石
垫层		20 cm级配砂砾	20 cm级配砂砾	20 cm水泥稳定碎石
总厚度		65 cm	65 cm	65 cm

2) 花大公路

依托花大公路K1+409~K7+640段进行了5种路面结构试验示范,总长6.231 km。具体段落和结构见表11-11和表11-12。

表11-11　花大公路路面试验示范段落

桩　　号	长度(m)	结　构　形　式
K1+409~K2+615	1 206	结构一
K2+615~K3+880	1 265	结构二
K3+880~K5+220	1 340	结构三
K5+220~K6+560	1 340	结构四
K6+560~K7+640	1 080	结构五
合计	6 231	

表11-12　花大路典型路面结构

结　构	一	二	三	四	五
下面层	5 cmAC-20C	5 cmAC-20C	5 cmAC-20C	5 cmAC-20C	5 cmAC-20C
基层	12 cmATB-25	18 cmATB-25	18 cmATB-25	12 cmATB-25+ 6 cmAC-20	18 cmATB-25

(续表)

结 构	一	二	三	四	五
底基层	24 cm 水泥稳定碎石	18 cm 2%低剂量水泥稳定碎石	18 cm 级配碎石	18 cm 级配碎石	18 cm 土工格室加固级配碎石
垫层	20 cm 级配砂砾	20 cm 级配砂砾	20 cm 级配碎石	20 cm 水泥稳定碎石	20 cm 级配碎石

3) 施工质量控制

(1) 混合料全部由拌和站集中拌和,并采用摊铺机摊铺。混合料在运输、摊铺时,不应产生粗细料离析现象。拌和料摊铺应均匀分布,碾压达到规定的密实度标准。拌和场地应进行硬化,并对路面原材料采取防雨措施。

(2) 施工前必须进行各种混合料配比设计及相关试验,确定混合料的配比、含油量及含水量,并在施工中严格控制。

(3) 在铺筑沥青混合料前彻底扫除基层表面的松散颗粒和尘土。透层油应撒布均匀,发现遗漏应人工补撒,以保证层间结合良好。

(4) 施工单位应建立相应的全面质量管理体系,严格工序管理,按有关施工规范、规程的规定从严施工,还应配置集料的制备、试验、配料、拌和、运输、摊铺、碾压养生等相关的现代化设备,配备相应的试验、质量检验人员。

(5) 为了保证路面摊铺效果,验证各项材料试验指标,必须先选取试验段进行施工,等检测完全满足设计要求后,再全线大面积进行摊铺。

11.2.4 以桥代路示范

1) 钻孔灌注桩施工温度场示范

选取共玉公路查拉坪大桥 16-2 号桩基作为研究对象,桩基采用 C30 混凝土浇筑而成,于 2012 年 7 月 28 日完成施工,桩长 31 m,桩直径为 1.5 m,桩端皆伸入强风化泥岩一定深度。

(1) 测点布设。分别在桩侧及桩外侧 0.55 m、0.85 m、1.25 m 及 1.95 m 处布设地温测试孔,编号分别为 A、B、C 及 D,并设天然地温测试孔 F 进行对比分析,如图 11-38 所示。

(2) 数据采集。采用数采仪进行地温数据自动定时采集,如图 11-39 所示。桩基灌注完成后数据采集频率前 5 d 内每 2 h 采 1

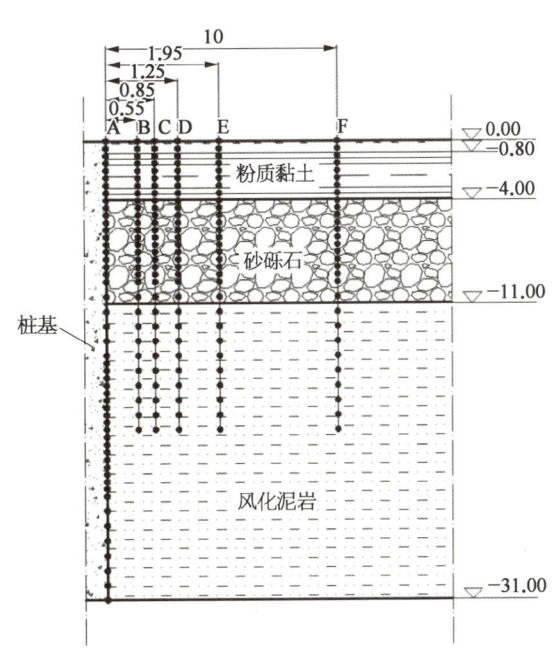

图 11-38 测点布设(单位: m)

次数据,5~12 d 每天 1 次,12 d 以后为每周 1 次。所采数据本地存储,定期对存储数据进行人工导出。

2)桩基础运行期温度场示范

选取花石峡试验场桩基作为研究对象,试验场布设了 10 m、20 m、30 m 和 40 m 四种不同桩长的桥梁桩基,均为钻孔灌注桩,桩径 1.2 m,采用 C30 混凝土浇筑,温度场观测数据采集如图 11-40 所示。

图 11-39 观测数据采集

图 11-40 桥梁钻孔灌注桩施工

(1)测点布设。花石峡试验场桩侧地温探头分别布设于 10 m 桩南侧、20 m 桩南北两侧、30 m 桩东西两侧及 40 m 桩东西两侧,探头沿桩轴向测温探头间隔为 0.5 m(图 11-41)。同时布设一个天然地温观测孔进行对比分析,天然孔深 10 m,0~5 m 测温探头间隔为 0.5 m,5~10 m 测温探头间隔为 1 m。

(2)数据采集。采用电阻采集仪(图 11-42)进行数据自动定时采集,以保证数据的连续性,地温数据采集频率为每天 3 次,采集时间分别为 2:00、14:00 及 20:00。

图 11-41　示范工程温度探头布置

图 11-42　QSY300 电阻采集仪

11.2.5　隧道防冻抗冻结构示范——新型防冻融结构体系

根据冻土与冻岩不同工程特性，多年冻土段采用三层衬砌双层保温结构（图 11-43），季节冻土段采用双层复合式衬砌单层保温结构。

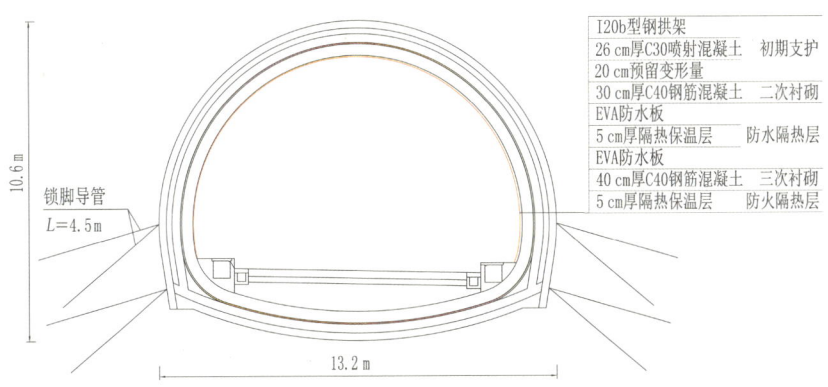

图 11-43　新型三层衬砌结构

依次由喷锚支护、一次衬砌、隔热防水保温层、二次衬砌、隔热保温防火层组成。考虑锚杆钻孔会使孔周多年冻土融化,锚固作用有限,取消了系统径向锚杆。

施工时,应遵循"保护冻土、最大限度减少对冻土原有热平衡的扰动"的理念,按照"快挖、快护、快衬"的要领组织施工。

首先采用分部开挖法,由人工或机械开挖至设计开挖线(图11-44)。部分地段围岩较硬时,可采用弱爆破施工。接着安装钢拱架、锁脚锚杆,施作喷射混凝土(图11-45)。喷射混凝土施工前,应清除围岩表面的挂冰和涎流冰。然后安装钢筋,浇筑第一层模筑混凝土(图11-46),待一次衬砌养生达到设计强度后,开始施作隔热保温层,具体工序为:铺挂无纺布→敷设防水板→架设环向定位钢筋→铺设保温板→敷设防水板。双层防水板能有效防止保温板浸水,保障保温和耐久性。内层隔热保温层能有效防止二次衬砌混凝土水化热对多年冻土地层的扰动,保障围岩稳定性,如图11-47和图11-48所示。

图11-44 分部开挖施工

图11-45 初期支护施工

图 11-46　一次衬砌施工

图 11-47　内保温层安装

图 11-48　冬季施工保温措施

安装钢筋、浇筑混凝土,完成二次衬砌施工(图11-49)。最后安装隔热保温防火层。隔热保温防火层由龙骨、保温板及防火纤维板三部分组成。施工时,依次架设钢制龙骨、安装保温板(图11-50)、安装防火纤维板。

三层衬砌结构适用于多年冻土地层,能有效抵抗冻胀及围岩荷载,保证结构稳定,双层隔热保温层能有效控制多年冻土融化。

图11-49 二次模筑混凝土施工

图11-50 保温板施工

11.2.6 环境保护示范——水土保持边坡防护技术

1) 公路边坡坡面草皮铺植技术

对于风蚀为主、水蚀较弱坡面,边坡坡率为1∶2、坡高小于3 m,采用棋盘式布置方式。对于水蚀为主、风蚀较弱坡面,在坡面上采用井字格式布置方式。针对坡率1∶2、坡高大于3 m且小于5 m的坡面,采用草皮块沿坡面等高线平行铺植,形成格栅式铺植的草皮带,草皮带间回填种植土并播撒草种。铺草皮工艺流程如图11-51所示。

2) 植物纤维毯技术

植物纤维毯是一种利用椰丝、秸秆等天然植物纤维材料,并可根据需要混合植物种子、肥料、土壤等材料,通过特定机械设备使这些材料一次性压制成毯,形成特定厚度的由双层绳网裹挟的毯卷,如图 11-52 所示。

图 11-51 铺草皮工艺流程

(a) 裁切草皮;(b) 草皮码砌堆放;(c) 黑色防晒网草皮养生;(d) 草皮挂线铺筑;(e) 草皮洒水养生;
(f) 良好的生态效果(草皮边沟);(g) 良好的生态效果(挖方沟边铺);(h) 与自然融合协调;(i) 植草防护生态效果

施工工艺主要有:清理并整平场地、播撒草种、挖坡顶和坡脚锚固沟、铺设草毯、锚固及回填原土等。

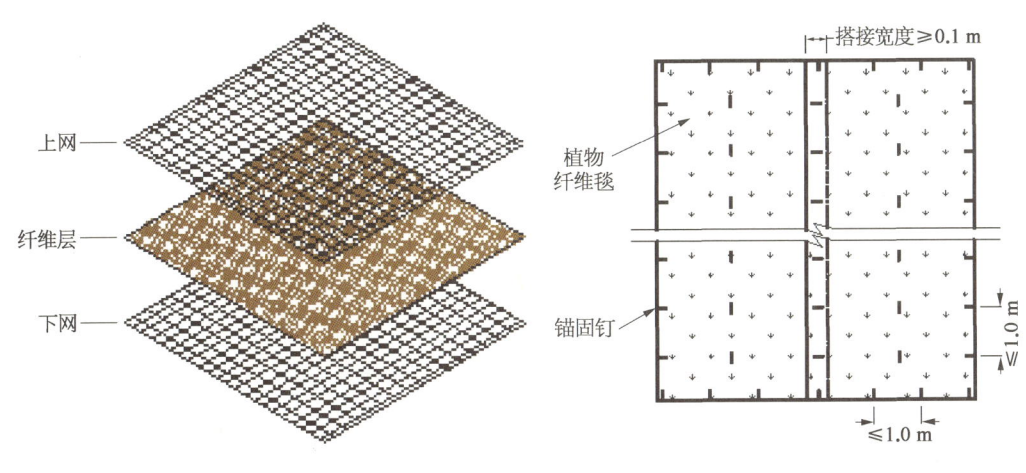

图 11-52 植物纤维毯结构图　　　　图 11-53 植物纤维毯铺设平面图

植物纤维毯铺设施工简单(图 11-53~图 11-55),可快捷地在公路边坡形成覆盖,效果明显;具有很好的固土、抗雨水侵蚀能力;原料秸秆吸水能力强,具有很好的蓄水保墒功能;植物纤维毯可降解,不仅环保,而且降解后可为植物提供养分。

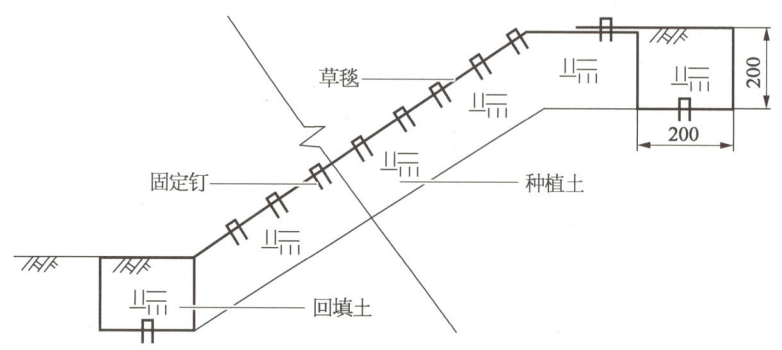

图 11-54 植物纤维毯施工剖面

图 11-55 植物纤维毯铺设

3) 三维网植草技术

三维网采用高分子材料制成,材质疏松柔软,化学稳定性较高,也可采用可降解塑料,数年后土工三维网可在土壤中自然分解。该技术可固定坡面,防止坡体下滑。三维网采用黑色或绿色网垫制成,可以有效吸收大量热能,增加地温,促进种子萌发。三维网植草施工工艺如图 11-56 所示。

4) 植生袋护坡技术

植生袋是一种袋面含有植物种子夹层的、有一定规格的、一端开口的袋子,袋子内可以装入土壤和肥料的种子肥料综合袋。将坡面平整后,将植生袋紧挨坡面整齐地垒积上去,需有一定的倾斜度,以防坍塌,而植生袋内的种子在水热条件适宜时会发芽并穿透袋子长出来,在坡面上形成植被层,而达到保护坡面、恢复植被的目的(图 11-57)。

图 11-56 三维网植草施工工艺

(a) 铺网过程；(b) 播种后覆土；(c) 覆盖无纺布；(d) 植被恢复效果

图 11-57 植生袋护坡施工

11.2.7 交通安全工程示范

11.2.7.1 设计速度分段

设计速度分段主要考虑地形、地质条件,车辆运行条件,路网节点条件。

1) 地形、地质条件

(1) K0+000~K44+000 段(花石峡至下大武)地形条件主要是低山丘陵,海拔高程 4 000 m 左右,该路段可取相对较高的技术标准。

(2) K44+000~K121+100 段主要的地形特点是高山峡谷,对于特殊困难路段设计速度可采用 60 km/h。

(3) K121+100~K133+000 段地形条件主要为河谷平原,地势较为平坦,该路段技术标准可以满足设计速度 80 km/h 的要求。

(4) K133+000~K145+500 段受地形地质条件影响,该路段几何设计指标满足设计速度 60 km/h 的技术标准要求。

(5) K145+500~K155+700 段的地形条件主要是河谷平原,地势较为平坦,该路段技术标准可以满足设计速度 80 km/h 的要求。

2) 车辆运行条件

车辆在不同海拔下的同一坡度爬坡能力差异较大,海拔对小客车的影响较小,对载重货车、铰接列车等大型车辆的影响较大。以载重量为 30 t、比功率 8.3 kW/t 的载重货车为例,在海拔 3 000 m 以下车辆性能降低 10%~15%,海拔 3 500~5 500 m 车辆性能降低 35%~40%。花大公路海拔位于 3 700~4 600 m,受高海拔影响,载重货车、铰接列车等大型车辆的运行速度较低且变化较为频繁。评价路段中 YK135+573.5~YK168+012 是一段连续上坡路段,根据运行速度测算结果,该路段大型车运行速度最小值为 59 km/h,大于设计速度对应爬坡容许最小速度(50 km/h),因此大型货车运行速度对设计速度的选取没有影响。

3) 路网节点条件

不同设计速度过渡段应尽量设置在互通式立交、主线收费站等区段。互通立交作为公路的重要节点,可以作为不同设计速度分段的分界点。经分析检验,花大公路施工图设计的设计速度分段与地形条件、运行速度分布、公路控制节点的适应性较好。

11.2.7.2 运行速度协调性评价

高海拔地区高速公路运行速度测算时首先从路段的初始运行速度 v_0 开始,然后根据所划分的路段类型,按平直段、纵坡段、曲线段、弯坡段、隧道段、互通立交段等分别进行运行速

度 v_{85} 的测算。

（1）车辆的动力性能受海拔的影响较大,在计算不同类型路段运行速度之前应考虑纵坡折减对运行速度的影响,采用折减后的纵坡坡度计算纵坡段的运行速度。根据相关研究成果,考虑纵坡折减的计算公式如下：

$$\Delta i = -2.061 \times 10^{-3} + 4.004 \times 10^{-6} H - 1.770 \times 10^{-10} H^2$$

式中：H 为海拔(m)；Δi 为纵坡折减值。

确定纵坡折减后,应对全线纵坡值进行修正,按照修正后的纵坡对路段类型进行重新划分,测算相应的运行速度。

（2）平直路段上按匀加速或匀减速运动进行测算,小型车加速度 $0.15 \sim 0.5 \text{ m/s}^2$,大型车加速度 $0.2 \sim 0.25 \text{ m/s}^2$。

（3）纵坡段采用修正后按照不同的纵坡度确定运行速度相应的计算值值。

（4）对于曲线段,采用"平曲线上的速度预测模型"计算曲线中点和曲线出口速度。

（5）对于弯坡路段,应采用考虑海拔因素折减后的纵坡,并采用"弯坡组合线形下的运行速度预测模型"计算出弯坡曲线中心点、出口点的速度。

（6）对于隧道路段和互通立交段,采用《公路项目安全性评价规范》中有关隧道段运行速度预测模型进行运行速度测算。

运行速度协调性评价包括相邻路段运行速度协调性评价和同一路段运行速度与设计速度协调性评价,采用《公路项目安全性评价规范》的对应标准。

1) 相邻路段运行速度协调性

正向 K104+182.517~K104+275 小客车相邻路段运行速度协调性不良,其余正向路段小客车相邻路段运行速度协调性好。反向 K153+770~K155+020 小客车相邻路段运行速度协调性不良,其余反向路段小客车相邻路段运行速度协调性好。

正向 K104+475~K104+775 大型车相邻路段运行速度协调性不良,其余正向路段大型车相邻路段运行速度协调性好。反向 K154+380~K155+020、K147+030~K147+620 大型车相邻路段运行速度协调性不良,其余反向路段大型车相邻路段运行速度协调性好。

2) 同一路段运行速度与设计速度协调性

正反向路段小客车运行速度与设计速度差大于 20 km/h,同一路段运行速度与设计速度协调性不良；正、反向路段大型车的运行速度基本在 60~75 km/h,同一路段运行速度与设计速度协调性好。

选择花大公路 K27+000~K42+000 段,全长 15 km,运用特殊环境下高速公路动态速度控制(限速)设计技术的有关结论,进行特殊环境下高速公路动态速度控制(限速)设计技术的测试。根据限速综合决策模型的结论,得出限速计算值与限速推荐值,见表 11–13。

表 11-13 示范工程路段限速计算

桩 号	海拔（m）	设计速度（km/h）	小车计算值（km/h）	小车推荐值（km/h）	大车计算值（km/h）	大车推荐值（km/h）
K26+570	3 985.214	80	93.033	80	75.705	60
K28+105	3 963.244	80	93.160	80	75.911	60
K29+185	3 982.502	80	93.049	80	75.730	60
K30+980	4 025.030	80	92.781	80	75.313	60
K33+250	4 088.504	80	92.318	80	74.640	80
K35+260	4 035.031	80	92.713	80	75.211	80
K36+075	4 010.582	80	92.876	80	75.458	80
K37+715	3 974.404	80	93.097	80	75.807	80
K39+430	3 973.630	80	93.101	80	75.814	80
K40+100	3 981.882	80	93.053	80	75.736	80
K41+710	4 002.958	80	92.924	80	75.533	80
K43+655	4 029.534	80	92.751	80	75.267	80

根据限速综合决策模型的结论，得出限速计算值与限速推荐值。考虑到高原大车的动力性能和制动性能的衰减，对桩号 K29+455～K31+450 上坡路段、K33+790～K34+540 和 K37+015～K37+715 下坡路段的大车限速值做折减处理，即由计算值 80 km/h 降为限速推荐值 60 km/h。

综合考虑特殊环境下高速公路速度控制技术的相关结论，并结合高原高海拔低压缺氧条件下高速公路行车特点，驾驶员生理、心理特点以及缺氧条件下车辆性能等，并通过分析花大公路示范路段的线形、海拔以及环境特点，从车辆运行安全和效率动态平衡方面着手，制定出分车型限速方案、分路段限速方案、特殊路段限速方案。具体路段限速值及限速方式见表 11-14。

表 11-14 限速方案表

整体限速区段	限速值（km/h）	局部路段限速区段	限速值（km/h）
K27+000～K42+000	小车 80 km/h 大车 60 km/h 大型车靠右	K29+455～K30+205、K30+979.500～K31+450	长大上坡路段统一限速 60 km/h
		K33+790～K34+540、K37+015～K37+715	长大下坡路段统一限速 60 km/h

11.2.8 监测技术示范

1) 分布式光纤监测项目

(1) 监测方案。花大公路示范段为宽幅路基，双向四车道设计，路基宽度为 24 m，示范段位于花大公路 K4+200～K4+300 处，试验段长度为 100 m，布设方案采用纵横向交错布设的方式，具体布设方案及现场情况如图 11-58 和图 11-59 所示。

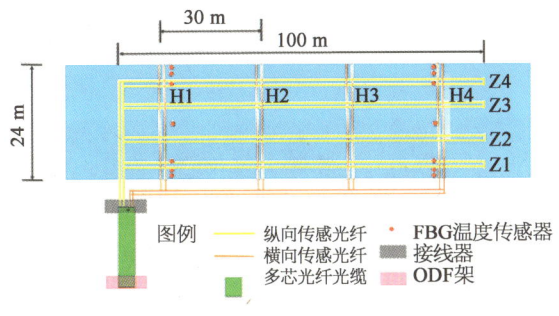

图 11-58 花大公路分布式光纤监测系统

图 11-59 花大公路监测现场

共玉公路示范段为单向二车道设计,示范段位于 K568~K570,路基宽度为 12.25 m,试验段长度为 200 m,采用纵向三条传感光纤、横向四条传感光纤的设计,具体布设方案及现场如图 11-60 和图 11-61 所示。

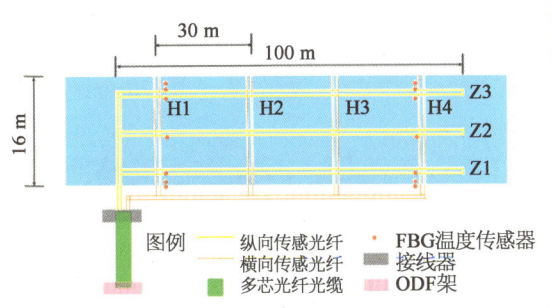

图 11-60 共玉公路分布式光纤监测系统

图 11-61 共玉公路监测现场

(2) 冻土路基传感器安装(图 11-62 和图 11-63)。冻土路基地温及沉降传感器埋设于多年冻土层中,现场通过钻孔完成地温孔和沉降孔的成孔工作,其中地温孔监测深度为地表以下 15 m,沉降孔为地表下 8.5 m。

图 11-62 钻孔

图 11-63 安装测温电缆

（3）仪器保护箱安装（图 11-64 和图 11-65）。为了保证监测仪器能在野外环境下正常工作，需将监测仪器放置于仪器保护箱中，同时采用太阳能供电方式，保证监测仪器可长期正常使用。

图 11-64　放置保护箱

图 11-65　引入测温线缆

（4）仪器安装与调试（图 11-66 和图 11-67）。于 2015 年全面完成示范段监测仪器安装、调试及传输工作，目前监测仪器工作状态正常，实现了监测数据采集、存储以及无线传输功能。

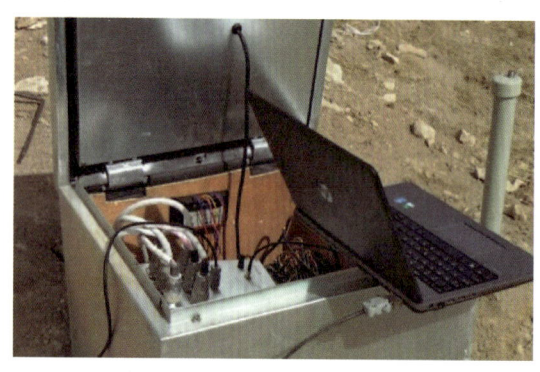

图 11-66　监测仪器安装

图 11-67　监测仪器调试

2）传感系统安装与调试

（1）传感器说明。分布式光纤传感器及监测系统关键构件选型如图 11-68 所示，纵向光缆选为金属基索状应变传感光缆，横向光缆选为定点式应变传感光缆，温度传感器选为岩土型光纤光栅温度传感器。

（2）光纤布设过程。路基沉降分布式光纤监测系统施工工艺主要分为测量、机械开挖、传感光缆布设、温度传感器布设、光纤完好性检测、路基回填等，如图 11-69 所示。

（3）传感光纤现场熔接。传感光纤现场熔接主要分为三步：① 将各单独的纵向与横向传感光缆与多芯光缆对接；② 将多芯光缆引入监控室；③ 在中控室内安装 ODF 架。传感光纤现场安装工作如图 11-70 所示。

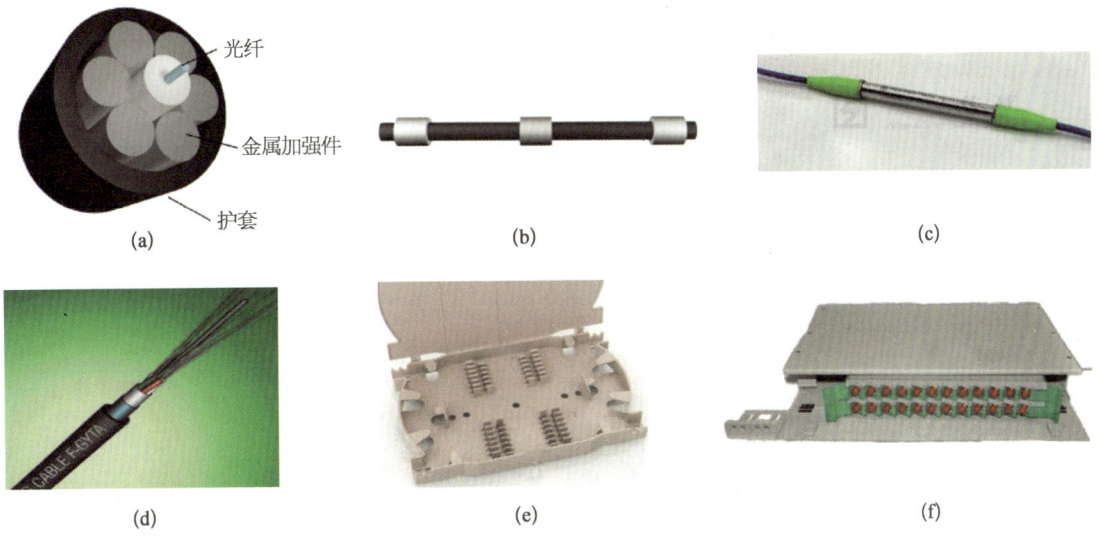

图 11-68 分布式光纤传感器及配件选型

(a) 纵向传感光缆;(b) 定点光缆;(c) FBG 温度传感器;(d) 多芯光缆;(e) 熔接盒;(f) ODF 架

图 11-69 分布式光纤传感系统布设

(a) 测量;(b) 机械开挖;(c) 传感光缆布设;(d) 温度传感器布设;(e) 光纤完好性检测;(f) 路基回填

(4) 监控室建设。高原地区环境恶劣,为了给监测工作提供一个相对较好的环境,保证监测数据准确性,在示范段建设完成三座监控室,如图 11-71 和图 11-72 所示。

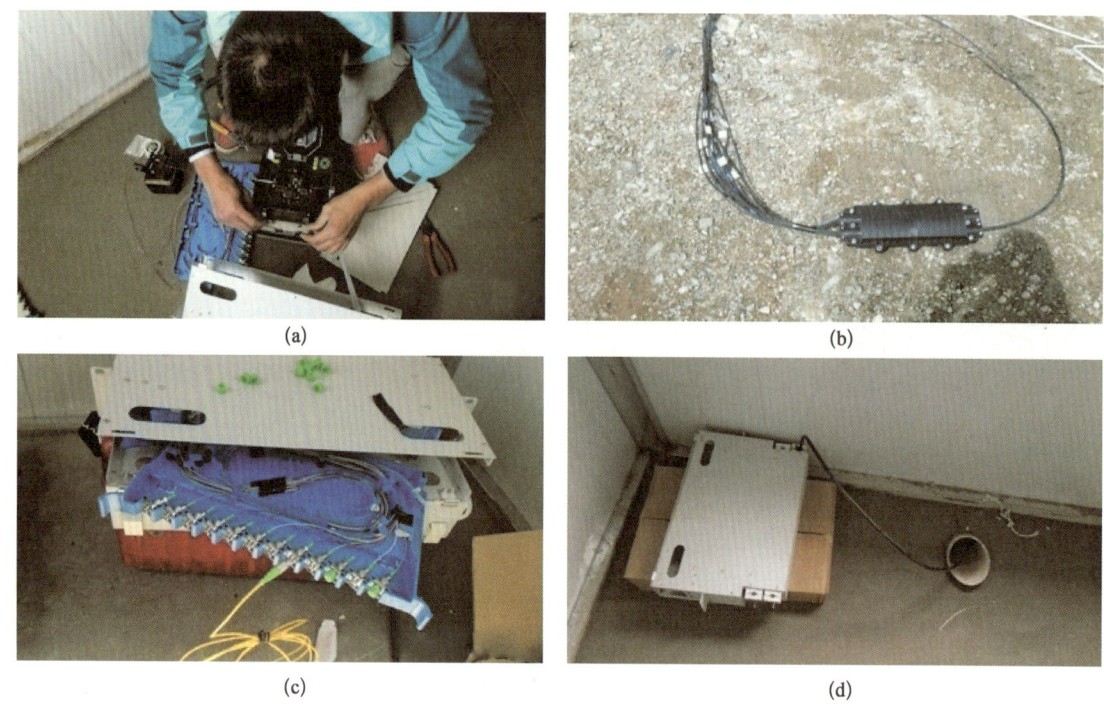

图 11-70 传感光纤现场熔接

(a) 熔接；(b) 接续包与多芯光缆对接；(c) ODF 架安装；(d) 引入监控室

图 11-71 监控室现场完工　　　　图 11-72 监控室与示范工程监测段

（5）光纤监测数据采集。示范段监测系统安装完成后，开展了多次现场数据采集工作。由于光纤数据采集仪对电源和外界环境温度有较高的要求，监测过程中通过汽油发电机供电，通过稳压器以及不间断 UPS 电源后接入光纤解调仪，并采用电暖气进行室内加温，保障仪器数据采集正常，如图 11-73 和图 11-74 所示。

 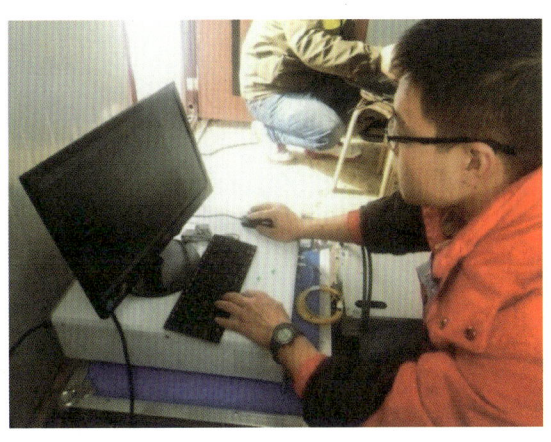

图 11-73　检查光纤通路　　　　　　图 11-74　现场数据采集

结　语

本书的撰写主要依托国家科技支撑计划项目"高海拔高寒地区高速公路建设技术"（2014BAG05B00）的研究成果。该项目由交通运输部组织，中交第一公路勘察设计研究院有限公司牵头，联合交通运输部公路科学研究院、交通运输部科学研究院、中国科学院寒区旱区环境与工程研究所以及青海、西藏两省区的科研、设计、建设管理及高等院校等14家单位，共计近300人开展联合攻关。项目由我国交通领域冻土工程首席专家、国家勘察设计大师汪双杰教授担任首席专家，总投入科研经费9 533万元，共设置7个课题，分解为20项研究内容，104项研究任务。

该项目于2017年5月4日通过了科学技术部组织的验收，中国公路学会于2017年5月27日组织郑健龙、郑颖人、王景全、缪昌文、王玉、陈国靖、王秉纲、刘家镇、张鲁新等院士专家对本项目成果进行评价，评价委员会认为项目创新成果如下：

（1）创立公路冻土工程尺度效应理论，揭示了冻土路基聚热、储热及吸热强度随横断面尺度变化的空间效应和缓慢扩散的时间效应，提出基于冷量储备的分阶段施工和基于能量再平衡的分期建设的"二次工程"建设理念，为冻土路基合理结构及建设模式提供理论依据，填补了高速公路冻土工程理论空白，丰富了冻土工程理论体系。

（2）构建高原多年冻土地区高速公路冻土工程设计方法，突破时空维度多要素耦合设计技术，提出多层次多要素耦合的公路选线"分层目标法"和冻土路基能量平衡设计方法，攻克大尺度公路冻土工程防灾避灾及效能控制难题。

（3）提出高海拔高寒地区满足运行安全的高速公路安全设计技术体系，确立青藏地区高速公路路线设计关键技术指标与标准，提出服务设施合理间距与配置标准，提出高速公路分段速度控制标准。

（4）攻克高海拔高寒地区高速公路路基、路面、桥梁桩基、隧道及环境保护五大关键建设技术，系统集成大尺度冻土工程防融、抗冻、耐久的技术体系，解决了高速公路路基冻融灾变控制、桥梁桩基灾变风险评价、隧道防冻融结构设计和支护体系等建设难题。

（5）攻克高海拔高寒地区高速公路长距离、大范围、实时自动监测的技术难题，研发了低温高性能布里渊光纤传感技术和新型布里渊传感仪，建立了冻土路基、桥梁结构、隧道的预警分级标准，发展了公路工程构筑物病/灾害预警技术。

专家一致认为，研究成果填补了国际高速公路多年冻土工程研究空白，总体达到国际领先水平。

作为我国道路工程领域唯一的科技支撑计划项目，在该项目的研究过程中，交通运输部科技司主要领导亲自抓组织工作，几年来为本项目的推进花费了大量心血。交通运输部相关领导及部公路局领导也多次亲临科研现场一线关心、指导科研工作；交通运输部有关部门的老领导、老同志及业内外许多老专家也一直高度关注本项目研究情况。

项目牵头单位、课题承担单位、参研单位及主管部门都非常关心本项目各项研究工作，在财力、人力方面给予了巨大的支持。青海省交通运输厅专门追加投资1.2亿元，共计4.1亿元投资，支持本项目示范工程建设；青海省交通科学研究院为本项目提供了近千万元配套资金。项目参研人员殚精竭虑、精诚合作、刻苦攻关，为本项目的顺利完成付出了艰辛和努力；项目实验工程依托单位、施工单位、相关协作单位以及其他科研机构等相关领导、专家、学者和人员为本项目研究提供了无私的帮助。

该项目聘任多位国内知名专家组成咨询专家组，几年来始终如一，深入科研一线，为项目研究提供指导、咨询，甚至亲自拟定项目研究方向与技术路线，对项目的成果创新与突破起到了极大的促进作用。郑颖人院士、王玉先生、王秉纲先生、陈国靖先生等老专家在古稀耄耋之年亲赴海拔4 000 m以上的青藏高原指导示范工程建设；项目研究过程中，多次得到程国栋、王景全、郑皆连、梁文灏、赖远明、缪昌文、郑健龙、王复明等院士悉心指导，谨在此一并致以崇高的敬意与诚挚的谢意。

特别感谢郑健龙院士在本书撰写过程中的指导和帮助，并亲自为丛书作序。

参考文献

[1] Aoyama K, Ogawa S, Fukuda M. Temperature dependencies of mechanical properties of soils subjected to freezing and thawing[C]//Proceedings of the 4th International Symposium on Ground Freezing, 5-7 Aug, 1985, Sapporo, Japan. Rotterdam: A. A. Balkema Publishers, 1985: 217-222.

[2] Chamberlain E J. Frost heave of saline soils[C]//Proceedings of the 4th International Conference on Permafrost. Washington, D. C: National Academy, Press 1983, 1: 121-126.

[3] Eigenbrod K D. Effects of cyclic freezing and thawing on volume changes and permeabilities of soft fine-grained soils[J]. Canadian Geotechnical Journal, 1996, 33(4): 529-537.

[4] Esch D C. Design and performance of road and railway embankments on permafrost[C]//Proceedings of 4th International Conference on Permafrost, Vol 2. Washington D. C.: National Academy Press, 1983: 25-30.

[5] Foriero A, Ladanyi B. FEM assessment of large-strain thaw consolidation[J]. Journal of Geotechnical Engineering, 1995, 121(2): 126-138.

[6] Gibson R E, England G L, Hussey M J L. The theory of one dimensional consolidation of saturated clays: I. Finite non-linear consolidation of thin homogeneous layers[J]. Geotechnique, 1967, 17(2): 261-273.

[7] Gilpin R R. A model for the prediction of ice lensing and frost heave in soils[J]. Water Resource Research, 1980, 16(5): 918-930.

[8] Zarling J P, Braley W A, Esch D C. Thaw stabilization of roadway embankments[C]//Proceedings of 4th International Conference on Permafrost, Vol. 2. Trondheim: Tapir Publishers, 1983: 1352-1357.

[9] Qi J L, Ma W, Song C X. Influence of freeze-thaw on engineering properties of a silty soil[J]. Cold Regions Science and Technology, 2008, 53(3): 397-404.

[10] Jones S J, Parameswaran V R. Deformation behavior of frozen sand-ice materials under triaxial compression[C]//Proceedings of the 4th International Conference on Permafrost. Fairbanks, 1983: 560-565.

[11] Karpov E G, Baranovsky E L. Change in permafrost conditions along linear engineering structures in the north-taiga subzone of the arctic yenisy area, Russia[C]//Proceedings of 7th International Conference on

Permafrost, Vol. 1. Quebec, 1998: 545-550.

[12] Konrad J M. Physical processes during freeze-thaw cycles in clayey silts[J]. Cold Regions Science and Technology, 1989, 16(3): 291-303.

[13] Krivosheion B L. Thermal interaction between pipeline and environment[C]//Proceedings of 4th International Conference on Permafrost, Vol. 2. Washington D. C.: National Academy Press, 1983: 242-247.

[14] Sanchez L, Romero E, Castillo A, et al. Field study of methidathion in soil amend with biosolid and a cationic surfactant under different irrigation regimes: solute transport modeling[J]. Chemosphere, 2006, 63: 616-625.

[15] Lai Y M, Jin L, Chang X X. Yield criterion and elasto-plastic damage constitutive model for frozen sandy soil[J]. International Journal of Plasticity, 2009, 25(6): 1177-1205.

[16] Ling X Z, Zhu Z Y, Zhang F, et al. Dynamic elastic modulus of frozen soil from the embankment of beiluhe basin along the Qinghai-Tibet Railway[J]. Cold Regions Science and Technology, 2009, 57(1): 7-12.

[17] Morgenstern N R, Smith L B. Thaw-consolidation tests on remoulded clays[J]. Can. Geotech. J., 1973, 10(1): 25-40.

[18] Nelson R A, Luscher U, Rooney J W, et al. Thaw strain data and thaw settlement predictions for Alaskan soils[C]//Proceedings of the 4th International Conference on Permafrost, Washington D. C.: National Academy Press, 1983: 912-917.

[19] Nixon J F. Discrete ice lens theory for frost heave in soils[J]. Canadian Geotechnical Journal, 1991, 28(6): 843-859.

[20] Parameswaraj V R. Cyclic creep of frozen soils[C]//Proceeding of the 4th International Symposium in the Ground Freezing. Sapporo, 1985.

[21] Qi J L, Ma W. Influence of freeze-thaw on the strength of over-consolidated soils[J]. Chinese Journal of Geotechnical Engineering, 2006, 28(12): 2082-2086.

[22] Satoshi Akagawa. Experimental study of frozen fringe characteristics[J]. Cold Region Science and Technology, 1988, 15(3): 209-223.

[23] Shen M, Ladanyi B. Modeling of coupled heat, moisture and stress field in freezing soil[J]. Cold Regions Science and Technology, 1987, 14: 237-246.

[24] Li S Y, Lai Y M, Zhang S J, et al. An improved statistical damage constitutive model for warm frozen clay based on Mohr-coulomb criterion[J]. Cold Regions Science and Technology, 2009, 57(2-3): 154-159.

[25] Speer T L, Waston G H, Rowley R K. Effects of ground ice variability and resulting thaw settlements of buried warm oil pipelines[C]//Proc. 2nd Int. Cont. permafrost. Yakutsk, 1973: 746-751.

[26] Vinson T S, Li J C. Dynamic properties of frozen sand under simulated earthquake loading conditions[C]//Proceedings of the Seventh World Conference on Earthquake Engineering. Turkish National Committee on Earthquake Engineering, 1980, 3: 65-72.

[27] Lai Y M, Li S Y, Qi J L, et al. Strength distributions of warm frozen clay and its stochastic damage

constitutive model[J]. Cold Regions Science and Technology, 2008, 53(2): 200-215.
[28] Zhang J, Ma X, Zheng B. Experimental study on mechanism of subgrade deformation in permafrost regions along Qinghai-Tibetan Railway [C]//Proceeding of the Ninth International Conference on Permafrost. University of Alaska Fairbanks, 2008: 2043-2048.
[29] 陈建兵,汪双杰,章金钊,等.青藏公路空间效应与多年冻土区公路修筑技术[J].公路,2008(5): 1-9.
[30] 陈建兵,汪双杰,章金钊.青藏公路高路基病害的形成及其机理研究[J].长安大学学报:自然科学版,2008,28(6):30-35.
[31] 陈建兵,章金钊.国际冻土研究动态——第八届国际冻土大会综述[J].公路,2004(1):94-97.
[32] 陈建兵.多年冻土区公路路基尺度效应评价研究[D].兰州:中国科学院寒区旱区环境与工程研究所,2011.
[33] 程国栋,李培基,张祥松,等.气候变化对中国积雪、冰川和冻土的影响评估[M].兰州:甘肃文化出版社,1997.
[34] 程国栋,赵林.青藏高原开发中的冻土问题[J].第四纪研究,2000,20(6):521-531.
[35] 程国栋.局地因素对多年冻土分布的影响及其对青藏铁路设计的启示[J].中国科学(D辑),2003, 33(6):602-607.
[36] 程国栋.青藏铁路工程与多年冻土相互作用及环境效应[J].中国科学院院刊,2002,1:21-25.
[37] 程国栋.用冷却路基的方法修建青藏铁路[J].中国铁道科学,2003,24(3):1-4.
[38] 丁一汇.中国西部环境变化的预测中国西部环境演变评估第二卷[M].北京:科学出版社,2002: 38-44.
[39] 董元宏,赖远明,陈武.多年冻土区宽幅公路路基降温效果研究——一种L型热管-块碎石护坡复合路基[J].岩土工程学报,2012,34(6):1043-1049.
[40] 董元宏,朱东鹏,张会建,等.应用于冻土路基的XPS保温板力学性能[J].中国公路学报,2015,28 (12):64-68.
[41] 高江平,吴家惠,邓友生,等.硫酸盐渍土膨胀规律的综合影响因素的实验研究[J].冰川冻土,1996, 18(2):170-177.
[42] 郭正刚,牛富俊,湛虎,等.青藏高原北部多年冻土退化过程中生态系统的变化特征[J].生态学报, 2007,27(8):3294-3301.
[43] 何平,程国栋,俞祁浩,等.饱和正冻土中的水、热、力场耦合模型[J].冰川冻土,2000,22(2): 135-138.
[44] 金龙,汪双杰,穆柯,等.青藏公路热棒路基降温效能[J].交通运输工程学报,2016(4):45-58.
[45] 金龙.多年冻土区热管路基降温效能分析与设计方法研究[D].兰州:中国科学院寒区旱区环境与工程研究所,2013.
[46] 李宁,陈波,陈飞熊.冻土路基温度场、水分场、变形场三场耦合分析[J].土木工程学报,2003,36 (10):66-71.
[47] 刘永智,吴青柏,张建明,等.高原冻土区冻土地温温度场研究[J].公路,2000,2:4-8.
[48] 牛富俊,程国栋,赖远明.青藏高原多年冻土区热融滑塌型斜坡失稳研究[J].岩土工程学报,2004, 26(3):402-406.

[49] 秦大河,丁一汇,王绍武,等.中国西部环境演变及其影响研究[J].地学前缘,2002,9(2):321-327.
[50] 童长江,吴青柏,刘永智,等.青藏公路沿线冻土环境工程地质评价及冻土工程处理//第五届全国冰川冻土学大会论文集(上)[M].兰州:甘肃文化出版社,1996:373-376.
[51] 汪双杰,黄晓明,陈建兵,等.无动力热管冷却冻土路基研究[J].公路交通科技,2005,22(3):1-4.
[52] 汪双杰,李祝龙,章金钊,等.多年冻土地区公路修筑技术[M].北京:人民交通出版社,2008.
[53] 汪双杰,陈建兵,黄晓明.冻土路基护道地温特征研究[J].岩石力学与工程学报,2006,1:146-151.
[54] 汪双杰,陈建兵,黄晓明.热棒路基降温效应的数值模拟[J].交通运输工程学报,2005,3:41-46.
[55] 汪双杰,陈建兵,金龙,等.基于能量平衡的多年冻土区公路设计理论研究[J].冰川冻土,2014,4:782-789.
[56] 汪双杰,陈建兵,金龙,等.冻土路基热收支状态的尺度效应[J].中国公路学报,2015,12:9-16.
[57] 汪双杰,陈建兵,李仙虎.多年冻土地区公路修筑技术研究与工程实践[J].冰川冻土,2009,2:384-392.
[58] 汪双杰,陈建兵,章金钊,等.青藏高原多年冻土区公路修筑技术之进展[J].中国科学(E辑:技术科学),2009,1:8-15.
[59] 汪双杰,陈建兵,章金钊.保温护道对冻土路基地温特征的影响[J].中国公路学报,2006,1:12-16.
[60] 汪双杰,陈建兵.青藏高原多年冻土路基温度场公路空间效应的非线性分析[J].岩土工程学报,2008,10:1544-1549.
[61] 汪双杰,崔福庆,陈建兵,等.基于地气耦合模型的多年冻土区宽幅路基温度场数值模拟[J].中国公路学报,2016,6:169-178.
[62] 汪双杰,方靖,韩艳.青藏公路运行速度特性研究[J].中国公路学报,2010,1:13-18.
[63] 汪双杰,郭腾峰,刘建蓓,等.中国公路运行速度体系与工程应用技术研究[J].中国公路学报,2010,S1:1-7.
[64] 汪双杰,黄晓明,侯曙光.多年冻土区路基路面变形及应力的数值分析[J].冰川冻土,2006,2:217-222.
[65] 汪双杰,霍明,周文锦.青藏公路多年冻土路基病害//中国公路学会04'学术年会论文集[C].中国公路学会,2004,4.
[66] 汪双杰,霍明,周文锦.青藏公路多年冻土路基病害[J].公路,2004,5:22-26.
[67] 汪双杰,李祝龙,武憼民.多年冻土地区公路筑路技术研究现状与新课题[J].冰川冻土,2003,4:471-476.
[68] 汪双杰,李祝龙.中国多年冻土地区公路修筑技术研究[J].公路交通科技,2008,1:1-9.
[69] 汪双杰,刘戈,叶莉,等.多年冻土区宽幅路基热效应防治对策研究[J].中国公路学报,2015,12:26-32.
[70] 汪双杰,孙斌祥,徐学祖,等.路堤块石自然对流机理的室内模拟试验研究[J].中国公路学报,2004,2:19-24.
[71] 汪双杰,台电仓.改性沥青结合料低温性能评价指标[J].长安大学学报(自然科学版),2007,3:25-30.
[72] 汪双杰,王佐,袁堃,等.青藏公路多年冻土地区公路工程地质研究回顾与展望[J].中国公路学报,2015,12:1-8.
[73] 汪双杰,熊丽,张驰,等.多年冻土区公路病害模糊专家预测方法[J].交通运输工程学报,2016,4:

112-121.

[74] 汪双杰,闫晓敏,张驰,等.多年冻土区公路路线选择分层目标法[J].交通运输工程学报,2016,4:1-13.

[75] 汪双杰,张驰,金龙,等.基于模糊综合评判的山区危险性急弯路段辅助决策方法[J].中国公路学报,2015,12:120-127.

[76] 汪双杰,章金钊,陈建兵.青藏高速公路建设关键技术问题[C]//Proceedings of the Eighth International Symposium on Permafrost Engineering(第八届国际冻土工程会议),2009,6.

[77] 汪双杰,章金钊,黄晓明,等.高原多年冻土地区SBR改性沥青路面应用研究[J].石油沥青,2004,3:23-26.

[78] 汪双杰,章金钊,路勋,等.青藏公路沿线多年冻土分布及影响因素分析[C]//中国公路学会道路工程分会:2004年道路工程学术交流会论文集,2004,7.

[79] 汪双杰,周文锦.青藏公路沿线环境演化及环境保护对策[J].公路,2005,1:37-41.

[80] 王绍令,米海珍.青藏公路铺筑沥青路面后路基下多年冻土的变化[J].冰川冻土,1993,15(4):566-573.

[81] 王绍令,赵秀峰,郭东信,等.青藏高原冻土对气候变化的响应[J].冰川冻土,1996,18(增刊):157-165.

[82] 吴青柏,刘永智,童长江.青藏公路沿线冻土工程地质研究[J].公路,2000,2:1-4.

[83] 吴青柏,刘永智,童长江,等.寒区冻土环境与工程环境间的相互作用[J].工程地质学报,2000,8(3):281-287.

[84] 吴青柏,沈永平,施斌.青藏高原冻土及水热过程与寒区生态环境的关系[J].冰川冻土,2003,25(3):250-255.

[85] 吴青柏,朱元林,刘永智.人类工程活动下冻土环境变化评价模型[J].中国科学(D辑),2002,32(2):142-147.

[86] 吴志坚,王兰民,马巍,等.地震荷载作用下冻土的动力学参数试验研究[J].西北地震学报,2003,25(3):210-214.

[87] 吴紫汪,马巍.冻土强度与蠕变[M].兰州:兰州大学出版社,1994.

[88] 吴紫汪,张家懿,王雅卿,等.冻土融化下沉性的初步研究//中国科学院兰州冻土研究所集刊[M].北京:科学出版社,1981:104-112.

[89] 徐学燕,仲丛利.冻土的动力特性研究及其参数确定[J].岩土工程学报,1998,20(5):77-81.

[90] 徐学祖,王家澄,张立新.冻土物理学[M].北京:科学出版社,2001.

[91] 许健,牛富俊,林战举.高温高含冰量冻土路基流变特性数值分析[J].中国铁道科学,2008,29(5):13-19.

[92] 杨建军,郑健龙,钱国平.路面冻胀开裂热-应力耦合分析[J].公路交通科技,2010,27(7):29-35.

[93] 杨建军,郑健龙,钱国平.路面冻胀开裂热-应力耦合分析[J].公路交通科技,2010,27(7):29-35.

[94] 张殿发,郑琦宏.冻融条件下土壤水盐运移规律模拟研究[J].地理科学进展,2005,24(4):46-55.

[95] 郑健龙,关宏信.温缩型反射裂缝的热粘弹性有限元分析[J].中国公路学报,2001,14(3):1-5.

[96] 郑健龙,田小革,应荣华.沥青混合料热粘弹性本构模型的实验研究[J].长沙理工大学学报(自然科学版),2004,1(1):1-7.

[97] 郑健龙,张洪刚,钱国平,等.水温冻融循环条件下沥青混合料性能衰变的规律[J].长沙理工大学学报(自然科学版),2010,7(1):7-11.

[98] 郑健龙,周志刚,应荣华.沥青路面温度应力数值分析[J].交通科学与工程,2001,17(1):29-32.

[99] 周国庆.间歇冻结抑制人工冻土冻胀机理分析[J].中国矿业大学学报,1999,28(5):413-416.

[100] 周幼吾,郭东信,等.中国冻土[M].北京:科学出版社,2000.

[101] 周志刚,郑健龙.老路拓宽设计方法的研究[J].交通科学与工程,1995(3):50-56.

[102] 朱林楠,吴紫汪,刘永智.青藏高原东部的冻土退化[J].冰川冻土,1995,17(2):120-124.

[103] 朱林楠,吴紫汪,刘永智,等.青藏高原东部多年冻土退化对环境的影响[J].海洋地质与第四纪地质,1995,15(3):129-135.

[104] 朱元林,张家懿,吴紫汪.冻土地基的融化压缩沉降计算//青藏冻土研究论文集[M].北京:科学出版社,1983:134-138.

[105] 朱元林,张家懿.冻土的弹性变形及压缩变形[J].冰川冻土,1982,4(3):29-40.